超级任天堂完全档案

〔日〕日本复古游戏爱好会 编著　盛晴 译

民主与建设出版社
·北京·

INDEX

●超级任天堂 游戏介绍

1990年	P013
1991年	P019
1992年	P033
1993年	P081
1994年	P153
1995年	P249
1996年	P341
1997年	P381
1998年	P391
1999年	P397
2000年	P403

●其他

超级任天堂的历史	P003
硬件设备&卫星信号接收器	P010
周边外设	P405
游戏软件年代顺序检索	P416
游戏软件拼音顺序检索	P432

●专题

北美版超级任天堂 "SNES"	P017
超级任天堂百万销量游戏（日本）	P018
超级任天堂游戏软件版本差异	P032
任天堂娱乐商店	P079
超级任天堂百万销量游戏（全球）	P080
城子的厨房	P151
耀西的饼干 KURUPPON 饼干在烤箱里	P151
非卖品游戏	P152
梦幻的未发售游戏《音乐工房》	P248
高尔夫模拟外设 "激光小鸟球"	P248
UNDAKE30 鲛龟大作战 马力欧版	P340
超级任天堂主机的4000日元优惠券	P380
意想不到的回归! 幻之作品《星际火狐2》	P389
超级任天堂通信调制解调器NDM24	P389
重新复活的未发售游戏《恶梦毁灭者》	P396
对战联网匹配服务 "XBAND"	P401
任天堂经典迷你超级任天堂	P415

●收藏一览

广告传单一览	P017
广告传单一览	P151
广告传单一览	P390
广告传单一览	P396
广告传单一览	P402

关于本书的书写规范等

- 书中可能会使用以下简称：红白机→FC, Game Boy→GB, 超级任天堂→SFC, PC Engine→PCE, Mega Drive→MD, SEGA Saturn→SS, PlayStation→PS, 街机→AC。
- 来源不明的信息或无法辨别真伪的资讯, 本书基本予以采用。书中记载的游戏标题、发售日、价格和制造商都是经过个人调查得出的结果, 参考了当时出版的游戏杂志、产品目录、广告、传单、使用说明书等。
- 由不同的公司负责研发与发行时, 除特殊情况外, 书中记载的厂商名称均为发行商。
- 正文游戏名后面的括号中有些包含厂商名称和发行年份。
- 部分商品以品牌名称代替厂商名称进行记载。
- 价格以当时的记录为准, 记载的价格可能含税, 也可能不含税。
- 书中涉及的游戏机、游戏软件及其他商品的相关图像均来自对个人收藏所进行的摄影、扫描。另外, 在藏品损坏程度较高时, 会对照片进行加工和修正。
- 书中涉及的游戏机、游戏软件及其他商品皆属于个人收藏, 相关权利归各厂家所有, 为各公司的商标或注册商标。请勿直接向各公司进行询问。

超级任天堂

超级任天堂的历史

Super Famicom

参考文献

- ●《电子游戏与数字科学》（读卖广告社出版 2004年）

- ●《世嘉VS任天堂：谁将在新市场中获胜？》（国友隆一著 KOU书房出版 1994年）

- ●《任天堂垄断式经营的秘密》（内海一郎著 日本文艺社出版 1991年）

- ●《索尼的开辟者们》（麻仓怜士著 IDG Communications出版 1998年）

- ●《The 64DREAM》"超级任天堂10周年特刊"（2001年1月号）

- ●《AERA》"索尼VS任天堂 光盘之战"（1992年12月1日号）

- ●日经产业新闻（日本经济新闻社）

- ●Famicom通信、《周刊Fami通》（ASCII）

红白机的后续机种——超级任天堂

超级任天堂的诞生

用红白机开拓了家用电子游戏市场之后，任天堂于1990年11月21日推出了红白机的后续机种"超级任天堂"（以下或简称超任）。超任于1988年11月正式公布，原计划于1989年7月发售，但任天堂以半导体产能不足为由延期发售。任天堂表示，由于GB和欧美版红白机"NES"的销量正稳步增长，因此没有多余的产能来生产超任。除此之外，还存在一些推测，如任天堂为了不让超任抢夺红白机的市场，才算好时间延期发售，或超任的开发没有按时完成等。总之，初次公布的两年之后，超任才正式发售。

一再推迟上市时间，使超任有效地牵制了竞争机型，并提高了玩家的期望值。同时，也为游戏软件的开发争取了充足的时间。在超任的初期设计阶段，任天堂曾考虑给超任内置一个支持红白机的适配器。但山内社长对此表示，"购买超级任天堂的人应该都是已经拥有了红白机的人"，因此取消了超任对红白机的兼容功能。

超任的图形处理能力强于同期的其他任何游戏机，可以同时显示32768种颜色中的256色。它还具有旋转、放大缩小、马赛克处理、半透明、多重卷轴等功能，性能远胜红白机。音效方面，它使用了索尼的PCM音源来制造出接近现场演奏的逼真音效。游戏手柄由"超级马力欧之父"宫本茂负责主要设计，在继承了红白机手柄功能性的同时，将其修改成了任何玩家都能轻松抓握的圆润形状；还新增了X、Y按键，并且4种颜色的彩色按键呈十字形排列。手柄侧面配置了L、R两个按键，可对应各种各样的游戏。在超级任天堂的整体设计中，手柄的设计尤为出色，对后来的家用游戏机产生了很大的影响。

此外，超任在卡带插槽处采用了自动开合的百叶设计，开启电源开关时，无法插入或取出游戏卡带。同时，机身上还增加了一个LED灯，用来显示电源的开关状态，比红白机更加人性化。机身的颜色与GB和NES一样，采

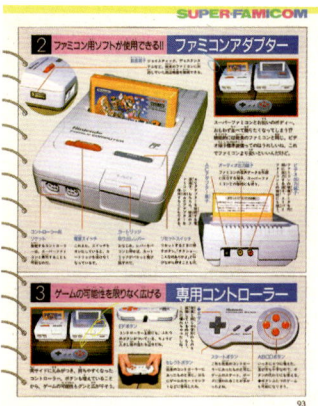

关于超级任天堂和红白机适配器原型的文章。出自《Famicom通信》（1988年12月23日号）

用了沉稳的灰色。主机零售价格最终定为25000日元，比14800日元的红白机贵了一万多日元。

热门系列游戏的续作陆续登场

与游戏主机同时发售的游戏《超级马力欧世界》和《F-ZERO》充分运用了超任的新功能，使其展现出与红白机游戏不同的魅力。在超任正式发售的一个半月之内，便发行了七款第三方游戏软件，游戏数量非常可观。随着热门系列游戏的续作和第三方游戏软件的陆续发布，超级任天堂作为红白机的后续机种，以破竹之势迅速普及。

超级任天堂（1990年）

与超级任天堂同时发售的《超级马力欧世界》（任天堂/1990年）。

1991年7月，红白机热门角色扮演游戏《最终幻想4》（SQUARE）发售。SQUARE很早就决定进行超任游戏的开发，并在红白机版《最终幻想3》发售后立即宣布开发续作——红白机版《最终幻想4》和超任版《最终幻想5》。但由于大家都极度期待超任版的游戏，因此SQUARE终止了红白机版《最终幻想4》的开发，而将此前定名为《最终幻想5》的超任游戏改名为《最终幻想4》进行发售。四个月后的1991年11月，《塞尔达传说 众神的三角神力》（任天堂）发售，这两部游戏都成为销量超过100万份的超人气作品。

发布后的一年半内出货量超过400万台

1992年，人气极高的街机游戏《街头霸王2》被移植到超任上。发售当天，日本各地的玩家都在店门口排起了长队，场面十分壮观。虽然超任移植版和街机版很相似，但用超任原本的游戏手柄很难操作，因此摇杆式的专用控制器十分畅销。《街头霸王2》开创了一种名为"对战型格斗"的全新游戏类型。此后，各种各样的格斗游戏陆续登场。

除此之外，在当时非常新颖的、使用鼠标来玩的游戏《马力欧绘图》（任天堂）发售了。紧接着，超任历史上销量最高的游戏《超级马力欧卡丁车》（任天堂）问世。还有像小说一样，可以在阅读文字时

体验虚构世界的有声小说《弟切草》（CHUNSOFT/1992年），以及每次进行游戏地形和道具都会改变位置的《特鲁尼克大冒险 不可思议的迷宫》（CHUNSOFT/1993年）等新类型游戏相继登场。此外，系列首次登陆超任的《勇者斗恶龙5》（ENIX/1992年）以及《最终幻想5》（SQUARE/1992年）也发售了。随后，收录了四款历代超级马力欧系列游戏的《超级马力欧合集》（任天堂/1993年）以及集合了两款系列作品的《勇者斗恶龙1·2》等红白机游戏的重制版也涌现出来，受到了广大玩家的欢迎。

就这样，新游戏接连不断地发售，使超任在家用游戏主机市场占据了压倒性的优势。在超任发售不到一年半的时间内，出货量就超过了400万台。但随着游戏的表现力和内容变得越来越丰富，软件容量也大幅增加。一张ROM卡带的价格飙升至近一万日元。

3D多边形画面的《星际火狐》

20世纪90年代初，在街机平台，3D多边形这一新的表现形式已经作为2D画面的

奠定了对战格斗游戏基础的《街头霸王2》（CAPCOM/1992年）。

替代品而备受瞩目。虽然超任的原有配置无法显示3D多边形画面，但在ROM卡带中加入一个名为"FX芯片"的特殊芯片，对绘图性能进行升级之后，该功能就将得以实现。在玩首款搭载了FX芯片的游戏《星际火狐》（任天堂/1993年）时，屏幕上显示出的3D画面令玩家感到震惊。此后，FX芯片还加入到游戏《特技立体赛车》（任天堂/1994年）和《耀西岛》（任天堂/1995年）中。

除此之外，名为"SA-1"的芯片也能有效提高超任的处理性能，并在《奇妙》（任天堂/1996年）和《超级马力欧RPG》（任天堂/1996年）等游戏中得到应用。游戏画面从单纯的像素画升级为具有纵深空间的3D多边形画面。而玩家和游戏开发者们也期待超任主机能出现容量更大、价格更低的CD-ROM存储设备。

超任首款采用3D多边形画面的游戏《星际火狐》（任天堂/1993年）。

与《勇者斗恶龙》齐名的国民级角色扮演游戏《最终幻想4》（SQUARE/1991年）。

幻之 PlayStation 计划

超级任天堂的 CD-ROM 构想

1989年10月，任天堂开始与索尼合作，共同开发超任的CD-ROM适配器，开发代号为"PS-X（PlayStation）"，这台机器便是PS的原型机。这项合作始于索尼的久多良木健（SCE前社长）向任天堂提出的建议，而超级任天堂的音源芯片也是由索尼开发的。当时，CD光碟这一媒介还处于发展阶段，音乐光碟才刚开始普及，至于记录数据用的CD-ROM，仅有NEC-HE的PC Engine主机在用。

到了1990年，任天堂和索尼达成协议，任天堂将推出可以连接到超任主机的CD-ROM适配器，索尼将推出内置CD-ROM光驱的超任兼容机。任天堂的山内溥社长批准了这项计划，美国任天堂的荒川实社长也表示"从现在开始，CD-ROM将成为游戏机的主流"。久多良木健认为，既然工作用的电脑被称为"Work"Station（工作站），那么游戏用电脑就应该被命

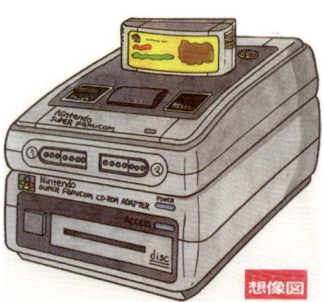

超级任天堂用适配器预想图。出自德间书店《超级任天堂Magazine》第三期1992年3月27日号。

名为"Play"Station。按照计划，在第一阶段，PlayStation将在任天堂游戏的带动下普及；第二阶段，PlayStation将具备CD、LD播放器的功能。它还以普及光学媒体为目标，发展成为第三方硬件设备，和出版、教育领域展开合作。1991年5月，索尼在美国芝加哥的国际消费类电子产品展览会CES（Consumer Electronics Show）上公布了PlayStation原型机。

PlayStation的开发终止

然而，在活动当天，与索尼位于同一会场的任天堂却突然宣布与荷兰的设备制造商飞利浦共同开发超任的CD-ROM适配器。虽然索尼方面已经提前得到关于此事的通知，但久多良木健本人对此却并不知情。因此，他似乎将任天堂的做法当作一种背叛行为。有消息称，任天堂之所以停止与索尼合作，是因为他们担心索尼可能会通过这个方式占领家用电子游戏市场。尽管合同中说"索尼只会提供硬件设备，不会涉足软件方面"，但实际上索尼在未经任天堂批准的情况下，制作了试玩游戏的演示原型。据说这一做法激怒了任天堂的山内溥社长。

当时，超任游戏软件使用索尼制造的32位工作站NEWS进行开发，两家公司之间的关系很好。但由于此

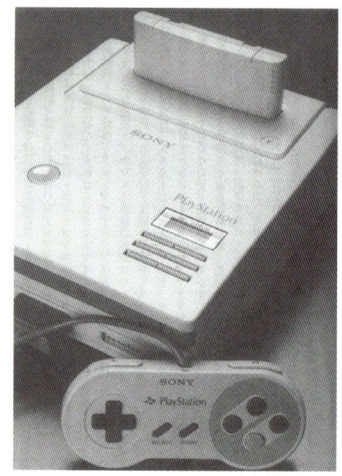

索尼生产的结合了超任与CD-ROM光驱的一体机"PlayStation"。（出自IDG Communications《索尼的开辟者们》）

事，索尼控告任天堂违反合约，虽多次尝试协商，结果还是以失败告终。尽管索尼此后继续为超级任天堂提供音源芯片，但两家公司的关系逐渐降温。两家公司始终没有正式对簿公堂，所以虽然双方都在互相指责，事情的真相却一直没有揭开。山内溥后来对这一系列事件发表了评论，称当时与索尼之间存在误会。

此后，久多良木健独自推进该项目的进展，1994年新的PlayStation于SCE（Sony Computer Entertainment）手中诞生。另一方面，任天堂最终也停止了与飞利浦的合作，超级任天堂的CD-ROM光驱也因此未能发售。

通过卫星信号接收器接收来自太空的新游戏

卫星数据广播进入超级任天堂时间

任天堂投资了卫星数字广播电台"St.Giga",并于1995年4月23日启动了全球首个卫星数据广播服务"超级任天堂时间"。在能接收到卫星广播的地方,只需将专用适配器"卫星信号接收器"连接到超任主机上,玩家们就可以在每天中午12点到凌晨2点之间,免费体验超任的试玩版游戏、广播卫星版原创游戏,以及有明星参与的广播游戏节目等内容。游戏和节目每天都会更新,同时还会举办全日本的用户同场竞争的游戏比赛等活动。可以说卫星信号接收器是一项领先于互联网时代的具有开创性的项目。

当时的广播内容包括根据塔摩利、爆笑问题、滨崎步、伊集院光等明星参与的广播节目改编发行的《田森的绘图方块》《瓦力欧之森爆笑版》等游戏、以各电台主持人为题材的游戏,以及《耀西方块》《卡比的玩具箱》等原创游 戏。SQUARE、ASCII、

HUDSON等第三方游戏开发商也参与了此项目,推出了《BS塞尔达传说》《BS勇者斗恶龙1》等游戏,一时间盛况空前。但由于用户数量的增长陷入停滞,从第二年开始,服务内容便逐渐缩小。卫星信号接收器上市后第一个月的销量约为13000台,半年后销量为2万至3万台,这与厂商定下的200万台的目标相差甚远。

从缩小服务规模到退出市场

最初卫星信号接收器只能邮购,从1995年11月开始,在商店里也能够买到,可见任天堂为了卫星信号接收器的普及颇费心思。另一方面,1996年3月,许多节目停止播放,节目进行了内容改编并调整了播出时间。同年6月,任天堂宣布与野村综合研究所及微软建立合作伙伴关系,共同开展卫星数据广播和互联网集成业务;1998年,任天堂宣布和京瓷共同进军数字卫星广播业务,但这两项合作最后均终止。1999年3月31日,广播服务的赞助商任

《名字被偷走的小镇》全景图。(出自《月刊Satellaview通信》1995年9月号)

天堂退出广播业务,广播时长被缩短,广播原创游戏也只是不断重复以前的内容。

St.Giga将"超级任天堂时间"改名为"St.Giga卫星数据广播"继续提供广播服务,直到2000年6月30日,以《马力欧医生》的发布作为结尾,这项服务终于迎来尾声。卫星信号接收器是任天堂面向即将到来的互联网时代做出的一项巨大挑战,它可以作为广告媒体对游戏进行点评、发布新游戏的预告,还能提供游戏的试玩版,以及购买游戏软件等。但是,由于没有卫星信号接收器就无法使用、销售渠道受限、宣传力度不够,再加上超级任天堂市场的萎缩、游戏平台逐渐过渡到N64等原因,卫星信号接收器并没有按照任天堂的计划顺利普及。

卫星信号接收器原型机

控制角色和街上的居民对话或进入建筑物来使用对应服务。

对应卫星信号接收器的原创游戏《卡比的玩具箱》(任天堂/1996年)。

超级任天堂软件下载服务

任天堂力量 服务开始

从1997年12月开始，任天堂在东京市的罗森100便利店中提供超级任天堂游戏软件下载服务"任天堂力量（NINTENDO POWER）"。除了约30款此前已经发售的老游戏之外，还推出了三款任天堂力量专用游戏，它们是《平成新鬼岛 前篇》《平成新鬼岛 后篇》（任天堂）和《同级生2》（BANPRESTO）。这项服务的构思来自"游戏售货亭"，与SQUARE创建的DigiCube公司的同类服务为竞争关系。

DigiCube是第一家在7-Eleven和Family Mart等便利店销售游戏软件的公司。与此同时，任天堂也于1998年3月将任天堂力量服务扩展到日本全国的罗森便利店。仅老游戏就超过了100款，并定期发布新游戏。2000年3月，任天堂力量开始支持GB软件的下载。

进行下载时，需要使用

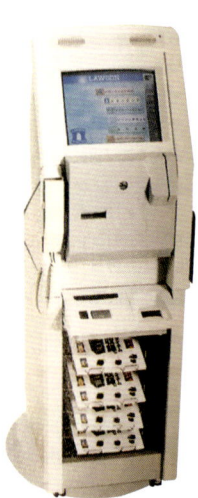

罗森便利店的多媒体终端"Loppi"。在提供游戏下载服务的时期，机器中央设置了超任专用的插槽。

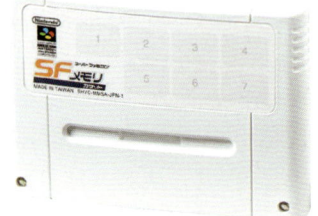

SF记忆卡。把这个专用卡带拿到罗森便利店，便可用它来储存下载的游戏。

SF记忆卡。这个记忆卡的售价为3980日元。把记忆卡拿到罗森便利店内就可以下载喜欢的游戏了。

下载方法是在日本的各罗森便利店内的多媒体终端"Loppi"上的超任插槽中插入SF记忆卡，然后选择游戏。把Loppi打印出的凭条拿到收银台，由收银员负责下载。下载时长约5至10分钟，超任的老游戏和GB的新老游戏价格都是1000日元，超任的新游戏价格则为2000至3000日元不等。

发展停滞与 服务停止

任天堂以既有的游戏为主，同时不断扩充着数字版游戏的数量，但由于当时超任的市场已经萎缩，因此任天堂力量的发展举步维艰。罗森便

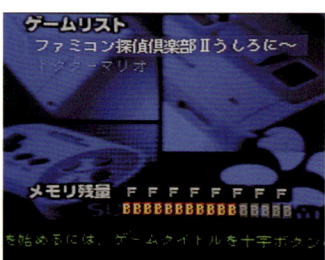

SF记忆卡的启动画面。可选择储存的游戏来玩。

任天堂力量的官方游戏手册。

利店内的服务于2002年5月31日终止，此后在任天堂服务中心继续进行，直到2007年2月28日最终落下帷幕。

任天堂力量的下载服务让人想到红白机磁碟机的"Disk Writer"，但与后者不同的是，它缺乏引人入胜的内容。究其原因在于，这项服务是在超级任天堂推出的七年后才展开的，当时索尼PlayStation和世嘉Saturn等32位游戏机已经成熟，玩家们正在翘首以盼PlayStation 2和任天堂GameCube等次世代游戏主机的登场。尽管如此，对当时仍在使用超任的玩家来说，十分方便的任天堂力量依然是个很具吸引力的服务。

专属数字版游戏
超级拳击热斗（任天堂）
任天堂侦探俱乐部2（任天堂）
超级任天堂战争（任天堂）
马力欧医生（任天堂）
动物麻将（任天堂）
德比赛马98（任天堂）
BB鸟与大野狼（任天堂）
红白文库 起始之森（任天堂）
任天堂逻辑绘图1~8（任天堂）
金属荣耀（任天堂）
同级生2（HUDSON）
超级家庭滑雪（NAMCO）
热斗神拳（MASAYA）
幻兽旅团（AXELA）
巫术1·2·3（MEDIA FACTORY）
宠物蛋之城（BANDAI）
宝石方块（MEDIA FACTORY）
逻辑绘图方块1&2（世界文化社）

超级任天堂，从鼎盛到衰落

创造了史上最多的游戏数量

1994 年 370 款游戏被推出，这是超级任天堂历史上发行游戏数量最多的一年。在这一年里，热门游戏接二连三地登场，如赛马模拟游戏《德比赛马 2》（ASCII），背景设置在现代的特色角色扮演游戏《地球冒险 2》（任天堂），可以将恶魔合体的角色扮演游戏《真女神转生 2》（ATLUS），最终幻想系列的衍生作《浪漫沙加 2》（SQUARE），取代了《家庭棒球》的新棒球游戏《实况力量棒球 94》（KONAMI），以及随着 J 联赛开幕而诞生的足球游戏《J 联赛热力足球 94》（EPOCH）等。在超任上也能玩 GB 游戏的超级 Game Boy（任天堂）周边也在这一年发售。再加上 PlayStation 和 Saturn 等搭载了 CD-ROM 的 32 位游戏机的出现，游戏行业的发展如火如荼。

为了与竞争对手抗衡，任天堂把和 RARE 公司联合开发的游戏《超级森喜刚》投入市场。这款游戏拥有超任上罕见的细腻画面，最终成为销量高达 300 万份的超人气作品。

使用当时最先进的 3DCG 的超任游戏《超级森喜刚》（任天堂 /1994 年）。

1995 年，由《勇者斗恶龙》之父堀井雄二，《最终幻想》之父坂口博信以及负责角色设定的漫画家鸟山明共同参与制作的梦幻般的神作《超时空之轮》发售，引起了巨大的轰动。

任天堂 64 登场 主力机型的更替

PlayStation 和 Saturn 的销量不断增长，1996 年任天堂推出了和 SQUARE 共同研发的游戏《超级马力欧 RPG》。同年 6 月，任天堂推出了高性能的 64 位游戏主机 "任天堂 64（N64）"，该主机原本应取代超任成为新主力机型，但由于软件开发难度大，N64 主机因游戏数量少而处于停滞状态。另一方面，《宝可梦》的推出令比超任还要早发售一年半左右的 GB 主机重获新生。

在这种情况下，超任的新游戏数量比前一年的一半还要少，虽然 1996 年年底也推出了《勇者斗恶龙 3》（ENIX）的重制版，以及《超级森喜刚 3》（任天堂）等热门作品，但此时超任已不是一线主力机型了。当时 PlayStation 和 Saturn 正处于激烈的降价竞争中，任天堂也将超任的价

由业界泰斗们联合研发的《超时空之轮》（SQUARE/1995 年）。

"NINTENDO 64" 在最初发布时的名字是 "Ultra64（俗称 Ultra Famicom）"。

格从 25000 日元大幅降至 9800 日元。此外，针对价格超过 10000 日元的游戏软件，任天堂还减少了第三方游戏开发商的委托生产手续费。

超级任天堂的末期

1998 年，超任发行了最后两款实体游戏《星之卡比 3》（任天堂）和《洛克人与佛鲁迪》（CAPCOM）。1999 年 4 月，《绘图方块 NP》系列游戏在任天堂力量上以每两个月推出一部新作的频率发行。2000 年 12 月，为了纪念超级任天堂发售 10 周年，推出了游戏《金属荣耀 导演剪辑版》，随着这款游戏的发行，超任游戏的销售也迎来了尾声。2003 年 9 月 30 日，在超任主机推出后的第 13 年，任天堂以零部件采购困难为由，同时停止了超任和红白机这两种游戏主机的生产。超任的游戏软件总数超过 1447 个，游戏主机累计销量高达 1717 万台（全球 4910 万台）(*1)。进入 21 世纪，曾经作为主力家用游戏机的超级任天堂仍因故障少、受众广、可长时间玩等优点受到人们的喜爱。

*1，销量来自任天堂官网 "业绩·财务信息 游戏机销量记录" https://www.nintendo.co.jp/ir/finance/hard_soft/index.html

超级任天堂

●发售日期/1990年11月21日　●售价/25000日元
●发行商/任天堂

具有压倒性的表现力
红白机的后续机种

　　红白机构筑了家用游戏机的根基,超级任天堂则是其后续机种。由8位处理器升级为16位处理器,给游戏机带来了惊人的进化。超级任天堂可以显示出红白机上未曾有过的鲜艳色彩,而且还具备放大、缩小、旋转和多重卷轴功能,大幅提高了游戏的表现力。同时,超级任天堂在音效方面也得到了极大的提升,能够播放红白机那简单音效无法匹敌的复杂音乐。

　　除经典游戏的续作之外,高品质的原创游戏也接二连三地推出,再加上红白机品牌效应的影响,超级任天堂得以迅速普及。就这样,在引领了8位机市场后,任天堂在16位机市场中依旧处于领先地位。

规格参数

■处理器/16位(3.58MHz [MAX])"S–CPU" ■内存/主内存1Mb,显示内存256Kb ■图形/图形芯片"S–PPU"×2,32768色中256色同时发色,分辨率/512×224,精灵图显示/同屏最大128个,精灵图大小/64×64 ■声音/定制的LSI "S–SMP",8个立体声PCM音源+1个噪声发生器,数字回声功能

超级任天堂Jr.

●1998年3月27日　●售价/7800日元
●发行商/任天堂

　　这是采用全新设计、机身更加轻薄的廉价版超级任天堂,随主机附带一个游戏手柄。虽然这款机器可以使用超任的连接线,但无法使用S端子和RGB连接线,与卫星信号接收器也不兼容。

超级任天堂BOX

●1993年　●售价/不详
●发行商/任天堂

　　这是一款商用版本的超级任天堂,最多可容纳五款游戏软件(其中两个可进行更换)。在菜单界面可以选择游戏。这个型号主要安装在旅店等场所,投入硬币便可以在规定的时间内玩游戏。

SF1

●1999年12月　●售价/10000日元(14型)、133000日元(21型)
●发行商/夏普

　　内置超任主机的电视机,除游戏手柄外的连接线全被收纳在机器中。外形的简洁设计给人留下深刻印象。通过S端子传输的图像画质清晰,还具有使用遥控器进行复位和可减轻游戏时屏幕眩光的独特功能。但这款机器与某些软件不兼容。

超级任天堂的广告传单

超级任天堂Jr.的广告传单

卫星信号接收器

●发售日期/1995年4月1日 ●售价/18000日元
●发行商/任天堂

接收从太空传来的新游戏吧!

　　超级任天堂的一项卫星数据广播服务。任天堂与BS广播电台St.Giga合作,在1995年4月23日至2000年6月30日的五年间,为玩家们提供了可体验BS原创游戏、试玩版游戏、广播音频联动游戏等内容的"超级任天堂时间(卫星数据广播)"服务。玩家可操纵角色和小镇的居民对话,进入建筑物使用对应的服务等功能,在当时看来非常新颖。卫星信号接收器在1995年2月通过邮购方式销售,并于同年11月之后在部分商店销售。这款机器的吸引力在于可以免费玩试玩版游戏和原创游戏。但由于接收数据必须使用BS天线、BS调谐器等设备,因此当时体验到这项服务的玩家并不多。

■音频联动游戏列表

No	游戏名称	发行商	首次发布日
1	BS塞尔达传说	任天堂	1995年8月6日
2	ALL JAPAN 超级轰炸方块 CUP'S 95	BPS	1995年10月4日
3	热闹非凡Q	任天堂	1995年11月1日
4	NAXAT杯 卫星信号接收器钓鲈鱼大赛 BIG FIGHT	NAXAT	1995年12月1日
5	地产大亨讲座	不详	1995年12月3日
6	BS奇妙 计时赛	任天堂	1996年1月7日
7	BS奇妙	任天堂	1996年1月7日
8	BS勇者斗恶龙1	ENIX	1996年2月4日
9	BS超级马力欧USA 力量挑战	任天堂	1996年3月31日
10	BS风来的西林 拯救斯拉拉	CHUNSOFT	1996年4月28日
11	BS雷霆机器人 序章	NAXAT	1996年5月26日
12	BS雷霆机器人	NAXAT	1996年5月26日
13	TAKARA杯 大相扑卫星场所	TAKARA	1996年6月2日
14	卫星Q	任天堂	1996年7月28日
15	BS模拟城市 城市建造大赛	任天堂	1996年8月4日
16	第1届BS卫星网络杯 德比赛马96 任天堂饲育家杯 全国马券王者决定战	ASCII	1996年9月1日
17	BS牧场物语 我的牧场体验记	PACK-IN-VIDEO	1996年9月2日
18	BS新·鬼岛	任天堂	1996年9月29日
19	BS F-ZERO大奖赛	任天堂	1996年12月29日
20	BS日本物产麻将	日本物产	1997年1月26日
21	BS侦探俱乐部 消失在雪中的过去	任天堂	1997年2月9日
22	BS塞尔达传说 古代的石盘	任天堂	1997年3月2日
23	BS童话物语	HECTOR	1997年3月30日
24	垂钓巴斯No.1 全国锦标赛	HAL研究所	1997年4月27日

卫星信号接收器8M内存卡

●发售日期/1995年7月 ●售价/5000日元
●发行商/任天堂

　　卫星信号接收器专用闪存卡,可用来保存接收到的数据。但由于当时发布的游戏多在2M、4M容量以上,因此很容易耗尽储存空间。SOUNDLINK(音频联动)游戏只能临时保存。

滚动PINUP女郎　　爆笑问题 爆SUPO

　　启动后,卡带中的《BS-X 名字被偷走的小镇》这款游戏每天都会更新。进入游戏地图中的建筑内,便可以体验各种节目(图像、文字、音频)。

No	游戏名称	发行商	首次发布日
25	越野摩托 马力欧大赛	任天堂	1997年5月11日
26	R的书斋	任天堂	1997年6月1日
27	爆笑问题之突击明星海盗	任天堂	1997年6月22日
28	卫星漫步者	任天堂	1997年6月29日
29	小健的智力竞猜	任天堂	1997年7月13日
30	儿童调查团 万能八宝袋	任天堂	1997年9月7日
31	BS炎之纹章 阿卡尼亚战记	任天堂	1997年9月28日
32	小佳的智力竞猜	任天堂	1997年12月14日
33	BS超级马力欧合集	任天堂	1997年12月28日
34	BS Parlor!	NIPPON TELENET	1998年3月1日

■BS原创游戏列表

No	游戏名称	发行商	首次发布日
1	田森的绘图方块	任天堂	1995年4月23日
2	瓦力欧之森爆笑版	任天堂	1995年4月23日
3	超时空之轮特别版	SQUARE	1995年4月24日
4	有纪儿童拼图	不详	1995年6月1日
5	鲛龟大作战	HUDSON	1995年6月4日
6	RPG制作大师游戏	ASCII	1995年7月2日
7	PICOPICO海盗	St.GIGA	1995年8月2日
8	卫星Q	任天堂	1995年8月4日
9	大家来找茬	HORI	1995年8月5日
10	日本物产赌场	日本物产	1995年10月1日
11	KONAE企鹅家族	任天堂	1995年11月1日
12	太空竞赛	SQUARE	1996年1月27日
13	爱之战	SQUARE	1996年1月27日
14	梦想家	SQUARE	1996年2月3日
15	世界之财宝	SQUARE	1996年2月10日
16	卡比的玩具箱	任天堂	1996年2月8日
17	描绘卫门制游戏	ATHENA	1996年2月29日
18	RPG制作大师2（游戏）	ASCII	1996年6月30日
19	耀西方块BS版	任天堂	1996年11月3日
20	奇迹的首杆	任天堂	1996年12月1日
21	马力欧医生BS版	任天堂	1997年3月30日
22	改造町人零	MASAYA	1997年3月30日
23	日本物产麻将	任天堂	1997年4月27日
24	BS F-ZERO2练习赛	任天堂	1997年6月1日
25	酷昂八BS版	T&E SOFT	1997年6月29日
26	马力欧绘图BS版	任天堂	1997年8月3日
27	9月夜晚的诘将棋	BOTTOM UP	1997年8月31日
28	抢救彩虹BS版	任天堂	1997年11月23日
29	我爱高尔夫	MASAYA	1997年11月23日
30	卫星绘图方块	任天堂	1997年11月30日
31	花仙子方块 活动98	任天堂	1997年12月28日
32	大家一起柏青哥 银玉	NIPPON TELENET	1998年2月1日
33	超级任天堂战争BS版	任天堂	1998年3月1日
34	动物麻将 活动版	任天堂	1998年

■参考文献和网址
《超级任天堂Magazine》（德间书店）
《Famicom通信》（ASCII）
《周刊Fami通》（ENTERBRAIN）
《Famimaga64》（德间书店）
《月刊Satellaview通信》（ASCII）
卫星信号接收器研究所 https://god-bird.
net/research/satellaview.html

BS-X 名字被偷走的小镇

通过卫星数据广播，依次更新居民及对话内容。

BS塞尔达传说（任天堂）

BS勇者斗恶龙1（ENIX）

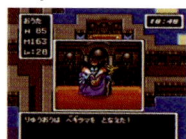

爱之战（SQUARE）

梦想家（SQUARE）

BS侦探俱乐部（任天堂）

儿童拼图　　　　瓦力欧之森再临

田森的绘图方块　　耀西方块

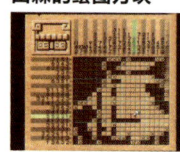

超级任天堂

1990年

Super Famicom

エフゼロ | F-Zero

F-ZERO

●发售日期/1990年11月21日　●售价/7000日元
●发行商/任天堂

在百分之一秒内全力冲刺
紧张刺激的时间竞速模式

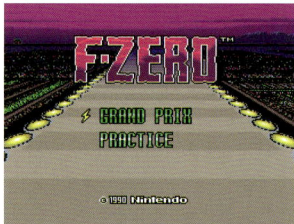

　　《F-ZERO》是与超任主机同时推出的首发游戏，向玩家展示出超任强大的硬件性能。游戏类型为赛车游戏，玩家驾驶悬浮在空中的悬浮型赛车，在未来世界进行比赛。游戏有两种模式，分别是大奖赛和练习赛。有四种类型的赛车可选。赛道上设置了跳台，可以利用它们来抄近路。

　　虽然大奖赛模式也很有趣，但实际上时间竞速才是这款游戏最刺激的地方，很多玩家都会在单条赛道中一次次挑战极限。时间竞速的纪录在游戏发售近30年后仍在不断被刷新。

スーパーマリオワールド | Super Mario World

超级马力欧世界

●发售日期/1990年11月21日　●售价/8000日元
●发行商/任天堂

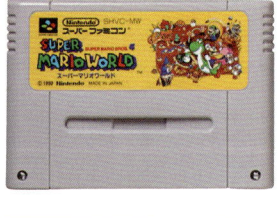

大家最喜欢的马力欧
和新款主机一起回归了

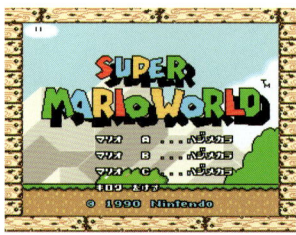

　　本作和《F-ZERO》一样，都是超级任天堂的首发游戏，在日本国内销量超过350万份，可以说是促进超任主机销量增长的游戏。《超级马力欧世界》是红白机游戏《超级马力欧兄弟》的系列作品，都属于横向卷轴动作类游戏。和前作一样，玩家在地图上选定的区域内前进，到达目标地点即可过关。

　　提升力量的道具中新增了羽翼披风，穿上后马力欧能够在空中进行特殊攻击。此外，本作中首次出场的耀西也成了人气角色，后来推出了多款以它为主角的游戏。这款游戏是深受广大玩家喜爱的经典之作，同时也为超任的普及做出了巨大贡献。

アクトレイザー | ActRaiser

雷莎出击

● 发售日期/1990年12月16日　● 售价/8000日元
● 发行商/ENIX

通过城镇的发展
主人公将变得更加强大

　　这是一款由Quintet开发、ENIX发行的横向卷轴动作游戏，因其不同寻常的系统而受到玩家们的欢迎。游戏在动作模式和创造模式之间交替进行，后者属于沙盒类的模拟养成游戏。需要注意的是，玩家可以在创造模式中发展城镇，从而强化主人公的战斗力，所以这个模式不仅是游戏的附加功能，还具有协助主人公战斗的作用。

　　本作的故事在神与魔王之战这一宏伟的背景之下编织而成，受到了人们的好评。古代佑三制作的音乐也为游戏增色不少，使其成为超任初期的经典作品之一。

グラディウスIII | Gradius III

宇宙巡航机3

● 发售日期/1990年12月21日　● 售价/7800日元
● 发行商/KONAMI

实现了毫不逊色于街机的
画质与游戏性

　　这款游戏是KONAMI开发的横向卷轴射击类型街机游戏《宇宙巡航机3 从传说到神话》的超任移植作品。进行移植时，根据超任的硬件性能做出了相应的调整。值得注意的是，超任版对飞船的能量槽和编辑模式都进行了一些改进，比街机版更方便操作。

　　超任版《宇宙巡航机3》的画面十分精美，乍一看几乎与街机版没有区别，玩法也与街机版基本一致。这款游戏让人切身体会到，家用游戏机和街机在硬件方面的差距正在逐渐缩小。虽然本作以画面拖慢现象严重而闻名，但事实证明这一情况反而降低了游戏的难度。

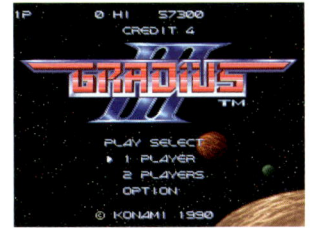

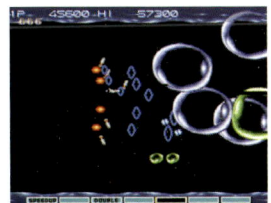

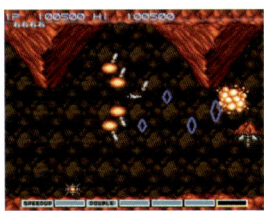

ボンバザル | Ka-Blooey

爆破精灵

● 发售日期/1990年12月1日　　● 售价/6500日元
● 发行商/KEMCO

　　超任的第一款解谜游戏。玩家需要处理地图上的炸弹，地图上还会出现球形的敌方角色，如果碰到它们就会失败。除此之外，被卷入爆炸气浪或超过规定时间也会失败。玩家可以选择2D和3D两种视角。共有130关。移植自欧美PC游戏。

パイロットウイングス | Pilotwings

飞行俱乐部

● 发售日期/1990年12月21日　　● 售价/8000日元
● 发行商/任天堂

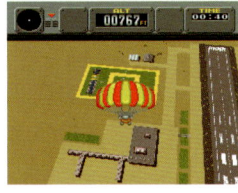 

　　这是一款空中运动模拟游戏。玩家将加入飞行学校并按照教练的指示进行轻型飞机、悬挂滑翔、跳伞、喷射背包四项空中运动的训练，目标是取得及格的成绩。游戏还设置了风格不同的隐藏关卡。

ポピュラス | Populous

上帝也疯狂

● 发售日期/1990年12月16日　　● 售价/8800日元
● 发行商/IMAGINEER

　　这是一款模拟游戏。玩家扮演上帝，目标是带领人类走向繁荣，并消灭敌对种族（恶魔）。在游戏中，上帝无法直接对人类进行指挥，需要通过改变地面的形状来建设城镇，并创造地震、火山等"奇迹"，从而实现目标。移植自欧美PC游戏。

ファイナルファイト | Final Fight

快打旋风

● 发售日期/1990年12月21日　　● 售价/8500日元
● 发行商/CAPCOM

　　一款横向卷轴格斗类动作游戏。为了拯救被绑架的美女，玩家扮演她的市长父亲或她的恋人，与凶残的犯罪团伙战斗。玩家可以用拳打、脚踢和摔投，或捡起地上掉落的铁管等武器攻击，游戏节奏恰到好处。敌方BOSS也独具个性，受到玩家们的好评。移植自街机游戏。

SDザ・グレイトバトル 新たなる挑戦

SD英雄大战 新的挑战

- ●发售日期/1990年12月29日　●售价/8200日元
- ●发行商/BANPRESTO

这是一款俯视视角的动作游戏。玩家可操纵SD英雄们（假面骑士1号、奥特曼、高达等），去打败怪兽、怪人、原创角色所属的敌对组织。每个角色都有自己的必杀技，皮古蒙等敌方角色还能成为同伴。这是BANPRESTO出品的第一款超任游戏。

北美版超级任天堂"SNES"

海外版超任的官方名称是"Super Nintendo Entertainment System"（SNES）。主要在北美地区发行。由于机身和卡带的形状都与日版不同，所以不能兼容。之所以在外观上有所区别，是因为圆润的设计并不符合当地人的喜好。欧洲版则与日版基本相同。

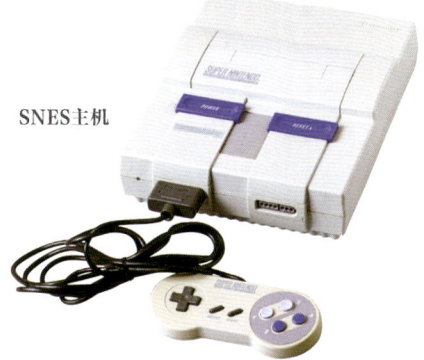

SNES主机

SNES专用卡带

广告传单一览

《超级马力欧世界》

《F-ZERO》

《超级密特罗德》

《炎之纹章 纹章之谜》

《最终幻想5》

《半熟英雄 啊啊世界变半熟》

超级任天堂百万销量游戏（日本）

在日本国内，共有29部作品的销量超过100万份。其中，4部作品的销量达到300万份，八部作品的销量达到200万份。在这些作品中，许多与《超级马力欧》相关的游戏都榜上有名，《超级森喜刚》系列所有作品的销量都超过了100万份。任天堂的实力可见一斑。

此外，两大日式角色扮演系列游戏《勇者斗恶龙》和《最终幻想》的表现也十分强劲，所有作品（除《最终幻想4 简易版》外）的销量均达到百万级。就连《勇者斗恶龙》的重制版也取得了百万销量的好成绩，这一点不容忽视。《圣剑传说

2》和《浪漫沙加》2·3的销量也超过了100万，可见当时的玩家十分喜爱SQUARE的作品。

《街头霸王2》也有三部相关作品的销量超过了100万份。初代《街头霸王2》的销量甚至差点儿达到300万份，这一数字非常惊人。此外，《超武斗传》也有两部作品上榜，究其原因，除了在游戏推出时格斗游戏空前繁荣外，也与原作、著名战斗漫画《龙珠》的人气密不可分。

文字来源/复古游戏爱好会

1位

《超级马力欧卡丁车》
382万份

2位

《超级马力欧世界》
355万份

3位

《勇者斗恶龙6 幻之大地》
320万份

4位

《超级森喜刚》
300万份

> 超级任天堂
> 共有四部
> 三百万级销量游戏

	超级任天堂百万销量游戏一览（日本）				
1	超级马力欧卡丁车	382万份	16	圣剑传说2	150万份
2	超级马力欧世界	355万份	17	超级马力欧RPG	147万份
3	勇者斗恶龙6 幻之大地	320万份	18	龙珠Z 超武斗传	145万份
4	超级森喜刚	300万份	19	最终幻想4	140万份
5	街头霸王2	290万份	19	勇者斗恶龙3 接着迈向传说	140万份
6	勇者斗恶龙5 天空的新娘	280万份	21	浪漫沙加3	130万份
7	最终幻想6	250万份	22	超级街头霸王2	129万份
8	最终幻想5	240万份	23	龙珠Z 超武斗传2	120万份
9	超级森喜刚2 迪科斯与迪迪	221万份	23	勇者斗恶龙1·2	120万份
10	超级马力欧合集	212万份	23	德比赛马3	120万份
11	街头霸王2加强版	210万份	26	塞尔达传说 众神的三角神力	116万份
12	超时空之轮	200万份	27	浪漫沙加2	110万份
13	耀西岛	177万份	27	德比赛马96	110万份
13	超级森喜刚3	177万份	27	超级卡比之星	110万份
15	超级噗哟噗哟	170万份			

※本页刊载的数据全部来自《2019CESA游戏白皮书》（一般社团法人Computer Entertainment协会出版）。
※上述数据为日本国内的出货数量。

超级任天堂

1991年

Super Famicom

Nintendo
SUPER Famicom

シムシティ | SimCity

模拟城市

●发售日期/1991年4月26日　　●售价/8000日元
●发行商/任天堂

发展属于你的城市
模拟养成类游戏杰作

　　将此前在PC上发行的沙盒类模拟养成游戏移植到超任上。游戏的玩法是发展城市并增加人口，而在普通模式下没有设置明确的目标。这款游戏最大的特点是，玩家可以享受作为市长自由建设城市的乐趣。故事模式则有明确的目标，玩家要对一个已经具有一定规模的城市进行建设。虽然这两种模式的游戏系统完全相同，但玩起来的感觉却不一样。

　　城市中的住宅区、商业区和工业区必须保持良好的平衡，还需要维护治安、防止灾害和交通阻塞。这是一个看起来麻烦、实际上非常有趣的游戏。

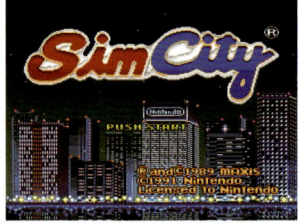

ファイナルファンタジーIV | Final Fantasy II

最终幻想4

●发售日期/1991年7月19日　　●售价/8800日元
●发行商/SQUARE

发售前就已收获极高人气
必然成为热点的超级大作

　　SQUARE的当家作品，人气角色扮演游戏系列的第四作。本作引入了新系统等内容，足以看出开发商对超任这个新主机的重视。这款游戏的核心是名为即时战斗的战斗系统，其机制是在玩家输入指令的同时，敌方角色也在实时行动。本作的故事背景十分宏大，从地球飞跃到月球之上，各种角色的加入和离开能让人想起《最终幻想2》。

　　《最终幻想4》在发售前，就已经成为当时的热门话题，上市后大受欢迎，迅速售罄。这是超任上第一款销量超过百万的第三方游戏。

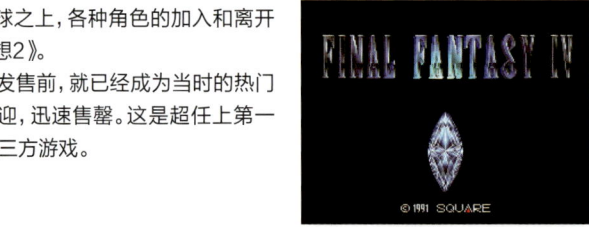

超魔界村 | Super Ghouls 'n Ghosts

超魔界村

●发售日期/1991年10月4日　●售价/8500日元
●发行商/CAPCOM

魔界村系列首款家用主机游戏

　　CAPCOM发行的热门横向卷轴动作游戏系列的第三作。本作不是街机游戏的移植版本，而是一款原创作品。在游戏中，玩家控制主角亚瑟前去营救公主。虽然故事情节老套，但这次加入了二段跳和青铜甲等新系统。

　　本作延续了《魔界村》系列的基本玩法，比如主角使用投掷型武器，被敌人击中后主角会变成只穿短裤的样子等，该系列的固定元素都完整地保留了下来。《魔界村》系列游戏从一开始就以高难度著称，本作同样不简单，并且依然是通关两次才能完成游戏结局。

ゼルダの伝説 神々のトライフォース | The Legend of Zelda: A Link to the Past

塞尔达传说 众神的三角神力

●发售日期/1991年11月21日　●售价/8000日元
●发行商/任天堂

画质得到大幅度提升
丰富多彩的动作成为可能

　　1991年底引起热烈反响的超级大作。《塞尔达》系列游戏在红白机磁碟机系统上推出后，成为任天堂最具代表性的系列作品之一，而这款游戏在系列第二作《林克的冒险》发售后的第五年发行。游戏为俯视视角的动作冒险类型，是一款可以体验解谜和战斗乐趣的作品。除了基本的剑和盾之外，玩家还需要使用各种各样的武器和道具来击败敌人、解决难题。

　　这款游戏使用了与初代作品相同的俯视视角，内容大幅提升，成为超任上第三款销量突破百万的作品，推动了超任主机的销量。此外，本作还获得了玩家的超高评价，被认为是一款影响了该系列后续作品的杰作。

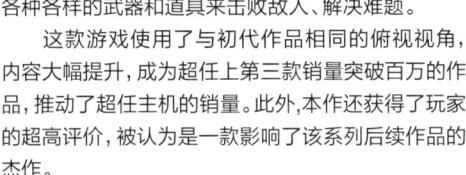

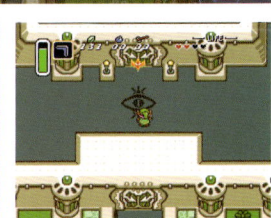

ジャンボ尾崎のホールインワン | Hal's Hole in One Golf
巨人尾崎高尔夫

●发售日期/1991年2月23日　●售价/8900日元
●发行商/HAL研究所

　　职业高尔夫球手尾崎将司负责监制的高尔夫游戏。球场以3D方式显示，有"击球""锦标赛""对战"等六种模式，除了可以与尾崎将司对战外，还能得到他的建议。这款游戏也有红白机版。

ダライアスツイン | Darius Twin
太空战斗机2

●发售日期/1991年3月29日　●售价/8500日元
●发行商/TAITO

　　一款横向卷轴射击游戏。游戏中登场的敌方角色以深海鱼等海洋生物为原型，支持两个玩家同时进行游戏。玩家可以选择自己喜欢的路线，所走的路线不同，结局也不同。虽然移植自街机版，但玩法发生了很大变化。这是TAITO推出的第一款超任游戏。

ピッグラン
野外大赛车

●发售日期/1991年3月20日　●售价/8700日元
●发行商/JALECO

　　一款移植自街机的3D赛车游戏。以巴黎−达喀尔汽车拉力赛为主题，玩家从签订赞助协议开始，准备好赛车、零件和工作人员来应对比赛，目标是在计算零件磨损等数据的同时减少损坏，完成变化多端的各个关卡。

遙かなるオーガスタ
奥古斯塔高尔夫

●发售日期/1991年4月5日　●售价/9800日元
●发行商/T&E SOFT

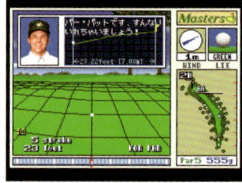

　　这是一款3D高尔夫模拟游戏。游戏对奥古斯塔高尔夫球俱乐部进行了真实再现，该俱乐部作为美国名人赛的举办地而闻名全球。移植自同名PC游戏。除超任版之外，本作还移植到世嘉MD等平台，并发行了多款续作。

ウルトラマン | Ultraman: Towards the Future

奥特曼

- ●发售日期/1991年4月6日 ●售价/7800日元
- ●发行商/BANDAI

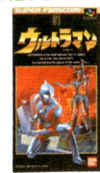

　　一款2D对战格斗游戏。和电视剧一样，游戏中也有"在3分钟内击败敌人""还剩60秒时彩色计时器将闪烁"等设定，变身画面等要素也引起了人们的关注。敌方怪兽有巴尔坦星人和雷德王等，先用普通攻击造成伤害，当显示"FINISH"时，便可使用必杀技"斯派修姆光线"将其击败。

ドラッケン | Drakkhen

屠龙传记

- ●发售日期/1991年5月24日 ●售价/8500日元
- ●发行商/KEMCO

　　一款伪3D角色扮演游戏。游戏以虚构的德拉肯岛为背景。为了拯救世界，玩家要在击败怪物的同时，在岛上进行探索。玩家可以创建四个角色（勇者），每个角色都有不同的职责，其中一些角色还可以选择性别。这款作品移植自欧美的PC游戏，超任版的难度有所降低。

スーパープロフェッショナルベースボール | Super Bases Loaded

超级职业棒球

- ●发售日期/1991年5月17日 ●售价/8700日元
- ●发行商/JALECO

　　超任上的第一款棒球游戏，借鉴了红白机上的热门游戏《燃烧吧！！职业棒球》的玩法。游戏并未采取击球者视角，而是使用了像电视棒球比赛转播一样的视角。由于本作再现了真实的棒球选手们的外形和编号，表现风格独特，受到了棒球爱好者们的喜爱。

ガデュリン

太空小妖精

- ●发售日期/1991年5月28日 ●售价/8800日元
- ●发行商/SETA

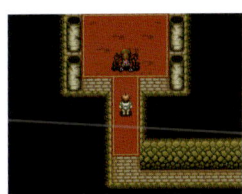

　　超任的第一款日式角色扮演游戏。这款游戏以日式PC游戏《迪冈之魔石》为原型，基于同一世界观，还发行了小说和OVA等多种形式的衍生作品。在这款正统角色扮演游戏中，主角被迫降落到名为"加都林"的星球上。游戏的命中伤害的设定很独特，即便与小怪战斗也不能掉以轻心。

イースIII ワンダラーズ フロム イース | Ys III: Wanderers from Ys

伊苏3 来自伊苏的冒险者

●发售日期/1991年6月21日 ●售价/8800日元
●发行商/TONKIN HOUSE

　　PC平台日式动作类角色扮演游戏的超任移植版，该系列的第三部作品。主角亚特鲁挥舞着剑，打败敌人并不断前进。与前几作不同的是，这次取消了魔法系统，并将画面改为横向卷轴的形式，角色可以跳跃或匍匐前进等，动作性得到了提升。

機動戦士ガンダムF91 フォーミュラー戦記0122

机动战士高达F91 方程式战记0122

●发售日期/1991年7月6日 ●售价/9500日元
●发行商/BANDAI

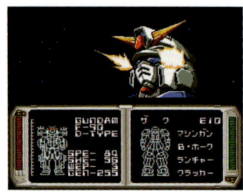 

　　本作是1991年上映的电影《机动战士高达F91》的外传性质的模拟游戏。这款游戏与电影原作有着相同的世界观，但时间设置在电影的故事发生之前。作为《高达》系列的第一款超任游戏，引起了很多人的关注。在游戏中，身为地球联邦军的主角驾驶高达F90与火星独立吉恩军作战。

スーパースタジアム | Nolan Ryan's Baseball

超级棒球场

●发售日期/1991年7月2日 ●售价/8800日元
●发行商/SETA

 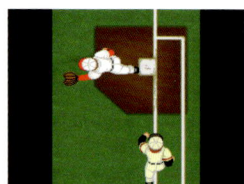

　　超任上的第一款击球手视角的棒球游戏。游戏共有两种模式供玩家选择，分别是共有130场比赛、目标是赢得冠军的锦标赛模式，以及可以创建自己的队伍，并随着比赛的进行积累经验、培养选手、不断强化队伍的原创模式。

スーパーウルトラベースボール | Super Baseball Simulator 1.000

超能力棒球

●发售日期/1991年7月12日 ●售价/8800日元
●发行商/CULTURE BRAIN

　　这是一款击球手视角的棒球游戏，但与真实比赛不同的是，玩家可以花费点数来使用"消失的魔法球"等魔法球或秘技，还可以释放"超防守"等必杀技。游戏分为与电脑对战的公开战模式，以及最多支持六人游玩、共有130场比赛的锦标赛模式。

超级异形战机

SUPER R-TYPE｜Super R-Type

●发售日期/1991年7月13日 ●售价/8500日元
●发行商/IREM

　　这是一款横向卷轴射击游戏，特色是独特生动的视觉特效。本作移植自街机游戏《异形战机2》，在移植时进行了改进，新增了原创关卡、可选难度级别，以及更易于操作的武器，使游戏变得更加简单。不过，如果出现失误，将会回到关卡的起点。

SD战斗躲避球

バトルドッジボール

●发售日期/1991年7月20日 ●售价/9600日元
●发行商/BANPRESTO

　　这是一款运动游戏，SD化的高达、假面骑士、奥特曼等英雄通过躲避球来削减对方的血量。释放每个角色特有的必杀技时需要消耗MP，顺利接到球可以积攒MP。游戏分为故事模式、人机竞争模式和对战模式。

大盗五右卫门 雪姬救出绘卷

がんばれゴエモン ゆき姫救出絵巻｜The Legend of the Mystical Ninja

●发售日期/1991年7月19日 ●售价/8800日元
●发行商/KONAMI

　　人气2D动作游戏的首款超任版。主角为了寻找被绑架的公主，在全国范围内旅行。游戏支持双人同时游戏，1P操纵五右卫门，2P操纵惠比寿丸。超任版不需要像红白机版一样使用通行令牌来过关，取而代之的是必须打败BOSS。

战区88

エリア88｜U.N. Squadron

●发售日期/1991年7月26日 ●售价/8500日元
●发行商/CAPCOM

　　街机平台横向卷轴射击游戏的超任移植版，根据新谷薰的同名漫画改编。玩家在油田和沙漠等富有变化的关卡中通过击败BOSS来过关。过关后获得奖金，奖金可以用来购买武器，从而增强战斗力。游戏支持更换战机。

白熱プロ野球ガンバリーグ | Extra Innings

白热职业棒球 加油联盟

●发售日期/1991年8月9日 ●售价/8500日元
●发行商/EPIC·索尼

　　这是一款击球手视角的正统棒球游戏。角色都是三头身，看起来很可爱。除了可设置锦标赛的场次外，玩家还可以自由地对角色进行设置，组建一支球队，以赢得冠军为目标不断努力。游戏中可以使用触击球和半挥棒等小技巧，还能投出变速球。球棒有时还会折断。

スーパーテニス ワールドサーキット | Super Tennis

超级网球巡回赛

●发售日期/1991年8月30日 ●售价/7800日元
●发行商/TONKIN HOUSE

　　超任上的第一款网球游戏。除了通过参加世界各地的网球比赛来赢得积分、获得优胜的巡回赛模式之外，玩家还可以与同伴进行对战。在游戏中，使用手柄上全部六个按键进行操作便可以打出不同种类的球。球场分为硬地、红土和草地三种类型。

初段 森田将棋

初段森田将棋

●发售日期/1991年8月23日 ●售价/8800日元
●发行商/SETA

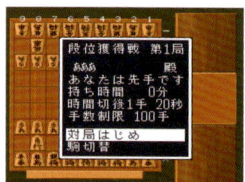

　　这款将棋游戏的名字来自森田和夫，他并不是职业将棋手，而是程序员。除了与初段同等实力的电脑进行常规对战外，游戏中还包含诘将棋，去除了驹的将棋，以及级别和段位判定系统等。除本作之外，森田和夫还曾在多个不同游戏平台开发将棋游戏。他于2012年去世，享年57岁。

ハイパーゾーン | HyperZone

极速地带

●发售日期/1991年8月31日 ●售价/8500日元
●发行商/HAL研究所

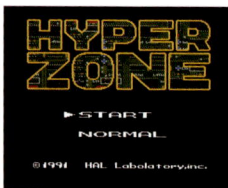

　　这是一款第三人称背后视角的3D射击游戏。消灭敌方角色、破坏障碍物并不断前进，击败关卡最后出现的巨大BOSS，即可过关。游戏共有八个关卡。击败敌人、积累一定的积分后便可以驾驶更加强大的战斗机。游戏背景音乐由《星之卡比》系列的负责人石川淳负责。

ジェリーボーイ | Smart Ball

杰利小子

●发售日期/1991年9月13日 ●售价/8500日元
●发行商/EPIC·索尼

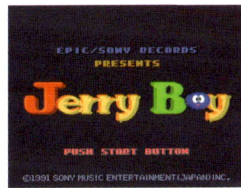

　　在这款动作游戏中，玩家扮演被魔法师变成史莱姆的主角，前往城堡找回被绑架的未婚妻。主角史莱姆没有固定的形态，可以自由移动、伸缩、附着在天花板和墙壁上、将物品吞下和吐出等。

プロサッカー | World League Soccer

职业足球

●发售日期/1991年9月20日 ●售价/8000日元
●发行商/IMAGINEER

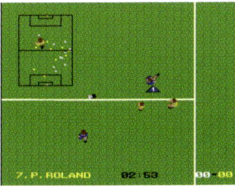

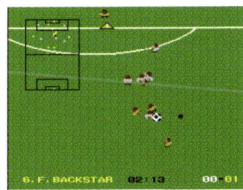

　　欧美PC游戏的超任移植版。这是超任上的第一款足球游戏。游戏采用了从正上方向下俯视的视角。游戏共有五种模式，包括共有八支球队参赛的联赛模式、有24个国家参加的世界杯模式，以及对手只有守门员的练习模式等。玩家可以向八个方向踢球，还可以直接把球带入球门。

スーパー三國志II | Romance of the Three Kingdoms II

超级三国志2

●发售日期/1991年9月15日 ●售价/14800日元
●发行商/KOEI

※复刻版
发售日期／1995年
3月30日
售价／9800日元

　　热门PC游戏的移植作品。除超任外，本作还被移植到很多其他的游戏平台。虽然是策略模拟游戏，但在移植时进行了改进，使操作界面变得更加容易看清，战斗场景的画面也变得更加精美。此外，还新增了宝物系统。剧情由不同时代的六个部分组成。1995年发行了复刻版。

スーパーE.D.F. | Super Earth Defense Force

超级地球防御军

●发售日期/1991年10月25日 ●售价/8700日元
●发行商/JALECO

　　这是一款横向卷轴射击游戏，虽然移植自街机平台，但在移植时对武器和关卡等内容进行了调整。"E.D.F."是"Earth Defense Force"的缩写，意为"地球防御军"。击败敌人能够获得经验值，而积累经验值可以让装备越来越强大。

ファイナルファンタジーIV イージータイプ
最终幻想4 简易版

●发售日期/1991年10月29日　●售价/9000日元
●发行商/SQUARE

　　热门角色扮演游戏的新手、低龄向版本。这个版本的发布时间比原版晚三个月。虽然故事情节相同，但为了让不熟悉角色扮演游戏的人也能完成游戏，道具和魔法的名称，以及台词都变得更容易理解，敌方角色也更容易击败，整体难度有所降低。

雷電伝説 | Raiden Trad
雷电传说

●发售日期/1991年11月29日　●售价/8700日元
●发行商/东映动画

　　街机版纵向卷轴射击游戏《雷电》的超任移植作品。除超任之外，本作还被移植到MD、PCE等平台。玩家操控的飞船"雷电"是一架战斗轰炸机，为保护地球免受外星生命的伤害而使用武器进行战斗。游戏共有八个关卡，支持两人同时游戏。弹幕和爆炸之类的特效非常华丽。

悪魔城ドラキュラ | Super Castlevania IV
超级恶魔城4

●发售日期/1991年10月31日　●售价/8800日元
●发行商/KONAMI

　　一款横向卷轴动作游戏，玩家使用鞭子来击败敌人、向前移动。身为吸血鬼猎人的主角为了打败吸血鬼德古拉，只身前往怪物们的巢穴——以特兰西瓦尼亚城堡为原型的恶魔城。除了2D横向视角外，还利用了超任的旋转、放大和缩小功能来表现场景。

JOE&MAC 戦え原始人 | Joe & Mac
战斗原始人

●发售日期/1991年12月6日　●售价/8500日元
●发行商/DATA EAST

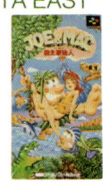

　　这是一款横向卷轴动作游戏。游戏主角是一个三头身、长得十分滑稽的原始人，他用棍子敲击或投掷石块来打倒恐龙和猛犸象等敌人。游戏移植自街机版。过关时，金发的八头身美女将会给主人公一个吻。

スーパーフォーメーションサッカー | Super Soccer

超统构足球

● 发售日期/1991年12月13日 ● 售价/7700日元
● 发行商/HUMAN

　　这是一款纵向卷轴足球游戏，如无人机航拍般的3D画面令人印象深刻。除了与电脑对战的锦标赛模式和与同伴对战的竞技模式之外，还可与电脑分别操控1P和2P合作进行游戏。玩家可以选择各具特色的16支队伍和八种不同的阵形来进行游戏。

ちびまる子ちゃん「はりきり365日」の巻

樱桃小丸子 365天日记

● 发售日期/1991年12月13日 ● 售价/8800日元
● 发行商/EPOCH

　　以《樱桃小丸子》的主角樱桃子的日常生活为原型的桌面游戏。正如标题所示，玩家将在一个标注着一年365天的日历风格的地图上，按照轮盘所示的格数前进。地图上有与季节相关事件的方块，还可以使用作业等道具。

スーパーワギャンランド

超级瓦强世界

● 发售日期/1991年12月13日 ● 售价/8300日元
● 发行商/NAMCO

　　这是一款跳跃类动作游戏，是红白机版《瓦强世界》系列的续作。主角瓦强是一只Q版的幼年恐龙，用声音打击对手使其无法移动，并在横向卷轴的关卡中不断前进。BOSS战以迷你游戏的形式进行。游戏难度可进行调整，所以即使是孩子也可以玩得很开心。

ラグーン | Lagoon

礁湖传说

● 发售日期/1991年12月13日 ● 售价/8500日元
● 发行商/KEMCO

　　PC平台日式动作角色扮演游戏的超任移植作。剧情采用了此类游戏的主流设定，主角勇者通过跳跃以及魔杖和水晶组合后释放的魔法等动作不断向前行进。标题中的"礁湖"是目的地城堡的名字。和城镇中的人们对话能获得一些旅途提示。

レミングス｜Lemmings

疯狂小旅鼠

●发售日期/1991年12月18日 ●售价/8500日元
●发行商/SUNSOFT

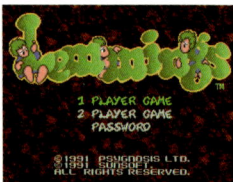

　　欧美同名PC游戏的超任移植版。游戏中的旅鼠们只会自动地沿直线行走，玩家需要指示它们进行挖洞或爬上墙壁等，从而带领它们抵达出口。抵达终点时，剩下的旅鼠个数达到每一关的规定，才能过关。

ダンジョン・マスター｜Dungeon Master

地下城主

●发售日期/1991年12月20日 ●售价/9800日元
●发行商/VICTOR ENTERTAINMENT

　　PC平台欧美角色扮演游戏的超任移植版。游戏采用第一人称视角的3D画面，在地下城中进行探索。玩家需要四处走动，收集提示。随着时间流逝，角色还会感到饥饿。即使还没准备好，伴随着声音出现的怪物也会毫不留情地攻击玩家。

スーパーファイヤープロレスリング

超级热血摔角世界

●发售日期/1991年12月20日 ●售价/8500日元
●发行商/HUMAN

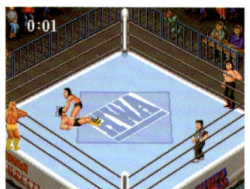

　　这是一款移植自PC Engine的作品，也是超任首款职业摔角游戏。玩家可以使用以真实的摔角手和必杀技为原型的20多位虚构摔角手。游戏共有官方联赛、表演赛、团队赛等五种模式。游戏完美再现了职业摔角的特色，例如面部彩绘和场外乱斗等。

ディメンジョンフォース｜D-Force

垂直作战

●发售日期/1991年12月20日 ●售价/8500日元
●发行商/ASMIK

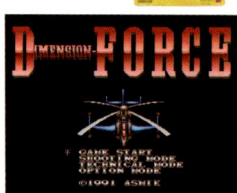

　　这是一款横向卷轴射击游戏。玩家驾驶直升机作战，武器只有机枪，没有炸弹。获得道具就能变强，攻击也会变得更加华丽。以各个不同的时代为原型的七个关卡在空中和地面上展开，玩家可以自由地上升和下降来进行攻略。

SDガンダム外伝 ナイトガンダム物語 大いなる遺産

SD高达外传 骑士高达物语 伟大的遗产

●发售日期/1991年12月21日 ●售价/9500日元
●发行商/ANGEL

　　以SD英雄骑士高达为主角，以剑与魔法的世界为背景的角色扮演游戏，共包含四个不同的故事。游戏引入了卡片系统（CARDDASS），在游戏中可以通过召唤术来召唤所收集的集换式卡片上的角色（非控制类）。卡号与真实的集换式卡片相同。

サンダースピリッツ | Thunder Spirits

闪电出击

●发售日期/1991年12月27日 ●售价/8600日元
●发行商/东芝EMI

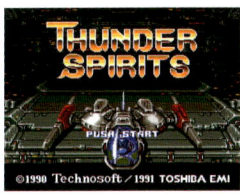 

　　世嘉MD游戏《雷霆力量3》的超任移植版。虽然是一款横向卷轴射击游戏，但有时也会出现向正上方或斜向滚动的画面。玩家分别使用七种不同的武器来攻略八个画面精美的关卡。有些关卡是超任版原创的。

スーパー信長の野望 武将風雲録 | Nobunaga's Ambition: Lord of Darkness

信长之野望 武将风云录

●发售日期/1991年12月21日 ●售价/11800日元
●发行商/KOEI

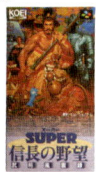 

　　历史模拟游戏《信长之野望》系列的第四作。本作的主题是"文化与技术"，游戏中甚至可以举办茶会。与商人之间的相处方式十分重要，而火炮、铁甲船等新武器的使用方法将决定战斗的结果。游戏支持玩家对战，还具有入门模式和实力模式。

反省ザルジローくんの大冒険 | Spanky's Quest

反省猴吉洛君大冒险

●发售日期/1991年12月27日 ●售价/7000日元
●发行商/NATSUME

　　这是一款以真实存在的猴子吉鲁为原型的动作游戏。对这只可爱的猴子说"反省！"，它就会像经过训练一般，做出手撑住膝盖的反省动作。游戏目标是用风格滑稽的简单操作来避开陷阱，得到钥匙，逃离被锁住的房间。

スーパーチャイニーズワールド | Super Ninja Boy

超级中国拳世界

●发售日期/1991年12月28日 ●售价/8800日元
●发行商/CULTURE BRAIN

　　这是一款功夫动作角色扮演游戏。杰克和刘两个男孩将在中国拳世界展开冒险。游戏支持双人同时进行游戏。根据对手的不同，有动作和指令选择两种战斗方式。由于主角是中国人，所以游戏中的道具和音乐也充满了中国风。

バトルコマンダー 八武衆、修羅の兵法

SD指挥官 八武众修罗兵法

●发售日期/1991年12月29日 ●售价/9800日元
●发行商/BANPRESTO

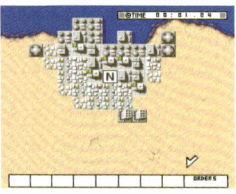

　　一款战略模拟游戏。玩家将从以机器人动画中的"高达""艾尔盖姆""魔神""盖塔机器人"等角色为原型的三个种族中选择一种，率领它们达成过关条件（如占领敌军的GHQ等），从而顺利过关。"八武众"指的是包括骑士在内的八类不同兵种。

シムアース | SimEarth

模拟地球

●发售日期/1991年12月29日 ●售价/9600日元
●发行商/IMAGINEER

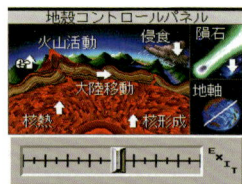

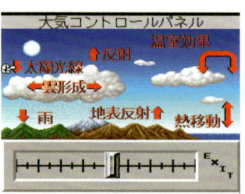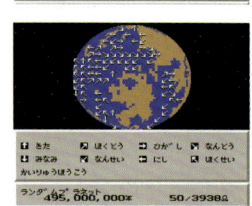

　　这是一款大型生态类模拟游戏。玩家将从地球的诞生开始，对环境进行控制，使地球成为一个可以让人类繁衍生息的星球。虽然游戏的自由度很高，但故事却不简单，而这里也有可能成为一个非人类文明的世界。

超级任天堂游戏软件
版本差异

　　超任前三款游戏软件的外包装上印有的品牌标识存在着版本差异。超任品牌标识"SUPER FAMICOM"的字样一般是印在方框外的，只有在最开始的几款游戏的包装上，它们被放在了方框内部。

早期版　　　　　　普通版

《超级马力欧世界》　　　《F-ZERO》

《飞行俱乐部》

超级任天堂

1992年

Super Famicom

Nintendo
SUPER Famicom

ロマンシング サ・ガ

浪漫沙加

● 发售日期/1992年1月28日 ● 售价/9500日元
● 发行商/SQUARE

舍弃简单易懂的乐趣
试图打破常规

这是一款实验性质的游戏，它为传统的角色扮演玩法带来了变革，虽然存在着BUG较多等等不足，但还是受到了玩家们的高度评价，并且拥有很多狂热粉丝。虽然游戏标题继承自Game Boy的《沙加》系列，但游戏系统经过了全新设计，故事情节也与GB版没有关联。

这款游戏最显著的特色是开放式剧情系统，根据主角所采取的不同行动，剧情会发生相应变化。主角可在八个角色中进行选择，玩家还可以自由选择同伴角色。此外，游戏中没有经验值或等级的概念，通过反复的战斗，角色会逐渐变强，因此这款游戏对于战略性的要求要高于一般的角色扮演游戏。

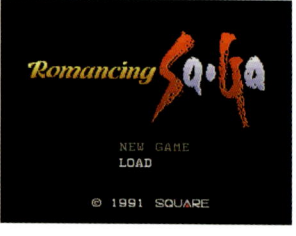

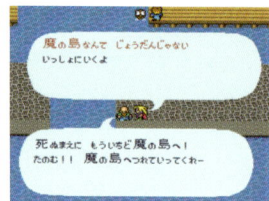

ストリートファイターII | Street Fighter II: The World Warrior

街头霸王2

● 发售日期/1992年6月10日 ● 售价/9800日元
● 发行商/CAPCOM

游戏厅中的激情气氛
在家用机上得到再现

《街头霸王2》的超任移植版。这款游戏曾改变了街机游戏的历史，并带来了对战格斗游戏的巨大繁荣。超任移植版使用了大容量储存卡带，游戏素质毫不逊色于街机原版，使全日本的粉丝陷入了兴奋状态。当时，有些人对于去街机厅依旧抱着抵触的心态，他们不愿意与不认识的玩家对战。

随着超任版《街头霸王2》的推出，对战玩法普及开来，这股热潮也进一步扩大。最终，《街头霸王2》的总销量为288万份。这款游戏也成为超任史上销量第五的游戏，而《街头霸王》系列的另两款游戏也进入了百万销量的行列，备受好评。

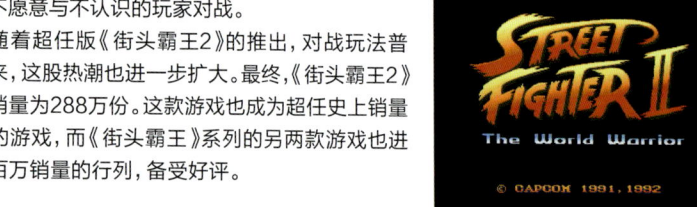

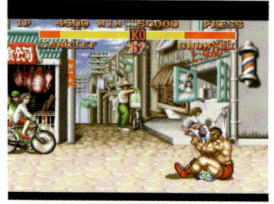

マリオペイント｜Mario Paint

马力欧绘图

● 发售日期/1992年7月14日 ● 售价/9800日元
● 发行商/任天堂

作为未来的游戏外设
是一笔有意义的初始投资

　　超任是第一款将计算机输入设备鼠标作为外设的家用主机。《马力欧绘图》与鼠标捆绑销售。虽然售价高达9800日元，相对较贵，但套装中包含了鼠标、鼠标垫、鼠标清洁器和一款游戏，性价比还是很高的。当时，鼠标作为电脑配件还不是很普及，想必有很多人是通过这款游戏才第一次接触到鼠标。

　　《马力欧绘图》的内容十分丰富，除了可以自由绘画外，还能够创作旋律，甚至制作动画。虽然超任鼠标的专属游戏只有《马力欧绘图》和《马力欧与瓦力欧》这两款作品，但支持使用超任鼠标的游戏数量却出乎意料地多。

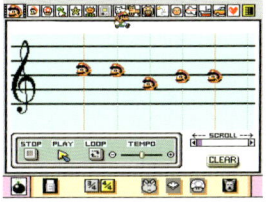
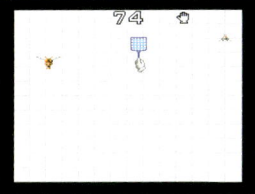
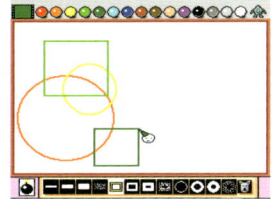

スーパーマリオカート｜Super Mario Kart

超级马力欧卡丁车

● 发售日期/1992年8月27日 ● 售价/8900日元
● 发行商/任天堂

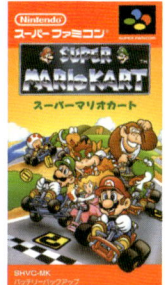

现在仍十分火爆的
系列作品初代作

　　在日本，《超级马力欧卡丁车》是超任平台的所有游戏中销量最高的作品。这是一款伪3D赛车游戏，玩家可以在四个类型的能力各不相同的八个角色中进行选择。游戏共有四种模式，分别是GP竞速模式、时间竞速模式、一对一对战模式和战斗模式。独自进行游戏时，可以尝试通关GP模式或在时间竞速模式中打破纪录。也可以和朋友一起玩，享受对战的乐趣。这款游戏操作简单，即便是新手也能很快上手。使用道具可以对别人进行干扰，这也是本作非常有趣的地方。

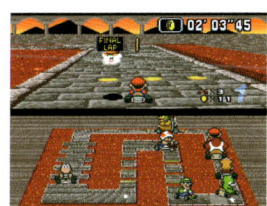

ドラゴンクエストV 天空の花嫁

勇者斗恶龙5 天空的新娘

● 发售日期/1992年9月27日 ● 售价/9600日元
● 发行商/ENIX

注定会引起热潮的超级大作
出人意料的剧情引起热议

　　日本国民级人气角色扮演游戏的第五作。本作的发售奠定了超任主机的稳固地位，使它相对于同世代的其他主机具有压倒性的优势。自第一作开始，这个系列游戏的基本要素基本保持一致，《勇者斗恶龙5》也继承了该系列惯有的俯视视角画面和指令选择式的战斗系统。

　　与前作不同的是，本作中的主角并不是勇者，在不同的年代，主角的职业会发生变化。而故事情节也比前几作更加生动，尤其是至今仍被玩家们津津乐道的婚姻系统。即便后来又陆续推出了多款系列作品，《勇者斗恶龙5》依旧很受欢迎，甚至有很多玩家将这款游戏视为系列最佳作品。

ファイナルファンタジーV

最终幻想5

● 发售日期/1992年12月6日 ● 售价/9800日元
● 发行商/SQUARE

生动的故事情节与
高自由度的系统的完美结合

　　这是《最终幻想》系列的第五部作品，在前作发售后一年半左右上市，引发了超越前作的热潮。系统方面，本作对《最终幻想3》的职业变换系统加以扩展，同伴角色的职业可自由变更。初始阶段可选择的职业有限，但随着获得的水晶碎片的增长，可选择的职业也会增加。除了经验值，玩家还可以获得能力值，这些能力值能够用来学习自身职业所属的技能。同时，能力值还可以用来学习非自身职业的技能，例如使用两种类型的魔法、让修道士进行跳跃攻击等。

　　这还是一款具有成就要素的游戏，例如在游戏的最终阶段，玩家可以与和剧情无关的最强敌方角色进行战斗。

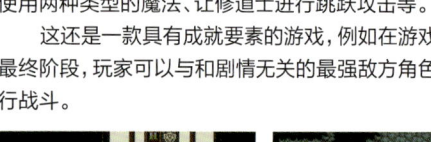

高橋名人の大冒険島 | Super Adventure Island
高桥名人的大冒险岛
● 发售日期/1992年1月11日 ● 售价/8500日元
● 发行商/HUDSON

　　这是一款以红白机全盛时期孩子们心中的偶像高桥名人为原型开发的横向卷轴动作游戏。超任版在红白机版的基础上增加了跳跃和下蹲动作。为了让变成石头的恋人恢复原状，主角需要击败敌人，用跳跃来避开障碍物，不断前进。

ドラゴンボールZ 超サイヤ伝説
龙珠Z 超级赛亚人传说
● 发售日期/1992年1月25日 ● 售价/9500日元
● 发行商/BANDAI

　　这是一款角色扮演游戏。游戏剧情从孙悟空的哥哥赛亚人拉蒂兹的现身开始，一直到在弗利萨行星上击败弗利萨为止。游戏中的战斗并不是通常的动作类，而是以卡牌战的形式进行。除了角色和技能的名称，角色的强弱也忠于原著。

プロフットボール | John Madden Football
职业美式橄榄球
● 发售日期/1992年1月17日 ● 售价/7900日元
● 发行商/IMAGINEER

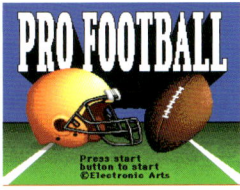 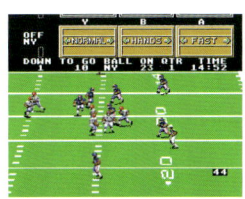

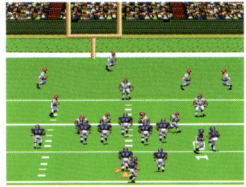 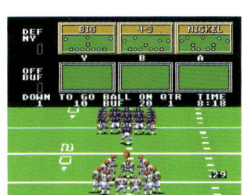

　　移植自欧美版世嘉MD的游戏。本作由在美国十分受欢迎的美式橄榄球解说员约翰·马登负责监制。在这款3D画面的美式橄榄球游戏中，美国职业橄榄球大联盟的球队和球员们都以真名登场。游戏目标是调整阵形，带领队伍走向胜利。

ソウルブレイダー | Soul Blazer
创世封魔录
● 发售日期/1992年1月31日 ● 售价/8800日元
● 发行商/ENIX

　　一款俯视视角的动作类角色扮演游戏。游戏主角是一名剑士，在击败场景中的魔物并封印巢穴后，被困住的灵魂将得到解放并重返小镇。此外，和其他角色交谈还能够得到推动故事情节的提示。游戏中还会出现多把具有特殊效果的剑。

ドラゴンスレイヤー英雄伝説

屠龙魔导士 英雄传说

●发售日期/1992年2月14日 ●售价/9800日元
●发行商/EPOCH

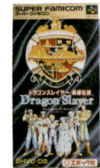 

　　热门PC游戏的移植作,支持专用条码扫描仪Barcode Battler,是该系列的第6款作品。游戏类型为角色扮演,通过选择指令来推动故事发展。主角是位王子,在他年少时的怪物袭击中,国王不幸逝世。游戏初期王子独自前进,随着故事的发展同伴会不断增加,最终结成最多4人的队伍。

魂斗羅スピリッツ | Contra III: The Alien Wars

魂斗罗精神

●发售日期/1992年2月28日 ●售价/8500日元
●发行商/KONAMI

　　自街机版开始就备受欢迎的动作射击游戏的超任版。游戏中的关卡有两种类型,分别是横向卷轴类型和俯视视角类型。玩家控制如同好莱坞动作演员般肌肉发达的战士比尔和兰斯,用各种各样的武器与外星人战斗。支持两个玩家同时游戏。

エキゾースト・ヒート | F1 ROC: Race of Champions

热爆赛车

●发售日期/1992年2月21日 ●售价/8900日元
●发行商/SETA

　　这是一款模拟F1比赛的单人3D赛车游戏。赢得比赛会获得赏金,赏金可以用来购买发动机或零件,从而对赛车进行改装。游戏中可以对零件进行非常细致的设定。游戏共有16条以真实的F1赛道为原型的赛道,例如蒙特卡洛赛道。

ロケッティア | The Rocketeer

火箭手

●发售日期/1992年2月28日 ●售价/8900日元
●发行商/IGS

　　一款根据迪士尼同名电影改编的横向卷轴动作游戏。游戏主角背着一个能在空中飞行的火箭背包,参加飞机比赛,进行射击和格斗,随着故事的发展不断前进。游戏中间插入的说明画面为美式漫画风格。

スーパーバーディー・ラッシュ
超级博蒂高尔夫
- ●发售日期/1992年3月6日 ●售价/8800日元
- ●发行商/DATA EAST

　　一款俯视视角的高尔夫游戏。除了击球模式和锦标赛模式外，还可以进行对战。这款游戏操作简单，难度较低，而且如标题所示，能打出很多小鸟球。果岭草的种类有本特草和高丽草两种可供选择。本作是红白机游戏《高尔夫俱乐部》的超任版。

弟切草
弟切草
- ●发售日期/1992年3月7日 ●售价/8800日元
- ●发行商/CHUNSOFT

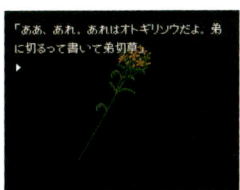

　　这是题材新颖的"有声小说类游戏"的第一作。这个类型的作品非常注重声音的展现，例如在制作时对现实中的声音进行采样。在游戏中，各种选项会不断出现，故事走向也随着不同的选择而改变。并且，反复进行游戏，选项也会随之增加和发生变化。

R.P.M.レーシング｜RPM Racing
RPM赛车
- ●发售日期/1992年3月19日 ●售价/8800日元
- ●发行商/VICTOR ENTERTAINMENT

　　一款斜上方视角的越野赛车游戏。画面分为上下两部分。游戏包含单人、双人和对战模式。在比赛中获得的奖金可以用来购买轮胎、引擎、其他零部件，以及作为武器使用的地雷。如果与其他车相撞，将会对赛车造成损伤，最终发生爆炸。

スーパー伊忍道 打倒信長｜Inindo: Way of the Ninja
超级伊忍道 打倒信长
- ●发售日期/1992年3月19日 ●售价/11800日元
- ●发行商/KOEI

　　移植自PC游戏，前半部分是角色扮演游戏，后半部分是模拟游戏。标题中"伊忍道"的"伊"指的是游戏的主角所属伊贺忍者的"伊"。主角的全家被织田信长杀害，为了复仇，他要完成任务，与各地的战国大名结盟，最终打倒织田信长。

新世紀GPXサイバーフォーミュラ | Cyber Spin

新世纪GPX高智能方程式赛车

●发售日期/1992年3月19日 ●售价/8800日元
●发行商/TAKARA

　　根据同名动漫作品改编的赛车游戏。这款游戏采用俯视视角，玩家驾驶时速500千米的未来汽车"赛博方程式"在赛道上奔驰。游戏有剧情模式，剧情和画面设定都来自动画原作。还有可选择赛车的自由模式。赛车具有加速等功能。

ファイナルファイト・ガイ | Final Fight Guy

快打旋风 凯

●发售日期/1992年3月20日 ●售价/8500日元
●发行商/CAPCOM

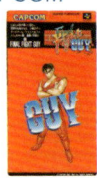

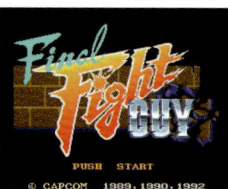

　　这个版本的《快打旋风》的主角是凯，他曾出现在街机版中，但在超任版中被删掉了。虽然增加了一些新元素，但本作的系统基本和前作一致，都是横向卷轴动作游戏。凯是个忍者，动作比哈格更灵活，因此他能够对敌人进行灵活的攻击并将敌人击倒，这是哈格无法做到的。

超攻合神サーディオン | Xardion

超攻合神

●发售日期/1992年3月20日 ●售价/8800日元
●发行商/ASMIK

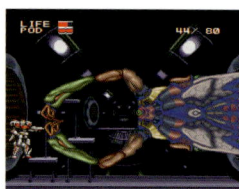

　　一款具有角色扮演要素的横向卷轴射击游戏。由角木肇负责机械设计，由GAINAX公司和阵容强大的团队共同负责画面表现。玩家可以驾驶颜色、设计、性能各不相同的三台机器人来应对不同的关卡。打败敌人后可以对机器人进行升级。

S.T.G. | Strike Gunner S.T.G.

重装战机S.T.G

●发售日期/1992年3月27日 ●售价/8900日元
●发行商/ATHENA

　　移植自街机的作品。游戏类型为纵向卷轴射击游戏，支持两人同时游戏。除了普通射击外，游戏中还有15种特殊武器，在进入关卡前可以选择装备其中的一种，不过特殊武器的子弹有限。此外，还可以将两架飞机组合起来进行强力攻击。游戏共有八个关卡。

カードマスター リムサリアの封印 | Arcana

魔幻精灵卡 里姆萨利亚的封印

- ●发售日期/1992年3月27日 ●售价/8900日元
- ●发行商/HAL研究所

　　一款3D画面的地下城角色扮演游戏。在战斗场景中，玩家使用魔幻精灵卡作为特殊武器进行战斗。寄宿着精灵的卡牌具有各自的属性，卡牌与敌人属性相同时，攻击力会提升。除卡牌外，还可以使用剑和魔法来击败敌人。游戏由五个章节组成。

スーパーヴァリス 赤き月の乙女 | Super Valis IV

超级梦幻战士 红月少女

- ●发售日期/1992年3月27日 ●售价/8500日元
- ●发行商/NIPPON TELENET

　　一款横向卷轴动作游戏，移植自PCE平台，移植版对系统和视觉效果等方面做出了大幅改进。主人公蕾娜所使用的剑名为"瓦里斯"，虽然看起来是一把剑，但它除了通常的功能之外还能发射子弹。游戏中插入的图片都是动画风格的。

ザ・グレイトバトルⅡ ラストファイターズツイン

SD英雄大战2 最终战士Twin

- ●发售日期/1992年3月27日 ●售价/8200日元
- ●发行商/BANPRESTO

　　一款支持双人游戏的横向卷轴格斗类动作游戏。玩家可使用SD化的奥特曼、高达和假面骑士三位英雄以及BANPRESTO的原创英雄罗亚。英雄们与可使用各种华丽必杀技的角色们进行战斗，并收集四颗能够实现愿望的胶囊。

スーパーファミスタ | Super Batter Up

超级家庭棒球

- ●发售日期/1992年3月27日 ●售价/7900日元
- ●发行商/NAMCO

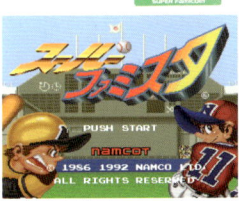 

　　来自红白机的击球手视角的棒球游戏。这是该人气系列在超任上的第一作，取得了日本棒球机构的官方授权。来自中央联盟和太平洋联盟的球队和球员都以真名在游戏中登场（1992赛季）。游戏具有正式比赛、全明星赛、红白赛、选拔赛等模式。支持双人游戏。

スマッシュT.V. | Super Smash TV

霹雳趣味大竞赛

●发售日期/1992年3月27日 ●售价/7800日元
●发行商/ASCII

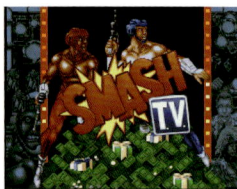 

　　这是一款射击类动作游戏。玩家参加一项虚构的生存类电视节目《霹雳趣味大竞赛》，通过不断射击，尽力存活下来。游戏背景设定为杀戮游戏，略显黑暗。画面采用俯视视角，使用四个按键可向八个方向移动并战斗。支持双人游戏。

ハットトリックヒーロー | Super Soccer Champ

帽子戏法足球英雄

●发售日期/1992年3月27日 ●售价/8000日元
●发行商/TAITO

　　移植自街机的斜向下视角的横向卷轴足球游戏。游戏中的球队以全球八个国家的球队为原型，同屏显示的球员人数在11人以内。按下对应的按键就可以做出殴打对方球员的粗暴动作，但三次犯规就会被淘汰出局。

トップレーサー | Top Gear

顶级赛车

●发售日期/1992年3月27日 ●售价/7800日元
●发行商/KEMCO

　　画面分为上下两部分的3D赛车游戏。游戏支持人机对战和双人对战。玩家可以从四种赛车中选择一种，在公路上而不是赛车场上飞驰，并争夺名次。这不是一款真实风格的作品，比赛时可使用道具进行疯狂加速，赛道上还有障碍物，十分刺激。

バトルグランプリ | Battle Grand Prix

战斗GP赛车

●发售日期/1992年3月27日 ●售价/8500日元
●发行商/NAXAT

 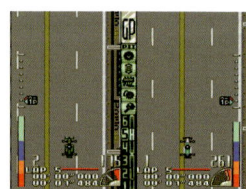

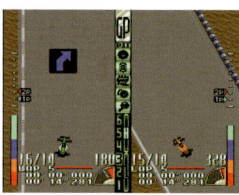 

　　一款俯视视角的F1赛车游戏。游戏画面被垂直地分为左右两部分。游戏中有八支队伍，玩家可以对赛车的设置进行细致调整，然后在以世界各地的赛车场为原型的赛道上进行比赛。比赛中突然下雨时需要更换轮胎等细节十分真实。

ラッシング・ビート | Rival Turf!

快打刑事

- ●发售日期/1992年3月27日 ●售价/8700日元
- ●发行商/JALECO

　　一款横向卷轴格斗动作游戏。玩家可选择扮演粗犷的警官或精悍的青年,在关卡中不断前进。角色的动作相当华丽,但控制起来并不难,只需使用十字键和三个按键。游戏中有一个愤怒模式,随着不断累积来自敌人的伤害,角色会进入无敌状态。

まじかる☆タルるートくん MAGIC ADVENTURE

幻法小魔星 魔法冒险

- ●发售日期/1992年3月28日 ●售价/8000日元
- ●发行商/BANDAI

　　一款根据江川达也同名漫画改编的横向卷轴动作游戏。可爱的游戏角色伸长舌头,收集画面中出现的章鱼烧来获得积分。游戏的最终目标是救出被绑架的女主角伊代奈。这个游戏作品通过柔和的色彩和滑稽可爱的人物完美地重现了漫画中的世界。

らんま1/2 町内激闘篇 | Street Combat

乱马1/2 町内激斗篇

- ●发售日期/1992年3月27日 ●售价/8800日元
- ●发行商/MASAYA

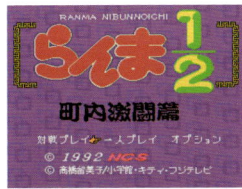

　　一款以高桥留美子原作漫画中的出场人物为主角的格斗游戏。游戏有两种模式,在故事模式中,玩家以前往中国为目标,控制主角乱马与镇上的人们战斗;在对战模式中,玩家可从八位角色中选择喜欢的角色进行对战。每个角色都有原作中的必杀技。本作还有隐藏角色。

ウルティマVI 偽りの予言者 | Ultima VI: The False Prophet

创世纪6 虚伪先知

- ●发售日期/1992年4月3日 ●售价/9800日元
- ●发行商/PONY CANYON

　　被称为"元老级角色扮演游戏"的美国PC游戏《创世纪》系列第四部的超任移植版。这款游戏的故事发生在人类和怪物两个种族相互争斗的世界。游戏的最终目标是获得地下城深处的道具。游戏的自由度很高,在初始阶段就有很多区域可以探索。

エアーマネジメント 大空に賭ける｜Aerobiz

航空霸业 赌向天空

●发售日期/1992年4月5日 ●售价/11800日元
●发行商/KOEI

 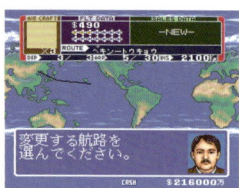

在这款模拟游戏中，玩家作为航空公司的经营者与对手公司竞争，在世界各地建立航线，增长利润并增加乘客数量。为了推动游戏进程，除了总公司之外，还需要在世界各地设立分公司，并在会议上听取负责人的意见。游戏中还会发生罢工、旅游热等事件。

ペブルビーチの波濤｜True Golf Classics: Pebble Beach Golf Links

圆石滩高尔夫

●发售日期/1992年4月10日 ●售价/9800日元
●发行商/T&E SOFT

这是一款高尔夫游戏。游戏中的球场是位于加利福尼亚州、面朝太平洋的圆石滩高尔夫球场。通过使用3D多边形系统，这款游戏实现了富有真实感的高速渲染画面。就连球场靠海会受到风的影响这一因素也通过计算得以实现。

オセロワールド

黑白棋世界

●发售日期/1992年4月5日 ●售价/8700日元
●发行商/TSUKUDA ORIGINAL

 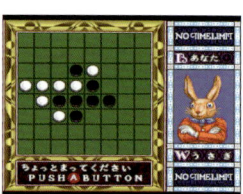

在日本发展起来的棋类游戏黑白棋的超任版。玩法和普通的黑白棋游戏一样。整体采用了很有童话感觉的画面，出场的电脑角色也都是童话里面的兔子等。不过，虽然画风十分温馨柔和，黑白棋的难度还是不小的。

豪槍神雷伝説 武者｜Musya

豪枪神雷传说 武者

●发售日期/1992年4月21日 ●售价/8800日元
●发行商/DATAM POLYSTAR

一款具有日本风情的横向卷轴动作游戏。主人公神雷擅长使用长枪，路过的村子里的长老请求他救出被绑架的女儿，他便带着武器长枪，闯入了通往地狱的洞窟中。游戏中的敌人都是妖怪，除了长枪外，神雷还可以使用巫术。

スーパーカップサッカー | Goal!

超级杯足球

● 发售日期/1992年4月24日 ● 售价/9000日元
● 发行商/JALECO

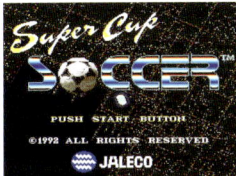

　　一款斜向下视角的足球游戏。玩家可以从日本、德国、阿根廷等全球24个国家的队伍中选择一支，从预选赛阶段开始角逐冠军。游戏中可进行放大和缩小的画面效果令人印象深刻。画面右上方会实时显示比赛的整体战况。

ヘラクレスの栄光III 神々の沈黙

海格力斯的荣光3 众神的沉默

● 发售日期/1992年4月24日 ● 售价/8800日元
● 发行商/DATA EAST

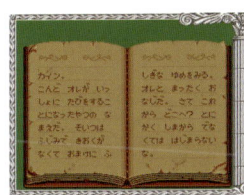

　　以希腊神话为题材的角色扮演游戏系列的第三部作品，也是该系列在超任上的第一部作品。主人公虽然没有记忆，却拥有不死的特殊能力，他为了寻找在梦中出现的地方而踏上旅程。在旅途中，他与英雄海格力斯相遇。游戏故事十分宏大，以涉及人类存亡的诸神为主题。

WWFスーパーレッスルマニア | WWF Super WrestleMania

WWF超级摔角

● 发售日期/1992年4月24日 ● 售价/8800日元
● 发行商/ACCLAIM JAPAN

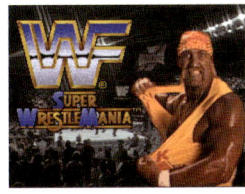

　　一款职业摔角游戏。游戏中美国职业摔角组织（WWF）的10位著名摔角手都以真实姓名出场，他们在日本也很有名气。游戏中有很多摔角爱好者一定会喜欢的内容，例如角色选择界面采用真实摔跤手的形象等。玩家可以通过简单的操作享受双人模式和对战模式的乐趣。

摩诃摩诃

摩诃摩诃

● 发售日期/1992年4月24日 ● 售价/8700日元
● 发行商/SIGMA

　　这是一款以搞笑漫画家相原弘治的角色设定和世界观构成为原型的搞笑类角色扮演游戏。游戏中充满了搞笑桥段。"摩诃摩诃"是将主人公的父母变成水蚤的敌方组织的名字。主人公和他的女朋友一起对抗敌人。

F-1 GRAND PRIX

一级方程式GP大赛

●发售日期/1992年4月28日 ●售价/9700日元
●发行商/VIDEO SYSTEM

　　这是一款获得了F1赛事组织FOCA官方授权的赛车游戏。游戏中不仅包含1991年时的赛车、车队和车手，甚至还真实再现了世界各地的16条赛道，并且还原度相当高。游戏采用俯视视角画面，比赛过程中实现了F1赛车应有的速度感。赛车的介绍影片也经过精心制作。

スーパーアレスタ｜Space Megaforce

太空争霸

●发售日期/1992年4月28日 ●售价/8700日元
●发行商/东宝

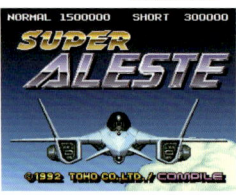

　　这是一款纵向卷轴射击游戏，是曾在世嘉主机及MSX等平台发行的系列游戏的第五作。玩家需要从八种武器中选择一种进行战斗，打败的敌人越多，武器就越强。弹幕密集，敌人众多，还设置了障碍物，可以说是一款相当华丽的射击游戏。

拳闘王ワールドチャンピオン｜TKO Super Championship Boxing

拳斗王世界冠军赛

●发售日期/1992年4月28日 ●售价/8000日元
●发行商/SOFEL

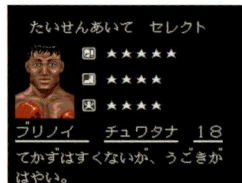

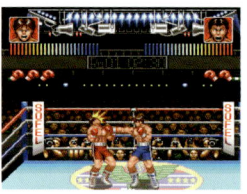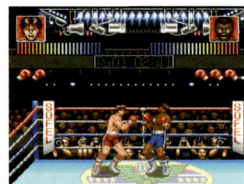

　　一款非常逼真的拳击游戏。玩家不能进行出拳以外的攻击，也无法释放必杀技。游戏视角位于擂台的侧面，玩家需要找到合适时机出拳败对手。游戏分为不断获胜、培育拳手成为拳斗王的故事模式，以及可以选择自己喜欢的拳手的自由模式，并且支持双人对战。

スーパー上海ドラゴンズアイ｜Shanghai II: Dragon's Eye

超级上海 龙之眼

●发售日期/1992年4月28日 ●售价/7800日元
●发行商/HOT·B

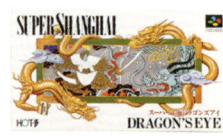

　　本作有两种玩法，分别是取走堆积着的麻将牌的益智游戏"上海"，以及用麻将牌堆起小山的攻击方和将其摧毁的防守方进行双人对战的游戏"龙之眼"。屏幕上出现的麻将牌的外观除了标准图案之外，还可以改成花牌或国旗等。

バトルブレイズ | Battle Blaze

刀锋究极战士

- ●发售日期/1992年5月1日 ●售价/8700日元
- ●发行商/SAMMY

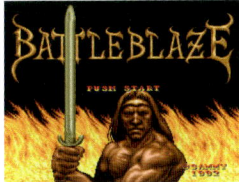

　　一款以剑与魔法的世界为背景的对战格斗动作游戏。游戏有两种模式，分别是控制上半身赤裸、肌肉发达的主人公去打败魔王的故事模式，以及可以自由选择角色进行游戏的模式。可选角色中有一些并非人类。为对应游戏的世界观，画面采用了美式漫画风格。

甲竜伝説ヴィルガスト 消えた少女

甲龙传说 消失的少女

- ●发售日期/1992年5月23日 ●售价/9000日元
- ●发行商/BANDAI

　　这是一款角色扮演游戏。主人公三池瞬是初中生，他在名为"维尔卡斯"的异世界中寻找恋人三智子。这款游戏在BANDAI发行的同名扭蛋的基础上，原创了一个新的故事。在游戏中，由人气角色组成的两个小队交替行动，推动故事进展。

斬IIスピリッツ

斩2

- ●发售日期/1992年5月29日 ●售价/9800日元
- ●发行商/WOLFTEAM

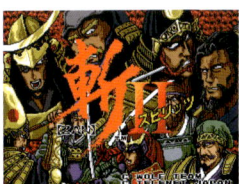

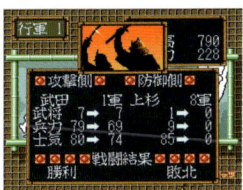

　　一款以统一天下为目标的战国模拟游戏。这款游戏的特色是，除了大名之外，玩家还可以选择武将作为游戏的主人公。玩家既可以为大名效忠，成为重臣，也可以尝试谋反，获得成功。游戏中有很多角色可供选择，无论选择哪个角色，都能玩到结尾。

マジックソード | Magic Sword

魔剑

- ●发售日期/1992年5月29日 ●售价/8500日元
- ●发行商/CAPCOM

　　这是一款横向卷轴动作游戏。玩家在奇幻世界中用剑和魔法进行战斗。魔王在高塔的第50层，玩家要击败龙之类的敌人，不断向塔顶前进。有一些同伴被困在塔里，将他们救出来后，他们就可以成为同伴，并且其中的一位还会从后方支援。

スーパー将棋
超级将棋

●发售日期/1992年6月19日　●售价/8800日元
●发行商/I'MAX

　　除了普通的将棋游戏外，玩家还可以与16名电脑棋士进行淘汰赛，此外还有诘将棋及双六模式。在双六模式中，玩家用掷骰子的方式沿着东海道旅行，在沿途各地进行将棋比赛，目标是到达京都。电脑的思考时间很短，将棋水平非常高。

スーパーダンクショット｜NCAA Basketball
超级射篮

●发售日期/1992年6月19日　●售价/8600日元
●发行商/HAL研究所

　　这是一款篮球游戏。在游戏中，28支以NBA为原型的球队以虚构的队名出场。3D画面会随着球员的移动，以惊人的速度迅速改变视角。除赛季赛之外，还支持玩家对战，也可以只打一局。游戏为实时制，支持更换场上球员。

キャメルトライ｜On the Ball
360度滚珠

●发售日期/1992年6月26日　●售价/8500日元
●发行商/TAITO

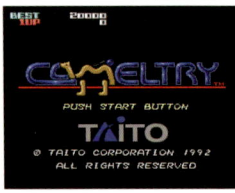

　　移植自街机平台的解谜类动作游戏。玩家需要转动设有各种机关的迷宫，使长得像弹珠的小球在规定时间内抵达目标地点。由于在游戏中不是需要移动小球，而是要将迷宫整体360度转动，因此画面一动起来就会令人眼花缭乱。

甲子園2
甲子园2

●发售日期/1992年6月26日　●售价/8900日元
●发行商/K.AMUSEMENT LEASING

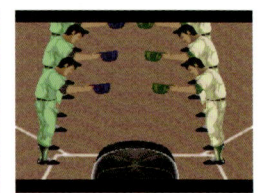

　　一款以日本高中棒球锦标赛为原型的正统棒球游戏。玩家可以从4000多所虚构的学校中选择一所，从预选赛阶段开始参加比赛，目标是进入甲子园，并获得全国冠军。游戏有锦标赛模式、对战模式和练习模式，球员们将在比赛中成长。预测比赛的胜负也十分有趣。

総合格闘技〜アストラルバウト〜
综合格斗技 终极之战

●发售日期/1992年6月26日 ●售价/9030日元
●发行商/KING RECORDS

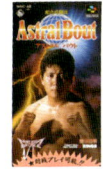

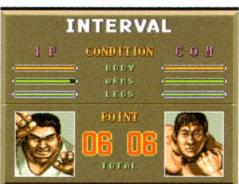

　　一款侧视视角的综合格斗技对战游戏。游戏包装上印有格斗家前田日明的照片。游戏有三种模式，分别是身怀柔道、拳击、泰拳、俄罗斯格斗术等各种格斗术的角色在擂台上战斗并争夺最强格斗王头衔的模式、可以选择角色进行对战的模式和练习模式。

スーパーオフロード | Super Off Road
超级四轮巨无霸赛车

●发售日期/1992年7月3日 ●售价/6900日元
●发行商/PACK-IN-VIDEO

　　一款斜向下视角的赛车游戏。赛车场完整地显示在屏幕中，画面不进行滚动。赛车在地形崎岖的场地中飞驰，由于游戏并未采取驾驶员视角，因此玩起来就像在操纵遥控赛车。比赛胜利后获得的奖金可以用来提高赛车性能。游戏支持双人对战。

横山光輝 三國志
横山光辉 三国志

●发售日期/1992年6月26日 ●售价/9500日元
●发行商/ANGEL

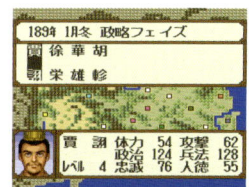

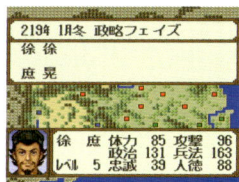

　　改编自横山光辉同名漫画的游戏，该漫画也被改编为TV动画。这是一款战略模拟游戏，共有两个剧本。关羽、张飞等《三国志》中的英雄在游戏中登场。玩家将成为君主，目标是吞并敌国，统一国家。游戏中出现的画像是以动画为原型制作的。

スーパーボウリング | Super Bowling
超级保龄球

●发售日期/1992年7月3日 ●售价/8300日元
●发行商/ATHENA

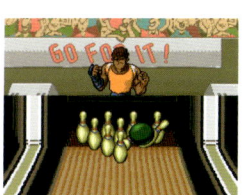

　　最多支持四人游戏的保龄球游戏。除了常规的保龄球模式外，游戏还具有练习模式和球瓶被放置在特殊位置的高尔夫模式。将球投出后，站在球道后方的角色会根据所获得的分数做出相应的反应。游戏整体画面具有美式风格。

パロディウスだ!〜神話からお笑いへ〜 | Parodius: Non-Sense Fantasy

Q版沙罗曼蛇 从神话变成笑话

- ●发售日期/1992年7月3日 ●售价/8500日元
- ●发行商/KONAMI

　　移植自街机平台的作品,恶搞了同公司出品的游戏《宇宙巡航机》。KONAMI的游戏角色们在这款游戏中以搞笑的形式出场,游戏系统则采用非常正统的射击游戏系统。作为射击游戏来说,本作的完成度极高。

プリンス　オブ　ペルシャ | Prince of Persia

波斯王子

- ●发售日期/1992年7月3日 ●售价/8800日元
- ●发行商/MASAYA

　　这是一款2D动作冒险游戏。游戏的世界观和画面都基于《一千零一夜》进行设定。为了拯救被困在最顶层的公主,玩家必须爬上布满机关陷阱的高塔,并在两个小时内顺利通关。游戏起初是针对第二代苹果电脑(Apple II)开发的,后来被移植到其他平台。

PGAツアーゴルフ | PGA Tour Golf

PGA高尔夫公开赛

- ●发售日期/1992年7月3日 ●售价/8500日元
- ●发行商/IMAGINEER

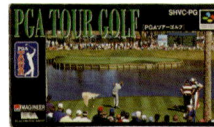

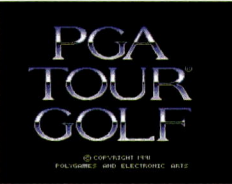

　　以美国男子职业高尔夫巡回赛"PGA巡回赛"为原型的欧美高尔夫游戏的超任移植版。以真实姓名出场的球员们成为玩家的对手,在72个球场上以锦标赛的形式进行竞争,目标是获得最终胜利。果岭高低起伏的地形采用线框形式来表现,看起来相当真实。

ライトファンタジー

光之传说

- ●发售日期/1992年7月3日 ●售价/8900日元
- ●发行商/TONKIN HOUSE

　　一款具有强烈喜剧要素的角色扮演游戏。主人公是个为了营救被绑架的公主而踏上旅途的勇者,但他的胆子很小。因此,玩家不需要打败敌人,而是要将敌人困住。不只画面和故事,包括敌人在内的所有角色都给人一种很温暖的感觉,就连怪物都能成为伙伴加入主人公的小队。

北斗の拳5 天魔流星伝 哀絶章
北斗之拳5 天魔流星传
- ●发售日期/1992年7月10日 ●售价/8900日元
- ●发行商/东映动画

　　一款原创剧情的角色扮演游戏，由漫画原作者武论尊负责监制。游戏故事发生在《北斗の拳》的平行世界，主人公和敌人都是原创的新角色。主人公为了拯救被绑架的女友而踏上旅途。漫画原作中的角色北斗和南斗会在游戏中出现，和主人公一起对抗敌人。

キャプテン翼III 皇帝の挑战
队长小翼3 皇帝的挑战
- ●发售日期/1992年7月17日 ●售价/8900日元
- ●发行商/TECMO

　　《队长小翼》系列在超任上的第一款游戏。红白机版中广受好评的表现形式在本作中再次得到强化。剧情为游戏原创，故事发生在德国。游戏新增了全明星模式，在这个模式中，玩家可以用自己喜欢的球员来创建一支队伍。

ゆうゆのクイズでGO!GO!
悠悠问答GO!GO!
- ●发售日期/1992年7月10日 ●售价/8500日元
- ●发行商/TAITO

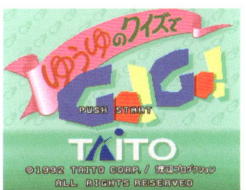
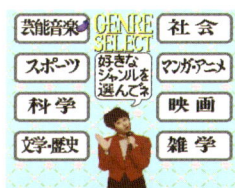

　　这是一款问答游戏。曾活跃在综艺节目中的少女偶像悠悠（岩井由纪子）是小猫俱乐部的成员之一，她在游戏中以真人视频的形式出场。玩家可选择"娱乐音乐""体育""漫画动画"等领域，在10秒之内在四个选项中选择答案。游戏的间隙会播放悠悠的真人视频。

鈴木亜久里のF-1スーパードライビング | Redline F-1 Racer
铃木F1超级赛车
- ●发售日期/1992年7月17日 ●售价/8800日元
- ●发行商/LOZC

　　由F1赛车手铃木亚久里负责监制的赛车手视角的3D赛车游戏。玩家可以对自己的赛车进行细致的设定，在充满F1竞速感的比赛中获得积分，并以获得最终胜利为目标。如果在弯道处无法顺利转弯，车子将会打转。游戏中途会插入铃木亚久里的真人图片。支持双人对战。

ダイナウォーズ 恐竜王國への大冒険｜DinoCity

恐龙王国大冒险

- ●发售日期/1992年7月17日 ●售价/8800日元
- ●发行商/IREM

　　一款根据电影《恐龙城历险记》改编的横向卷轴动作游戏。和电影一样，小孩子被吸进电视机，进入电视节目《恐龙》中的世界，并和恐龙们联手对抗邪恶的原始人洛基。玩家可以在男孩或女孩中进行选择。骑在恐龙背上的孩子会根据情况独自向前冲。

HOOK｜Hook

虎克船长

- ●发售日期/1992年7月17日 ●售价/8500日元
- ●发行商/EPIC·索尼

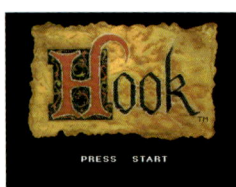

　　根据同名电影改编的横向卷轴动作游戏，以长大成人的小飞侠彼得潘为主角。为了救出被宿敌虎克船长绑架的孩子们，忘记了如何飞行的彼得潘在小叮当的指引下努力奋战。这是一款再现电影氛围的轻松明快风格的游戏。

パチンコウォーズ

柏青哥大作战

- ●发售日期/1992年7月17日 ●售价/9500日元
- ●发行商/COCONUTS JAPAN

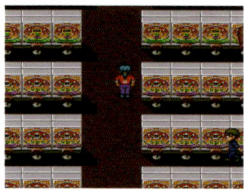

　　超任的首款柏青哥游戏。主角的身份被设定为柏青哥间谍，他将在各家柏青哥店里玩弹珠机，并从店内的顾客处获取情报，追捕敌方间谍。游戏的背景音乐听起来很有谍战电影风格。在奖品兑换处可以兑换武器。

サンドラの大冒険 ワルキューレとの出逢い｜Whirlo

仙卓大冒险 与女武神的相遇

- ●发售日期/1992年7月23日 ●售价/8300日元
- ●发行商/NAMCO

　　一款横向卷轴动作游戏，以NAMCO的人气作品《女武神》系列中的角色桑德拉为主角。为了寻找能帮助生病的儿子恢复健康的物品，她需要在旅途中不断击败敌人。虽然这款游戏中的角色很可爱，但游戏难度却很高。

アースライト
太空模拟战
- ●发售日期/1992年7月24日 ●售价/8500日元
- ●发行商/HUDSON

　　这款游戏在系统方面沿袭了PCE的战争模拟游戏《月面基地》的系统设定。与常见的战争模拟游戏不同的是，本作采用圆滚滚的人物外形，看起来很可爱，但另一方面，游戏系统十分硬核。玩家要在太空中使用种类丰富的武器来消灭敌人。

サイバリオン | Syvalion
黄金龙战记
- ●发售日期/1992年7月24日 ●售价/8600日元
- ●发行商/东芝EMI

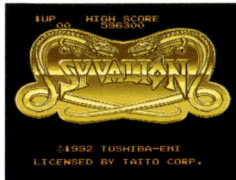 

　　移植自街机版。金色的龙形飞船时而伸展，时而像蛇一样，一边扭动身体，一边吐出火焰，在迷宫中向着目标前进。游戏有时间限制，还有分支路线和多种结局，是一款值得多次游戏的动作游戏。

ウルティメイトフットボール | Football Fury
终极美式橄榄球
- ●发售日期/1992年7月24日 ●售价/8700日元
- ●发行商/SAMMY

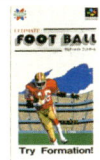 

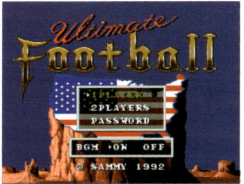 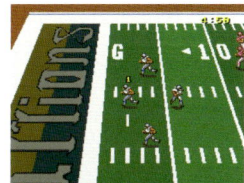

 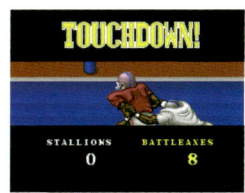

　　这是一款横向卷轴的美式橄榄球游戏。游戏采用斜向下视角。玩家可以在28支队伍中选择一支自己喜欢的队伍，从众多阵形中根据情况选择适合攻击或防守的阵形，目标是获得比赛的胜利。中场画面会出现啦啦队女孩的图片。

スーパーF1サーカス
超级F1竞技场
- ●发售日期/1992年7月24日 ●售价/8800日元
- ●发行商/日本物产

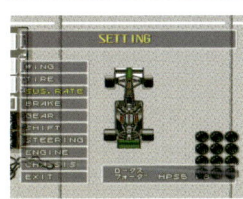 

　　一款移植自PCE的F1赛车游戏。游戏采用俯视视角。玩家作为赛车手驾驶赛车，如果在比赛中取得好成绩，就能够接到上位车队的邀请并转移会籍。玩家以世界冠军为目标，在世界各地的赛道上比赛。根据天气状况的变化调整赛车的设置是重要的环节。

T.M.N.T. タートルズ イン タイム | Teenage Mutant Ninja Turtles IV: Turtles in Time

忍者神龟 时空之旅

●发售日期/1992年7月24日 ●售价/8500日元
●发行商/KONAMI

　　根据美国漫画《忍者神龟》改编的清版动作游戏。这部漫画也有相应的动画作品。玩家从四位忍者神龟中选择一位进行战斗。游戏的视觉风格与原作相同，采用了美式漫画风格。当忍者神龟们把敌人扔向镜头时，画面将会扩大，充满了冲击力。

3×3EYES 聖魔降臨伝

三只眼 圣魔降临传

●发售日期/1992年7月28日 ●售价/9500日元
●发行商/YUTAKA

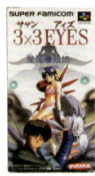 

　　根据高田裕三的同名漫画改编的角色扮演游戏，剧情是游戏原创的。本作的主角和原作一样，都是藤井八云。游戏目标是与佩和她的朋友们组成小队，收集散落在世界各地的五把钥匙。和原作一样，藤井八云被设定为不死之身，但如果除藤井八云外的其他角色全都死亡，游戏将会结束。

プレイゾン | BlaZeon: The Bio-Cyborg Challenge

究极合体战机

●发售日期/1992年7月24日 ●售价/8500日元
●发行商/ATLUS

　　移植自街机的横向卷轴射击游戏。玩家控制一架可以变形的飞机在太空中前进。机身具有独特的动力提升系统，玩家可以夺取敌机并使用敌机的武器。敌机所持武器分为不同的种类，每个种类的攻击方式各不相同。游戏的开场动画是一个战机变形的短片。

機甲警察メタルジャック

机甲警察METAL JACK

●发售日期/1992年7月31日 ●售价/8800日元
●发行商/ATLUS

　　这是一款根据TV动画改编的横向卷轴动作游戏。"METAL JACK"是警视厅里某个组织的名字，玩家可以从三位机甲警察中选择一位，前去对抗机器人、恐怖分子等敌人。游戏中插入的一些动态图像和动画是以原作动画为基础制作的。

キング・オブ・ザ・モンスターズ｜King of the Monsters
万兽之王
●发售日期/1992年7月31日 ●售价/8800日元
●发行商/TAKARA

　　一款以怪兽之间的战斗为主题的独特的对战类动作游戏。玩家在四种怪兽中选择一种，操纵它去摧毁城市，并与敌方怪兽战斗。怪兽除了可以使用拳打、脚踢、头部坐击等职业摔角技之外，还可以喷火和抓住直升机扔出去。

炎の闘球児 ドッジ弾平
火炎斗球儿弹平
●发售日期/1992年7月31日 ●售价/8500日元
●发行商/SUNSOFT

　　一款以同名儿童漫画中的人物为主角的躲避球游戏。该漫画也被改编成动画。游戏有两种模式，分别是让主角所在的队伍获得冠军的故事模式，以及可以和同伴进行双人对战的模式。角色的外观和必杀技都忠于原作，效果相当华丽。

飛龍の拳Sゴールデンファイター｜Ultimate Fighter
飞龙拳S 黄金战士
●发售日期/1992年7月31日 ●售价/9700日元
●发行商/CULTURE BRAIN

 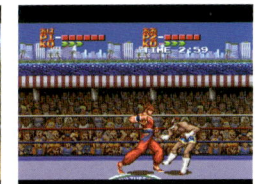

　　一款2D对战格斗游戏。该系列在红白机上很有人气。超任版在红白机版的基础上对画面进行了大幅提升。除了在游戏最后与BOSS进行战斗的故事模式外，玩家还可以和同伴进行对战，或在锦标赛模式中战斗。身怀各种流派格斗技的男女参赛者们在游戏中登场。

スーパー大航海時代｜Uncharted Waters
超级大航海时代
●发售日期/1992年8月5日 ●售价/11800日元
●发行商/KOEI

　　带有角色扮演要素的模拟类游戏，属于《光荣新纪元》（REKOEITION）系列作品之一。主人公是一位没落的贵族，为了重拾名声和爵位，他购买帆船，前往世界各地做买卖、打海战。为了提高声望，他必须发现新港口，战胜敌人的舰队，并完成帝国的命令。

初代熱血硬派くにおくん

初代热血硬派国夫君

●发售日期/1992年8月7日 ●售价/8900日元
●发行商/TECNOS JAPAN

　　街机平台清版动作游戏的超任版。游戏中加入了角色扮演要素，来到大阪的国夫君和好朋友鲛岛力将与小混混等对手展开激烈搏斗。通过积累经验值，可提升等级，并对角色的各种属性进行强化。

スーパープロフェッショナルベースボールII | Super Bases Loaded 2

超级职业棒球2

●发售日期/1992年8月7日 ●售价/9000日元
●发行商/JALECO

　　以和棒球比赛电视转播一样的视角为特色的棒球游戏系列第二作。除了外形以外，球员的名字也和真实的棒球运动员一样。游戏目标是率领喜欢的棒球队赢得联赛冠军和日本系列赛的冠军，成为日本第一。

スーパーパン | Super Buster Bros.

超级魔法气泡

●发售日期/1992年8月7日 ●售价/7500日元
●发行商/CAPCOM

　　移植自街机的解谜游戏。游戏主角是个小孩，伸长绳索将不断来回移动的气泡破坏后即可过关。除了各种绳索之外，游戏中还有多种道具供玩家选择。此外，气泡的大小也各不相同，玩家需要考虑破坏时的顺序。

スーパー桃太郎電鉄II

超级桃太郎电铁2

●发售日期/1992年8月7日 ●售价/8800日元
●发行商/HUDSON

　　以经营铁路公司为主题的人气桌面游戏《桃太郎电铁》的超任移植作品。游戏规则和以往相同，但操作方法有所改进，卡牌和事件的数量也有所增加。在本作中，穷神可以变身为穷神王，角色可以抵达国外站点——夏威夷和塞班岛。

スピンディジー・ワールド | Spindizzy Worlds

宇宙陀螺仪

● 发售日期/1992年8月7日 ● 售价/8800日元
● 发行商/ASCII

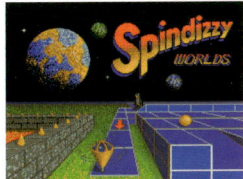 

　　一款解谜类动作游戏。玩家在一个名为宇宙陀螺仪的伪3D风格的虚构世界中驾驶方块形状的宇宙飞船进行攻略。游戏画面为斜向下视角，玩家需要一边取得道具，一边前进。虽然操作简单，但由于地面摩擦力很小，因此操作难度较高。

パイプドリーム

疯狂水管

● 发售日期/1992年8月7日 ● 售价/7500日元
● 发行商/BPS

　　在这款解谜游戏中，玩家需要正确连接水管，从而避免漏水。特意用较长的距离或复杂的方式连接管道，得分会更高，但如果不能在规定时间内让水流动起来，就无法过关。如果设置了没有水流过的无用管道，则会被扣分。

ファランクス | Phalanx

银河战机

● 发售日期/1992年8月7日 ● 售价/8900日元
● 发行商/KEMCO

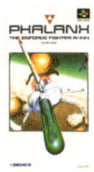 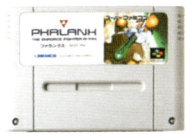

　　移植自PC平台的横向卷轴射击游戏。游戏标题原意为方阵，指的是古希腊军队等在战争中所使用的由重装步兵排列而成的密集阵形。玩家将根据情况，切换使用导弹、激光等不同类型的武器，发射弹幕来消灭敌人。

ホーム・アローン | Home Alone

小鬼当家

● 发售日期/1992年8月11日 ● 售价/8800日元
● 发行商/ALTRON

　　根据同名电影改编的动作游戏。独自待在家中的小男孩卡尔金为了保护宝物，使用水枪等武器击退小偷。在游戏的间隙插入了电影中的画面。由于主角只是个小孩，最后小偷并没有被打倒，而是为了躲避警察抓捕而逃走了。

キン肉マン DIRTY CHALLENGER
筋肉人 恶意挑战者

●发售日期/1992年8月21日　●售价/7800日元
●发行商/YUTAKA

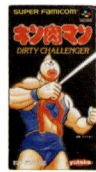

　　以根据同名漫画改编的动画《筋肉人 筋肉星王位争夺战篇》为原型制作的格斗游戏。出场人物会使用和原作中一样的必杀技进行战斗，目标是争夺王位。虽然基本上都是职业摔角，但也有一些动画中有特有的华丽技能。比赛以一方先得到三分或一方认输来决定胜负。

ウルトラベースボール実名版
超人棒球实名版

●发售日期/1992年8月28日　●售价/8800日元
●发行商/MICRO ACADEMY

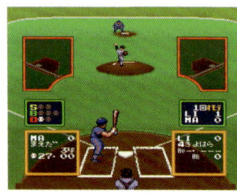

　　在这款棒球游戏中可以同时使用以真实姓名出场的真实球员和虚构的超人球员。与该系列以往的几款作品一样，超人球员既可以使用游戏中特有的魔球和秘打，也能在场外接住全垒打。游戏的卖点之一是真实球员和超人球员在全明星模式下进行对战。

スーパー麻雀
超级麻将

●发售日期/1992年8月22日　●售价/8000日元
●发行商/I'MAX

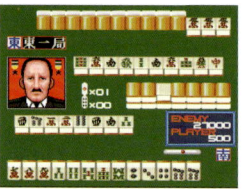

　　这款麻将游戏共有三种模式，分别是与喜欢的麻将选手进行双人对战的自由对战模式、可以使用道具的道具对战模式，以及与外表怪异的伟人们用麻将来争夺世界领土的世界统一模式。

CBキャラウォーズ 失われたギャ〜グ
CB世界

●发售日期/1992年8月28日　●售价/8500日元
●发行商/BANPRESTO

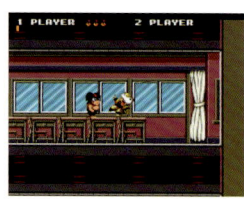

　　这是一款横向卷轴动作游戏。永井豪的恶魔人和魔神Z将以Q版外形进行战斗，夺回从世界上消失的欢声笑语。游戏的关卡背景以《破廉耻学园》等永井豪的作品为原型。玩家可以在有限的时间内让敌人成为自己的手下。

アクスレイ｜Axelay
银河风暴
- ●发售日期/1992年9月11日 ●售价/8800日元
- ●发行商/KONAMI

　　这是一款独特的射击游戏，伪3D竖屏射击游戏和横向卷轴射击游戏的画面交替出现。过关后，可使用的武器类型随之增加。除了向前方直射的枪以外，还有能造成范围攻击的导弹等武器。玩家需要根据情况选择适当的武器，从而顺利过关。

SD機動戦士ガンダム V作戦始動
SD机动战士高达 V作战开始
- ●发售日期/1992年9月12日 ●售价/7800日元
- ●发行商/ANGEL

　　以SD版《机动战士高达》中出场的机动战士为主角的横向卷轴动作游戏。玩家将在与1号高达的故事（一年战争）相关的关卡中进行战斗。游戏中的各种场面都以电视上播出的画面为原型。游戏支持双人合作及对战。

アクロバットミッション
风云战机
- ●发售日期/1992年9月11日 ●售价/8800日元
- ●发行商/TEICHIKU

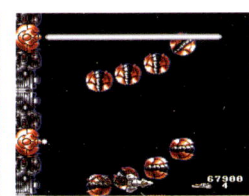

　　从街机平台移植过来的纵向卷轴射击游戏。游戏背景设定为人类移居到火星，为保护星球不受神秘敌人的侵袭而展开战斗。除了敌人的子弹，撞到其他东西都不会造成伤害，所以即便撞到敌方战机也无须担心。游戏支持两个玩家同时游戏。BOSS的体积巨大到屏幕无法完整显示。

スーパー麻雀大會
超级麻将大会
- ●发售日期/1992年9月12日 ●售价/9800日元
- ●发行商/KOEI

　　这是一款四人麻将游戏。KOEI出品的著名历史模拟游戏《信长的野望》中的伟人们（织田信长、小野小町、凯撒等）将围在桌旁打麻将。在大赛模式中，玩家可以赌哪个角色会胜利。在麻将馆模式中，玩家可以和三个电脑角色展开对战。

スーパーガチャポンワールド SDガンダムX

超级扭蛋世界 SD高达X

●发售日期/1992年9月18日 ●售价/9500日元
●发行商/YUTAKA

这是一款战争模拟游戏。游戏流程参考了红白机上具有极高人气的《SD高达世界 扭蛋战士》。玩家在五支军队中选择一支，指挥机动战士前去压制敌人。从最小的单位一直到军舰，游戏中共有100多种战斗单位。

ワイアラエの奇蹟 | True Golf Classics: Waialae Country Club

瓦乐奇迹高尔夫

●发售日期/1992年9月18日 ●售价/9800日元
●发行商/T&E SOFT

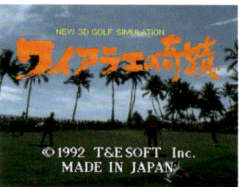

这款高尔夫模拟游戏使用名为"POLYSYS"的3D系统，真实地再现了高尔夫球场。这个名为瓦哈雷乡村俱乐部的球场，是夏威夷公开赛的举办地，以强风而闻名。球场上种植的棕榈树为游戏增添了当地气氛。

提督の決断 | P.T.O.: Pacific Theater of Operations

提督的决断

●发售日期/1992年9月24日 ●售价/14800日元
●发行商/KOEI

※复刻版
发售日期/1995年
6月30日
售价/9800日元

一款策略模拟游戏，从PC端移植而来。玩家将协调军队的意见，对众多军舰进行指挥，以取得战斗的胜利。支持双人游戏。这款游戏还发行过复刻版。

ぎゅわんぶらあ自己中心派 麻雀皇位戦

自己中心派 麻将皇位战

●发售日期/1992年9月25日 ●售价/8800日元
●发行商/PALSOFT

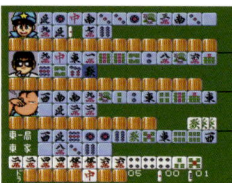

根据片山政幸的同名搞笑麻将漫画改编的四人麻将游戏。对手都以漫画中的人物为原型，各角色打麻将的方式、具有特色的对话、搞笑桥段也都一一再现了原作中的内容。除了可任意选择对手的自由对战模式外，还有以成为日本第一为目标的旅行模式及问答模式。

銀河英雄伝説

银河英雄传说

- ●发售日期/1992年9月25日 ●售价/9800日元
- ●发行商/德间书店INTERMEDIA

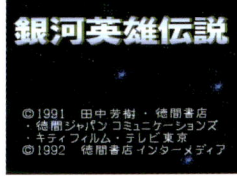

　　根据田中芳树的同名小说改编的战争模拟游戏。此小说已被改编成动画、漫画、舞台剧等多种形式。游戏剧情以小说为原型，玩家可选择由莱因哈特指挥的帝国军，或者由杨威利指挥的联盟军。游戏基本按照原作故事展开，但根据玩家的选择，在原作故事中死去的角色有可能存活下来。

大戦略エキスパート

大战略专业版

- ●发售日期/1992年9月25日 ●售价/9800日元
- ●发行商/ASCII

　　将PC版改编移植到超任上的模拟游戏。游戏目标是指挥作战单位，占领对方的基地。游戏分为战役模式和剧情模式。玩家可使用步兵、坦克、直升机、战斗机等各种武器来推进游戏。

ソニックブラストマン | Sonic Blast Man

音速超人

- ●发售日期/1992年9月25日 ●售价/8500日元
- ●发行商/TAITO

　　这是一款横向卷轴动作游戏。游戏中的主角音速超人是测量拳击力度的街机游戏中的正义角色。这位保护地球和平的英雄，由西装革履的上班族变为身着美式漫画风格道具服的超人，施展华丽的必杀技打败敌人。

スカイミッション | Wings 2: Aces High

飞行密令

- ●发售日期/1992年9月29日 ●售价/8300日元
- ●发行商/NAMCO

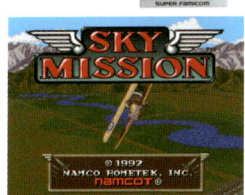

　　这是一款飞行模拟游戏。玩家控制双翼飞机进行空战、地面突击、轰炸等。游戏的3D画面充分利用了超任的放大缩小功能，玩家驾驶飞机在以欧洲为原型的雄伟自然风景中畅快飞行。注意后方情况，操纵飞机与敌军展开战斗。

ロードモナーク
蒙纳克皇族

●发售日期/1992年10月9日 ●售价/8800日元
●发行商/EPOCH

　　这是一款模拟游戏。玩家在地图上的四个国家中进行选择，并发出各种命令，目标是摧毁其他三个国家。在实时制的游戏世界中，玩家需要在建造设施、招募士兵、确定税率等方面给出能维持平衡的指示。游戏具有多种剧情。

スーパーロイヤルブラッド | Gemfire
超级领国战役

●发售日期/1992年10月22日 ●售价/9800日元
●发行商/KOEI

　　一款模拟游戏。游戏内容是争夺一顶名为"皇室血统"的具有强大力量的王冠。这个游戏的剧情由KOEI原创，故事在剑与魔法，以及会出现各种怪物的带有奇幻色彩的世界观的基础上展开。游戏系统比较容易理解，游戏难度较低。

リターン・オブ・ダブルドラゴン | Super Double Dragon
双截龙归来

●发售日期/1992年10月16日 ●售价/8600日元
●发行商/TECNOS JAPAN

　　这是一款横向卷轴动作游戏。玩家使用截拳道与敌人展开战斗。除了拳打、脚踢、投掷以外，角色还能释放必杀技。两位主角被设定为兄弟，支持两个玩家同时游戏。玩家也可以使用双节棍等道具进行战斗。

アダムス・ファミリー | The Addams Family
亚当斯一家

●发售日期/1992年10月23日 ●售价/8800日元
●发行商/MISAWA ENTERTAINMENT

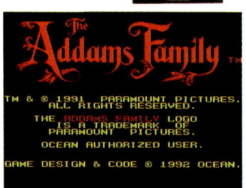 

　　这是一款动作游戏。游戏中的角色来自美国同名电影。身为一家之主的父亲是游戏的主人公，他将救出被困在公寓楼中的家人。公寓楼的各处都设置了机关，必须打败鬼魂才能继续前进。这个游戏给人一种在鬼屋里行走的感觉，但并不恐怖。

スーパーF1サーカス リミテッド
超级F1竞技场 限定版
- ●发售日期/1992年10月23日 ●售价/9200日元
- ●发行商/日本物产

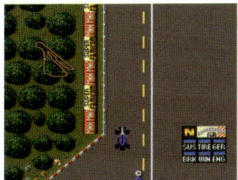

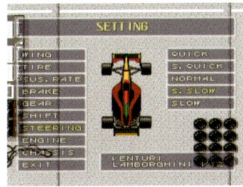
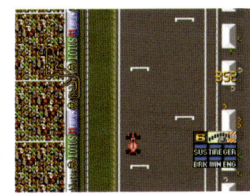

　　F1赛车游戏《超级F1竞技场》的限定版。以俯视视角进行操作的基本系统不变，但这一版本得到了F1赛事组织FOCA的官方授权，车队和车手都改成了真名。游戏发售的两年后，在一次比赛中去世的埃尔顿·塞纳也已经在这款游戏中登场了。

サイバーナイト
电子骑士
- ●发售日期/1992年10月30日 ●售价/8900日元
- ●发行商/TONKIN HOUSE

　　一款移植自PCE、以科幻世界为背景的角色扮演游戏。在遭到敌人袭击的宇宙战舰上，有一部分船员幸存了下来，他们在宇宙的另一端操纵名为Module的机器人与敌人战斗。他们可以从被打败的敌人那里夺取零件来强化Module并制造武器，从而重返地球。

コズモギャング ザ ビデオ
外星大眼小蜜蜂
- ●发售日期/1992年10月29日 ●售价/7900日元
- ●发行商/NAMCO

　　经典射击游戏《大蜜蜂》风格的纵向卷轴射击游戏。出场角色来自NAMCO的街机游戏《蜜蜂方块》，与《大蜜蜂》原作相比，可爱程度飙升。玩家可以通过攻击对手飞机来获得零件，提升能力。支持双人同时游戏。

真・女神転生
真·女神转生
- ●发售日期/1992年10月30日 ●售价/9800日元
- ●发行商/ATLUS

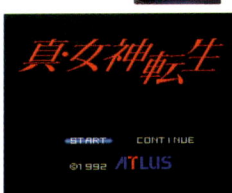
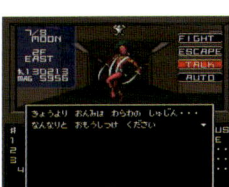

　　这款游戏是人气3D地下城角色扮演游戏在超任上的第一作。在游戏中，当敌方恶魔成为"仲魔"后可以使用的恶魔合体系统非常有特色。玩家可以把两个或三个恶魔组合在一起，创造出新恶魔。故事以发生在东京吉祥寺的谋杀案为背景，剧情相对黑暗。

スーパーリニアボール | Space Football: One on One

超级太空足球

●发售日期/1992年11月6日　●售价/8000日元
●发行商/HIRO

　　以近未来运动为主题的游戏。玩家驾驶悬浮赛车高速行驶，并将飘浮在空中的球运往目标点。游戏画面采用第一人称视角，两个玩家同时进行游戏时，游戏画面分为上下两部分。赛场上还设置了一些陷阱。这是一款充满速度感的游戏。

飛龍の拳S ハイパーバージョン

飞龙拳S加强版

●发售日期/1992年11月11日　●售价/9700日元
●发行商/CULTURE BRAIN

　　《飞龙拳S》的加强版。除了在操作性、游戏速度和与同角色进行对战等方面做出的改进之外，前作的画面卡顿问题也得到改善。玩家可选择故事模式、动画模式、锦标赛和战斗模式进行游戏。

三國志III | Romance of the Three Kingdoms III: Dragon of Destiny

三国志3

●发售日期/1992年11月8日　●售价/14800日元
●发行商/KOEI

　　人气历史模拟游戏系列的第三作。和该系列的前几款作品一样，玩家扮演《三国志》中的角色，目标是统一全中国。游戏在系统方面进行了细致的调整，使玩家能够不慌不忙地思考策略。可以选择基于史实的史实模式和在假想世界中展开的假想模式。

スーパーSWIV | Firepower 2000

超级联合部队

●发售日期/1992年11月13日　●售价/9500日元
●发行商/COCONUTS JAPAN

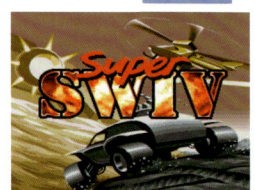

　　这是一款由六个关卡组成的纵向卷轴射击游戏。玩家可选择驾驶吉普车或直升机，前者会受地面物体的影响，但不会被空中物体击中，能够向八个方向发射普通子弹；后者则不会与地面的敌人接触，但只能攻击空中目标，且只能向前攻击。这款游戏的双人模式十分有趣。

レナス 古代機械の記憶 | Paladin's Quest

魔星迷踪 古代机械的记忆

●发售日期/1992年11月13日 ●售价/9600日元
●发行商/ASMIK

　　一款奇幻风格的角色扮演游戏。画面使用了大量柔和的色彩，非常独特。一位在魔法学校学习的男孩和一位会使用魔法的女孩，为阻止解除封印后被激活的古代机器破坏世界而踏上旅程。游戏中没有魔法值的概念，而是通过消耗生命值来使用魔法。

ウィザードリィ・V 災渦の中心 | Wizardry V: Heart of the Maelstrom

巫术5 灾涡的中心

●发售日期/1992年11月20日 ●售价/9800日元
●发行商/ASCII

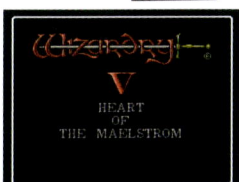
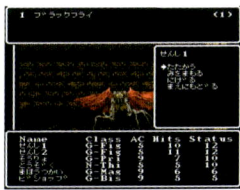

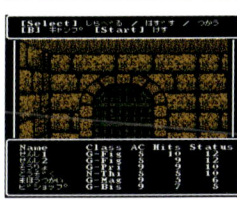

　　这是一款移植自PC平台、在全球范围内都受到欢迎的角色扮演游戏。玩家可以选择战士、僧侣等多种职业组成队伍，在3D画面的地下城中进行探索。遇敌时采用指令式战斗方式——这点跟前作一样，同时也进行了一些新的尝试，比如引入射程的概念，后卫也可以进行普通攻击等。

アメリカ横断ウルトラクイズ

横贯美国大猜谜

●发售日期/1992年11月20日 ●售价/8700日元
●发行商/TOMY

　　以日本电视台的同名电视问答节目为原型的问答类游戏。游戏照搬了电视节目的原有流程，从东京巨蛋举办的预选赛开始，玩家要一边回答各种问题，一边前往美国的各个城市。即使答对了问题，如果之后的行动没有成功，也无法过关。

対決!! ブラスナンバーズ | Doomsday Warrior

对决 黄金决战

●发售日期/1992年11月20日 ●售价/8500日元
●发行商/LASERSOFT

　　这是一款2D对战格斗游戏。游戏中有液态金属机器人，以及具有角和尾巴的双足龙等非人类角色。游戏主角是一位身穿红袍的金发英雄。除了普通的拳脚攻击外，角色还可以释放必杀技。本作不仅仅是一款格斗游戏，还具有成长系统。

ヒーロー戦記 プロジェクト オリュンポス

英雄战记 奥林匹斯计划

●发售日期/1992年11月20日　●售价/9600日元
●发行商/BANPRESTO

　　这是一款以高达系列、奥特曼系列、假面骑士系列的SD角色为主角的角色扮演游戏。游戏中大陆的名字以各个英雄的名字来命名，阿姆罗·雷等各大陆的代表将与邪恶的恐怖军团作战。在战斗中，每个角色都有必杀技。

北斗の拳6 激闘伝承拳 覇王への道

北斗之拳6 激斗传承拳 霸王之道

●发售日期/1992年11月20日　●售价/8900日元
●发行商/东映动画

　　这是一款格斗游戏。同名漫画中的人物在游戏中出场。除了健四郎、拉欧、卡奥等主角之外，玩家还可以选择与哈特等人气配角战斗。在游戏中，玩家可以享受出自原作漫画的台词和技能的乐趣。释放必杀技时，角色还会喊出招式的名字。

ヒューマン・グランプリ | F1 Pole Position

休曼GP赛车

●发售日期/1992年11月20日　●售价/9700日元
●发行商/HUMAN

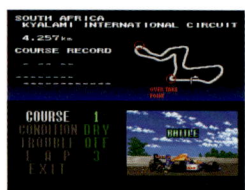

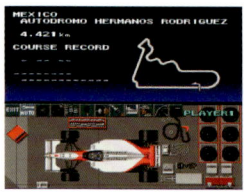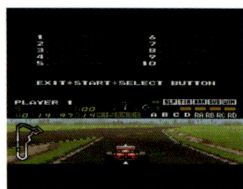

　　一款获得了F1赛事组织FOCA官方授权的F1赛车游戏。游戏中的车手和车队都以真名出场，同时忠实地还原了真实的赛道。本作非常重视真实感，比如玩家可以对方向盘进行细微调整，并且需要手动将方向盘归位。在双人游戏时，3D画面会分为上下两部分。

ミッキーのマジカルアドベンチャー | The Magical Quest Starring Mickey Mouse

米老鼠的魔法冒险

●发售日期/1992年11月20日　●售价/8500日元
●发行商/CAPCOM

　　一款横向卷轴动作游戏，米老鼠为了拯救被绑架的宠物布鲁托，前往魔法国度展开冒险。在旅途中，他可以通过改变服装变身为魔法师或消防员等，并使用对应的能力。在使用各种道具时，米老鼠的动作非常滑稽可爱。

カコマナイト | Cacoma Knight in Bizyland

卡通天蚕变

- ●发售日期/1992年11月21日 ●售价/7800日元
- ●发行商/DATAM POLYSTAR

　　一款画线占领区域的游戏。受到国王命令的主人公使用粉笔画线来围住画面。当被线条围住时，荒凉风格的画面会转变成色调柔和的画面。如果能画出超过规定百分比数量的区域，即可过关。如果失败，公主便会哭着希望玩家能够继续游戏。

アウター・ワールド | Out of This World

逃离异世界

- ●发售日期/1992年11月27日 ●售价/8800日元
- ●发行商/VICTOR ENTERTAINMENT

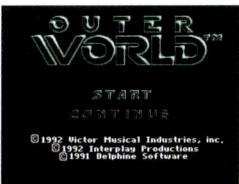

　　由欧美厂商开发的冒险游戏。因为没有明显的提示，所以在游戏的一开始，玩家甚至不知道该做些什么，但只要仔细观察这个充满科幻风格的独特世界，便会喜欢上逐渐解开游戏中的谜题的感觉。这是一款越玩越觉得有趣的名作。

あしたのジョー

明日之丈

- ●发售日期/1992年11月27日 ●售价/8900日元
- ●发行商/K.AMUSEMENT LEASING

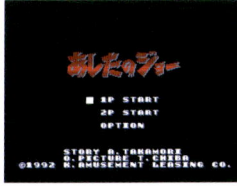

　　根据人气漫画改编的2D格斗拳击游戏。和原作一样，丈和他的对手将进行殊死搏斗。除了原作的剧情模式之外，游戏还准备了双人对战模式。丈的交叉反击和力石的上勾拳都会在游戏中出现。这是一款能让原作粉丝非常过瘾的作品。

餓狼伝説 宿命の闘い | Fatal Fury: King of Fighters

饿狼传说 宿命之战

- ●发售日期/1992年11月27日 ●售价/9800日元
- ●发行商/TAKARA

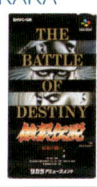

　　这是NEO-GEO的人气对战格斗游戏首次往超任上移植。与街机版相比，由于操作受限，游戏在很多方面都变得更难了，但画面质量比起街机版却毫不逊色。此外，玩家还可以使用街机版中无法使用的敌方角色。这款作品还支持和相同的角色进行对战。

ガンフォース｜GunForce

战火惊魂

- ●发售日期/1992年11月27日 ●售价/8300日元
- ●发行商/IREM

　　移植自街机平台的横向卷轴射击游戏。全身穿着战斗装备、使用降落伞降落的主角使用步枪进行射击，从敌人手中夺取汽车和直升机，并在敌人的基地里引起暴乱。玩家可以使用各种武器，比如机枪、火箭筒、激光枪和火焰喷射器等。

バルバロッサ

巴巴罗萨

- ●发售日期/1992年11月27日 ●售价/9800日元
- ●发行商/SAMMY

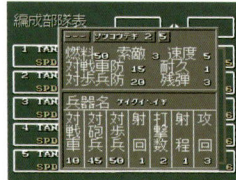

　　巴巴罗萨计划是历史上大型的军事行动——第二次世界大战期间德国对苏联发动的一场突然袭击的作战代号。本作便是以这次军事行动为原型的战争模拟游戏。玩家作为德军坦克部队核心装甲师的指挥官，负责对战斗进行指挥。

ソングマスター

音乐大师

- ●发售日期/1992年11月27日 ●售价/9000日元
- ●发行商/YANOMAN

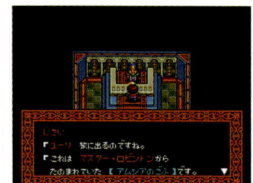

　　一款风格独特的角色扮演游戏。在游戏中，唱歌可以产生和普通角色扮演游戏中的魔法一样的效果。主人公尤里是一位强大的歌者，为了学会控制自己过剩的歌唱力，他和同伴们一起踏上旅途，进行修行。在与敌人的战斗中，魔法会被歌声所代替。

バレーボールTwin｜Dig & Spike Volleyball

超级排球

- ●发售日期/1992年11月27日 ●售价/8900日元
- ●发行商/TONKIN HOUSE

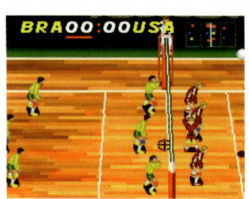

　　一款采用了和电视转播一样的斜上方视角的排球游戏。游戏支持快攻、二号或四号位强攻、时间差等攻击方式，也可以进行拦网。玩家可以在八个不同国家的球队中选择一支球队，进行世界杯比赛、人机对战、双人对战等模式。除了六人制男子排球外，还可以玩双人女子沙滩排球。

パワーアスリート | Power Moves
超能战士
● 发售日期/1992年11月27日 ● 售价/8500日元
● 发行商/KANEKO

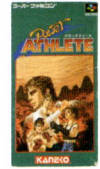

　　这是一款2D格斗游戏。性别、类型、体形各不相同的角色们使用各种不同流派的格斗技进行战斗。本作支持双人对战。在单人游戏中胜利后，角色的特长能力会得到强化。游戏的特点之一是画面具有纵深，角色可以在屏幕中前后移动。

スーパーブラックバス | Super Black Bass
超级黑巴斯
● 发售日期/1992年12月4日 ● 售价/9800日元
● 发行商/HOT·B

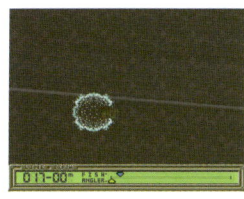

　　以黑鲈鱼垂钓为主题的钓鱼游戏。玩家乘船在湖面移动，到达指定位置后，选择拟饵和渔线来钓鱼。游戏目标是钓到重量相对较重的黑鲈鱼，从而在各种比赛中赢得胜利。在游戏中可以使用鱼群探测器，天气也会发生变化，是一款感觉很真实的作品。

ロイヤルコンクエスト | King Arthur's World
皇家战士
● 发售日期/1992年11月27日 ● 售价/8500日元
● 发行商/JALECO

　　一款侧视视角的实时战略游戏。玩家代替国王向八种不同的兵种（工兵、盾兵、魔术师等）下达命令，使军队发起进攻并击败敌人。玩家需要使用不同的兵种来应对不同的障碍，从而消除陷阱或敌人。游戏玩法类似《疯狂小旅鼠》，但更具策略性。

芹沢信雄のバーディートライ | Mecarobot Golf
芹泽信雄的高尔夫
● 发售日期/1992年12月4日 ● 售价/9600日元
● 发行商/东宝

　　在这款高尔夫游戏中，除了职业高尔夫球手芹泽信雄外，他的哥哥芹泽名人和TAKESHI军团的成员拉什·板前也都以真实姓名出场。虽然芹泽的球场解说和高尔夫球比赛本身没有笑点，但板前的评论却能令人捧腹。球手追击向前飞出的高尔夫球的3D画面非常有趣。

ミステリーサークル

神秘绕圈方块

●发售日期/1992年12月4日 ●售价/8300日元
●发行商/K.AMUSEMENT LEASING

　　这是一款解谜游戏。在游戏中，玩家控制一个小火箭，用线条包围从屏幕上方降落的各种形状的方块，从而使它们消失。围起的面积越大，分数就越高。当方块累积到顶部时，游戏结束。根据游戏设定，方块是外星人投放的，因此游戏中会出现飞碟。支持双人游戏。

大相扑魂

大相扑魂

●发售日期/1992年12月11日 ●售价/9000日元
●发行商/TAKARA

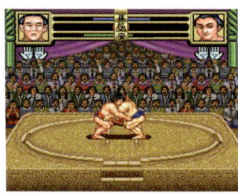

　　通过输入指令来发动相扑技进行战斗的对战格斗游戏。虽然游戏中的力士不以真名登场，但全都以真实力士为原型。游戏有三种模式，分别是创建原创力士，目标成为横纲的"目标！横纲"模式，以取得连胜为目标的"连胜到底大相扑"模式，以及名为"房间对抗战"的对战模式。

メジャータイトル | The Irem Skins Game

专业高尔夫

●发售日期/1992年12月4日 ●售价/8800日元
●发行商/IREM

　　街机版高尔夫游戏的移植作。在本作中，比起等待适合的击球时机，提前决定好击球力度、方向和姿势等要素才能更容易打出好球。游戏采用高尔夫球手的背后视角，有美国和欧洲的两个球场，以及四位不同的高尔夫球手供玩家选择。

サイコドリーム

虚幻之梦

●发售日期/1992年12月11日 ●售价/8900日元
●发行商/NIPPON TELENET

　　一款横纵双向卷轴动作游戏。游戏中的组织为了将沉迷于虚拟世界的年轻人带回现实世界而战斗，主角便是该组织的成员之一。主角进入虚拟世界进行作战，出场的敌人相当怪异。虚拟世界是一个名为《废都物语》的游戏，能让玩家充分体验世纪末的世界观。

白熱プロ野球'93ガンバリーグ
白热职业棒球联盟93

●发售日期/1992年12月11日 ●售价/9500日元
●发行商/EPIC·索尼

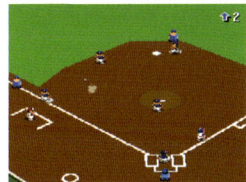

　　因简单的操作方式广受好评的棒球游戏续作。游戏玩法和简洁的画面都和前作保持一致，并且游戏过程比较简单。游戏分为锦标赛模式、全明星模式和练习赛模式。击球手后背位的标准视角令比赛情况可以看得很清楚。游戏中的球员以真名出场。

パチ夫くんスペシャル
柏青夫君 特别版

●发售日期/1992年12月11日 ●售价/9800日元
●发行商/COCONUTS JAPAN

　　红白机平台人气柏青哥游戏的超任移植版。游戏主角是以柏青哥弹珠为原型的角色"柏青夫君"。玩家在柏青哥星球上的众多柏青哥店中玩弹珠机，将它们逐个攻略。游戏中出现的机器再现了羽根式和电子式的新款机型，看起来相当逼真。

バトルサッカー フィールドの覇者
SD英雄足球 球场霸主

●发售日期/1992年12月11日 ●售价/9500日元
●发行商/BANPRESTO

　　一款俯视视角的足球游戏。玩家控制假面骑士、高达、奥特曼等SD角色进行比赛。与普通足球游戏不同，在本作中玩家可以释放必杀技，使比赛向着对自己有利的方向发展。游戏中共有八支球队，除了由英雄组成的球队外，还有由怪兽组成的球队。

弁慶外伝 沙の章
弁庆外传 沙之章

●发售日期/1992年12月11日 ●售价/9600日元
●发行商/SUNSOFT

　　一款以元日战争为题材的2D俯视视角的和风角色扮演游戏。虽然是PCE平台游戏《弁庆外传》的续作，但两者的故事并无关联。主角名为"不动"，可以选择性别。故事不仅发生在日本，也延伸到了中国。

機動装甲ダイオン | Imperium

超钢战机 机动装甲

●发售日期/1992年12月14日　●售价/8500日元
●发行商/VIC东海

　　一款纵向卷轴射击游戏。在游戏中，主角身穿名为"Dion"的机动装甲，用四种不同的武器向敌人射击。游戏目标是消灭企图入侵地球的机械生命体，因此需要给武器不断升级。以制作《变形金刚》插画著称的OX工作室负责游戏的机械设计。

SDガンダム外伝2 円卓の騎士

SD高达外传2 圆桌骑士

●发售日期/1992年12月18日　●售价/9500日元
●发行商/YUTAKA

　　以SD角色骑士高达为主角的角色扮演游戏《SD高达外传 骑士高达物语 伟大的遗产》的续作。玩家收集在前作发行后上市的集换式卡片，使其成为游戏中的同伴，并推进故事的发展。玩家可以创建一个最多由13名角色组成的小队，而且能够制造原创武器。

アメージングテニス | David Crane's Amazing Tennis

大卫克拉尼网球

●发售日期/1992年12月18日　●售价/8800日元
●发行商/PACK-IN-VIDEO

　　一款视角位于运动员背后的网球游戏。玩家在3D画面中与对手进行比赛，就像真实的网球赛那么刺激。比赛中还加入了裁判员宣布比分的声音，让游戏更加精彩。由于这是一款由欧美厂商发行的游戏，所以语言只有英文。

重装機兵ヴァルケン | Cybernator

重装机兵瓦尔肯

●发售日期/1992年12月18日　●售价/8800日元
●发行商/MASAYA

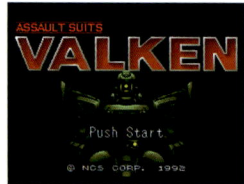
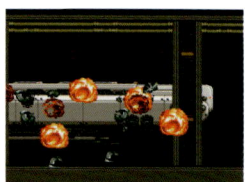

　　这是一款硬科幻设定的横向卷轴动作游戏。主人公驾驶战斗机器人瓦尔肯，用瓦尔肯拳头等武器击败敌人，完成任务。游戏具有多种结局。角色设定由动画师兼漫画家漆原智志负责。

スーパー大相撲 熱戦大一番

超级大相扑 热战大一番

- ●发售日期/1992年12月18日 ●售价/8800日元
- ●发行商/NAMCO

　　本作有三种模式,分别是选择自己的力士从初日一直挑战到千秋乐的瞄准冠军模式,以成为横纲为目标的"横纲之路"模式,以及"五番胜负"模式。力士的名字是虚构的。游戏视角为相扑场地的侧面视角。玩家可通过力士的呼吸和双脚间距的变化了解其状态。游戏支持双人对战。

スーパーテトリス2+ボンブリス

超级俄罗斯方块2+轰炸方块

- ●发售日期/1992年12月18日 ●售价/8500日元
- ●发行商/BPS

　　《超级俄罗斯方块2》是家喻户晓的益智游戏《俄罗斯方块》的超任版,《轰炸方块》则是一款由《俄罗斯方块》衍生出来的游戏,玩家可以用炸弹摧毁掉落的方块。《俄罗斯方块》有三种模式,《轰炸方块》有竞赛模式和解谜模式。

スーパー・スター・ウォーズ | Super Star Wars

超级星球大战

- ●发售日期/1992年12月18日 ●售价/8800日元
- ●发行商/VICTOR ENTERTAINMENT

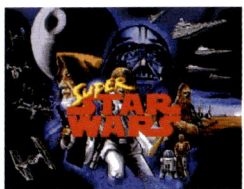

　　改编自经典科幻电影的游戏。游戏的开场画面、背景音乐,以及成为卢克·天行者摧毁死星的最终目标,都和电影中的情节一模一样,是一款让星球大战粉丝感动的作品。射击动作场景分为2D和3D两种。

スーパーニチブツマージャン

超级日本物产麻将

- ●发售日期/1992年12月18日 ●售价/8800日元
- ●发行商/日本物产

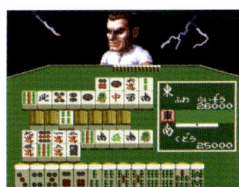

　　街机游戏的超任移植版。游戏分为麻将入门讲座、麻将研究会等适合初学者的模式,以及能够进行自由对战、参加联赛等适合高级玩家的模式。自由对战支持2~4人对局,玩家可以对"爆番""烧鸟""飞人"等规则进行详细设定。打麻将时为俯视视角,游戏插图采用了写实风格。

ステルス
秘密行动

- ●发售日期/1992年12月18日 ●售价/9700日元
- ●发行商/HECTOR

　　这是一款战略模拟游戏。玩家指挥一支小队，执行各种任务，对抗游击队。玩家对躲在森林里的游击队展开侦察，并进行战斗。这款游戏还原了被称为地狱战场的设有地雷等机关的战争场景。

戦え原始人2 ルーキーの冒険 | Congo's Caper
战斗原始人2

- ●发售日期/1992年12月18日 ●售价/8000日元
- ●发行商/DATA EAST

　　前作《乔与麦可》中的主角都有着原始人的模样，但在这款续作中，角色"鲁克"一开始是只猴子，使用道具后变身为可爱的小男孩。用木棍攻击对手的动作设定和前作相同。游戏目标是拯救被绑架的女孩。

タイニー・トゥーン アドベンチャーズ | Tiny Toon Adventures: Buster Busts Loose!
兔宝宝历险记

- ●发售日期/1992年12月18日 ●售价/8000日元
- ●发行商/KONAMI

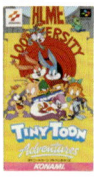

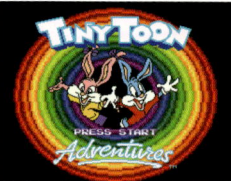

　　这是一款横向卷轴动作游戏。玩家控制美国电视动画《兔宝宝》中的淡蓝色兔宝宝巴斯特·巴尼。它像小孩子一样顽皮，甚至还能跑到墙壁上。这款游戏的画面色彩柔和，令人感到亲切，还包括操作简单的儿童模式。

中嶋悟監修 SUPER F1 HERO
中岛悟超级F1英雄

- ●发售日期/1992年12月18日 ●售价/8900日元
- ●发行商/VARIE

　　由前F1赛车手中岛悟负责监制的单人F1赛车游戏。游戏采用驾驶员视角，玩家可以选择比赛圈数，并对赛车进行细致的设定。这款游戏具有强烈的速度感，如果达不到规定排名，则游戏结束。在游戏中，中岛悟的脸部刻画非常真实。

ナグザットスーパーピンボール 邪鬼破壊

邪鬼破坏弹珠台

●发售日期/1992年12月18日 ●售价/8500日元
●发行商/NAXAT

　　弹珠台的台面上设有日本妖怪、给人留下可怕印象的一款和风弹珠游戏。虽然画面很诡异，但玩法却和普通的弹珠游戏相同。画面为纵向卷轴式，当弹珠进入龙的口中则会切换画面。

フライングヒーロー ぶぎゅる～の大冒険

飞行英雄

●发售日期/1992年12月18日 ●售价/8800日元
●发行商/SOFEL

　　这是一款纵向卷轴射击游戏。主人公名为Bugyuru，长得像个长着翅膀的白色圆球，为了拯救被绑架的朋友小宝而进行战斗。游戏中包括敌人在内的全部角色都给人一种童话般的可爱感觉，就连BOSS都是三头身造型。

半熟英雄 ああ、世界よ半熟なれ…!!

半熟英雄 啊啊世界变半熟

●发售日期/1992年12月19日 ●售价/9500日元
●发行商/SQUARE

　　红白机版《半熟英雄》的续作。这是一款模拟角色扮演游戏。在游戏中，玩家可以使用从蛋中孵化出的蛋怪进行实时战斗。这是一款充满搞笑元素的舞台剧式的作品，甚至含有对《最终幻想》系列的恶搞内容。游戏音乐由椙山浩一负责。

46億年物語 はるかなるエデンへ | E.V.O.: Search for Eden

46亿年物语 遥远的伊甸

●发售日期/1992年12月21日 ●售价/9600日元
●发行商/ENIX

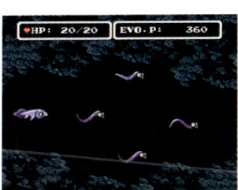

　　这是一款内容宏大的动作类角色扮演游戏，回顾了自地球诞生以来的46亿年的历史。主人公起初是一条鱼，通过打败其他生物并将其吸收，可以逐渐进化成两栖类、爬行类、鸟类和哺乳类。虽然最终目标是成为人类，但根据玩法的不同，也可能变成人类以外的物种。

奇奇怪界 谜之黑斗篷

奇々怪界-謎の黒マント- | Pocky & Rocky

- ●发售日期/1992年12月22日 ●售价/8500日元
- ●发行商/NATSUME

　　在街机上备受玩家喜爱的动作游戏《奇奇怪界》的超任原创版。这是一款动作射击游戏，讲述了可爱的巫女小夜和狸妖"魔奴化"与以日本为对手的西方妖怪军团进行对抗的故事。支持双人同时游戏。

少年阿贝 小芝麻的游乐园大冒险

少年アシベ ゴマちゃんのゆうえんち大冒険

- ●发售日期/1992年12月22日 ●售价/7800日元
- ●发行商/TAKARA

　　根据森下裕美的漫画《少年阿贝》改编的动作游戏。该漫画也推出了动画作品。在这款横向卷轴动作游戏中，玩家控制阿贝的宠物——纯白的海豹"小芝麻"，收集隐藏在阿贝祖父建造的游乐园中的宝石。小芝麻会啾啾地发出叫声，动作特别可爱。

快打刑事乱 复制都市

ラッシング・ビート乱 複製都市 | Brawl Brothers

- ●发售日期/1992年12月22日 ●售价/9600日元
- ●发行商/JALECO

　　横向卷轴格斗类动作游戏《快打刑事》的续作。操作简单、动作华丽的游戏系统和前作一致，但可使用的角色增加到五名。面对敌人时，角色的攻击方式也更加富有变化。新角色温蒂是这款游戏中唯一的女性角色。

乐一通 哔哔鸟VS威利狼

LOONEY TUNES ロードランナーVSワイリーコヨーテ | Road Runner's Death Valley Rally

- ●发售日期/1992年12月22日 ●售价/8600日元
- ●发行商/SUNSOFT

　　这是一款横向卷轴动作游戏。游戏主角是美国电视动画中的一只名为哔哔鸟的小鸟，会一边发出哔哔的叫声，一边高速奔跑。和原作一样，小鸟为了躲避想吃掉它的大野狼而不断奔跑，逃往目标点。途中它会遇到障碍，或受到大野狼的干扰。

コンバットライブス | The Combatribes

庞克勇士

●发售日期/1992年12月23日 ●售价/9300日元
●发行商/TECNOS JAPAN

　　移植自街机的横向卷轴动作游戏。在游戏中，身高超过两米的壮汉三人组"战斗部落"对纽约市的街头流氓组织"零点"展开激烈进攻。主人公能够举起敌人在空中旋转进行攻击。游戏还有对战模式，玩家可以使用敌方角色。

スーパーバレーII | Hyper V-Ball

超级排球2

●发售日期/1992年12月25日 ●售价/8900日元
●发行商/VIDEO SYSTEM

　　移植自街机平台的作品。由于画面采用了球场的侧面视角，所以不能对发球方向进行左右调整。除了由12支外国队伍进行对战的世界男子模式和世界女子模式外，还有可以使用必杀技（如隐形发球和分裂发球等）的超级模式。

スーパーキックオフ | Kick Off

超级射门

●发售日期/1992年12月25日 ●售价/7700日元
●发行商/MISAWA ENTERTAINMENT

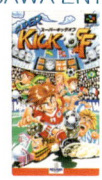

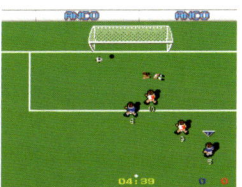

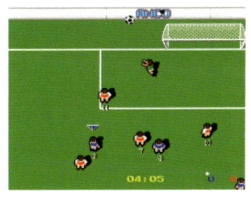
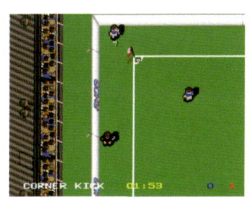

　　这是1991年发行的欧美PC游戏移植作《职业足球》的续作。虽然这个系列以欧洲足球为背景，但本作增加了一支来自日本J联赛的球队。俯视视角的游戏画面和能够向八个不同方向踢球的系统和前作保持一致，屏幕滚动速度则比前作变慢了一些，操作起来更容易。

スーパーファイヤープロレスリング2

超级热血摔角世界2

●发售日期/1992年12月25日 ●售价/8500日元
●发行商/HUMAN

　　超任上的第一款职业摔角游戏《超级热血摔角世界》的续作。在游戏中，可以使用的摔角手人数从20个增加到25个。摔角手的名字都是"旗本真也"之类的化名。游戏有多种模式，分别是与电脑进行对战的官方联赛、公开联赛、双人对战，以及选择五名摔角手进行比赛的团队赛。

大爆笑!!人生劇場

大爆笑 人生剧场

●发售日期/1992年12月25日 ●售价/8500日元
●发行商/TAITO

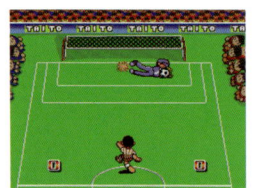

　　这是一款模拟人类的一生的桌面游戏。游戏目标是成为最强富豪。游戏一开始，角色只是个小孩，随着年龄的增长，角色会体验各种职业，最后变成老人，抵达终点。游戏中插入了包括足球和赛车在内的四种不同的小游戏。最多支持六名玩家同时进行游戏。

麻雀飛翔伝 哭きの竜

麻将飞翔传 哭泣的龙

●发售日期/1992年12月25日 ●售价/9800日元
●发行商/IGS

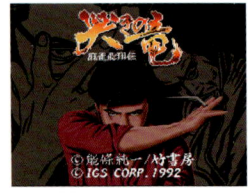

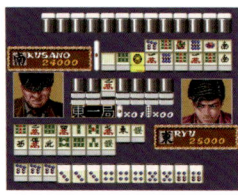

　　根据在杂志《别册近代麻将》上连载的同名麻将漫画改编的双人麻将游戏。本作共有三种模式，分别是扮演"龙的对手"——麻将选手雨宫贤、讲述寻龙故事的麻将飞翔传模式，从16名麻将选手中选择一名进行游戏的修罗赛模式，以及自由对战模式。

テクモスーパーNBAバスケットボール | Tecmo Super NBA Basketball

TECMO超级NBA篮球

●发售日期/1992年12月25日 ●售价/8900日元
●发行商/TECMO

　　本作得到了NBA官方授权。在游戏中，各支球队和迈克尔·乔丹等超级明星都将以真实姓名出场。游戏画面和电视实况转播一样，采用了斜向下的视角，玩家可以对游戏速度等细节进行调整。扣篮时，镜头会自动拉近，充满了冲击力。

らんま1/2 爆裂乱闘篇 | Ranma ½: Hard Battle

乱马1/2 爆裂乱斗篇

●发售日期/1992年12月25日 ●售价/9600日元
●发行商/MASAYA

　　根据高桥留美子原作漫画改编的对战游戏的第二作。除新增了天道茜、沐丝两位新角色外，游戏中还有隐藏角色。操作系统也进行了改良。在游戏中，玩家可以控制自己喜欢的角色，体验到角色们忠于原作漫画和动画的技能和胜利姿势等内容。

ザ・キング・オブ・ラリー パリーモスクワー北京

拉力赛车王 从巴黎到北京

● 发售日期/1992年12月28日 ● 售价/8800日元
● 发行商/MELDAC

 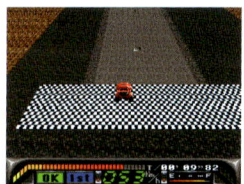

　　本作以一场拉力赛为原型。在这场以巴黎为起点的比赛中，选手们将横穿距离约16000千米的欧亚大陆，途经莫斯科，最终抵达北京。玩家可以从四个人中选择一位作为领航员，如何应对沿途发生的事故将影响比赛排名。游戏采用从车的后方往下看的3D画面。

史上最強のクイズ王決定戦 Super

超级史上最强问答王决定战

● 发售日期/1992年12月28日 ● 售价/8900日元
● 发行商/YONEZAWA

 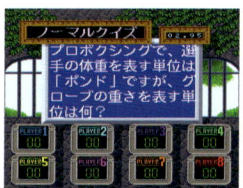

　　根据同名电视问答节目改编的正统问答游戏。游戏中的问题都出自亲身参与了电视节目中题目制定的工作人员。题目涵盖了多种类型。除了"答题王"之外，游戏还有其他三种模式，而且还有从地方预选赛阶段开始游戏的模式。

任天堂娱乐商店

　　任天堂娱乐商店成立于1991年9月，是负责销售任天堂相关商品的加盟制连锁店。在加盟店的店内设立了专属角落，新游戏和热销商品优先在店内供应。

　　在最繁盛的时期，日本全国共有2200多家加盟店。同一时期，超级马力欧俱乐部也逐渐发展起来。来自俱乐部的游戏评价，对供应商和媒体来说是宝贵的信息。通过这种加盟式的经营制度，任天堂有效地防止了当时市面上存在的软件搭售问题，以及大幅降价销售问题。此外，通过对游戏软件获得的评价进行考察，也能淘汰质量差的软件。

　　通过创建一个使消费者和零售商都能够安心购买游戏软件的系统，任天堂成功保护了自己建立起来的家庭游戏市场。顺带一提，该商店在欧美被命名为"World Of Nintendo"，被当地的人们所熟知。

任天堂娱乐商店店内的样子。在1993年以前，店内还设置了磁碟机。

摆放在商场和玩具店的任天堂产品角落中的闪闪发光的金色马力欧像和招牌。

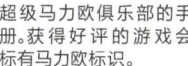 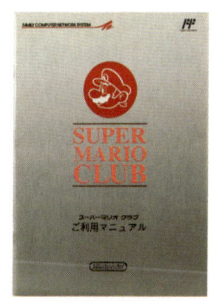

超级马力欧俱乐部的手册。获得好评的游戏会标有马力欧标识。　超级马力欧俱乐部会对游戏进行评价。零售店在采购游戏时以此为参考。

超级任天堂百万销量游戏（全球）

　　包括海外版超任（SNES）在内的排名如下。在榜单中能够看到很多未被列入日本榜单中的游戏（表中使用黄色标记）。

　　排在第11位的《杀手本能》（Killer Instinct）是由以开发《超级森喜刚》这款游戏而闻名的RARE公司开发的一款2D对战格斗游戏。虽然它因爽快的连击而受到玩家欢迎，但并未在日本发行。这款游戏于1996年在街机和N64上发行了续作，2013年在Xbox One平台推出了重制版，并于2014年在日本发行。

——复古游戏爱好会

1位

《超级马力欧世界》
2061万份

2位

《超级马力欧合集》
1055万份

3位

《超级森喜刚》
930万份

	超级任天堂 百万销量游戏一览（全球）				
1	超级马力欧世界	2061万份	20	超级马力欧RPG	214万份
2	超级马力欧合集	1055万份	21	超级街头霸王2	200万份
3	超级森喜刚	930万份	22	模拟城市	198万份
4	超级马力欧卡丁车	876万份	23	圣剑传说2	180万份
5	街头霸王2	630万份	24	阿拉丁	175万份
6	超级森喜刚2 蒂克丝刚与迪迪刚	515万份	25	最终幻想4	170万份
7	塞尔达传说 众神的三角神力	461万份	26	超级光线枪6	165万份
8	耀西岛	412万份	27	快打旋风	148万份
9	街头霸王2加强版	410万份	28	超级卡比之星	144万份
10	超级森喜刚3	351万份	29	超级密特罗德	142万份
11	杀手本能	320万份	30	勇者斗恶龙3 接着迈向传说	140万份
11	勇者斗恶龙6 幻之大地	320万份	31	浪漫沙加3	130万份
13	星际火狐	299万份	32	米老鼠 魔法传说	121万份
14	最终幻想6	290万份	33	洛克人X	116万份
15	F-ZERO	285万份	34	飞行俱乐部	114万份
16	勇者斗恶龙5 天空的新娘	280万份	35	浪漫沙加2	110万份
17	最终幻想5	240万份	35	勇者斗恶龙1・2	110万份
18	马力欧绘图	231万份	37	超魔界村	109万份
19	超时空之轮	230万份	38	快打旋风2	103万份

※本页刊载的数据全部来自《2019 CESA游戏白皮书》（一般社团法人Computer Entertainment协会出版）。
※日本国内销量超过百万份的游戏《超级噗哟噗哟》《龙珠Z 超武斗传》《龙珠Z 超武斗传2》《德比赛马3》《德比赛马96》，由于数据不足，未列入此表中。

超级任天堂

1993年

Super Famicom

Nintendo
SUPER Famicom

スターフォックス｜Star Fox

星际火狐

●发售日期/1993年2月21日 ●售价/9800日元
●发行商/任天堂

使用最先进的技术
重现饱含暖意的玩法

　　射击游戏并不是任天堂最擅长的类型，而《星际火狐》是任天堂在超任上的第一款射击游戏。这款游戏在万众期待之下发布，ROM卡带中搭载的超级FX芯片使其成为超任上第一款采用3D多边形画面的游戏。与传统的伪3D游戏相比，这款游戏中战机的飘浮感可谓超乎想象，让玩家体会到了在空中和宇宙中飞翔的真实感觉。

　　游戏中具有任天堂风格的部分是拟人化的动物角色，主角也包括在内。这些角色在任务途中进行交流等细节也为游戏增添了趣味性。尽管射击类游戏同质化现象比较严重，但这款游戏中的角色却能够令它独树一帜。

伝説のオウガバトル｜Ogre Battle: The March of the Black Queen

皇家骑士团

●发售日期/1993年3月12日 ●售价/9600日元
●发行商/QUEST

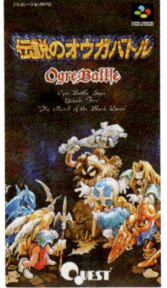

如果不理解游戏系统
就将迎来黑暗的坏结局

　　本作是由当时毫无名气的厂商QUEST推出的半实时制模拟类角色扮演游戏。游戏的背景故事根据名为《奥伽战争》的宏大故事改编而成。本作是一款闯关类型的游戏。玩家率领一支由若干角色组成的叛军，将最多由五人组成的小分队投入战场。设定目的地之后，每支小队将自动前进，如果与敌人相遇，就会展开战斗。

　　游戏中还有一个名为支持率的数值，根据这一数值的高低，事件和游戏结局都会发生变化。为了将这一数值调整到合适范围，玩家需要对游戏有深入的了解。

ドラゴンボールZ 超武闘伝 | Dragon Ball Z: Super Butouden

龙珠Z 超武斗传

●发售日期/1993年3月20日 ●售价/9800日元
●发行商/BANDAI

实现了原作粉丝们的梦想
《龙珠》主题的对战格斗游戏

　　曾推出过很多与《龙珠》相关的游戏，本作则是其中的第一款对战格斗类游戏。随着由红白机向超级任天堂的过渡，游戏主机的性能得到极大提升，此前在游戏中无法展现的华丽动作也得以实现。本作灵活利用了原作的设定，实现了角色可在空中自由移动的功能，这在当时的同类型游戏中非常罕见。当角色与敌人之间的距离拉远时，画面会进行切换，只显示每个角色附近的区域。

　　玩家可以使用孙悟空、比克、特兰克斯等在沙鲁篇前出现的角色，而角色可以觉醒成为超级赛亚人。

スーパーマリオコレクション | Super Mario All-Stars

超级马力欧合集

●发售日期/1993年7月14日 ●售价/9800日元
●发行商/任天堂

四款名作合而为一
梦幻般的十周年企划

　　这个游戏合集是为了纪念红白机发售十周年而推出的作品。这是一款能玩到历代《超级马力欧》系列作品的梦幻般的游戏合集，受到了众多玩家的欢迎。卡带中收录了以《超级马力欧兄弟》为首的该系列的一、二、三作，以及《超级马力欧USA》，共四款游戏。这些游戏之前是在红白机或磁碟机系统上发行的。

　　随着硬件性能的提升，游戏画面也进行了重新绘制，本作不只是原作的移植版。不过，尽管存在着细微改动，游戏玩法依旧和原作一样，玩家们能够以当年的感觉来玩这些令人怀念的游戏。

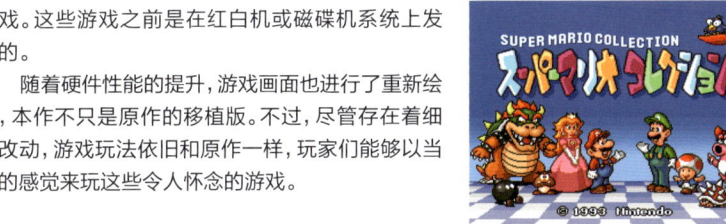

圣剑传说2

● 发售日期/1993年8月6日 ● 售价/9800日元
● 发行商/SQUARE

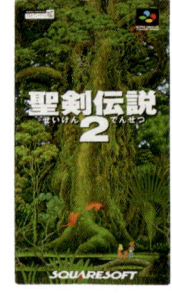

受SQUARE品牌效应的影响
销量高达150万的热门游戏

　　本作是GB《圣剑传说》的续作。与前作不同的是，这次去掉了《最终幻想外传》这个副标题，成为独立的系列作品。游戏类型是俯视视角的动作类角色扮演游戏。在三人组成的小队中，玩家只需控制一位角色，其余角色作为NPC在战斗中起到辅助作用。游戏中共有八种武器，包括剑、弓箭、斧头等。有两个角色可以使用魔法。打败敌人之后，武器和魔法的熟练度会得到提升，威力会增加，还可以学习必杀技。

　　本作最多支持三位玩家同时游戏，是一款能够和朋友们一起玩的作品，这在当时的角色扮演游戏中非常少见。

特鲁尼克大冒险 不可思议的迷宫

● 发售日期/1993年9月19日 ● 售价/9600日元
● 发行商/CHUNSOFT

将早期的RPG名作
移植到了家用主机上

　　本作根据1980年UNIX平台推出的角色扮演游戏《盗贼》改编而来，而故事的主人公则是《勇者斗恶龙4》中的角色特鲁尼克。这款游戏的特色是随机生成地牢，从地牢的形状到掉落的道具种类和位置全都随机生成。虽然游戏中有经验值和等级的概念，但一旦离开地下城，角色的等级就会回到1级。因此，比起让游戏角色获得经验值，更重要的是玩家自身经验的提升。

　　除了类似如今的Roguelike的系统设定之外，游戏中还有一个新颖的系统，就是玩家可以建造仓库，然后将道具带回家放进仓库中，从而使游戏的玩法更加丰富。

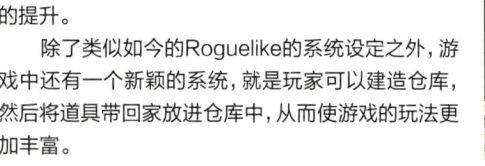

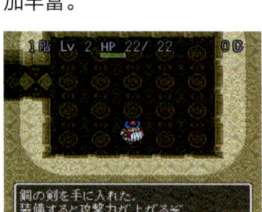

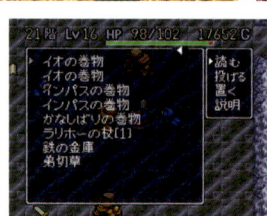

ロマンシング サ・ガ2
浪漫沙加2

●发售日期/1993年12月10日 ●售价/9900日元
●发行商/SQUARE

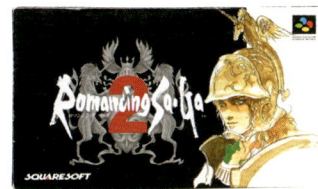

给予玩家极高的自由度
开放式剧情系统的完全形态

　　《浪漫沙加2》是一款杰出的游戏,扩展了前作所采用的开放式剧情系统,同时成功地创造了独特的游戏体验。游戏以宏大的故事情节为特色,几位主角交替与敌人战斗,并扩大帝国的领土。切换主角后,虽然角色改变了,但"继承法"系统可以让角色继承技能和法术的熟练度。此外,随着新领地的拓展,可成为同伴的种族和职业种类也会增加。

　　如上所述,玩家需要不断提升队伍的实力,并打败七位英雄,但攻略的顺序并不是固定的,玩家可以自行决定游戏的流程(虽然存在一定程度的限制)。这款游戏的最大魅力是极高的自由度。

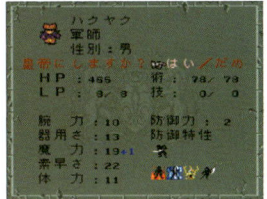

ドラゴンクエストI・II
勇者斗恶龙1・2

●发售日期/1993年12月18日 ●售价/9600日元
●发行商/ENIX

取消了复活咒文
游戏过程变得更加流畅

　　将两款日本国民级热门角色扮演游戏重制后集合在一起的合集作品。除了画面方面比红白机版有很大的提升之外,在《勇者斗恶龙1》中不受玩家欢迎的烦琐指令被归类到"便利按键"中,使游戏更容易上手。此外,两款游戏的平衡性都有所调整,即使是被认为系列最难的《勇者斗恶龙2》,现在也能比较轻松地通关了。

　　除此之外,游戏还取消了"复活咒文",并加入了记忆电池系统,使得游戏的暂停和重启都变得比原来更加方便。对很多玩家来说,这个改进可能是这款作品最大的进步。

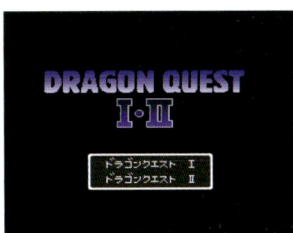

エルファリア
未来勇者

●发售日期/1993年1月3日 ●售价/9500日元
●发行商/HUDSON

这款角色扮演游戏的系统很独特，没有经验值和金钱的概念，通过各种武器及装备的组合来提高角色的战斗力。解放城镇后，角色的等级会提高。游戏中还设置了水、火、土、风四种属性，可在战斗中配合使用。负责绘制《周刊Fami通》杂志封面插画的松下进负责本作的角色设计。

ブライ 八玉の勇士伝説
光明八勇士

●发售日期/1993年1月14日 ●售价/9800日元
●发行商/IGS

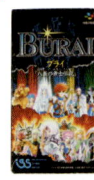

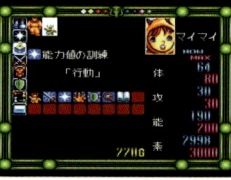

由来自各个领域的创作者联合创作的角色扮演游戏的超任移植版。为了恢复塞浦路斯星球的和平，被八玉选中的勇士们对统治这个星球的皇帝发起了挑战。每一章的故事围绕不同的勇士展开，在游戏的最后，他们将集合在一起。

エイリアンVS.プレデター｜Alien vs Predator
异形大战铁血战士

●发售日期/1993年1月8日 ●售价/9800日元
●发行商/IGS

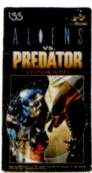

根据同名电影改编的横向卷轴动作游戏。在清版动作模式中，玩家扮演铁血战士，通过拳打、脚踢等方式消灭从VEGA-4星球上的卵中诞生的异形。此外，游戏还设置了铁血战士和异形进行对战的模式。

ヨーロッパ戦線｜Operation Europe: Path to Victory 1939–1945
欧陆战线

●发售日期/1993年1月16日 ●售价/12800日元
●发行商/KOEI

聚焦于二战期间的欧洲前线的战争模拟游戏。玩家可选择控制"轴心国军队"（德国、意大利、日本等）或"同盟国军队"（英国、法国、俄国等）来完成以法国战役为首的一系列剧情。隆美尔、巴顿等历史上著名的将军都会在游戏中登场。

ドラゴンズ・アース
龙族地球
● 发售日期/1993年1月22日 ● 售价/8500日元
● 发行商/HUMAN

　　幻想类的实时制模拟游戏。玩家扮演一名巫师，控制怪物，与强大的恶龙展开战斗。在森林、山地、丛林和冰雪四个区域收集宝物，清空各个区域后，把出现在最后一关的恶龙打倒，即可通关。

ポピュラス2 | Populous II: Trials of the Olympian Gods
上帝也疯狂2
● 发售日期/1993年1月22日 ● 售价/9800日元
● 发行商/IMAGINEER

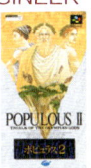

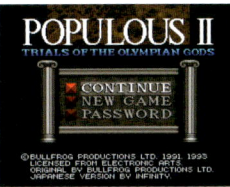

　　沿袭前作系统的模拟游戏。在前作中，玩家扮演上帝，创造"奇迹"，并消灭敌对势力。而在本作中，主角被设定为一名由宙斯和人类女性所生的年轻人，目标是消灭其他诸神的追随者。游戏在系统方面进行了完善，如对"奇迹"的数量进行了大幅提升。

マイト&マジック BOOK II | Might and Magic II: Gates to Another World
魔法门2 异世界之门
● 发售日期/1993年1月22日 ● 售价/8800日元
● 发行商/LOZC

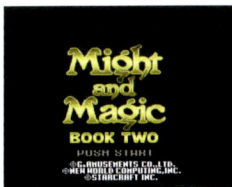

　　移植自PC平台的3D地下城角色扮演游戏。游戏中的场景，从塔楼到城镇，全部都是3D的。玩家率领由骑士、魔法师、盗贼、野蛮人和僧侣组成的小队，完成被称为任务的副本，不断推进故事发展。

負けるな!魔剣道 | Kendo Rage
魔剑道
● 发售日期/1993年1月22日 ● 售价/8800日元
● 发行商/DATAM POLYSTAR

　　在这款动作游戏中，拥有天才般剑道技术的女高生剑野舞受到妖怪警察多罗的委托，前去消灭妖怪。她变身成为身着白衣的女主角，用艺术体操中缎带舞一般的姿势，挥舞着手中的竹剑击退妖怪。剑野舞还能做出一些可爱的动作，比如跳跃时会压住迷你裙下摆等。

うしおととら
潮与虎

●发售日期/1993年1月25日 ●售价/8800日元
●发行商/YUTAKA

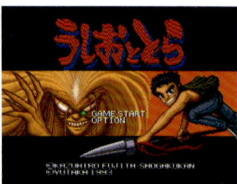 

　　根据藤田和日郎的同名漫画改编的横向卷轴动作游戏。原作还被制作成了动画作品。玩家可选择操纵名为潮的少年或名为阿虎的妖怪，前去击退妖怪。潮可以利用兽矛之力变身，阿虎则使用利爪进行战斗。潮打败敌人可得到饭团，阿虎打败敌人会得到他最喜欢的汉堡包。

クリスティーワールド | Krusty's Super Fun House
辛普森一家 超级快乐屋

●发售日期/1993年1月29日 ●售价/8000日元
●发行商/ACCLAIM JAPAN

　　具有解谜元素的动作游戏。游戏故事说的是，美国动画《辛普森一家》中的角色小丑克里斯蒂想要消灭家中的老鼠。玩家需要充分利用房子里的砖块等道具来推进游戏。《辛普森一家》中的其他角色也会在游戏中出现。

Q*bert3 | Q*bert 3
Q伯特3

●发售日期/1993年1月29日 ●售价/7000日元
●发行商/VAP

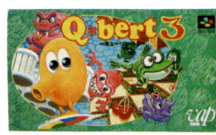 

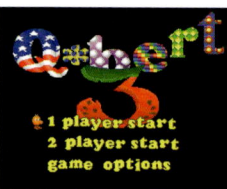 

 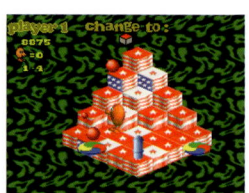

　　在游戏中，玩家控制一个长得像海马的角色，在方块上跳跃。角色跳到方块上之后，方块的颜色会发生变化，改变所有方块的颜色即可过关。玩家在游戏中会受到敌方角色的阻碍，因此想要过关并不简单。游戏中也会出现能提供协助的角色。

信长公记
信长公记

●发售日期/1993年1月29日 ●售价/12500日元
●发行商/YANOMAN

 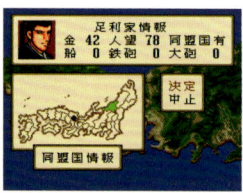

　　以武将织田信长的相关战役为题材、以战国时代为背景的策略类模拟游戏。玩家可以在与信长相关的"义元上洛""武田之变""越后之龙""本能寺""秀吉对家康"五场战役中任选一场，使用自己喜欢的武将，通过治理内政、展开外交、进行战斗来扩张领地，最终统一天下。

スーパー倉庫番
超级仓库番
- 发售日期/1993年1月29日 ●售价/7800日元
- 发行商/PACK-IN-VIDEO

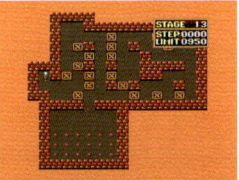

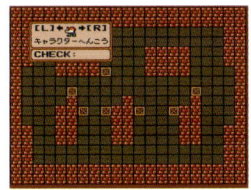

　　经典解谜游戏《仓库番》的超任版。玩家需要移动仓库中的箱子，使它们抵达指定位置。由于步数有限，所以不注意步数的话就会失败。随着关卡的推进，游戏难度会越来越高，第50关中的箱子总数增加到15个。游戏还具有编辑模式，玩家可以自己创建关卡。

ナムコットオープン
NAMCO高尔夫公开赛
- 发售日期/1993年1月29日 ●售价/8800日元
- 发行商/NAMCO

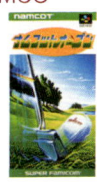

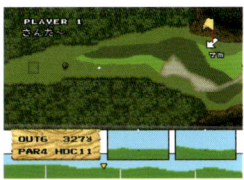

　　NAMCO原创红白机高尔夫游戏《NAMCO高尔夫》的超任升级版。游戏有回合战、高尔夫巡回赛、练习三种模式。玩家需要在2D画面中选择方向，然后在3D画面中击球。创建一个原创角色，目标是在高尔夫巡回赛模式中获得冠军。

スーパービックリマン
超级比卡鲁超人
- 发售日期/1993年1月29日 ●售价/7800日元
- 发行商/BEC

　　对战格斗游戏，以比卡鲁超人系列角色的战斗为题材。比卡鲁超人是巧克力零食赠品贴纸上的角色，曾被改编为动画。在单人模式中，可以选择控制天使军团中的凤凰或提基来对抗恶魔军团。在对战模式中，可以使用包括恶魔宙斯在内的六名恶魔军团成员。本作没有剧情模式。

ワールドクラスラグビー | World Class Rugby
世界级橄榄球赛
- 发售日期/1993年1月29日 ●售价/7900日元
- 发行商/MISAWA ENTERTAINMENT

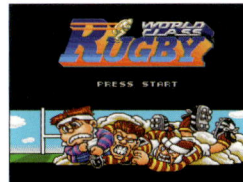

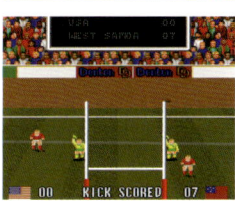

　　由美国的PC游戏移植而来的橄榄球游戏。游戏采用斜向下视角的3D画面，玩家可以控制英格兰、新西兰等16支球队，目标是赢得世界杯。此外，游戏中还有联赛模式和双人对战模式。回放功能的加入让赛后回顾成了一种乐趣。

ゲゲゲの鬼太郎 復活! 天魔大王

鬼太郎 天魔大王复活

● 发售日期/1993年2月5日 ● 售价/8800日元
● 发行商/BANDAI

　　横向卷轴动作游戏。曾被多次改编成动画的漫画《鬼太郎》中的角色会在游戏中登场。玩家要拯救被抓起来的鼠男和子泣爷爷等伙伴，使用毛发针和遥控木屐与敌方妖怪进行战斗。双人同时进行游戏时，可以发动合体攻击。游戏中的敌人实力强劲。

ウォーリーをさがせ!絵本の國の大冒険

威利在哪里 绘本之国的大冒险

● 发售日期/1993年2月19日 ● 售价/9500日元
● 发行商/TOMY

　　根据全球知名绘本《威利在哪里》改编而成的游戏。主人公米克是威利亲卫队的成员之一，游戏目标是找回失踪的威利和其他99名亲卫队成员。游戏关卡的背景种类丰富，画面的每一处都充分反映出威利的世界观，令人感到治愈和温暖。

プロフットボール'93 | John Madden Football '93

职业美式橄榄球93

● 发售日期/1993年2月12日 ● 售价/8900日元
● 发行商/EA VICTOR

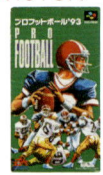 

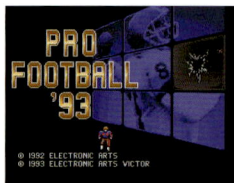 

　　由美国知名的美式橄榄球解说员约翰·马登负责监制的《职业美式橄榄球》的1993年版本。这是一款3D画面的美式足球游戏，共有40支球队和五个不同模式。除了可选择比赛的类型外，玩家甚至还可以对天气和场内的草地状况进行设置。

喜國雅彦の雀闘士銅鑼王

喜国雅彦之雀斗士铜锣王

● 发售日期/1993年2月19日 ● 售价/8900日元
● 发行商/POW

 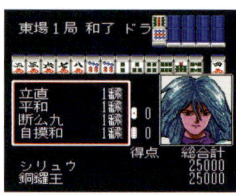

　　由漫画家喜国雅彦负责角色设计的麻将游戏。与普通的对战类麻将游戏不同，这款游戏以剧情模式为主。主人公身穿名为牌衣的盔甲，将敌人依次打败。游戏中有很多搞笑元素和漫画形式的恶搞。根据情况，还可以使用一些作弊技巧。

鋼鉄の騎士
钢铁之骑士
- ●发售日期/1993年2月19日　●售价/9800日元
- ●发行商/ASMIK

　　这是一款从PC端移植而来，以二战期间的欧洲为背景的坦克战斗模拟游戏。玩家扮演德军连长，指挥一个由10辆坦克组成的连队前去消灭敌人，攻占由苏联控制的城市，占领莫斯科。剧情由七个部分组成。游戏里出现的坦克都是历史上真实存在的。

ドラえもん のび太と妖精の國
哆啦A梦 大雄与妖精王国
- ●发售日期/1993年2月19日　●售价/8000日元
- ●发行商/EPOCH

　　动作游戏，根据藤子·F．不二雄的国民级漫画原作及动画《哆啦A梦》改编。游戏场景由大雄和他的朋友们生活的小镇和妖精的国度两部分组成。玩家可以在小镇中收集信息，与出现在妖精国的怪物战斗。游戏中会出现很多神奇道具和大家熟悉的角色。

NBAプロバスケットボール ブルズVSブレイザーズ | Bulls Vs Blazers and the NBA Playoffs
NBA职业篮球赛 公牛VS开拓者
- ●发售日期/1993年2月26日　●售价/8900日元
- ●发行商/EA VICTOR

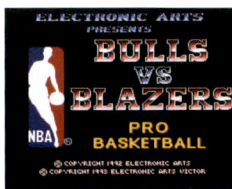 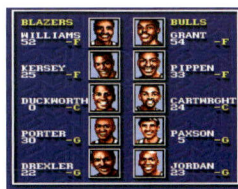

　　获得了NBA官方授权的篮球游戏，游戏中的18支球队和球员都以真名出场。除了普通的单人模式外，还有双人对战模式，以及双人合作控制同一个队伍的合作模式。玩家可随意控制迈克尔·乔丹和其他著名球员在场上打球。游戏具有回放功能，可重复播放喜欢的比赛。

F-1 Grand Prix Part II
F1 GP赛车2
- ●发售日期/1993年2月26日　●售价/9800日元
- ●发行商/VIDEO SYSTEM

　　获得F1赛事组织FOCA官方授权的《F1 GP赛车》系列的第二作。游戏中所有赛车和赛车手的数据都采用了1992年赛季的真实数据。比赛画面依旧采用充满冲击力的俯视视角。另外新增了故事模式，玩家可以创建自己的队伍并参加比赛。

織田信長 覇王の軍団

织田信长 霸王的军团

●发售日期/1993年2月26日 ●售价/9500日元
●发行商/ANGEL

　　根据漫画家横山光辉的原作漫画改编的历史模拟游戏。从"初次上阵"到"本能寺之变"，共有26个章节，忠实再现了织田信长的一生。角色的面部等外形设定都与原作漫画相同。如果信长死亡，游戏就会失败。根据游戏进程的发展，玩家也有可能打败光秀。

サーク

沙克传说

●发售日期/1993年2月26日 ●售价/9600日元
●发行商/SUNSOFT

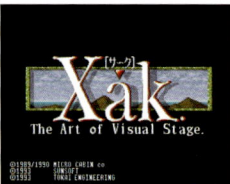

　　移植自PC平台的动作角色扮演游戏。为了阻止名为Badour的怪兽复活，身为战神后裔的少年展开冒险，不断战胜敌人。在俯视视角的画面中，玩家可以清楚地看到走进建筑物阴影中的人物。故事是非常正统的幻想类。

コズモギャング ザ パズル

宇宙盗贼团 方块大战

●发售日期/1993年2月26日 ●售价/7900日元
●发行商/NAMCO

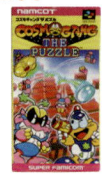

　　这是一款解谜游戏。玩家需要把从上方掉落的集装箱和外表像青蛙一样的NAMCO角色"科兹莫"叠在一起，将其消除。集装箱排成一整排时便可消除，而科兹莫则需要在接触到偶尔掉下来的蓝色小球后才会消失。游戏有单人模式、双人模式和一百关模式。

シムアント | SimAnt

模拟蚂蚁

●发售日期/1993年2月26日 ●售价/12800日元
●发行商/IMAGINEER

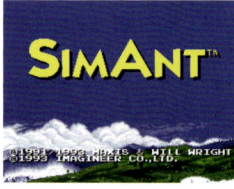

　　PC平台非常热门的模拟类游戏SIM系列的第三款移植作品。游戏目标是增加己方黑蚂蚁的数量，并消灭敌方的红蚂蚁。游戏有两种模式：原始模式和剧情模式。在剧情模式中，一旦玩家被敌方蚂蚁杀掉或因意外（如被人类踩死）而使死亡的次数达到三次时，游戏就会失败。

バートの不思議な夢の大冒険 | The Simpsons: Bart's Nightmare
辛普森一家 巴特的恶梦
●发售日期/1993年2月26日 ●售价/8800日元
●发行商/ACCLAIM JAPAN

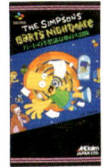
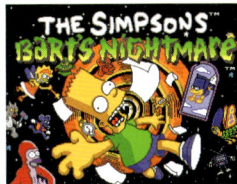

　　这款动作游戏的主角是美国动画《辛普森一家》中辛普森一家的长子巴特。故事发生在巴特的梦境中，游戏目标是找到被风吹走的试卷。由于原作是搞笑类动画，所以游戏中充满了有趣的人物和搞笑段子。因为是在梦中，所以可以变身和飞行等。

バトルテック | MechWarrior
银河战记
●发售日期/1993年2月26日 ●售价/9800日元
●发行商/VICTOR ENTERTAINMENT

　　街机平台著名同名机器人模拟游戏的超任移植版。玩家驾驶名为MEC的双足机器人，利用雷达搜索并击败从四面八方袭来的敌人。超任版中加入了街机版没有的角色扮演元素。如果游戏失败，玩家就会像新兵一样被上级训斥。

バットマン リターンズ | Batman Returns
蝙蝠侠归来
●发售日期/1993年2月26日 ●售价/8800日元
●发行商/KONAMI

　　根据同名电影改编的清版动作游戏。猫女、企鹅人等电影中的敌方角色会在游戏中出场。在游戏的第五关，玩家可以体验驾驶蝙蝠车飙车的乐趣。而在游戏的标题画面中，黑暗的天空中飘浮着蝙蝠标志，效果和电影里一样，非常帅气。

リーディングカンパニー
株式会社经营
●发售日期/1993年2月26日 ●售价/12800日元
●发行商/KOEI

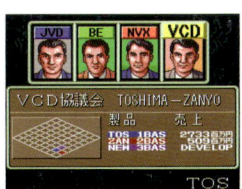

　　以录像机行业为原型的企业模拟经营游戏。录像机行业充斥着各种各样的技术标准，玩家作为这个行业的一家公司的总裁，需要提高销量，扩大品牌知名度，最终目标是按照自家公司的标准来统一业界。游戏中最多可以发行六款产品。

093

アルバートオデッセイ
英雄圣战

●发售日期/1993年3月5日 ●售价/9600日元
●发行商/SUNSOFT

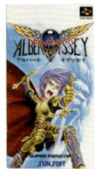

　　这是一款模拟角色扮演游戏。名为阿尔伯特的少年是皇室的后裔，他将代替父亲前去打倒想要征服世界的巫师。因此他和好友见习僧侣诺伊曼，以及拥有魔法之力的少女图菲亚一起踏上了旅途。在战斗中，玩家需要考虑地形等因素的影响。

エキゾースト・ヒート2 F1ドライバーへの軌跡 | F1 ROC II: Race of Champions
热爆赛车2 迈向F1赛车手

●发售日期/1993年3月5日 ●售价/9800日元
●发行商/SETA

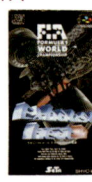

　　对前作进行升级制作出的系列第二作。获得了F1赛事组织FOCA的官方授权，车队和车手的名字都是真名。玩家可以使用比赛奖金对赛车进行调整和强化，目标是在比赛中获胜。游戏卡带中搭载了特殊芯片，增强了游戏的速度感。赛车的数量也有所增加。

イーハトーヴォ物語
童话物语

●发售日期/1993年3月5日 ●售价/9700日元
●发行商/HECTOR

　　本作的故事发生在作家宫泽贤治所构筑的乌托邦"伊哈托布"中。玩家在童话世界中旅行，收集道具"被遗忘的7本手账"。虽然厂商宣称这是一款角色扮演游戏，但在游戏中并不会与敌人进行战斗，内容以冒险为主。游戏的最终目标是与贤治见面。

ジョジョの奇妙な冒険
JOJO的奇妙冒险

●发售日期/1993年3月5日 ●售价/9500日元
●发行商/COBRA TEAM

　　根据荒木飞吕彦同名漫画第三部《JOJO奇妙冒险 星尘斗士》改编的角色扮演游戏。这是JOJO系列漫画首次被改编为游戏。主角是具有"白金之星"替身能力的空条承太郎，其要与吸血鬼DIO进行战斗。这款游戏具有生物节律、压力值等与其他角色扮演游戏截然不同的系统。

スーパー・キックボクシング | Best of the Best: Championship Karate

超级自由搏击

● 发售日期/1993年3月5日 ● 售价/8800日元
● 发行商/ELECTRO BRAIN JAPAN

　　自由搏击类型游戏，是欧美游戏的移植版，因此游戏语言为全英文，而画面采用了擂台侧视视角。玩家操纵穿着类似武道服的外国拳击手进行战斗。游戏目标是设计原创的拳击手，通过训练和比赛提升角色能力，最终使其成为世界冠军。

メタルマックス2

重装机兵2

● 发售日期/1993年3月5日 ● 售价/9500日元
● 发行商/DATA EAST

　　以近未来为背景的角色扮演游戏。主人公的父母被反派组织抓钩者杀害，他为了成为全世界最强大的怪物猎人，与同伴机械师、女战士、战斗犬驾驶战车进行战斗。赚到的赏金可用来购买战车的发动机和武器，对战车进行改造强化。

デビルズコース | True Golf: Wicked 18

魔鬼球场高尔夫

● 发售日期/1993年3月5日 ● 售价/9800日元
● 发行商/T&E SOFT

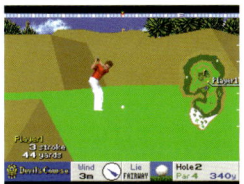

　　本作采用了与《新3D高尔夫》等高尔夫游戏相同的POLYSYS系统，玩家要在多个充满奇思妙想的虚构高尔夫球场中进行游戏，例如用球击中飘浮在天空中的岩石就会发生变化的球场，场景中有无数拔地而起的柱子的球场，以及建在山顶的球场等。

モノポリー

大富翁

● 发售日期/1993年3月5日 ● 售价/9700日元
● 发行商/TOMY

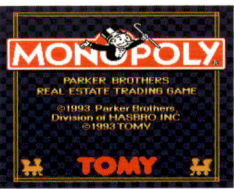

　　风靡全球的桌面游戏的超任版。在单人模式中，玩家要在大富翁大厦的各个房间内和住户们进行对战。游戏规则与桌面游戏的规则相同。掷骰子移动，然后通过购买停靠地块的土地、公司等来增加自己的资产。

edono牙

牙

●发售日期/1993年3月12日 ●售价/8900日元
●发行商/MICRO WORLD

　　以近未来日本的虚拟城市EDO为背景的横向卷轴动作游戏。玩家扮演特种部队江户之牙的成员，与看起来像铠武者一般身穿动力装甲的敌人进行殊死搏斗。在一些关卡中，玩家还可以高速移动或飞行。

カリフォルニアゲームズⅡ | California Games 2

加州游戏2

●发售日期/1993年3月12日 ●售价/8800日元
●发行商/HECTOR

　　以美国西海岸为背景的游戏，玩家可以享受热门海陆空运动的乐趣。游戏中的运动项目有滑板、喷气式冲浪、趴板冲浪、悬挂式滑翔和单板滑雪。可以一个人游戏，也支持最多八名玩家一起游戏。游戏中还有练习模式。

スーパーファミスタ2

超级家庭棒球2

●发售日期/1993年3月12日 ●售价/7900日元
●发行商/NAMCO

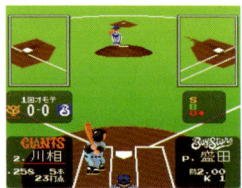

　　本作取得了日本棒球机构的官方授权，来自中央联盟和太平洋联盟的球队和球员都以真名登场。这是日本最为著名的棒球系列游戏。球员名字使用汉字表示更容易看清。太平洋联盟引入了代打制。除了公式赛，还有全明星赛和新人选拔赛，以及可以自己创建选手的"你就是英雄"模式。

2020年スーパーベースボール | Super Baseball 2020

超级棒球2020

●发售日期/1993年3月12日 ●售价/8900日元
●发行商/K.AMUSEMENT LEASING

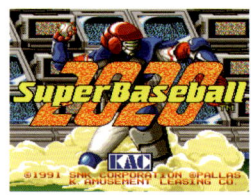

　　以近未来为背景，具有强烈科幻风格的棒球游戏。游戏特色是球员们身穿格斗比赛或美式橄榄球比赛的强化盔甲，进行仅凭肉体无法实现的比赛。游戏过程中会获得奖金，奖金可以用来提升角色的护甲。这款游戏移植自NEO-GEO平台。

ジャングルウォーズ2 古代魔法アティモスの謎
丛林大战2 古代魔法阿提莫斯之谜
- ●发售日期/1993年3月19日 ●售价/9500日元
- ●发行商/PONY CANYON

　　GB上的角色扮演游戏的续作。游戏讲述了一位守护丛林和平的男孩和一群会魔法的少女，与获得了古代秘宝之力、想要征服世界的乌鲁乌鲁兵团进行战斗的故事。游戏中有很多与主线剧情无关的支线任务，例如拍卖会、丛林铁路等。

ナイジェル・マンセル F1チャレンジ | Nigel Mansell's World Championship Racing
尼吉尔·曼塞尔F1挑战
- ●发售日期/1993年3月19日 ●售价/8800日元
- ●发行商/INFOCOM

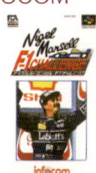

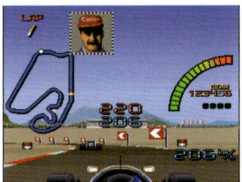

　　这款赛车游戏由1992年的F1总冠军尼吉尔·曼塞尔负责监制，他因大胆的驾驶风格而广受好评。游戏中的F1车手均以真实姓名登场。玩家以驾驶员的视角进行操作。在练习模式中，曼塞尔的赛车在前方带路，教会玩家比赛中的决胜技巧等。

超魔界大戦!どらぼっちゃん | The Twisted Tales of Spike McFang
超魔界大战 德拉少爷
- ●发售日期/1993年3月19日 ●售价/8800日元
- ●发行商/NAXAT

　　以魔界之国德拉基拉亚王子铜锣少爷为主角的动作角色扮演游戏。铜锣少爷与同盟国邦帕莱拉的公主卡米拉等人一起与敌国的欧瓦萨进行战斗。角色都是可爱的三头身，使用帽子或披风进行攻击。操作十分简单，即便是小孩子也可以享受游戏的乐趣。

バイオメタル | BioMetal
生化金属战机
- ●发售日期/1993年3月19日 ●售价/8980日元
- ●发行商/ATHENA

　　横向卷轴射击游戏。玩家驾驶近未来风格的战斗机，向采用仿生设计的半机械半兽类的生化金属机器人进行射击。除了普通的射击和导弹外，在战斗机周围还有四个蓝色的球，不停围绕着机身旋转，可以用来进行防御和攻击。

USAアイスホッケー | Pro Sport Hockey

美国冰上曲棍球

●发售日期/1993年3月19日 ●售价/9000日元
●发行商/JALECO

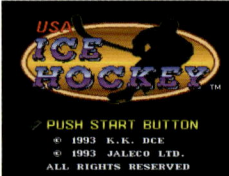 

　　俯视视角的冰球游戏。除人机对战模式外，还有常规赛模式和超级杯模式。游戏真实地再现了在冰面上滑行的感觉。像真实的冰球比赛一样，在游戏中可以做出越位等犯规行为。如果做出恶意犯规的行为，会导致游戏进入乱斗模式。

スーパー蒼き狼と白き牝鹿 元朝秘史 | Genghis Khan II: Clan of the Gray Wolf

超级苍狼与白鹿 元朝秘史

●发售日期/1993年3月25日 ●售价/11800日元
●发行商/KOEI

　　以成吉思汗等英雄为主角的历史模拟游戏《苍狼与白鹿》的第三部移植作品。游戏由"蒙古高原的统一""成吉思汗的展翅雄飞"等四个故事组成。成功征服大陆，是一项需要花费很长时间的伟业。在游戏过程中，主角可以向金帐内的王妃示爱，并诞下子嗣。

スーパーワギャンランド2

超级瓦强世界2

●发售日期/1993年3月25日 ●售价/8300日元
●发行商/NAMCO

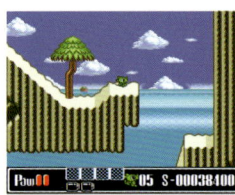 

　　以Q版幼年恐龙瓦强为主角的横向卷轴动作游戏。用声音打击对手使其昏迷的游戏系统和前作相同，但整体感觉变得更加可爱了。这款游戏的氛围温馨治愈，即使是小孩子也可以轻松玩。BOSS战的小游戏种类比前作更多，还可以进行双人对战。

インターナショナル・テニスツアー | International Tennis Tour

国际网球巡回赛

●发售日期/1993年3月26日 ●售价/8900日元
●发行商/MICRO WORLD

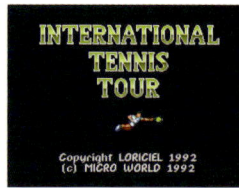 

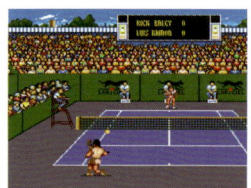 

　　支持双人对战的正统网球游戏。手柄上的六个按键分别对应各种不同类型的球，与十字键组合操作，玩家便能够打出各种类型的球。游戏具有锦标赛、国际杯、冠军赛等五种不同的模式。

ウルトラセブン
赛文奥特曼
●发售日期/1993年3月26日 ●售价/8800日元
●发行商/BANDAI

　　以同名特摄片中登场人物为主角的对战格斗游戏。游戏分为剧情模式和对战模式。在对战模式中，除了赛文奥特曼和怪兽外，玩家还可以使用胶囊怪兽乌英达姆等角色。艾雷金刚、美特隆星人和金古乔等怪兽全都在游戏中登场。

ザ・心理ゲーム 悪魔のココロジー
心理游戏 恶魔的心理测验
●发售日期/1993年3月26日 ●售价/9800日元
●发行商/VISIT

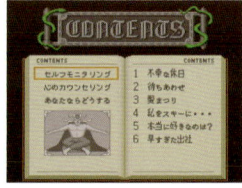

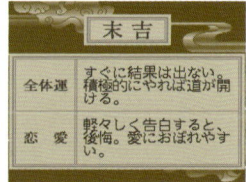

　　将大家熟悉的心理测试改编成电子游戏。通过回答几个简单的问题，就能了解自己隐藏的心理。双人模式可以测试两个人的匹配度，还可以用来测试单相思，或通过抽签来预测运势。支持多人同时游戏。

ザ・グレイトバトルⅢ
SD英雄大战3
●发售日期/1993年3月26日 ●售价/8700日元
●发行商/BANPRESTO

　　横向卷轴动作游戏。SD角色葛雷奥特曼、高达F-91、假面骑士BLACK RX等英雄在剑与魔法的奇幻世界中战斗。英雄们装备着武器和防具进行作战，还可以使用魔法，并且可以积攒金币购买装备。游戏有双人对战模式。

つっぱり大相撲 立身出世編
大相扑 立身出世篇
●发售日期/1993年3月26日 ●售价/9000日元
●发行商/TECMO

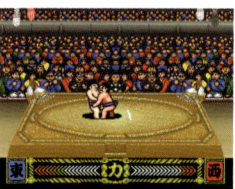

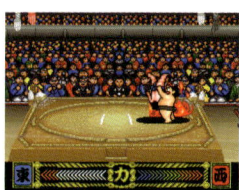

　　移植自红白机的游戏。玩家可以选择各种风格的擂台，例如在自由女神像头顶的摩天楼女神场，或是在夏威夷沙滩上的常夏沙滩场等。游戏有很强的搞笑要素，例如使用必杀技把对手打飞，游戏失败时角色会跳向空中并从画面中消失等。

デザートストライク 灣岸作戦｜Desert Strike - Return to the Gulf

沙漠突袭

●发售日期/1993年3月26日 ●售价/8900日元
●发行商/EA VICTOR

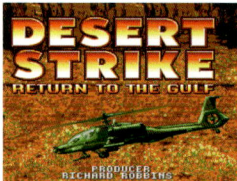 

　　在游戏中，玩家操纵战斗直升机阿帕奇，摧毁雷达站和发电厂，并袭击战斗指挥所。游戏的最终目标是打倒名为基尔巴将军的恐怖分子首领。

ノイギーア ～海と風の鼓動～

大地勇士 海与风的鼓动

●发售日期/1993年3月26日 ●售价/9800日元
●发行商/WOLFTEAM

　　动作类角色扮演游戏。游戏主角是诺伊吉亚的领主之子，他在回故乡的途中被卷入一场海上事故。玩家以跳跃的方式从船的底层向上层移动。主角还可以使用带有铁钩的锁链钩住敌人或物体，向地图的另一侧移动。

デッド・ダンス｜Tuff E Nuff

死亡之舞

●发售日期/1993年3月26日 ●售价/9700日元
●发行商/JALECO

 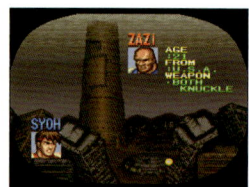

　　对战格斗类型游戏。玩家可以从四个不同类型的格斗家（使用空手道等武术的日本青年和黑人青年，手持苦无的忍者模样的日本女子和白人男性职业摔角手）中选择一个进行对战。游戏共有三种模式，分别是剧情模式、双人对战模式和人机对战模式。

パワーモンガー ～魔将の謀略～｜Powermonger

开天辟地 魔将的谋略

●发售日期/1993年3月26日 ●售价/12800日元
●发行商/IMAGINEER

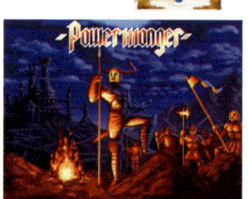 

　　移植自PC端的游戏。为了征服类似中世纪欧洲的世界，玩家要用剑或弓等武器来消灭对手。本作和《上帝也疯狂》一样，是由同一开发商开发的即时模拟游戏。由于原本是PC游戏，所以用超任的鼠标进行操作很方便。

ブルースブラザーズ | The Blues Brothers

布鲁斯兄弟

- ●发售日期/1993年3月26日 ●售价/7800日元
- ●发行商/KEMCO

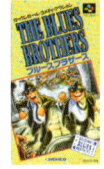

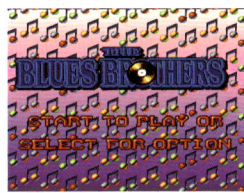

　　横向卷轴动作游戏。根据在人气巅峰时不幸去世的著名喜剧演员约翰·贝鲁西主演的同名喜剧电影改编而成。和电影里一样的胖瘦兄弟俩一躲避各种陷阱,在关卡中不断前进。游戏支持两个玩家合作,例如可通过投掷黑胶唱片进行攻击等。

エアーマネジメントII 航空王をめざせ | Aerobiz Supersonic

航空霸业2 迈向航空王

- ●发售日期/1993年4月2日 ●售价/12800日元
- ●发行商/KOEI

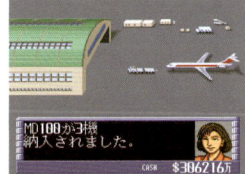

　　航空公司模拟经营系列的第二部作品。可设置航空路线的城市数量增加到前作的四倍,故事也增加到四个。游戏目标是成为业务范围覆盖亚洲、欧洲、非洲、北美、南美和南太平洋等地的第一大航空公司。这款游戏后来也被移植到了PC和世嘉MD上。

Pop'nツインビー | Pop'n TwinBee

Pop'n兵蜂

- ●发售日期/1993年3月26日 ●售价/8900日元
- ●发行商/KONAMI

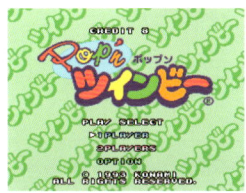

　　《兵蜂》系列在超任上的原创作品。如果玩家击中画面中飘浮着的云彩,就会飞出一个可用来提升能力的道具铃铛,继续向铃铛射击,它就会改变颜色和效果。本作还新增了迷你分身、拳击、投掷攻击等新元素。支持双人同时进行游戏。

キャプテン翼IV プロのライバルたち

队长小翼4 职业足球的劲敌

- ●发售日期/1993年4月3日 ●售价/9700日元
- ●发行商/TECMO

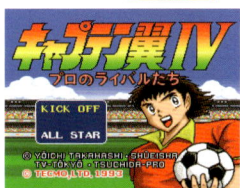

　　成为职业球员的主人公大空翼这次加入了巴西圣保罗足球俱乐部。剧情为游戏原创,玩家与来自全世界的强队进行比赛。游戏具有多个结局,根据比赛的结果而改变。这款游戏还新增了天气要素,并且可以创建原创角色。

ブレス オブ ファイア 竜の戦士｜Breath of Fire

龙战士

●发售日期/1993年4月3日 ●售价/9800日元
●发行商/CAPCOM

　　这是一款角色扮演游戏。为了打倒企图征服世界的黑龙族，守护世界和平，同时为了寻找被绑架的姐姐，名为"龙"的白龙族少年踏上了旅途。他与在旅途中遇到的七位具有不同特殊能力的同伴联手，克服路上遇到的各种困难，战斗到最后。

アクションパチ夫

柏青夫君大进击

●发售日期/1993年4月9日 ●售价/9500日元
●发行商/COCONUTS JAPAN

　　以柏青哥弹珠为原型的角色柏青夫君为主角的横向卷轴动作游戏。主角为了拯救被绑架的人质而展开冒险。柏青夫君是一个长有手和脚的柏青哥弹珠，它可以蜷缩成球，高速移动，或者通过旋转冲撞的方式来发动攻击。收集硬币会增加剩余游戏次数。

太閣立志伝

太阁立志传

●发售日期/1993年4月7日 ●售价/11800日元
●发行商/KOEI

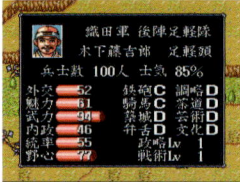

　　一款模拟类游戏。游戏目标是让织田信长军中的最下级武士"木下藤吉郎"出人头地，最终成为大名鼎鼎的丰臣秀吉。在游戏初期，只要成功执行信长下达的命令就可以提升角色的地位，但失败就会被处决。游戏的自由度很高，可以做出与历史事实不同的举动，如起兵谋反等。

The麻雀・闘牌伝

麻将斗牌传

●发售日期/1993年4月16日 ●售价/8900日元
●发行商/VIDEO SYSTEM

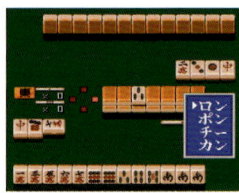

　　一款双人麻将游戏，内容以打倒BOSS角色为目标的斗牌王模式为主。玩家可以通过获得道具来使用堆牌术等作弊技巧和必杀技。此外，游戏还包含可选择对手进行对战的自由对战和实战麻将模式，以及采用普通规则的麻将大赛模式。

デュアルオーブ 聖霊珠伝説

圣灵珠传说

- ●发售日期/1993年4月16日 ●售价/9700日元
- ●发行商/I'MAX

　　这款角色扮演游戏以少年拉尔夫的冒险经历为主题——拉尔夫被圣龙拉泽斯赋予前去封印邪恶之源潘杰的使命。故事发生在一个以中世纪欧洲为原型的幻想世界。在旅途中，主角与同样被选中的西奥以及来自地底世界的女孩莉兹等伙伴相遇，一起战斗。

エルナード｜The 7th Saga

时空引导者

- ●发售日期/1993年4月23日 ●售价/9600日元
- ●发行商/GAME PLAN 21

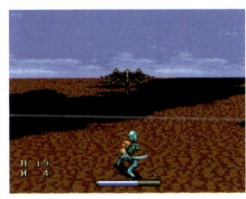

　　这款角色扮演游戏的目标是成为指导者希达的七位学徒（人类、外星人、矮人、精灵、恶魔、机器人）之一，前去寻找七个弧光。游戏原名"ELNARD"是这个星球的名字。玩家可以使用功能类似雷达的水晶，来了解敌人和城镇的位置。

怒りの要塞｜Operation Logic Bomb

怒之要塞

- ●发售日期/1993年4月23日 ●售价/8700日元
- ●发行商/JALECO

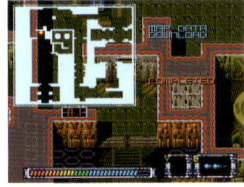

　　这是一款俯视视角的动作射击游戏，移植自GB。主角使用机枪、火焰发射器、激光枪等武器，在要塞中突出重围。游戏中还可以使用地雷和诱饵。敌人是一种来自亚空间的生物，游戏的最终目标是摧毁物质传送装置。

スーパーバトルタンク｜Garry Kitchen's Super Battletank: War in the Gulf

超级战斗坦克

- ●发售日期/1993年4月23日 ●售价/7800日元
- ●发行商/PACK-IN-VIDEO

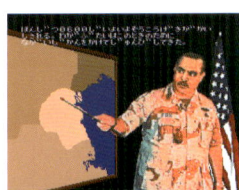

　　这是一款3D射击游戏。在游戏中玩家操纵美军研制的真实存在的M1艾布拉姆斯主战坦克，前去消灭敌人。画面采用坦克驾驶舱内的视角。游戏以海湾战争为背景，为了能够摧毁敌人的总部，玩家需使用44倍口径的120毫米滑膛炮进行战斗。

龍騎兵団ダンザルブ

龙骑兵团

●发售日期/1993年4月23日 ●售价/9500日元
●发行商/YUTAKA

　　由GAINAX负责角色和机械设计的机器人角色扮演游戏。游戏以虚拟现实为主题。玩家作为特种部队龙骑兵团的一员，操纵龙形机器人SUPER MONOROID，直接与敌方的政府军展开战斗。

スーパーダンクスター

超级灌篮之星

●发售日期/1993年4月28日 ●售价/7900日元
●发行商/SAMMY

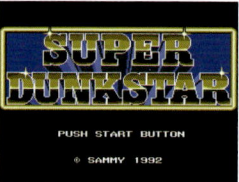
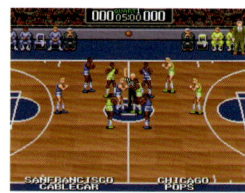

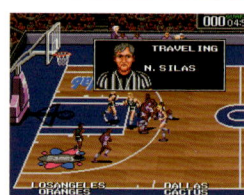

　　这款篮球游戏在通常情况下是2D视角，但当玩家进行扣篮时，就会切换到具有冲击力的特写画面。在游戏过程中，带球的球员会发光——便于识别。玩家可以从八支虚构的队伍中选择一支来进行比赛。

スーパーボンバーマン | Super Bomberman

超级博蒙曼

●发售日期/1993年4月28日 ●售价/7800日元
●发行商/HUDSON

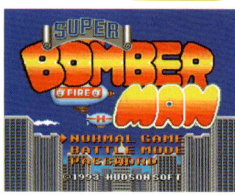

　　超人气动作游戏的超任版。玩家在地图中设置炸弹来炸毁敌人和砖块。本作在PCE版的基础上对系统进行了改进，增加了炸弹的种类。在普通模式下，玩家控制博蒙曼消灭所有敌人便可过关。战斗游戏模式下，最多支持四名玩家进行对战，活到最后的是胜利者。

対局囲碁ゴライアス

对局围棋歌利亚

●发售日期/1993年5月14日 ●售价/14800日元
●发行商/BPS

　　围棋棋盘有9×9、13×13和19×19这三种类型，是一款适合从初学者到高级玩家的围棋游戏。歌利亚（Goliath）是游戏内置的思维引擎的名字。游戏包括三种模式：练习赛（对战）、围棋大赛和诘围棋（手筋）。在对弈中可以设置让子。

バーコードバトラー戦記〜スーパー戦士出撃せよ!〜
条码战记 超级战士出击

●发售日期/1993年5月14日 ●售价/7680日元
●发行商/EPOCH

　　战略类角色扮演游戏玩法的剧情模式只需要游戏卡带本身就能玩，但因为要从条形码中生成角色或道具，BB2战斗和原创战斗这两个模式必须连上专用条码扫描仪Barcode Battler Ⅱ Interface才能玩。

ファイナルファイト2｜Final Fight 2
快打旋风2

●发售日期/1993年5月22日 ●售价/9000日元
●发行商/CAPCOM

　　一款横向卷轴格斗动作游戏。玩家继续与前作中的敌人犯罪组织疯狂齿轮的残余势力进行战斗。本作支持两个玩家合作。可操作角色有前作中的哈格市长、使用日本刀的宫本卡洛斯和使用忍术的女忍者源柳斋真纪这三个新角色。本作中没有科迪。

NBAオールスターチャレンジ｜NBA All-Star Challenge
NBA全美明星挑战赛

●发售日期/1993年5月21日 ●售价/8800日元
●发行商/ACCLAIM JAPAN

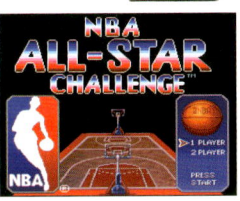

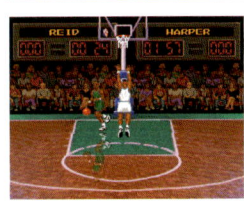

　　在这款篮球游戏中，欧美的知名球员都以真实姓名登场。本作不是通常的五人制，而是采用了一对一的比赛方式。玩家可以从27名球员中选择一位自己喜欢的球员。游戏共有五种模式，分别是一对一模式、锦标赛模式、罚球模式、三分球模式和HORSE投篮模式。

セプテントリオン｜SOS
沉船危机

●发售日期/1993年5月28日 ●售价/8500日元
●发行商/HUMAN

　　一款动作冒险游戏。玩家要从一艘倾覆沉没的豪华游轮中逃生，同时拯救其他乘客。游戏目标是在规定时间内尽可能多地救人，还要与出场人物对话，并对幸存者进行引导。游戏以实时制的方式进展，地图会发生变化。玩家可以从四位角色中选择一位作为主角。

パチンコ物語 パチスロもあるでよ!!

柏青哥物语 也有柏青嫂喔

●发售日期/1993年5月28日 ●售价/9800日元
●发行商/KSS

　　玩家在一个名为潘多拉塔的赌城大楼里攻略柏青哥弹珠机和老虎机。弹珠机有六种型号，老虎机有五种型号，都是虚构的机型。不是所有楼层都有弹珠机，有些楼层是银行、接待处和游戏厅。攒够100万后就可以与老板展开对决。

コスモポリスギャリバンII

外星特警2

●发售日期/1993年6月11日 ●售价/8800日元
●发行商/日本物产

　　这是一款横向卷轴动作游戏。为了战胜宿敌玛嘉，玩家需要操纵卡力邦、女王蜂和钢铁神鹰三位外星特警进行战斗。身为机器人战士的三位外星特警都有独特的个性，必杀技也各不相同。玩家也可以选择自己喜欢的角色进行对战。

ドラゴンスレイヤー英雄伝説II

屠龙魔导士 英雄传说2

●发售日期/1993年6月4日 ●售价/9800日元
●发行商/EPOCH

　　这款角色扮演游戏的故事发生在前作的十几年后，前作主角塞里欧斯的儿子阿特拉斯为了解开充满怪物的世界之谜而踏上旅程。和怪物的战斗是自动进行的，操作简单。游戏中会出现很多前作中的角色，还可以和专用条码扫描仪2代（Barcode Battler2）进行联动。

スーパーフォーメーションサッカーII

超级阵形足球2

●发售日期/1993年6月11日 ●售价/8500日元
●发行商/HUMAN

　　这款足球游戏保留了前作特色的类似鸟瞰式的游戏画面，还新增了保存游戏进度的功能。在多人游戏模式中，最多支持四名玩家同时游戏。除此之外，还有锦标赛、常规赛和点球赛等模式可供选择。

プロ麻雀 極
职业麻将 极
●发售日期/1993年6月11日 ●售价/9600日元
●发行商/ATHENA

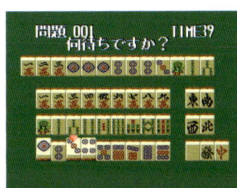

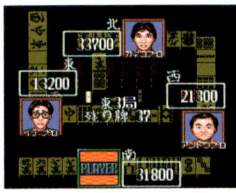
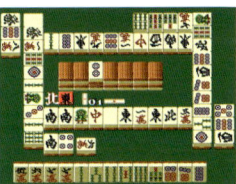

　　获得日本职业麻将联盟推荐的四人麻将游戏,对手井出洋介、小岛武夫等职业麻将选手都以真实姓名出场。游戏有普通(通常对战)、练习(问答)和挑战三种模式。在挑战模式中,玩家可以挑战十段位赛、阿佐田哲也杯等真实存在的称号赛。

早指し二段 森田将棋
快棋手二段 森田将棋
●发售日期/1993年6月18日 ●售价/14800日元
●发行商/SETA

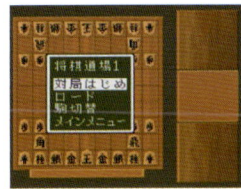
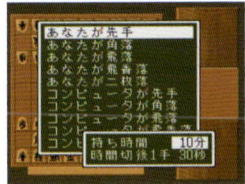

　　本作是经过日本将棋联盟的棋力评定,被评为二段的将棋游戏。卡带上装有特殊芯片,所以电脑的思考速度非常快。除了普通的将棋外,游戏还有入门教室、诘将棋、段位获得赛等模式。通关段位获得赛后可获得密码,使用密码向将棋联盟进行申请,可获得段位认证证书的实物。

神聖紀オデッセリア
神圣记
●发售日期/1993年6月18日 ●售价/9500日元
●发行商/VIC东海

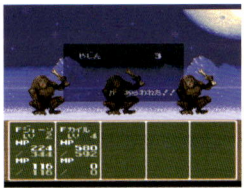

　　这是一款角色扮演游戏。主角是一位失去记忆的少女,她和古代诸神一起在三个时期(冰河时期、公元前1500年、公元前550年)展开冒险。除了以希腊、印度等世界各地神话为基础的世界观外,在游戏中,姆大陆等只存在于历史记录中的超古代文明依然一片繁荣。

スーパースコープ6 | Super Scope 6
超级光线枪6
●发售日期/1993年6月21日 ●售价/9800日元
●发行商/任天堂

　　这款游戏和超任的周边设备"超级光线枪"捆绑发售。超级光线枪是一个像火箭筒似的扛在肩上的控制器。和游戏名称一样,《超级光线枪6》由六款游戏组成,包括类似俄罗斯方块的益智游戏和对导弹、外星人进行射击的游戏。

スペースバズーカ | Battle Clash
太空火箭炮
- ●发售日期/1993年6月21日 ●售价/6500日元
- ●发行商/任天堂

　　超任的周边设备超级光线枪专用的3D射击游戏。在游戏中，玩家驾驶名为立式坦克的人形机器人前去参加战斗比赛。敌人是战斗比赛中的霸主阿努比斯。玩家将与世界各地的阿努比斯的属下进行战斗。

激突弾丸自動車決戦 バトルモービル
激突弹丸自动车决战
- ●发售日期/1993年6月25日 ●售价/8800日元
- ●发行商/SYSTEM SACOM

　　在这款纵向卷轴动作游戏中，玩家要在满目疮痍的未来世界中驾车疾驰，撞击地面上的敌人，并用导弹击落空中的敌人。地面上的敌人驾驶着摩托车或汽车，BOSS驾驶着拖车或坦克，空中的敌人则是开直升机。玩家还可以设置障碍。支持双人同时游戏。

エストポリス伝記 | Lufia & the Fortress of Doom
四狂神战记
- ●发售日期/1993年6月25日 ●售价/8900日元
- ●发行商/TAITO

　　一款操作简单的角色扮演游戏。玩家与恐惧之神迪奥斯等四位复活的狂神进行战斗。主角是曾经打败四大狂神的英雄马克西姆的后裔，也是唯一一能操控马克西姆使用的武器"双刀"的人。主角与魔法师少女、青年士兵和半精灵女孩这三位同伴组成了一支小队。

三國志正史 天舞スピリッツ
三国志正史 天舞精神
- ●发售日期/1993年6月25日 ●售价/12800日元
- ●发行商/WOLFTEAM

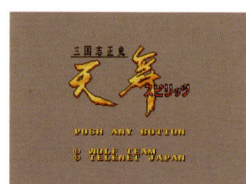 

　　这是一款以群雄割据的三国时代为背景的模拟游戏。本作移植自PC版，画面为PC视窗风格，支持使用超任鼠标进行操作。每轮游戏中，玩家可以从诸侯中选择一人，挑战"后汉战国""龙虎激突""三分天下""武侯出师"四个故事中的任意一个。

GP-1 | GP-1
GP-1重型机车赛
- ●发售日期/1993年6月25日 ●售价/8800日元
- ●发行商/ATLUS

　　以世界摩托车锦标赛（现在的MotoGP）为原型的赛车游戏。玩家从六种类型的摩托车中选择一台，在全世界13个不同的赛道上进行比赛。游戏包含大奖赛模式、双人对战模式和练习模式。在赛道上转弯时，骑手会侧挂在车身上。

スーパーファミリーテニス | Smash Tennis
超级家庭网球
- ●发售日期/1993年6月25日 ●售价/7900日元
- ●发行商/NAMCO

 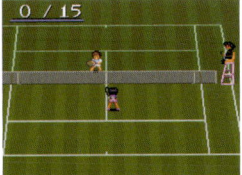

　　最多支持四人同时玩的网球游戏。玩家可以从20位男女角色中选择自己喜欢的角色进行游戏。游戏模式分为可任意组合角色进行游戏的表演赛模式，以赢得五大赛事为目标的淘汰赛模式，以及如果在淘汰赛中获得胜利就可以开启的剧情模式。

シルヴァ・サーガ2
魔界佣兵2
- ●发售日期/1993年6月25日 ●售价/9800日元
- ●发行商/SETA

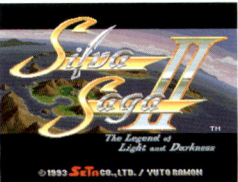 

　　因佣兵系统而备受好评的红白机平台角色扮演游戏的续作。主角为了寻找光之战士打败暗之魔王而踏上旅途。最多可以组成三支由四人构成的小队，战斗中可以切换队伍。这是一款以男女主人公战胜魔王为主题的正统角色扮演游戏。

トムとジェリー | Tom and Jerry
汤姆与杰瑞
- ●发售日期/1993年6月25日 ●售价/8900日元
- ●发行商/ALTRON

 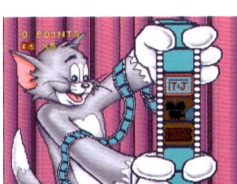

　　这是一款根据汤姆猫和老鼠杰瑞间的追逐为主题的人气动画改编而成的动作游戏。玩家控制杰瑞躲避汤姆猫设置的陷阱和它的追捕，顺利回到自己的巢穴。游戏再现了动画中的场景和动作，非常可爱。

ドラゴンズマジック｜Dragon's Lair
龙穴
●发售日期/1993年6月25日 ●售价/8800日元
●发行商/KONAMI

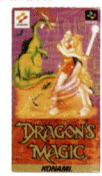 

　　这是一款横向卷轴动作游戏。为了救出被巫师绑架的达芙妮公主，外表看起来像中世纪骑士的主角潜入敌人的城堡进行战斗。在游戏中，身穿铠甲的勇者达克使用刀和斧子等武器，突破设有陷阱的错综复杂的各个关卡。

ファーストサムライ｜First Samurai
第一武士
●发售日期/1993年7月2日 ●售价/7800日元
●发行商/KEMCO

　　被太古封印的恶灵魔狂神复活了。为了阻止恶灵想要控制所有时代的企图，玩家化身为武士，穿越时空与敌人进行战斗。通过收集击败敌人后获得的原力，可使用破邪之剑。这是一款对话为英文的独特游戏。

マジンガーZ
魔神Z
●发售日期/1993年6月25日 ●售价/8800日元
●发行商/BANDAI

　　根据超人气机器人动画《魔神Z》改编而成的横向卷轴动作游戏。玩家操纵魔神Z使用六种武器（火箭飞拳、光子力射线、气体硫酸、胸部火焰等）打败由博士率领的机械兽，向前突进。

エイリアン3｜Alien 3
异形3
●发售日期/1993年7月9日 ●售价/8800日元
●发行商/ACCLAIM JAPAN

　　根据同名电影改编的动作游戏。玩家操纵雷普莉，在位于宇宙尽头的星球上的监狱中与一群外星人进行战斗。这不是一款普通的动作游戏，每个关卡中还设置了类似于"消灭异形的蛋"之类的任务，如果没有完成，就无法进入下一关。

仮面ライダーSD 出撃!!ライダーマシン
假面骑士SD 出击!! 骑士机车
- ●发售日期/1993年7月9日 ●售价/8800日元
- ●发行商/YUTAKA

　　以SD英雄假面骑士为主角的横向卷轴动作游戏。在战斗模式中，主角驾驶赛车与敌人展开竞争，并完成立花老爹的委托。在对战模式中，玩家可以选择从1号到BLACK RX在内的10位历代假面骑士，与其他的假面骑士进行战斗。

ヨッシーのクッキー | Yoshi's Cookie
耀西的饼干
- ●发售日期/1993年7月9日 ●售价/6600日元
- ●发行商/BPS

　　在红白机和GB上大受欢迎的解谜游戏的超任版。将屏幕上出现的一排饼干进行垂直或水平移动，同种类型的饼干排列在一起即可消除。游戏分为单人模式、对战模式和解谜模式。在对战模式中可以使用大家熟悉的耀西、马力欧、桃花公主、酷霸王这四个角色。

スーパーハイインパクト | Super High Impact
超级冲撞美式橄榄球
- ●发售日期/1993年7月9日 ●售价/8800日元
- ●发行商/ACCLAIM JAPAN

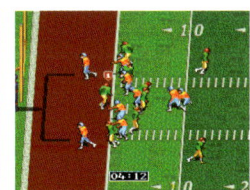

　　移植自街机的美式橄榄球游戏。游戏分为人机对战模式、双人对战模式、双人合作对战电脑模式等。玩家可以从18支队伍中选择一支，通过使用15种不同的阵形来获得胜利。当球员之间相互碰撞时，画面会发生晃动，使比赛充满了激烈的氛围。

ストリートファイターⅡターボ | Street Fighter Ⅱ Turbo: Hyper Fighting
街头霸王2 加强版
- ●发售日期/1993年7月11日 ●售价/9980日元
- ●发行商/CAPCOM

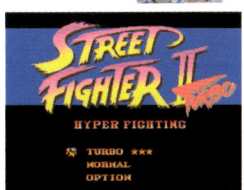

　　热门格斗游戏的升级版。在前作八个角色的基础上新增了四天王——拜森、巴洛克、沙盖特和维加，可使用的角色总数达到12个。此外，在新增的加强模式中可以改变游戏的速度，使用秘技还可以进一步提高游戏速度。

ヨッシーのロードハンティング | Yoshi's Safari

耀西的旅行

●发售日期/1993年7月14日 ●售价/6500日元
●发行商/任天堂

对应超任周边外设"超级光线枪"的专用射击游戏。玩家扮演骑着耀西的马力欧，利用肩上架着的超级光线枪射杀陆续出现在画面中的敌人。每一回合都有时间限制，必须在规定时间内击败BOSS。

スーパーエアダイバー | Lock On

超级空中战斗员

●发售日期/1993年7月16日 ●售价/8900日元
●发行商/ASMIK

这是一款视角位于飞行中的战斗机后方的3D射击游戏。玩家的任务是击退侵犯领空的不明国籍战斗机。任务分为空中战和地面战，玩家可以在两种类型的飞机中选择喜欢的进行战斗。空中战充满了速度感。

サンリオワールドスマッシュボール!

三丽鸥世界 爆裂斗球

●发售日期/1993年7月16日 ●售价/6980日元
●发行商/CHARACTER SOFT

在这款游戏中，玩家控制大眼蛙和大口仔等三丽鸥角色，将球踢入对手身后的目标处。在目标前方设置了一排砖块，需要先用球将它们破坏掉。球速不是固定的，会比想象中的速度还要快。游戏还有双人对战模式。

全日本プロレス

全日本职业摔角

●发售日期/1993年7月16日 ●售价/9900日元
●发行商/MASAYA

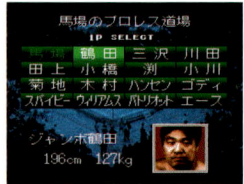

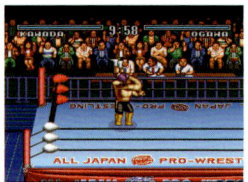

同游戏名称一样，玩家可以从真实的16位日本职业摔角手中选择自己喜欢的角色，为获得"三冠王重量级锦标赛""冠军嘉年华"等真实存在的赛事胜利而奋斗。许多昭和时代的已故著名摔角手在游戏中出现，使用最擅长的招式战斗到最后。最多支持四个玩家进行游戏。

デスブレイド
死亡摔角
- ●发售日期/1993年7月16日 ●售价/9700日元
- ●发行商/I'MAX

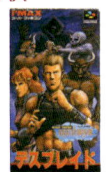

　　从街机移植而来的对战格斗游戏。游戏中可选角色比街机版减少了三个，玩家可以从五位角色中选择自己喜欢的角色进行战斗。这五个角色分别是战士、亚马孙人、赫拉克勒斯、弥诺陶洛斯和野兽。部分角色能够使用投掷道具。游戏包含人机对战模式和双人对战模式。

魍魎戦記MADARA2
魍魉战记2
- ●发售日期/1993年7月16日 ●售价/9800日元
- ●发行商/KONAMI

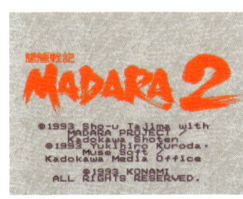
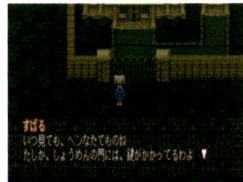

　　以人气漫画《魍魉战记》为原型的角色扮演游戏，主角跨越时空转生并进行战斗。游戏中有很多出自漫画的人物，而故事情节则是游戏原创的。男主角是摩陀罗的后裔，青梅竹马被绑架后，他前往异世界展开冒险，召集勇者们作为同伴，与宿敌进行决战。

マジックジョンソンのスーパースラムダンク｜Super Slam Dunk
魔术强森的超级灌篮
- ●发售日期/1993年7月16日 ●售价/8900日元
- ●发行商/VIRGIN GAME

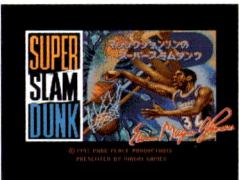

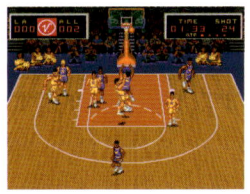
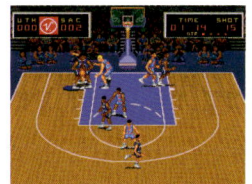

　　由NBA巨星"魔术师"约翰逊负责监制的篮球游戏。玩家可以在斜向下视角的俯视画面中玩两种模式，分别是一场定输赢的表演赛模式，以及争夺冠军奖杯的季后赛模式。在游戏中，玩家可以获得来自"魔术师"约翰逊的建议。

ワールドサッカー｜World Soccer '94: Road to Glory
世界足球
- ●发售日期/1993年7月16日 ●售价/9500日元
- ●发行商/COCONUTS JAPAN

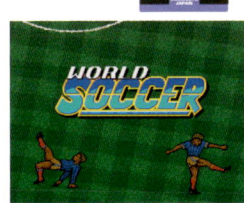

　　这款足球游戏收录了全世界64个国家的球队和球员的数据。玩家可以参加冠军赛、淘汰赛、循环赛和室内足球比赛等。各个球员的参数（速度、控球、踢球、抢截速度等11项数据）都可以进行自由调整。

ウイングコマンダー | Wing Commander

银河飞将

- ●发售日期/1993年7月23日 ●售价/9800日元
- ●发行商/ASCII

移植自PC平台的3D射击游戏，讲的是身为宇宙飞船驾驶员的主角与敌方的外星人进行战斗的故事。画面上显示的是从宇宙飞船驾驶舱向外望的景象。主角在游戏中完成各种各样的任务。游戏中的3D战斗场景非常震撼，堪比科幻电影。

スーパー・バック・トゥ・ザ・フューチャーII

回到未来2

- ●发售日期/1993年7月23日 ●售价/9000日元
- ●发行商/东芝EMI

这款横向卷轴动作游戏是根据时空穿越题材的科幻电影《回到未来2》改编而成的。玩家操纵脚踩飘浮滑板的主角马丁，穿越过去、现在和未来，与敌人战斗。在这部1989年上映的电影中，未来被设定为2015年。

スーパー・ジェームスポンドII | Super James Pond

超级詹姆斯庞德2

- ●发售日期/1993年7月23日 ●售价/8800日元
- ●发行商/VICTOR ENTERTAINMENT

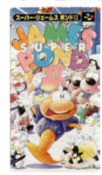

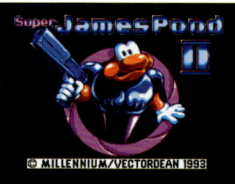

这款动作游戏是对著名间谍电影的恶搞，游戏主角是一条名为詹姆斯·庞德的鳕鱼。在游戏中，身穿特殊西服套装的庞德要从邪恶的科学家梅比博士手中拯救圣诞老人的玩具工厂。他通过跳跃和伸展身体来攻略各个关卡。

第3次スーパーロボット大戦

第3次超级机器人大战

- ●发售日期/1993年7月23日 ●售价/9800日元
- ●发行商/BANPRESTO

在这款模拟类角色扮演游戏中，高达、魔神Z、盖塔机器人、雷电等机器人动画中的角色都会登场。故事情节具有多重剧情和多个结局。主角是在前作中阿姆罗等人所属的白色要塞队的基础上建立的朗德贝尔队。

WWF皇家摔角

WWFロイヤルランブル | WWF Royal Rumble

●发售日期/1993年7月23日 ●售价/9800日元
●发行商/ACCLAIM JAPAN

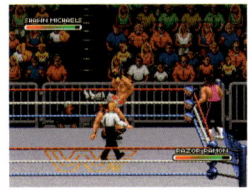
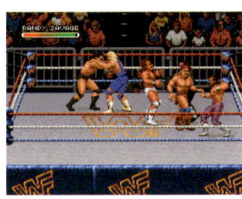

　　在这款职业摔角游戏中，美国职业摔角组织WWF的12名摔角手都以真名出场。游戏有一对一、二对二、三对三和皇家大战模式。兰迪·沙瓦吉、送葬者、瑞克·佛莱尔、布雷特·哈特等明星摔角手都在游戏中亮相了。

魔法世界

バズー!魔法世界

●发售日期/1993年7月23日 ●售价/9800日元
●发行商/HOT・B

　　幻想风格的角色扮演游戏。主角是个16岁的孩子，在被魔法支配的世界中，他为了成为魔导士而在魔法学校学习。玩家可以自由选择主角的性别。游戏人设由以唯美画风而著称的漫画家兼插画家山田章博负责，他曾负责《十二国记》的插画。

SD战斗躲避球2

バトルドッジボールII

●发售日期/1993年7月23日 ●售价/9600日元
●发行商/BANPRESTO

　　延续前作，在这款运动游戏中，由SD英雄化的高达、假面骑士、奥特曼等英雄组成的队伍继续以躲避球的方式削弱对手的生命值。游戏有斗球王决赛、激ж对战、修行三种模式。接到球后，英雄会累积魔法值，从而释放必杀技。

诸神领地战 时空大战略

メガロマニア ～时空大战略～ | Mega Lo Mania

●发售日期/1993年7月23日 ●售价/12800日元
●发行商/IMAGINEER

　　在这款即时制的模拟游戏中，玩家可以从绯红、凯撒、奥布朗或疯帽中选择一人，进化自身所属的种族，并消灭其他国家，从而成为主宰星球的神。这款游戏支持超任的鼠标周边。

スーパーF1サーカス2
超级F1竞技场2

●发售日期/1993年7月29日 ●售价/9500日元
●发行商/日本物产

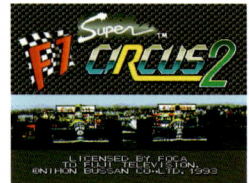

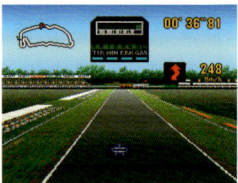

　　与前作从正上方向下俯视的画面不同，本作的视角改为从赛车后方向前看的3D类型。赛车手和赛车都以真名登场。玩家可选择世界锦标赛、定点比赛、时间挑战等多种游戏模式。

クレヨンしんちゃん 嵐を呼ぶ園児
蜡笔小新 幼稚园风云儿

●发售日期/1993年7月30日 ●售价/9500日元
●发行商/BANDAI

　　这是一款横向卷轴动作游戏。除了主角蜡笔小新之外，原作中他的家人及朋友都会在游戏中登场，并且有配音。游戏中还收录了一些迷你游戏，和动作部分不同，迷你游戏的难度相对更高一些。这款游戏于次年发行了世嘉MD移植版。

宇宙の騎士テッカマンブレード
宇宙骑士

●发售日期/1993年7月30日 ●售价/8800日元
●发行商/BEC

　　根据同名动画改编的动作游戏。宇宙骑士是为了能够在外太空活动而进行过肉体强化的人类，他们为保护人类不受神秘智慧生物的危害而战斗。本作的内容以横向卷轴动作游戏为主，同时也有一些格斗游戏要素。支持双人格斗对战。玩家可以选择各种类型的宇宙骑士。

ソニックウイングス | Aero Fighters
铁鹰战士

●发售日期/1993年7月30日 ●售价/8900日元
●发行商/VIDEO SYSTEM

　　移植自街机的纵向卷轴射击游戏，人物设定独具特色。选择的角色不同，游戏结局也各不相同。来自美国（F-18、F-14）、日本（FSX、F-15）、瑞典（AJ-37、JAS-39）、英国（AV-8、IDS）的八种机型在游戏中登场。支持双人同时游戏。

大爆笑!!人生劇場 ドキドキ青春編

大爆笑 人生剧场 脸红心跳青春篇

- 发售日期/1993年7月30日 ●售价/8800日元
- 发行商/TAITO

　　在红白机上人气爆棚的系列游戏第五代。在这款桌面游戏中，玩家比拼从初中到高中的六年间所积累的人生经验点数。由于是四人制的竞技游戏，在玩家人数不够时，空缺的位置可由所选择的NPC代替。

ニトロパンクス マイトヘッズ | Rocky Rodent

阿飞的魔法头

- 发售日期/1993年7月30日 ●售价/8800日元
- 发行商/IREM

　　这是一款朋克风格的横向卷轴动作游戏。为拯救被加西亚黑手党绑架的餐厅老板的女儿美乐蒂，主角阿飞踏上了旅程。阿飞的外形看起来像一只斗牛犬，他可以把自己的头发变成电线、弹簧等各种各样的东西来进行战斗。

パティームーン | Super Putty

点点君

- 发售日期/1993年7月30日 ●售价/8900日元
- 发行商/VARIE

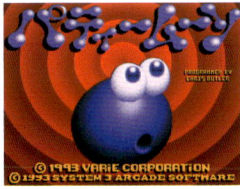

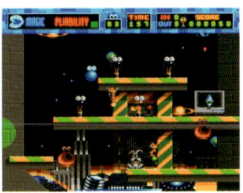

　　以奇妙生物点点君为主角的动作游戏。游戏目标是拯救被名为"DAZZLE一味"的邪恶巫师捉住并冻在冰块里的伙伴们。主角可以做出很多奇特的动作，例如向上下左右伸缩移动，将敌人吸收等。这是从Amiga平台移植过来的作品。

美少女雀士スーチーパイ

美少女雀士

- 发售日期/1993年7月30日 ●售价/9700日元
- 发行商/JALECO

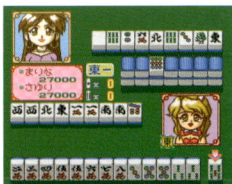

　　一款双人对战的美少女麻将游戏。游戏有剧情模式、自由模式、女王位战模式等可供选择。在这款定位全年龄的游戏中，角色在最后会身穿泳装。由于这款游戏获得了一定的人气，之后在其他平台的版本里能看到各种各样的后续发展。

スーパー信長の野望・全國版 | Nobunaga's Ambition

信长之野望 全国版

- ●发售日期/1993年8月5日 ●售价/8800日元
- ●发行商/KOEI

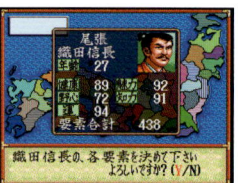

　　这是一款历史模拟游戏。玩家成为战国的武将，治理国家，进行外交，赢得战斗，扩大领土。游戏目标是统一全国。游戏分为列强争霸之章、群雄割据之章、风云大志之章、霸王梦幻之章四个部分，并且还有方言模式。

くにおくんのドッジボールだよ全員集合!

国夫君的躲避球全员集合

- ●发售日期/1993年8月6日 ●售价/9600日元
- ●发行商/TECNOS JAPAN

　　红白机版《热血高校躲避球部》的超任改编版。与普通的躲避球游戏不同，在这款游戏中，玩家可以通过赢得比赛来获得赏金，从而购买道具和必杀技来对游戏角色进行强化。最多支持四个玩家同时游戏。

大仁田厚 FMW

大仁田厚硬派摔角

- ●发售日期/1993年8月6日 ●售价/9800日元
- ●发行商/PONY CANYON

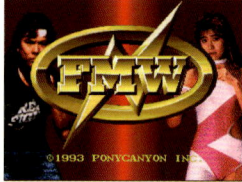
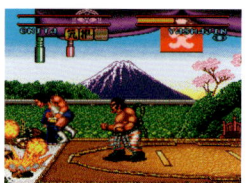

　　摔角手们来自因"无绳带刺铁丝网电流爆破死亡赛"等过于激烈的摔角赛而闻名的FMW联盟，他们以真实姓名在这款职业摔角游戏中登场。除大仁田厚外，泰山后藤、工藤惠美等人气选手都在游戏中与虚构的邪恶团体SMW的摔角手进行战斗。

Jリーグサッカー プライムゴール

J联赛足球得分王

- ●发售日期/1993年8月6日 ●售价/8500日元
- ●发行商/NAMCO

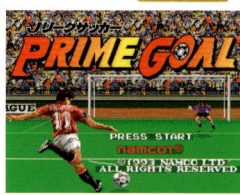

　　获得J联赛官方授权的足球游戏。首届J联赛中的10支球队和球员都以真实姓名出场。游戏采用了球场侧面、从斜上方向下俯视的视角。在一对一对战时，画面将切换为近距离的镜头。一个颠球游戏还被作为奖励模式的内容收录在游戏中。

スーパーパワーリーグ
超动力联盟棒球

●发售日期/1993年8月6日 ●售价/9500日元
●发行商/HUDSON

　　移植自PCE的真实系棒球游戏。球员都以真实姓名登场。除了公开赛、系列锦标赛、全明星赛、全垒打赛之外，还有专门用来观战的观看模式。比赛结束后，《职业棒球新闻》的主持人中井美穗会以真名在游戏中登场。

ソード・ワールドSFC
剑王之王

●发售日期/1993年8月6日 ●售价/9800日元
●发行商/T&E SOFT

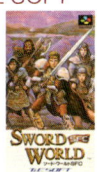

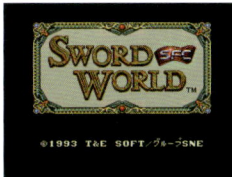

　　将PC平台的桌上角色扮演游戏《剑王之王PC》进行重制后移植到了超任上。和PC版相同，游戏改编自小说《死神之岛》，含有各种各样的剧情，完成一段故事后可获得经验值。超任版的剧情比起PC版精简了不少。

ヒューマンベースボール
休曼棒球

●发售日期/1993年8月6日 ●售价/8600日元
●发行商/HUMAN

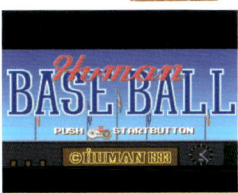

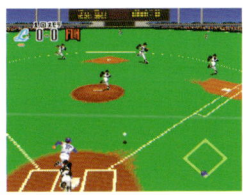

　　由曾效力于阪神虎队和横滨大洋鲸队的职业棒球解说员加藤博一负责监制的棒球游戏。游戏中的队伍和球员都以真名登场。画面会自动跟踪击出去的球。通过扩大缩小功能重现了真实的棒球比赛。游戏中还有隐藏队伍（Fire Pro和Human）。

スーパー競馬
超级赛马

●发售日期/1993年8月10日 ●售价/9700日元
●发行商/I'MAX

　　过去播出的同名电视节目的官方游戏。玩家的初始资金为2000万日元。游戏目标是购买马匹，积极参加比赛，并赢得全部16场的G1比赛。大川庆次郎先生、井崎修五郎先生等电视节目里观众十分熟悉的知名评论家都会在游戏中登场。

119

ワールドヒーローズ｜World Heroes

世界英雄

●发售日期/1993年8月12日 ●售价/9800日元
●发行商/SUNSOFT

　　人气对战格斗游戏的超任移植作。来自日本、中国、法国、美国、德国、蒙古、俄罗斯等世界各国的猛士，跨越时代齐聚一堂。除了普通的格斗技外，猛士们还会使用忍术、导弹、剑等进行殊死搏斗。游戏中还有死亡竞赛模式，在该模式中可以设置陷阱。

X ZONE｜X-Zone

X空间

●发售日期/1993年8月27日 ●售价/6500日元
●发行商/KEMCO

　　这是超任的周边设备超级光线枪专用的3D射击游戏。游戏目标是前往军事武器研究所，摧毁因感染病毒而失去控制的生物计算机。进入研究所后，玩家需要消灭画面中不断袭来的导弹等物体。

スーパースラップショット｜Super Slap Shot

超级冰棍射网

●发售日期/1993年8月20日 ●售价/8500日元
●发行商/ALTRON

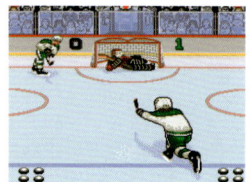

　　这款冰球游戏标题中的"冰棍射网"指的是用力挥动冰球杆，快速击球。除了表演赛和锦标赛模式外，还有只进行混战的战斗模式和只进行击球的点球大战模式。可在职业或业余这两种规则中进行选择。

MVPベースボール｜Roger Clemens' MVP Baseball

罗杰克莱门斯的MVP棒球

●发售日期/1993年8月27日 ●售价/8700日元
●发行商/ACCLAIM JAPAN

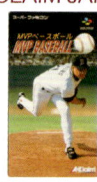

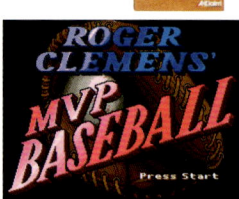

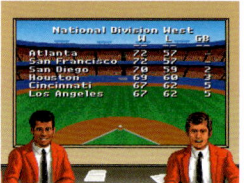

　　这是以美国职业棒球大联盟为原型的游戏。玩家从美国联盟东西部和国家联盟东西部的共26支虚构球队中选择一支，以赢得冠军为目标，进行常规赛以及一局表演赛。画面会随着击球而进行镜头切换。

サラブレッドブリーダー
育马物语
●发售日期/1993年8月27日 ●售价/9700日元
●发行商/HECTOR

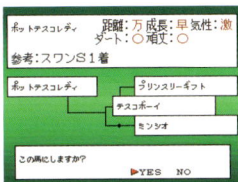

在这款模拟游戏中，玩家会成为纯种马的主人，培养出厉害的赛马。游戏里出现的种公马、繁殖母马和骑手使用的马都是真实姓名。游戏目标是在原创的"HECTOR杯"的六场比赛中获得优胜。游戏最开始只有两匹小马和繁殖母马。

デストラクティブ | Bazooka Blitzkrieg
导弹毁灭者
●发售日期/1993年8月27日 ●售价/6800日元
●发行商/BANDAI

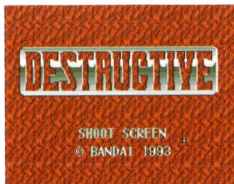

超任周边设备"超级光线枪"专用的射击游戏。游戏以近未来为背景，玩家用火箭筒消灭失控的机器人。游戏共有两种模式，分别是跟随故事发展的砖块联盟模式和比拼分数高低的砖块营地模式。敌人会接二连三地出现，有时甚至会突然从画面的下方出现。

樹帝戦紀
树帝战记
●发售日期/1993年8月27日 ●售价/9600日元
●发行商/ENIX

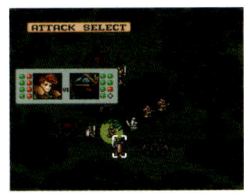

以悬空大陆为背景的模拟游戏。大国为了毁灭旧世界，入侵他国，唤醒了来自远古世界的机械魔导兵，玩家要使用在植物上施法而制作出的半植物武器与他们进行战斗。游戏还针对不熟悉模拟游戏的玩家设置了初学者模式。

美少女戦士セーラームーン | Sailor Moon
美少女战士
●发售日期/1993年8月27日 ●售价/9800日元
●发行商/ANGEL

以人气作品中的角色们为主角的清版动作游戏。角色配音由动画的原班人马负责，漫画原著作者和系列TV动画的动画师也参与了这款游戏的制作。游戏精心设置了四种难度等级（"好朋友"为隐藏难度），即便是小孩子也可以轻松上手。

マリオとワリオ
马力欧与瓦力欧

●发售日期/1993年8月27日 ●售价/6800日元
●发行商/任天堂

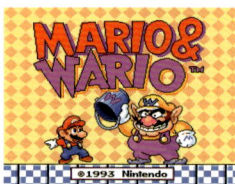

　　超任鼠标的专用游戏。瓦力欧在马力欧头上扣了一个水桶，使他看不见前方，而玩家作为森林妖精要引导马力欧走向出口。游戏共有100关，关卡中设有跳台等机关。除了照片中的单品游戏外，还同时推出了游戏和超任鼠标的套装（售价9800日元）。

ウイニングポスト
赛马大亨

●发售日期/1993年9月10日 ●售价/12800日元
●发行商/KOEI

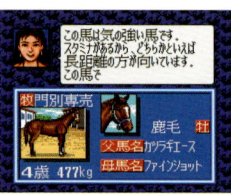

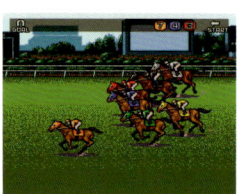

　　涉及多个平台，至今仍在不断推出续作的热门赛马模拟游戏系列作品。这款游戏是PC平台初代作品的移植版。玩家成为马主，在比赛中获胜，积累资金购买牧场，并以建立最强马场为目标。在游戏中，马匹由驯马师负责照顾。

スーパータリカン | Super Turrican
超级战士

●发售日期/1993年9月3日 ●售价/7500日元
●发行商/TONKIN HOUSE

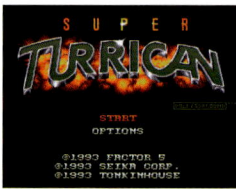

　　将海外很受欢迎的PC游戏移植到了超任上。这是一款横向卷轴动作游戏。玩家身穿名为塔里坎的特殊攻击套装，根据情况使用射击、能量射线、地雷等多种武器，向前进发。游戏目标是夺回被征服的卡塔基斯星球。

サンダーバード 国際救助隊出動せよ!
雷鸟神机队 国际救助队出击

●发售日期/1993年9月10日 ●售价/8800日元
●发行商/COBRA TEAM

　　根据特摄木偶戏改编的动作游戏。玩家操纵自称是国际救助队的秘密组织"雷鸟"的超级机甲，在各种各样的事故和灾难的现场执行救助任务。游戏的简单模式有六个关卡，困难模式有10个关卡。

ファイナルファンタジーUSA ミスティッククエスト | Final Fantasy Mystic Quest

最终幻想 神秘历险

●发售日期/1993年9月10日 ●售价/7900日元
●发行商/SQUARE

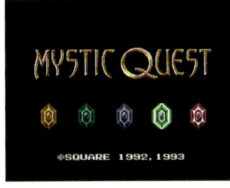 

 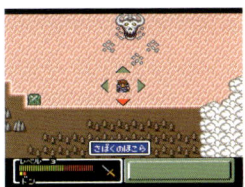

　　将之前面向美国市场发行的角色扮演游戏在日本市场发行。游戏目标是击败在巨大的"焦点塔"顶层的魔王"黑暗王"。虽然这款游戏中也有水晶等《最终幻想》系列中大家耳熟能详的要素，但与《最终幻想》系列不同的是，这款游戏具有动作元素。

新日本プロレスリング 超戦士 IN 闘強導夢

新日本职业摔角 斗强导梦的超战士

●发售日期/1993年9月14日 ●售价/9800日元
●发行商/VARIE

 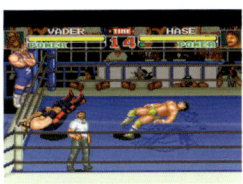

　　在这款职业摔角游戏中，当时新日本职业摔角的长州、藤波、莱卡、武藤敬司、怀特、桥本、蝶野等10名摔角手都以真实姓名出场。游戏有淘汰赛形式的G1 CLIMAX模式，还有与电脑或另一位玩家进行对战的模式。本作生动再现了摔角手们的动作和本领。

ラスベガスドリーム | Vegas Stakes

拉斯维加斯之梦

●发售日期/1993年9月10日 ●售价/9800日元
●发行商/IMAGINEER

 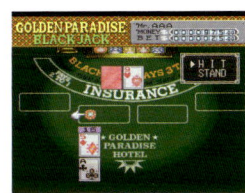

　　这是一款以拉斯维加斯为背景的游戏。游戏支持超任鼠标。游戏中共有21点、轮盘、老虎机、扑克和花旗骰这五种玩法供玩家选择，目标是赢得更多的钱。除扑克外，其他几个项目最多支持四人游戏。

NFLフットボール | NFL Football

NFL美式橄榄球

●发售日期/1993年9月17日 ●售价/9000日元
●发行商/KONAMI

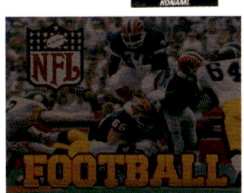 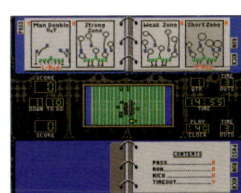

 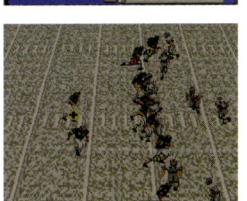

　　在这款美式橄榄球游戏中，NFL的全部28支球队中的球员都以真实姓名出场。本作的特色是视觉效果非常精彩，虽然通常以斜上方向下俯视的视角为主，但在球员进行擒抱时，镜头会拉近，画面也会跟着球进行移动。

課長 島耕作 スーパービジネスアドベンチャー
课长岛耕作 超级商业冒险

●发售日期/1993年9月17日 ●售价/9800日元
●发行商/YUTAKA

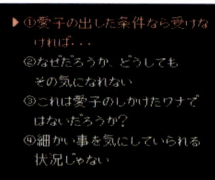 

　　根据弘兼宪史的原作漫画改编的冒险游戏。岛耕作是在大公司"初芝电器产业"工作的办公室职员,他要在解决难题的过程中不断成长。和漫画原作一样,游戏内容除商业外,还涉及女性问题、派系斗争等。根据玩家的选择,可能会迎来与原著不同的结局。

ファイナルセット
终极网球

●发售日期/1993年9月17日 ●售价/8500日元
●发行商/FORUM

　　本作是最多支持四名玩家同时玩的网球游戏。由于游戏中有体力值的概念,比赛中跑来跑去也会消耗体力,所以要重视策略。游戏包含世界模式、对战模式和训练模式,玩家可以在不同种族的八名男女运动员中进行选择。

戦國伝承
战国传承

●发售日期/1993年9月19日 ●售价/8800日元
●发行商/DATA EAST

　　移植自NEO-GEO的清版过关游戏。丹和希尔是武将的后裔,他们的先人打败了曾经试图将这个世界变成地狱的君主。在游戏中,二人为了打败复活的君主而前往魔境城。敌人包括忍者等角色。在旅途中,除人类外的妖怪和仙人也会在游戏中登场。

遙かなるオーガスタ2 マスターズ
奥古斯塔高尔夫2 大师锦标赛

●发售日期/1993年9月22日 ●售价/9900日元
●发行商/T&E SOFT

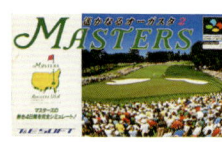 

 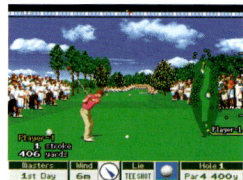

　　真实再现了因高难度而闻名的美国名人赛举办场地"奥古斯塔高尔夫球俱乐部"的3D高尔夫模拟游戏系列第二作。游戏支持超任鼠标。本作加入了需要连续比赛四天的大师模式和可以在降落区域看球的逆向视角等。

SD機動戦士ガンダム2
SD机动战士高达2
- 发售日期/1993年9月23日 ●售价/8800日元
- 发行商/ANGEL

在TV动画《机动战士Z高达》的世界观基础上进行改编的游戏，属于横向卷轴动作游戏《V作战开始》的续作。玩家可选择驾驶Z高达、高达MK2、百式三种机型，而每个机型对应的地图和BOSS各不相同。支持双人同时游戏或进行对战。

GO! GO! ドッジリーグ
躲避球小子
- 发售日期/1993年9月24日 ●售价/7800日元
- 发行商/PACK-IN-VIDEO

每队由六人组成的躲避球游戏。最多支持四个玩家进行比赛。游戏以虚构的美比奥学校为背景，有两种游戏规则供玩家选择，分别是在六对六的情况下，一队所有球员都被击败就算输的"美比奥躲避"，以及戴帽子的人被击败就输的"王者躲避"。

GS美神 除霊師はナイスバディ
GS美神 辣妹驱魔师
- 发售日期/1993年9月23日 ●售价/8800日元
- 发行商/BANALEX

根据椎名高志的漫画《GS美神 极乐大作战！！》改编的动作游戏。GS是"Ghost Sweeper（消灭恶灵）"的简写。正如标题所示，玩家操纵身姿曼妙、精明能干的GS美神令子打败恶灵。游戏目标是集齐七颗宝石，获得秘宝。

ダライアスフォース｜Super Nova
太空战斗机
- 发售日期/1993年9月24日 ●售价/8800日元
- 发行商/TAITO

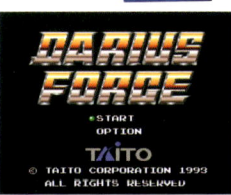

这是一款横向卷轴射击游戏。在游戏中玩家驾驶太空战斗机银鹰，前去消灭海洋生物形的敌人。银鹰有三款性能各异的机型，可以进行阶段性的强化。游戏采用了系列玩家十分熟悉的分支路线系统。

正统麻将 彻万

本格麻雀 徹萬

- 发售日期/1993年9月24日 ●售价/7800日元
- 发行商/NAXAT

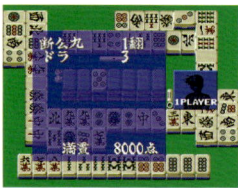
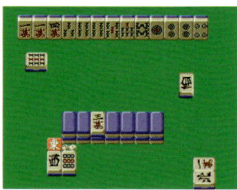

　　这款麻将游戏既可以一个人玩，也可以由两位玩家组队与两个电脑角色进行对战。玩家可以从游戏原创的角色中选择对手。游戏中共有12个角色，包括女高中生。游戏难度分为三个等级：简单、普通和困难。游戏中无法作弊。

超级3D棒球

スーパー3Dベースボール

- 发售日期/1993年10月1日 ●售价/12800日元
- 发行商/JALECO

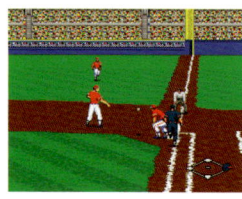

　　在这款棒球游戏中，所有球员都以真实姓名出场，玩家也可以创建自己的原创球员。玩家可以参加锦标赛、公开赛、全明星赛、红白赛等。游戏详细展示了每位击球手的个人成绩，甚至还有冠军争夺战。镜头会跟随击出的球进行移动。

东尾修监修 超级职业棒球场

東尾修監修 スーパープロ野球スタジアム

- 发售日期/1993年9月30日 ●售价/8900日元
- 发行商/德间书店INTERMEDIA

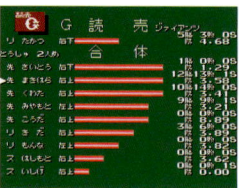

　　移植自GB的作品。游戏由前西武狮队投手、导演东尾修负责监制。游戏中有可以将两名球员组合起来的球员组合模式，以及投球时会出现能量条的独特系统等。球员都以真实姓名出场。3D画面的视角在防守时是投手背后视角，进攻时是打手背后视角。

三星幻界

トリネア

- 发售日期/1993年10月1日 ●售价/9800日元
- 发行商/YANOMAN

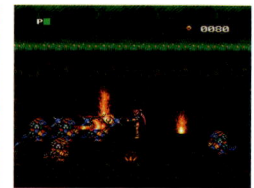

　　这款动作角色扮演游戏的主角是为了阻止邪神复活而前去寻找秘宝"崔尼亚"的勇者。三位主角分别是骑士、法师和忍者，他们有着不同的攻击方式，故事也各不相同。每次只能选择操纵一位勇者，玩家可以体验到三倍的游戏乐趣。

レッド・オクトーバー | The Hunt for Red October

猎杀红十月号

●发售日期/1993年10月1日 ●售价/8800日元
●发行商/ALTRON

　　这是一款改编自《猎杀红十月号》这本曾推出过同名电影的军事悬疑小说的游戏。红十月号是当时苏联最先进的核潜艇的名字，在游戏中它将投奔美国。玩家要驾驶这艘潜艇，完成九个任务。

バイキングの大迷惑 | The Lost Vikings

失落的维京人

●发售日期/1993年10月8日 ●售价/8800日元
●发行商/T&E SOFT

　　一款具有高度解谜要素的动作游戏。在游戏中，被宇宙飞船绑架的三名维京人联手合作，逃出飞船。玩家要充分利用可以跳跃的"燕子埃里克"，用剑进行攻击的"凶猛的瓦力欧格"，使用盾牌进行防御的"健壮的奥拉夫"这三个人的不同能力来前进。只有三人都抵达目标才能进入下一阶段。

スーパー競走馬 風のシルフィード

超旋风马仔

●发售日期/1993年10月8日 ●售价/9300日元
●发行商/KING RECORDS

　　这是根据本岛幸久的漫画《超旋风马仔》改编的赛马游戏。在故事模式中，玩家可以训练西云飞鸿等马匹，以赢得G1冠军为目标。在对战模式中，玩家可以从八名可使用必杀技的骑师中选择一名进行比赛。比赛以按键连击为主，难度较低。

スズカエイトアワーズ | Suzuka 8 Hours

铃鹿八小时耐力赛

●发售日期/1993年10月15日 ●售价/8800日元
●发行商/NAMCO

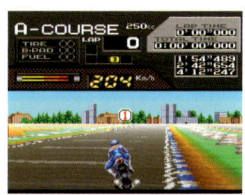

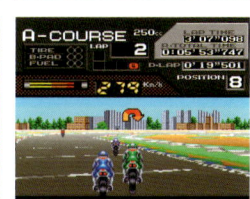

　　以每年都会举办的"铃鹿八小时耐力赛"为题材的赛车游戏。玩家在包含铃鹿在内的五个赛道上，驾驶排量分别为250cc、400cc和750cc的摩托车，进行巡回赛、竞速赛、定点赛等四种不同类型的比赛。在进行双人对战时，画面会分为上下两部分。

スーパーカジノ シーザースパレス | Super Caesars Palace

超级赌场 恺撒宫

● 发售日期/1993年10月21日 ● 售价/8900日元
● 发行商/COCONUTS JAPAN

　　以拉斯维加斯的老牌赌场酒店恺撒宫为背景的游戏。赌场共有三层楼，在赌场内采用俯视视角，可玩的项目有轮盘、老虎机、扑克和基诺等。在VIP房间可以玩21点和花旗骰。

アークス・スピリッツ

亚克斯传说

● 发售日期/1993年10月22日 ● 售价/8900日元
● 发行商/SAMMY

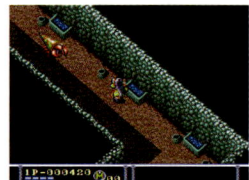 

　　这是一款幻想类的动作角色扮演游戏，支持两名玩家同时进行游戏。玩家从四位不同类型的角色中选择一位，打倒敌人，向前进发。这款游戏起源于PC游戏《亚克斯》，而本作是世嘉MD游戏《亚克斯 奥德赛》的移植作品。

ミラクル☆ガールズ ともみとみかげの不思議世界の大冒険

淘气小魔女 友美和御影的神奇世界大冒险

● 发售日期/1993年10月22日 ● 售价/8800日元
● 发行商/TAKARA

　　根据《好朋友》上连载的漫画《奇迹女孩》改编而成的动作游戏。玩家控制拥有超自然力量的双胞胎姐妹松永友美和松永御影，前去拯救被绑架的四位伙伴。由于这是一款儿童向的游戏，所以不是将敌人打倒，而是向敌人扔糖，然后在他们吃糖的时候前进。

らんま1/2 朱猫団的秘寶

乱马1/2 朱猫团的秘宝

● 发售日期/1993年10月22日 ● 售价/9800日元
● 发行商/东宝·小学馆PRODUCTION

　　根据高桥留美子的格斗爱情喜剧漫画《乱马1/2》改编的原创剧情角色扮演游戏。为了寻找神秘团伙朱猫团的秘宝，乱马、茜、良牙等人展开了冒险。游戏中会出现许多原作漫画中的人物，而在战斗场景中释放必杀技时会播放动画。

アクトレイザー2 沈黙への聖戦｜ActRaiser 2

蕾莎出击2 沉默圣战

- ●发售日期/1993年10月29日 ●售价/9300日元
- ●发行商/ENIX

　　这款游戏取消了前作中的创造模式，仅保留了横向卷轴的动作模式。在游戏中玩家化身为神，用剑与魔法来对抗魔王撒旦和他的手下。本作有二段跳，也可以直接在空中飞翔。游戏共有三个难度等级可供选择。

クラシック・ロード

赛马之路

- ●发售日期/1993年10月29日 ●售价/9800日元
- ●发行商/VICTOR ENTERTAINMENT

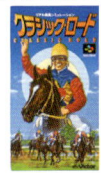

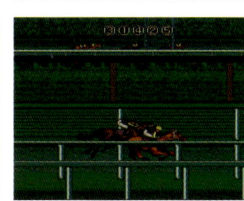

　　赛马养成模拟游戏。玩家需要养育和训练在市场上购买的或牧场生产的马驹，使它们能够参加比赛。玩家还可以购买和训练当地的马匹，或者购买马券。这是一款非常正统的作品，除了可以选择关东地区和关西地区之外，赛马的血统也很重要。

ジミーコナーズのプロテニスツアー｜Jimmy Connors Pro Tennis Tour

吉米康纳斯职业网球巡回赛

- ●发售日期/1993年10月29日 ●售价/8900日元
- ●发行商/MISAWA ENTERTAINMENT

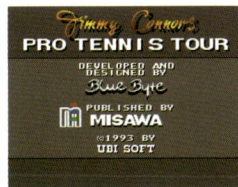

　　这款网球游戏由曾在四大满贯赛事中共获得过八次冠军的前职业网球运动员吉米·康纳斯负责监制。在巡回赛模式中，玩家扮演吉米·康纳斯，辗转各地的赛场进行比赛，目标是成为排行榜的榜首。在表演赛模式中，玩家可以对球场和回合数进行自由设置。

将棋 風林火山

将棋 风林火山

- ●发售日期/1993年10月29日 ●售价/8800日元
- ●发行商/PONY CANYON

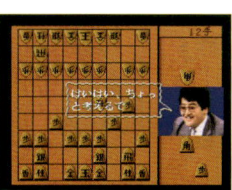

　　在这款将棋游戏中，玩家可以与五位下棋风格各不相同的职业棋手进行对战。除了诘将棋模式和下一手模式外，还有可以学习职业棋手战术的讲座模式。下棋时，对面的职业棋手会根据情况说出不同的台词，做出丰富的表情，十分有趣。

スーパーチャイニーズワールド2 宇宙一武闘大會

超级中国拳世界2 宇宙第一武斗大会

●发售日期/1993年10月29日 ●售价/9800日元
●发行商/CULTURE BRAIN

　　CULTURE BRAIN的热门系列游戏在超任上的第二部作品，一款动作角色扮演游戏。遭遇敌人时，会转换为侧视视角的战斗画面，玩家可通过拳打、脚踢的方式进行攻击。而BOSS战采用了指令选择式的战斗方式。游戏支持两位玩家进行对战。

装甲騎兵ボトムズ ザ・バトリングロード

装甲骑兵Votoms 战斗之路

●发售日期/1993年10月29日 ●售价/9800日元
●发行商/TAKARA

　　根据热门动画改编的驾驶舱视角的伪3D射击游戏。在游戏中，玩家操纵装甲骑兵（AT），使用手臂拳和重机枪战胜敌人，不断前进。关卡间隙会播放演示动画，讲述游戏的剧情。

スーパーニチブツマージャン2 全國制覇篇

超级日本物产麻将2 称霸全国篇

●发售日期/1993年10月29日 ●售价/9800日元
●发行商/日本物产

　　游戏的制造商日本物产曾发行过多款街机平台的脱衣麻将游戏，而本作中则不含任何成人要素。玩家可选择双人麻将、三人麻将和四人麻将。在全国锦标赛模式中，会以淘汰赛的形式与来自各都道府县的代表人物进行对战。游戏中还有问答形式的迷你游戏。

超時空要塞マクロス スクランブルバルキリー

超时空要塞 女武神紧急升空

●发售日期/1993年10月29日 ●售价/8800日元
●发行商/BANPRESTO

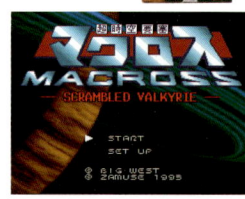
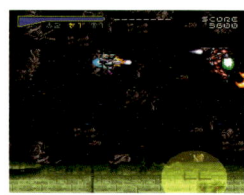

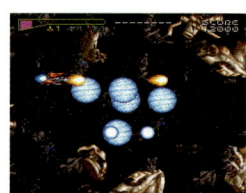

　　热门动画《超时空要塞》至今仍在不断推出新片，本作根据第一部动画改编而成，是一款横向卷轴射击游戏。玩家可在一条辉、马克西、米莉亚中进行选择。所驾驶的战机可在战斗机模式、机甲模式、保护神模式三种形态间变形。三种形态的攻击方法各不相同，需要根据情况切换。

はた山ハッチのパロ野球ニュース!実名版

畠山秀树的二创棒球新闻 实名版

●发售日期/1993年10月29日 ●售价/9800日元
●发行商/EPOCH

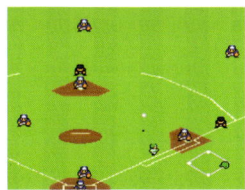

这是一款以畠山秀树的名字命名的棒球游戏,他曾以职业棒球为题材进行四格漫画创作。除了只有一局比赛的公开赛外,还可以参加锦标赛或战斗棒球比赛。在特训模式中,可以提高球员的能力,或使用道具来进行强化。

龍虎の拳 | Art of Fighting

龙虎之拳

●发售日期/1993年10月29日 ●售价/9800日元
●发行商/K.AMUSEMENT LEASING

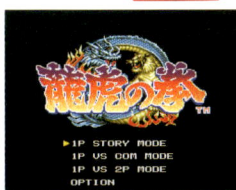

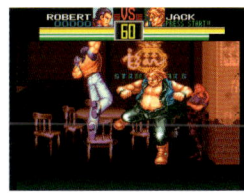

SNK发行的街机对战格斗游戏的移植作品。本作的特色是必杀技的威力会随着所积累的能量而变化,同时它也因为是第一款实现了超必杀技的游戏作品而闻名。超任版与其他平台移植不同的是,就连街机版中画面的放大缩小效果都得以再现。

ユートピア | Utopia: The Creation of a Nation

殖民星球

●发售日期/1993年10月29日 ●售价/9500日元
●发行商/EPIC·索尼

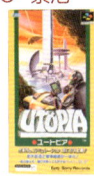

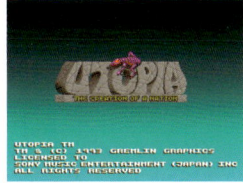

以开发荒芜星球为主题的城市养成模拟游戏。玩家在建造具有各种作用的建筑的同时,还要保卫星球免受外星人的袭击。如果玩家能在顺利度过危机的同时,将居民的生活水平提高至100%,就能继续开发下一个星球了。

アクタリオン | Secret of the Stars

超时空战士

●发售日期/1993年11月5日 ●售价/8900日元
●发行商/TECMO

由TECMO发行的正统玩法的角色扮演游戏。游戏画面使用俯视视角,战斗采用指令选择式。在游戏过程中通过切换主副两支小队来交替推进故事发展。这是一部意味深长的作品。

ファイナルノックアウト｜Boxing Legends of the Ring

最后一拳击倒

● 发售日期/1993年11月5日 ● 售价/8800日元
● 发行商/PACK-IN-VIDEO

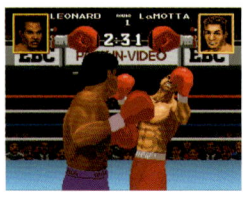 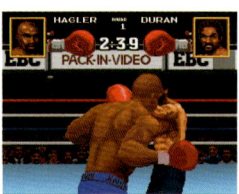

　　采用第三人称视角的伪3D拳击游戏，由欧美厂商开发。游戏中包含以当时著名的人气拳击手为原型的八位角色供玩家选择使用，在三种不同的模式下进行游戏。使用简单的操作就能打出直拳和上勾拳等，还可以进行防守和躲避。

スーパーUNO

超级优诺

● 发售日期/1993年11月12日 ● 售价/8500日元
● 发行商/TOMY

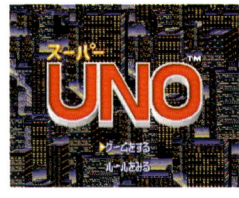 

　　这是一款由1971年在美国诞生、在日本也非常流行的卡牌游戏UNO改编而成的电视游戏。游戏中除了可以自由选择电脑对手的喧闹模式外，还可以玩融入了桌面游戏元素的双六模式。当然，这款游戏也支持两个玩家一起玩。

仮面ライダー

假面骑士

● 发售日期/1993年11月12日 ● 售价/9800日元
● 发行商/BANDAI

　　以假面骑士为主角的清版动作游戏。主角以本乡猛（2P为一文字隼人）的样子出场，并变身成为假面骑士。通过输入指令可以释放各种技能，还可以将这些技能设置到指定的按键上，就能在不输入指令的情况下进行丰富多彩的攻击了。

ソルスティスII｜Equinox

魔城奇兵2

● 发售日期/1993年11月12日 ● 售价/9500日元
● 发行商/EPIC·索尼

 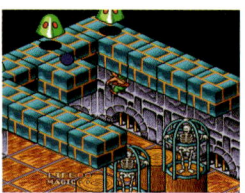

　　红白机游戏《魔城奇兵 三次元迷宫的狂兽》的续作。这是一款动作解谜类游戏，特色是斜45度视角的画面。游戏的难度较高，含有成长的元素，还可以进行BOSS战，是一款具有挑战性的游戏。游戏采用了"命"系统，没有血量（HP）的概念。

ファイナル・ストレッチ
最后冲刺
●发售日期/1993年11月12日 ●售价/9800日元
●发行商/LOZC

　　由铃木亚久里负责监制的F1赛车游戏。游戏特点是分为上下两部分的画面，上方的画面可切换为赛车后方视角、侧视视角或上空视角。当时的F1赛车队在游戏中出场。此外，还可以变更赛车手的所属车队和改变赛车设置等。

イースIV MASK OF THE SUN
伊苏4 太阳的假面
●发售日期/1993年11月19日 ●售价/9800日元
●发行商/TONKIN HOUSE

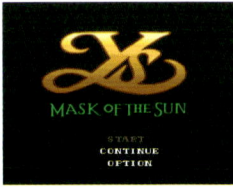

　　日本FALCOM公司的人气动作角色扮演游戏系列的第四作。这是该系列唯一一款由其他公司开发的游戏，而且与此前的PCE版不同，本作才是正篇。游戏系统与前几作类似，玩家通过身体冲撞来攻击敌人。

若貴大相撲 夢の兄弟対決
若贵大相扑 梦幻兄弟对决
●发售日期/1993年11月12日 ●售价/9800日元
●发行商/IMAGINEER

　　这是以当时引发了人们热议的"若贵兄弟"若乃花和高乃花命名的游戏。在同类型游戏中，有很多具有很强动作要素的作品，而这款游戏则采用了卡牌对战的形式。玩家通过选择"引""突""投"等卡片，对力士进行控制。游戏时需要根据情况在适当的时机出牌。

パチスロ ラブストーリー
柏青嫂 爱的故事
●发售日期/1993年11月19日 ●售价/9800日元
●发行商/COCONUTS JAPAN

　　游戏的主角在日本各地一边旅行一边玩老虎机，只要积累到一定数量的硬币，故事就会有所进展。游戏大厅内的机器是以当时流行的老虎机为原型虚构出来的，玩家可以在选项中了解典型的中奖图案。

133

格斗大师 究极之战士

バトル・マスター 究極の戦士たち

●发售日期/1993年11月19日 ●售价/9800日元
●发行商/东芝EMI

　　这是一款从八名角色中选择一名角色与其他角色战斗的对战格斗游戏。把对方的体力值消耗到零，就可以获胜。除了输入指令可释放必杀技外，游戏中还加入了空中连击、取消防御等新元素，是一款具有创新性的游戏。

瑞迪克拳击

リディック・ボウ ボクシング | Riddick Bowe Boxing

●发售日期/1993年11月23日 ●售价/8400日元
●发行商/MICRONET

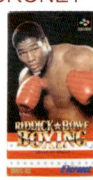

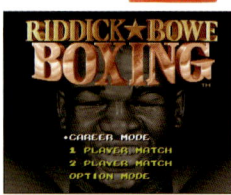

　　以活跃在20世纪90年代初期的重量级拳击手命名的拳击游戏。游戏采用侧面视角，角色相对较大，战斗姿态的冲击力十足。在游戏中也可创建原创角色，并以获得冠军为目标。随着战斗次数的增多，角色的年龄也会增长，十分有趣。

游人 雀兽学园

遊人 雀獸學園

●发售日期/1993年11月19日 ●售价/8900日元
●发行商/VARIE

　　一款以游人所画的角色为主角的麻将游戏，不过即使获胜，游戏中的角色也不会脱衣服。在剧情模式中，玩家可从三名角色中选择一名来打双人麻将。打败怪物就可以成功净化，从而使其恢复成少女的样子。使用秘技可以让角色换上泳装。

电脑战机

アクセルブリッド

●发售日期/1993年11月26日 ●售价/9800日元
●发行商/TOMY

　　这是一款伪3D竞速射击游戏。玩家驾驶机器人外形的战机在管状的赛道中穿梭。战机能够变形为攻击型或防御型，玩家可以根据情况进行切换。在关卡开始时可以选择武器，也可以消耗点数来增加新武器。

アラジン | Disney's Aladdin
阿拉丁
●发售日期/1993年11月26日 ●售价/9000日元
●发行商/CAPCOM

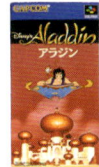

　　根据迪士尼制作的同名电影改编的游戏。这是一款横向卷轴动作游戏，通过简单的操作就可以完成各种动作。人物动作非常流畅，关卡设计也十分用心。游戏难度适中，游戏的完成度很高，即使没看过电影原作，也能体会到这款游戏的乐趣。

アレサ
阿蕾莎
●发售日期/1993年11月26日 ●售价/9800日元
●发行商/YANOMAN

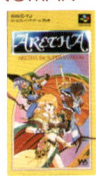

　　在GB上受到玩家好评的系列角色扮演游戏转移到新平台推出的新作。这款游戏继承了该系列一贯以女性为主角的特色，系统和故事情节则是全新的。在战斗中，敌人会从四个方向袭来，因此玩家需要不停改变方向来进行攻击。

アルディライトフット | Ardy Lightfoot
光脚阿迪
●发售日期/1993年11月26日 ●售价/9800日元
●发行商/ASCII

　　由ASCII发行的横向卷轴动作游戏。玩家操纵主角使用两种类型的跳跃来前进。和主角同行的同伴角色负责攻击，而玩家需要熟练掌握如何控制同伴行动。关卡中有着非常丰富的机关，是一款难度适中的游戏。

ABCマンデーナイトフットボール | ABC Monday Night Football
ABC电视台周一橄榄球
●发售日期/1993年11月26日 ●售价/9000日元
●发行商/DATA EAST

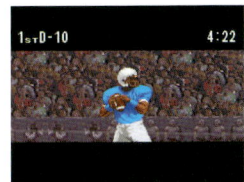

　　这是一款可使用真实NFL球队的美式橄榄球游戏。游戏的特色是采用球员后方视角，伪3D的画面向内滚动。在比赛开始前可以选择阵形，除了玩家控制的球员外，其他球员都会按照所选择的阵形来移动。

F-15スーパーストライクイーグル | Super Strike Eagle

F-15猎鹰行动

●发售日期/1993年11月26日 ●售价/9600日元
●发行商/ASMIK

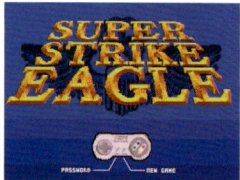

　　这是一款飞行射击游戏。游戏采用了驾驶舱视角，伪3D画面充满冲击力，效果非常逼真。游戏采用了简单易懂的系统，只要消灭雷达上显示的所有敌人就可以完成任务。

鬼塚勝也スーパーバーチャルボクシング

鬼冢胜也 真斗拳王传说

●发售日期/1993年11月26日 ●售价/9800日元
●发行商/SOFEL

　　本作是职业拳击手鬼塚胜也冠名的拳击游戏。他因帅气的外表和时尚感而深受女性喜爱。游戏采用了拳击手视角，所以画面中只能看到主角的手。游戏共有六位电脑控制的对手，击败所有对手后将进行拳王争霸赛。

餓狼伝説2 | Fatal Fury 2

饿狼传说2

●发售日期/1993年11月26日 ●售价/9980日元
●发行商/TAKARA

　　将SNK的人气对战格斗系列游戏《饿狼传说》的第二作进行了移植。超任版新加入了不知火舞、陈秦山等五名角色，同时还加入了闪避攻击和超必杀技等元素，大幅提升了游戏的可玩度。另外超任版还可以使用最终BOSS克劳萨等四名角色。

実戦パチスロ必勝法

实战柏青嫂必胜法

●发售日期/1993年11月26日 ●售价/9500日元
●发行商/SAMMY

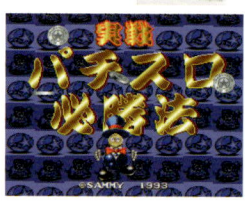

　　一款老虎机游戏，由已经和世嘉合并的SAMMY制作。游戏中不仅收录了SAMMY自家的老虎机，还有来自其他厂商的机器。由于这是一款由SAMMY独立开发的游戏，所以真实地再现了机器的运转，是一款有助于攻略真实老虎机的游戏。

スーパーH.Q.クリミナルチェイサー | Super Chase H.Q.

超级追踪HQ 犯罪克星

●发售日期/1993年11月26日 ●售价/8900日元
●发行商/TAITO

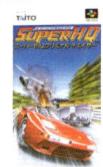

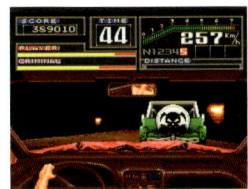

　　将TAITO发行的热门街机赛车游戏《超级追踪HQ》改编移植到了超任上。游戏目标是追踪并逮捕犯人，可以驾驶赛车撞击逃逸车辆的玩法非常新颖。超任版中可选择自动变速，赛车具有耐久度的设定。

武田修宏のスーパーカップサッカー | Super Goal! 2

武田修宏之超级杯足球

●发售日期/1993年11月26日 ●售价/9500日元
●发行商/JALECO

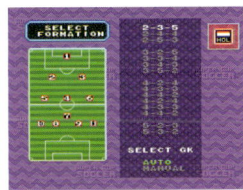
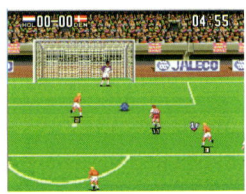

　　以至今仍活跃在综艺节目等领域的足球运动员武田修宏为卖点的足球游戏。玩家可以使用来自24个国家的代表队，还可以改变阵形。游戏采用了斜向下的视角，画面能够上下滚动。

ダイナミックスタジアム

动感棒球

●发售日期/1993年11月26日 ●售价/8500日元
●发行商/SAMMY

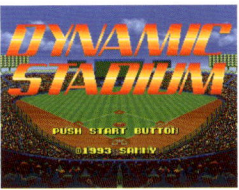

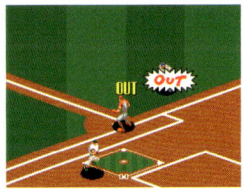

　　在这款棒球游戏中，NPB所属12支球队的球员都以真实姓名出场。游戏玩法比较正统，可选择的模式有锦标赛、表演赛、全明星赛和淘汰赛等。这款游戏的特点是采用具有纵深的画面，而不是俯视画面，是一款重视视觉冲击力的作品。

テクモスーパーボウル | Tecmo Super Bowl

TECMO超级碗

●发售日期/1993年11月26日 ●售价/9800日元
●发行商/TECMO

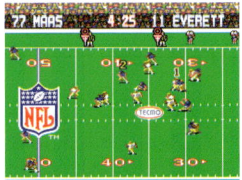

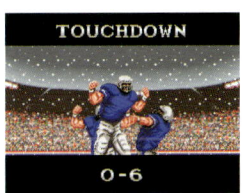

　　红白机上的热门游戏《TECMO超级碗》的超任版。游戏将当时NFL的球员进行了细致的数值化。在整个赛季的比赛中，玩家要进行16场常规赛，然后赢得淘汰赛形式的季后赛，最后挑战超级碗。

ヤダモン ワンダランドドリーム

雅达蒙梦幻仙境

- ●发售日期/1993年11月26日 ●售价/8800日元
- ●发行商/德间书店

　　这是一款风格独特的游戏，以NHK播出的动画《雅达蒙》中的角色为主角。游戏目标是找到三块魔法石，玩家通过用光标点选背景中的各种物体来触发事件，从而推动游戏发展。游戏支持超任鼠标。

Soul&Sword

灵魂与剑

- ●发售日期/1993年11月30日 ●售价/9800日元
- ●发行商/BANPRESTO

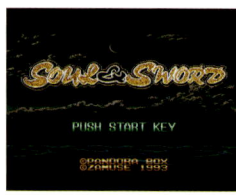

　　这是一款自由度极高的角色扮演游戏。虽然离开岛屿或者经过10年时间，游戏就结束了，但是在这之前对于各类事件的应对方式将会改变游戏的结局。这款游戏在以单一剧情展开为主的日本角色扮演游戏中独树一帜。

ガイア幻想紀 | Illusion of Gaia

盖亚幻想记

- ●发售日期/1993年11月27日 ●售价/9800日元
- ●发行商/ENIX

　　由QUINTET和ENIX共同开发的动作角色扮演游戏。游戏主角可以变身为三个不同的角色，每个角色都可以使用特殊技能。这是一款具有丰富解谜要素的游戏，剧情极其出色，因此备受好评。本作的完成度很高，即便放到现在来玩，也会觉得非常有趣。

スーパー麻雀2 本格4人打ち

超级麻将2 正统四人麻将

- ●发售日期/1993年12月2日 ●售价/8800日元
- ●发行商/I'MAX

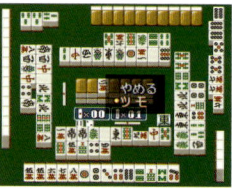

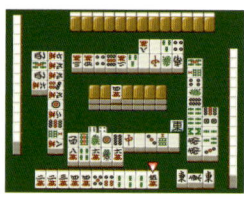

　　正如游戏标题中的"本格"（正统）一样，游戏会记录玩家的数据，并且可以看到游戏的总成绩。游戏包含自由对局和赏金王淘汰赛两种模式，在比赛中玩家与电脑角色进行比拼。游戏还有认证段位功能，是一款适合长期玩的作品。

NBAプロバスケットボール'94 ブルズVSサンズ | NBA Showdown
NBA职业篮球赛94 公牛VS太阳
● 发售日期/1993年12月3日 ● 售价/9800日元
● 发行商/EA VICTOR

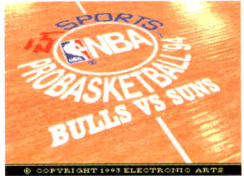 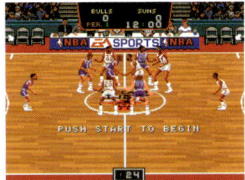

　　在这款篮球游戏中，玩家可以控制当时NBA的球队及球员。游戏成功地再现了快节奏的篮球比赛，10名球员在球场上争锋的样子是这款游戏的精髓。在游戏中，玩家可使用除公牛队和太阳队外的所有球队。

喜國雅彦の雀闘士銅鑼王2
喜国雅彦之雀斗士铜锣王2
● 发售日期/1993年12月3日 ● 售价/8900日元
● 发行商/POW

　　同年2月发行的麻将游戏的续作。除了自由对局模式和剧情模式外，还可以玩三六豹子、牌赛马等小游戏。由漫画家喜国雅彦创作的角色非常有个性，在游戏中会用各种台词来活跃气氛。

スーパー究極ハリキリスタジアム
超究极棒球
● 发售日期/1993年12月3日 ● 售价/9500日元
● 发行商/TAITO

 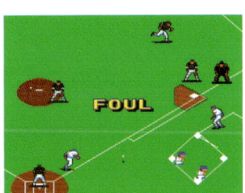

　　红白机上发行的系列棒球游戏移植到了超任上。游戏中的球员和球队的名字都是真名，但也设置了一些虚构的球队。玩家可以在练习模式中训练球员，然后在比赛中使用完成训练的球员。

T.M.N.T.ミュータントウォーリアーズ | Teenage Mutant Ninja Turtles: Tournament Fighters
忍者神龟 变种战士
● 发售日期/1993年12月3日 ● 售价/9800日元
● 发行商/KONAMI

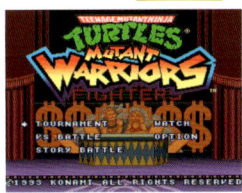 

　　以在美国非常流行的忍者神龟为主角的对战格斗游戏。除了四位主角之外，玩家还可以使用其他角色。游戏中可以通过输入指令来释放必杀技。虽然没有华丽的画面效果，但已经基本涵盖了同类型游戏的全部特点。

信長の野望・覇王伝

信长之野望 霸王传

● 发售日期/1993年12月9日 ● 售价/12800日元
● 发行商/KOEI

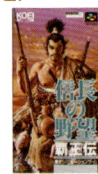

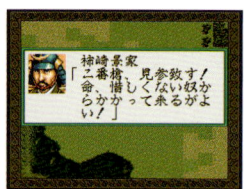

　移植自该系列在PC端发行的第五部作品。从本作开始，将前作以国家为单位改为以城为单位进行进攻和防守，并引入了与主城相连的支城。此外，武将会根据表现要求奖励，而作为君主则需要论功行赏，进行领土的分割等。

クールスポット | Cool Spot

酷小子

● 发售日期/1993年12月10日 ● 售价/8900日元
● 发行商/VIRGIN GAME

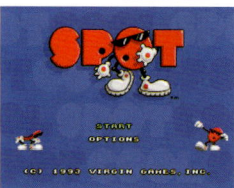

　由欧美厂商开发的横向卷轴动作游戏。游戏主角是七喜饮料的吉祥物，游戏目标是控制它前去拯救被抓走的同伴。获取一定数量的放置在场景中的标记，并到达监狱，即可过关。

R-TYPE III | R-Type III: The Third Lightning

异形战机3 第三闪电

● 发售日期/1993年12月10日 ● 售价/9800日元
● 发行商/IREM

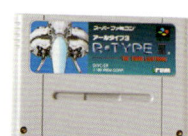
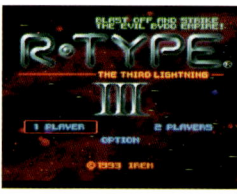

　街机上大热的横向卷轴射击游戏系列的第三作，也是该系列第一款在家用主机上发布的作品。玩家可以选择三种具有不同原力类型的战机，每种原力对应不同的攻击方式。这是一款需要记住敌人位置的游戏，具有典型的IREM风格，经过两次通关才能达到结局。

決戦!ドカポン王国IV～伝説の勇者たち～

多卡波王国4

● 发售日期/1993年12月10日 ● 售价/8900日元
● 发行商/ASMIK

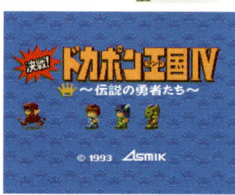

　虽然标题中带有"4"的字样，但这其实是该系列的第一部作品。这是一款带角色扮演元素的桌面游戏，玩家需要按照轮盘显示的步数在场景中移动，并完成各种事件。与敌人的战斗为指令选择式，战斗胜利会获得金钱和经验值。

す～ぱ～ぷよぷよ

超级噗哟噗哟

●发售日期/1993年12月10日 ●售价/8200日元
●发行商/BANPRESTO

在街机上引发了一阵热潮的《噗哟噗哟》的超任版。游戏的基本规则和街机版完全相同，对气泡进行连锁消除就可以向对手送去大量的干扰气泡。本作具有街机版里所没有的无尽模式，玩家可以尽情享受《噗哟噗哟》的乐趣。

白熱プロ野球'94ガンバリーグ3

白热职业棒球94 加油联盟3

●发售日期/1993年12月10日 ●售价/8900日元
●发行商/EPIC·索尼

始于超任的棒球游戏系列第三作，也是该系列的最终作。操作方面基本忠实于前作，但游戏模式增多了，是一款很耐玩的游戏。球员依旧以真实姓名出场，玩家可以使用12支NPB球队和全明星球队。

ブロック | Plok

普罗克大冒险

●发售日期/1993年12月10日 ●售价/8900日元
●发行商/ACTIVISION JAPAN

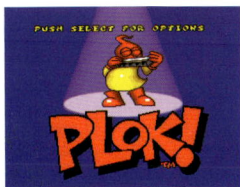

由欧美厂商开发的横向卷轴动作游戏。主角为了取回被偷走的旗帜在岛上展开冒险。除了可进行两种跳跃外，主角还拥有变身能力，可以通过接触指定的道具来变化成各种形态。场景中存在很多机关，是一款难度很高的游戏。

競馬エイトSpecial～マル秘馬券購入術～

马券买入术

●发售日期/1993年12月10日 ●售价/9000日元
●发行商/MISAWA ENTERTAINMENT

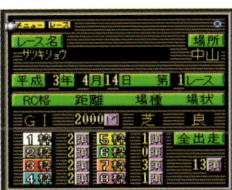
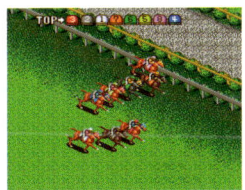

这是一款由赛马报《赛马8》负责监制的预测软件。输入与赛马有关的各项数据后，软件会自动预测比赛结果，有效帮助使用者进行预测。此外，这款软件还有一个模式，可以对游戏中的比赛进行下注。

アルカエスト
地底魔神
- ●发售日期/1993年12月17日 ●售价/8800日元
- ●发行商/SQUARE

　　这是一款由HAL研究所开发、SQUARE发行的动作角色扮演游戏，曾用名为《守护之刃》。游戏目标是阻止魔神的复活。玩家可以使用盾牌来防御，或长按按键来释放必杀技，从而清除关卡内的敌人。

ダウンタウン熱血べーすぼーる物語
热血棒球物语
- ●发售日期/1993年12月17日 ●售价/9800日元
- ●发行商/TECNOS JAPAN

　　以国夫君为主角的棒球游戏。在游戏主打的剧情模式中，玩家率领热血高中的棒球队赢得冠军。在比赛的间歇，游戏采用特写的方式来让比赛更加精彩。这款游戏和其他国夫君系列游戏一样，可采取一定程度的暴力行为。

スーパー・スター・ウォーズ 帝国の逆襲 | Super Star Wars: The Empire Strikes Back
超级星球大战 帝国反击战
- ●发售日期/1993年12月17日 ●售价/9800日元
- ●发行商/VICTOR ENTERTAINMENT

　　在全球范围引发热潮的电影《星球大战》的第4~6章被改编成了超任的系列游戏，这是该系列的第二作。本作以横向卷轴动作游戏为主，但角色在亲自作战时与驾驶战斗机等载具时的操作方法和视角并不相同。这是一款会让原作粉丝觉得过瘾的游戏。

ドラえもん2 のび太のトイズランド大冒険
哆啦A梦2 大雄的玩具乐园大冒险
- ●发售日期/1993年12月17日 ●售价/8000日元
- ●发行商/EPOCH

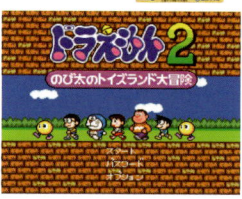

　　这是超任上的第二款《哆啦A梦》系列游戏。玩家可使用哆啦A梦、大雄、静香、小夫、胖虎五个角色，每人都有不同的特点。从第2关开始，还可以使用哆啦美。这是一款在各种秘密道具的帮助下完成关卡的动作游戏。

ドラゴンボールZ 超武闘伝2 | Dragon Ball Z: Super Butouden 2

龙珠Z 超武斗传2

●发售日期/1993年12月17日 ●售价/9800日元
●发行商/BANDAI

　　一款以《龙珠》中的角色为主角的对战格斗游戏。游戏场景很宽阔，可进行远距离的攻击和防御。当距离较远时，画面会被分割成左右两部分。同时，游戏角色可以在空中飞行也是本作的一大特色。游戏初始有八个角色，加上隐藏角色在内共有10个角色可选。

ドラッキーの草やきう

猫仔哥棒球

●发售日期/1993年12月17日 ●售价/9800日元
●发行商/IMAGINEER ZOOM

　　由日本可口可乐公司赞助的棒球游戏，球队也都以该公司生产的果汁命名。游戏的操作方式等要素都很正统，但可以使用魔球和击球技巧，为游戏增添了独具特色的体验。此外，在这款游戏中还可以对裁判的决定进行抗议。

パチンコウォーズII

柏青哥大战2

●发售日期/1993年12月17日 ●售价/9800日元
●发行商/COCONUTS JAPAN

　　由老牌柏青哥游戏厂商COCONUTS JAPAN开发的作品。虽然机型是虚构的，但都是以当时的真实机型为原型设计而成。通过玩柏青哥来获取一定数量的小弹珠，从而推动剧情的发展。小弹珠可以换取奖品及各种在游戏中有用的道具。

ホーリーストライカー | Firestriker

爆裂斗球

●发售日期/1993年12月17日 ●售价/8800日元
●发行商/HECTOR

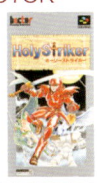

　　以幻想世界为背景的打砖块游戏。游戏主角通过反弹光球来破坏砖块。如果让球顺利进入画面上方的目标处，便可以过关。角色可以向八个方向移动，而不仅仅是左右移动。游戏还支持和其他玩家进行对战。

夢幻の如く
如梦似幻

- ●发售日期/1993年12月17日 ●售价/9800日元
- ●发行商/INTEC

　　这是一款比较正统的角色扮演游戏,改编自本宫宏志的漫画。游戏以战国时代的日本为背景,主角是在本能寺之变中幸存下来的织田信长。除织田信长外,还有很多战国武将在游戏里出场。使用双刀作战,向高级职位晋升等要素是这款游戏的有趣之处。

ロックマンX | Mega Man X
洛克人X

- ●发售日期/1993年12月17日 ●售价/9500日元
- ●发行商/CAPCOM

　　《洛克人X》系列的初代作。本作的基本玩法与红白机上的系列作相同,但主角换成了洛克人X,同时增加了新动作。由于是热门游戏的后续作品,所以这款游戏还未上市就受到了玩家们的热切期盼,销量超过了100万份。

ラッシング・ビート修羅 | The Peace Keepers
快打刑事 修罗

- ●发售日期/1993年12月17日 ●售价/9700日元
- ●发行商/JALECO

　　由JALECO发行的清版动作游戏系列第三作。玩家从四位角色中选择一位作为主角,打倒敌人并不断前进。本作的技术含量比前作更高,操作性也有所提高,例如可以通过按键组合来使用特殊技能。

ワンダラスマジック
炼金术士

- ●发售日期/1993年12月17日 ●售价/9800日元
- ●发行商/ASCII

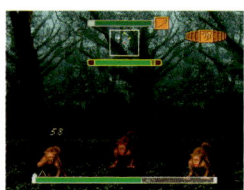

　　这是一款由SYSTEM SACOM开发、ASCII发行的角色扮演游戏。游戏采用非常独特的系统,只需指定目的地就可以在地图上移动。与敌人的战斗是实时的,需要玩家快速地选择进行攻击或使用道具。

エースをねらえ!

网球甜心

● 发售日期/1993年12月22日 ● 售价/9400日元
● 发行商/NIPPON TELENET

　　根据热门漫画改编的网球游戏。本作以在同类型的作品中很少见的剧情模式为主，故事按照原作中的剧情展开。在比赛过程中，视角会随着球的移动而发生变化，让玩家们体验到充满冲击力的比赛。

がんばれ!大工の源さん

加油吧 大力工头阿源君

● 发售日期/1993年12月22日 ● 售价/8900日元
● 发行商/IREM

　　以大力工头阿源君为主角的横向卷轴动作游戏，阿源君后来因同名弹珠机而成为热门角色。阿源君手中的大木槌可以用来攻击敌人或引发地震。滑稽可爱的人物和恰到好处的难度让玩家可以轻松享受这款游戏的乐趣。

がんばれゴエモン2 奇天烈将軍マッギネス

大盗五右卫门2 奇天烈将军玛基斯

● 发售日期/1993年12月22日 ● 售价/9800日元
● 发行商/KONAMI

　　人气系列游戏在超任上的第二作，玩家可以在五右卫门、惠比寿丸或佐助中选择一位作为主角。本作以横向卷轴动作为主，玩家需要切换武器来击败敌人。城市场景具有纵深设计，在商店中可以恢复体力或购买物品。游戏中的角色可以成长。

キング・オブ・ザ・モンスターズ2 | King of the Monsters 2

万兽之王2

● 发售日期/1993年12月22日 ● 售价/9800日元
● 发行商/TAKARA

　　将NEO-GEO上的街机动作游戏移植到了超任上。以城市和工厂等作为背景，巨型怪兽和英雄在其中进行战斗。游戏的基本玩法类似摔角游戏，通过拳击或组合技等方式来攻击敌人。在游戏中，玩家可以摧毁大楼并向敌人投掷，体验破坏的乐趣。

超ゴジラ | Super Godzilla

超哥斯拉

● 发售日期/1993年12月22日 ● 售价/9800日元
● 发行商/东宝

在移动模式中移动哥斯拉，获取道具，破坏建筑物，不断前进。与敌人接触后，会进入战斗模式，画面会切换成一对一的对战格斗游戏模式。在战斗中不能对敌人胡乱攻击，而是需要注意怪兽战斗本能的能量条剩余数值再来做应对。

トップレーサー2 | Top Gear 2

顶级赛车2

● 发售日期/1993年12月22日 ● 售价/8500日元
● 发行商/KEMCO

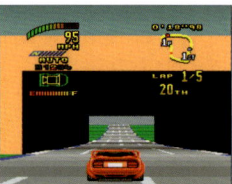

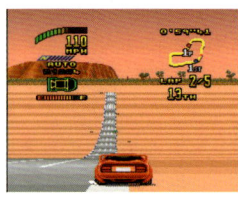

一款伪3D赛车游戏，在欧美以《顶级赛车》系列的名字不断发行新作。游戏中共有64个赛道供玩家选择，还可以购买赛车发动机和轮胎，对赛车进行自由改装。这是一款很耐玩的游戏。

スペース・ファンキーB.O.B | B.O.B.

太空蚂蚁战士

● 发售日期/1993年12月22日 ● 售价/8900日元
● 发行商/EA VICTOR

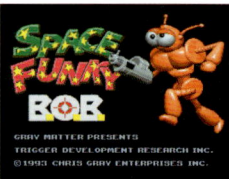

欧美厂商开发的动作游戏。玩家在俯视视角的地图画面中移动，在侧视视角的地下城中进行探索。用拳头或枪攻击敌人，并使用特殊道具来完成关卡。独特的画面风格让人非常沉迷。

ビンビン!ビンゴ

乐趣宾果岛

● 发售日期/1993年12月22日 ● 售价/8900日元
● 发行商/KSS

将在派对上玩的宾果游戏改编成了电视游戏。游戏的主要内容"宾果"共有四种类型，通过阿弥陀签或跳伞的方式来选择数字。此外，还收录了赛马、打地鼠等小游戏，玩家可自由选择进行游戏。

フラッシュバック | Flashback: The Quest for Identity

闪回

●发售日期/1993年12月22日 ●售价/9600日元
●发行商/SUNSOFT

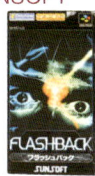

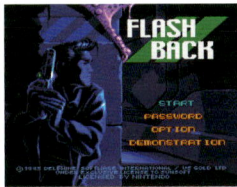

　　由法国游戏公司开发的动作冒险游戏。本作使用了先进的技术,动画精美流畅,故事情节也备受好评。游戏难度非常高,很多地方会发生瞬间死亡,所以需要通过反复试错来加强记忆。

へべれけのぽぷーん | Hebereke's Popoon

迷糊蛋魔法气泡大对决

●发售日期/1993年12月22日 ●售价/8200日元
●发行商/SUNSOFT

　　一款以SUNSOFT的吉祥物迷糊蛋为主角的下落式消除游戏。游戏没有无尽模式,主要是和对手进行竞争。一定数量相同颜色的方块换在一起即可消除,连锁消除后会向对手发送干扰方块。方块堆积到画面上方时游戏失败。

幽☆遊☆白書

幽游白书

●发售日期/1993年12月22日 ●售价/9600日元
●发行商/NAMCO

　　根据富坚义博的人气漫画改编的对战类游戏。玩家不是直接对角色进行控制,而是通过输入指令的方式来对角色的行动进行指挥。画面下方的能量条是游戏的重点,能量积累得越多,角色各种行为的威力和效果就越强。

NFL プロフットボール'94 | Madden NFL '94

NFL职业美式橄榄球94

●发售日期/1993年12月24日 ●售价/9800日元
●发行商/EA VICTOR

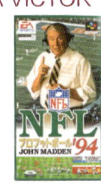

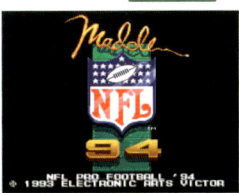
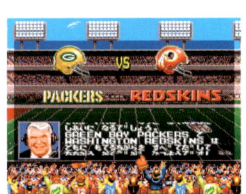

　　这是一款在美国很流行,但在日本知名度并不高的美式橄榄球游戏。玩家可使用当时的NFL球队,在赛前选择阵形,通过奔跑或传球来累计距离,并通过触地或成功射门来得分。该系列游戏在美式橄榄球迷中很受欢迎。

新桃太郎伝説
新桃太郎传说

●发售日期/1993年12月24日 ●售价/9800日元
●发行商/HUDSON

　　PCE平台作品《桃太郎传说2》的重制版。这是一款以民间故事为原型的角色扮演游戏，精致凝练的剧情备受好评。战斗中引入了天气的概念，角色所在的地区不同，气候各不相同，而天气在战斗方面会对角色产生很大的影响。

テトリス武闘外伝
俄罗斯方块武斗外传

●发售日期/1993年12月24日 ●售价/8000日元
●发行商/BPS

　　本作将引发了下落式消除游戏热潮的《俄罗斯方块》与对战类游戏相结合。系统方面以各角色之间的战斗为主，每个角色都有不同的技能。消除画面中的水晶会获得积分，使用这些积分可以释放技能。

ヒューマングランプリ2 | F1 Pole Position 2
休曼GP赛车2

●发售日期/1993年12月24日 ●售价/9500日元
●发行商/HUMAN

　　由HUMAN开发的F1赛车游戏，采用伪3D视角。游戏特色是屏幕上方的两个后视镜。当年的著名赛车手都以真实姓名出场，与玩家同场竞技。在游戏中，还可以享受自己设置赛车的乐趣，对此不太擅长的玩家也可以选择自动模式，让电脑来进行设置。

北斗の拳7
北斗之拳7

●发售日期/1993年12月24日 ●售价/9700日元
●发行商/东映动画

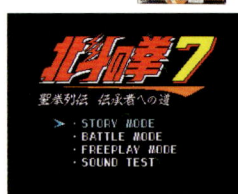

　　东映动画发行的系列游戏的第七作，是超任上的第三作。游戏类型为对战格斗游戏。在单人模式中，玩家操纵健四郎与哈特、舜、拉欧等人进行战斗。想要打败对手，就需要释放奥义，而释放奥义时的特效是游戏的一大亮点。

モータルコンバット 神拳降臨伝説 | Mortal Kombat

真人快打

●发售日期/1993年12月24日 ●售价/9800日元
●发行商/ACCLAIM JAPAN

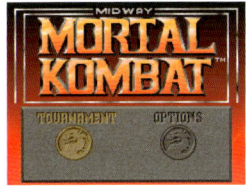

　　这款在美国非常流行的对战格斗游戏被移植到超任上。角色外貌采用真人形象，玩家通过输入指令来释放必杀技。打败敌人会显示"FINISH HIM（HER）"的信息，输入特定的指令可以使出终结技。

リトル・マジック

小小魔法师

●发售日期/1993年12月24日 ●售价/8900日元
●发行商/ALTRON

　　俯视视角的通关类解谜游戏。把场景中的魔法石移动到指定位置，即可过关。游戏主角是一位见习魔法师，使用魔法来完成关卡。由于关卡中设置了敌人，所以这款游戏也具有一定的动作性，玩家需要考虑如何应对敌人。

モンスターメーカー3 光の魔術士

怪物制造厂3 光之魔术师

●发售日期/1993年12月24日 ●售价/9800日元
●发行商/SOFEL

　　这是红白机和GB上十分流行的系列游戏的第三作。原本是使用卡牌的角色扮演游戏，这款游戏则改为相对正统的侧面视角表现形式，还增加了战略元素，例如与敌人战斗时有距离的概念，需要靠近才能直接攻击等。

美神伝説Zoku

美神传说

●发售日期/1993年12月25日 ●售价/9800日元
●发行商/MAGIFACT

　　融合了赛车游戏和清版动作游戏的独特作品。玩家以终点为目标，在伪3D的赛道上疾驰，遇到敌人时画面会切换到战斗模式。由于场地非常广阔，很容易迷路，所以需要经常用画面右上角的雷达来确认赛车所在的位置。

サッカーキッド | Soccer Kid

足球小子

● 发售日期/1993年12月28日 ● 售价/8800日元
● 发行商/YANOMAN

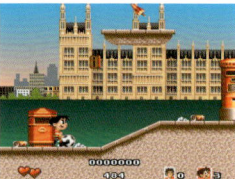

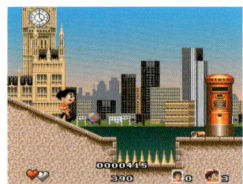

　　这并不是足球游戏,而是一款侧视视角的动作游戏。这款游戏原本是由欧美厂商开发的,针对日本市场专门加入了主角的插画。玩家使用足球进行攻击,游戏目标是取回场景中的卡片或奖杯的碎片。

全日本プロレスダッシュ 世界最強タッグ

全日本职业摔角 世界最强搭档

● 发售日期/1993年12月28日 ● 售价/9800日元
● 发行商/MASAYA

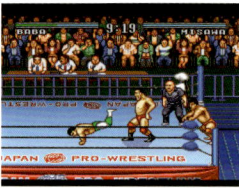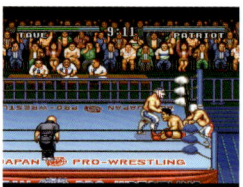

　　获得了官方授权的职业摔角游戏。玩家可以使用巨人马场和巨无霸鹤田等令人怀念的摔角手。游戏内容大体上与同年发行的《全日本职业摔角》相同,只是在摔角手和模式方面有些变化。

スーパーファイヤープロレスリング3 ファイナルバウト

超级热血摔角世界3 最终之战

● 发售日期/1993年12月28日 ● 售价/9700日元
● 发行商/HUMAN

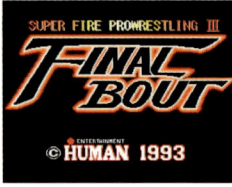

　　由HUMAN开发的热门职业摔角游戏系列作品,是该系列在超任上的第三款游戏。游戏大体上继承了前作的系统,并大幅增加了可操纵的摔角手数量。此外,本作还具有摔角手编辑功能,玩家可以创建和使用自己的摔跤手。

美少女戦士セーラームーンR

美少女战士R

● 发售日期/1993年12月29日 ● 售价/9800日元
● 发行商/BANDAI

　　根据超人气动漫作品改编的清版动作游戏。玩家从六位美少女战士中选择一位来进行游戏。本作支持双人模式,但只有在单人模式中才能释放超必杀技。本作还在前作的基础上新增了对战模式,可以让各位角色进行一对一的战斗。

横山光辉 三國志2

横山光辉 三国志2

●发售日期/1993年12月29日 ●售价/9800日元
●发行商/ANGEL

　　根据横山光辉的漫画改编的模拟游戏第二作。刘备、曹操等古代英雄以中国大陆为背景进行争霸。通过治理内政来增加收入，稳固国家的根基，通过战争扩大领土。在游戏中可对武将进行培养，玩家在这方面需要下一番功夫。

城子的厨房

●发售日期/1993年 ●售价/非卖品
●发行商/味之素

　　味之素蛋黄酱的奖品。在游戏中，玩家需要收集备忘录上记载的食材，并用它们做菜。用光标在画面中移动可进行探索。在"选择！配送！有奖活动"中一共发放了六次奖品，每次3000份。

广告传单一览

《地球冒险2 基格的逆袭》

《超级马力欧RPG》

耀西的饼干 KURUPPON
饼干在烤箱里

●发售日期/1993年 ●售价/非卖品
●发行商/松下电器（National）

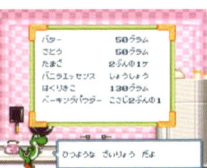

　　在活动期间购买松下电器制造的"KURUPPON"烤箱就可以获得这款游戏。游戏卡带中除了市面上卖的《耀西的饼干》的内容外，还有一个原创的烹饪模式，在该模式中需要收集画面中的饼干食谱。限量500份。

非卖品游戏

《UFO假面战士》

日清食品"UFO炒面"的奖品。外包装为出演了电视广告的米高富冈的限量版,共有3000份,后续也发行了普通版。

《超级桃太郎电铁DX JR西日本版》

JR西日本的活动奖品。和普通版《超级桃太郎电铁DX》的部分内容有所不同,例如游戏是从大阪启程的。

《浪漫沙加3 试玩版样品ROM》

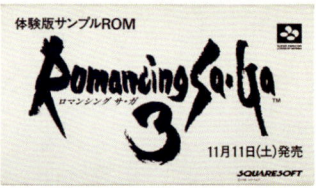

游戏正式发售前在商店里可以玩到试玩版——只能进行游戏的序章部分。此外《圣剑传说》和《超时空之轮》等游戏也有这样的试玩版。

《鲛龟 角色数据集》

在鲛龟高分大赛全国比赛中获得双倍机会奖的选手可获得这张记忆卡。可使用《天外魔境》系列中的角色。

《超级俄罗斯方块2+轰炸方块》(金色)

赠送给《超级俄罗斯方块2+轰炸方块》高分玩家的奖品。内容和普通版一样。

《魔法微量球2 文化放送特别版》

文化放送的《吉田照美 干劲十足》等广播节目的抽奖奖品。内容和普通版有些不同。

《超级博蒙曼3 龙漫CORO-CORO》

《龙漫CORO-CORO》1997年3月号的奖品。内容和普通版有些不同,例如干扰炸弹的出现情况、新增了超级模式等。限量1000份。

《游戏处理器RAM卡带》

游戏专业学校的教材中使用的RAM卡带。这是一个空白卡带,学生们可以把自己编好的游戏刻录到里面。

《超统构足球95 XAQUA版》

UCC生产的运动饮料"XAQUA"的活动商品。内容和普通版稍微有些不同。限量3000份。

超级任天堂

1994年

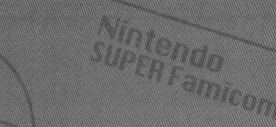

Super Famicom

ファイアーエムブレム 紋章の謎
炎之纹章 纹章之谜

●发售日期/1994年1月21日 ●售价/9800日元
●发行商/任天堂

难度有所降低
吸引了更广泛的玩家

　　将红白机版《炎之纹章》重制移植到了超任上，并且还加入了续作第二部的内容。这款游戏可以说是模拟类角色扮演游戏的鼻祖，死亡的角色无法复活等极其硬核的系统设定在当时成为热议话题。而与红白机上的原版相比，超任版的难度较低，战斗动画也可以跳过，整体说来更加友好，玩起来也比较轻松。因此，中途放弃游戏的玩家并不多。此外，在玩第二部时，既可以选择继承第一部的数据，也可以选择单独进行游戏。

　　超任的这部作品不仅吸引了该系列的老粉丝，还通过改良俘获了新粉丝的心，是一款值得传颂的名作。

スーパーメトロイド | Super Metroid
超级密特罗德

●发售日期/1994年3月19日 ●售价/9800日元
●发行商/任天堂

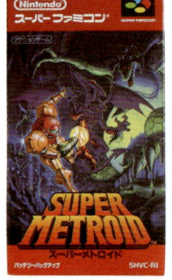

在国外极具人气的
探索类动作游戏的超任版

　　这是继红白机磁碟机系统上的初代作品和GB上的第二作之后，该系列的第三部作品。这款游戏既是一款横版动作游戏，同时也是一款在广阔的地图中前进的探索类游戏。游戏没有经验值和等级的概念，主角的能力通过道具来强化，变身成球形以及旋转攻击等前两作中的强化技能都得到了保留。通过道具还能提高主角的能量上限和可携带的导弹数量。

　　游戏中迷宫式的场景非常广阔，因此很容易迷路。游戏设计了地图自动绘制功能，让玩家们可以安心进行游戏。

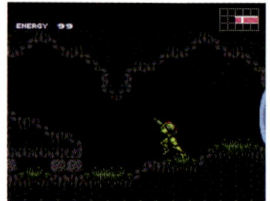

ファイナルファンタジーVI | Final Fantasy III

最终幻想6

● 发售日期/1994年4月2日 ●售价/11400日元
● 发行商/SQUARE

虽然角色数量众多
但每一位都独具魅力

　　这是超任上的第三款《最终幻想》系列游戏。这一作中的主要角色数量比该系列以往的作品要多很多，并且这部作品中没有主角，每个角色的背景都融入到故事之中。此外，这款游戏的故事发生在一个魔法很罕见的世界里，很多角色是默认无法使用魔法的。最终共有14个角色可以进入小队，但只需要三个角色就可以完成游戏，所以游戏具有很高的自由度。战斗方面则延续了《最终幻想5》的即时战斗系统，同时加入了从魔石中可以学习魔法、属性的培养等新元素。

MOTHER2 ギーグの逆襲 | EarthBound

地球冒险2 基格的逆袭

● 发售日期/1994年8月27日 ●售价/9800日元
● 发行商/任天堂

开发之路困难重重
历时多年终于发行

　　在红白机上发行的人气游戏《地球冒险》的续作，历时五年之久，终于面世。这款游戏的实际制作时间比原计划长很多，还一度传出取消开发的消息，多亏了后来成为任天堂社长的岩田聪，这款游戏才得以重见天日。

　　和前作一样，游戏主角是一个小男孩，故事发生在一个与现实相似的世界中。系统方面，本作采用了可见的遇敌系统，战斗方面则是在指令选择式的基础上增加了音乐游戏式的节奏玩法。由糸井重里所写的剧本受到了高度评价，即便是成年人也能感受到这款角色扮演游戏的乐趣。

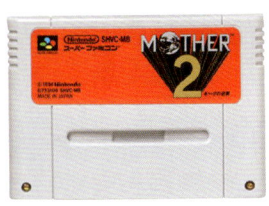

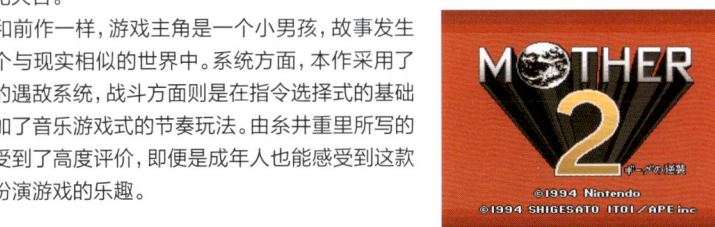

かまいたちの夜
恐怖惊魂夜

●发售日期/1994年11月25日 ●售价/10800日元
●发行商/CHUNSOFT

凭借自己的力量获得黄金书签
需要很强的推理能力

　　这是继《弟切草》之后，CHUNSOFT的第二部
有声小说类型游戏。游戏主题是在主角所住的民宿
中发生的一起凶杀案，故事根据玩家的选择而发生
变化。游戏中的出场人物都以剪影的方式展现，因此
需要玩家发挥想象。由于只需要从偶尔出现的几个
选项中选择一个即可，所以是一款适合所有人的作
品。在游戏的过程中，玩家会不由自主地被我孙子武
丸的剧本所吸引。

　　在成功破案后，游戏中的选项会增加，故事也会
朝着各种路线发展。每次游戏的时间并不长，这是一
款让人想要反复挑战的作品。

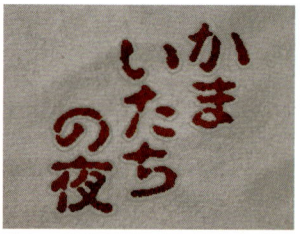

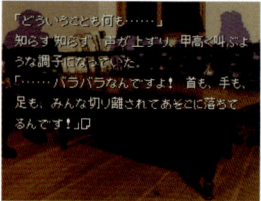

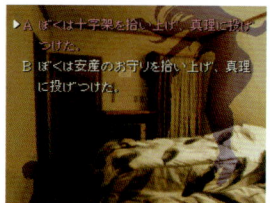

スーパードンキーコング | Donkey Kong Country
超级森喜刚

●发售日期/1994年11月26日 ●售价/9800日元
●发行商/任天堂

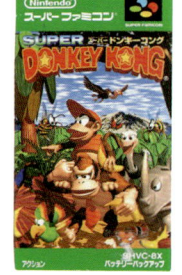

老玩家们所熟悉的
那个角色又回来了

　　这是继红白机上的《森喜刚3》之后，该系列时隔
10年再次在主机平台上推出的作品。这款游戏由英
国的RARE负责开发，游戏主角是初代森喜刚的孙
子。《超级森喜刚》作为新一代的《超级》系列作品，
收获了新的粉丝。

　　游戏类型为横版动作类，有单人游戏、双人对战
和双人合作三种游戏模式。玩家可以通过跳跃或滚动
攻击等方式来击败敌人并继续前进。顺利到达目标
点，即可过关。玩家可操纵的角色为森喜刚和迪迪刚，
在游戏中可以随意切换使用。这款作品在日本的销量
排在超任榜单的第四名，约为300万份，全球销量约
为930万份。

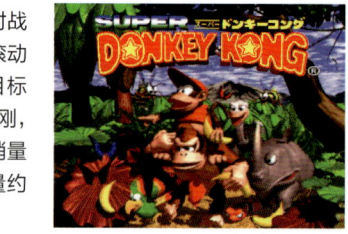

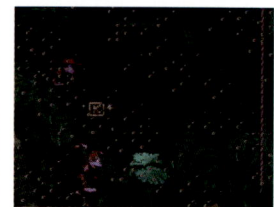

YOGI BEAR | Adventures of Yogi Bear

瑜伽熊

● 发售日期/1994年1月3日 ● 售价/8800日元
● 发行商/MAGIFACT

　　一款欧美厂商开发的横版动作游戏。游戏的目标是阻止化工厂的建设。游戏用主角所拥有的蛋糕数量来代替生命值，被敌人撞后蛋糕就会减少。可通过奖励环节来增加游戏回数，但难度相当高。

ツインビー レインボーベルアドベンチャー | Pop'n TwinBee: Rainbow Bell Adventures

兵蜂 彩虹铃铛大冒险

● 发售日期/1994年1月7日 ● 售价/9000日元
● 发行商/KONAMI

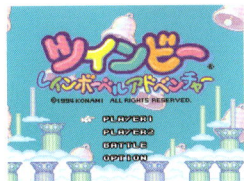

　　这款横版动作游戏的主角是KONAMI最具代表性的射击游戏之一《兵蜂》中的角色。玩家可在三个性能各异的战机中进行选择，然后操纵所选战机来通关游戏。本作的特色是可通过铃铛来对角色进行强化，而铃铛具有分身、获得激光武器和防护罩等不同效果。

ロックンロールレーシング | Rock n' Roll Racing

摇滚赛车

● 发售日期/1994年1月3日 ● 售价/7900日元
● 发行商/NAMCO

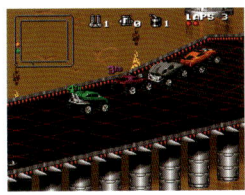
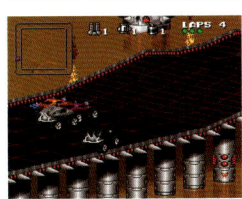

　　这款赛车游戏的画面特别有欧美厂商的风格。玩家围绕小型赛道进行比赛，进行名次的比拼。捡起赛道上掉落的金块便可获得资金。使用资金可以对赛车进行升级，从而在比赛中占据优势，也可以用来装备炮台并进行攻击。

バトルトード イン バトルマニアック | Battletoads in Battlemaniacs

忍者蛙 战斗狂热中

● 发售日期/1994年1月7日 ● 售价/9800日元
● 发行商/MASAYA

　　红白机上的游戏《忍者蛙》的续作。这是以青蛙为主角的动作游戏，玩家可在两只青蛙中选择一只作为主角，支持双人同时游戏。虽然角色的体形比前作要大，但动作还是一如既往地流畅。这款游戏难度较高，需要多次练习才能通关。

ワールドクラスラグビー2 國内激闘編'93

世界级橄榄球2 国内激斗篇93

● 发售日期/1994年1月7日 ● 售价/9700日元
● 发行商/MISAWA ENTERTAINMENT

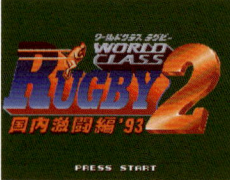

　　前作以各个国家队之间的较量为主，本作的重点则是日本的社会球队比赛。虽然由于2019年橄榄球世界杯在日本举办的关系，橄榄球也在日本瞬间流行起来，但无论是游戏发售时，还是现在，橄榄球游戏都十分罕见。从这个角度来说，这是一款很珍贵的游戏。

必勝777ファイター パチスロ竜宮伝説

必胜777战士 柏青嫂龙宫传说

● 发售日期/1994年1月14日 ● 售价/9500日元
● 发行商/VAP

　　这款老虎机游戏由攻略杂志《柏青哥秘情报》负责监制。除了大陆、里诺、凯旋这几款3号机外，还可以玩名为"拉斯维加斯"的4号机和虚构机型"超级波普"。玩家可自由变更游戏设定，在对战模式中两位玩家可以同时玩虚构机型。

スーパー・ピンボール ビハインド・ザ・マスク | Super Pinball: Behind the Mask

面具后的弹珠台

● 发售日期/1994年1月8日 ● 售价/9800日元
● 发行商/MELDAC

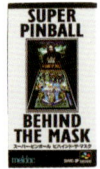

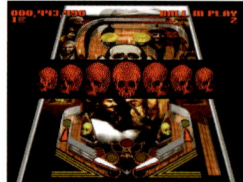
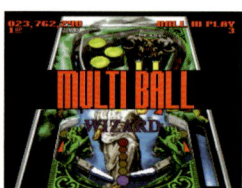

　　这款弹珠游戏的特色是令人感到恐怖的画面。同类型游戏大多采用俯视视角，而本作采用的是斜向下的视角，给玩家一种正在玩真正的弹珠台的感觉。有三种类型的弹珠台供玩家选择，每台机器上都有各种各样的机关。

スーパーテトリス2＋ボンブリス 限定版

超级俄罗斯方块2+轰炸方块 限定版

● 发售日期/1994年1月21日 ● 售价/8500日元
● 发行商/BPS

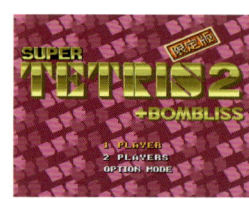

　　红白机游戏《超级俄罗斯方块2+轰炸方块》的移植版。卡带中包含可进行对战的《俄罗斯方块》及衍生作品《轰炸方块》。在这款限定版的游戏中，新增了竞赛模式和解谜模式，游戏规则和系统则和原作相同。

ガイアセイバー ヒーロー最大の作戦

盖亚战记 英雄最大之作战

●发售日期/1994年1月28日 ●售价/9800日元
●发行商/BANPRESTO

　　"Compati Hero"系列作品之一，阿姆罗、奥特曼、假面骑士AMAZON等角色共同战斗。在这款角色扮演游戏中，玩家的行为可导致地球人口的减少或造成破坏，进而对游戏的结局产生影响。

鋼鉄の騎士2 砂漠のロンメル軍団

钢铁之骑士2

●发售日期/1994年1月28日 ●售价/12800日元
●发行商/ASMIK

　　再现第二次世界大战期间坦克战的模拟游戏的第二作。玩家操纵隆美尔手下的坦克部队，穿梭于各个战场。这款游戏采用了非常正式的系统，例如在击中目标时可根据子弹打中的位置来判断子弹是否将目标贯穿。

ザ・グレイトバトル外伝2 祭りだワッショイ

SD英雄大战外传2 庆典欢呼

●发售日期/1994年1月28日 ●售价/9500日元
●发行商/BANPRESTO

　　"Compati Hero"系列作品之一，是一款以庙会为主题的动作游戏。在关卡中设置了庙会的摊位，在面具店可切换角色或购买道具。此外，游戏中还收录了丰富的迷你游戏，需要通关指定数量的迷你游戏才能完成关卡。

ザ・忍者ウォーリアーズ〜アゲイン〜 | Ninja Warriors

忍者战士 归来

●发售日期/1994年1月28日 ●售价/9300日元
●发行商/TAITO

　　TAITO街机游戏《忍者战士》经过改编移植到了超任上。在原版基础上进行了多处改动，玩家可在能力各不相同的三个角色中选择一个作为主角。随着时间的推移，屏幕下方的能量条会不断增长，蓄满后就可以使用特殊攻击来对画面中的所有敌人造成伤害。

BASTARD!! -暗黑の破壊神-

BASTARD 暗黑之破坏神

●发售日期/1994年1月28日 ●售价/9800日元
●发行商/COBRA TEAM

　　根据当时在《周刊少年JUMP》上连载并且现在仍未完结的人气漫画改编而成的对战型动作游戏。场景具有纵深设计，游戏开始时角色会位于场景的近处或深处。游戏以原作中使用魔法的远程攻击为主，玩家可以体验到风格独特的对战乐趣。

魔神転生

魔神转生

●发售日期/1994年1月28日 ●售价/9800日元
●发行商/ATLUS

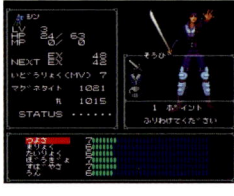

　　以《真女神转生》世界观为基础的模拟类角色扮演游戏。游戏采用回合制，玩家需要交替移动地图上的作战单位与敌人进行战斗。本作还具有粉丝们熟悉的恶魔合体系统。仲魔通过合体可以转生成为更厉害的恶魔。

ブレインロード｜Brain Lord

智慧王者

●发售日期/1994年1月28日 ●售价/9600日元
●发行商/ENIX

　　由ENIX发行的动作游戏。角色没有等级的概念，玩家可以用击败敌人所获得的金币来购买道具和装备，从而增强角色的能力。地下城里设置了各种各样的机关，是一款相当注重解谜的游戏。

伊藤果六段の将棋道場

伊藤果六段的将棋道场

●发售日期/1994年2月4日 ●售价/9600日元
●发行商/ASK讲谈社

　　由著名诘将棋作家伊藤果六段（后晋升为八段）负责监制的将棋游戏。虽然也可以与电脑进行将棋对战，但本作的重点是诘将棋。初级和中级各有120道题，高级为125道题。如果每天解一道题的话，可以玩上一整年。

オリビアのミステリー
动感拼图
●发售日期/1994年2月4日 ●售价/9800日元
●发行商/ALTRON

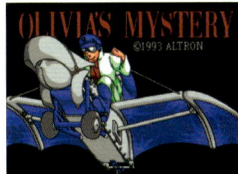

　　在这款解谜游戏中，玩家需要将分解成碎片的动画图片还原。由于碎片上的动画一直在变化，因此跟通常只需要拼合静止图画的拼图游戏相比，本作给人截然不同的感觉。越是后面的关卡，碎片的数量越多，难度也就越高。

スーパーファイヤープロレスリング3 イージータイプ
超级热血摔角世界3 简易版
●发售日期/1994年2月4日 ●售价/7900日元
●发行商/HUMAN

　　这是上一年发行的同名游戏的简易版。电脑的水平很低，即便是新手也能轻松获胜。除此之外，为了降低成本而取消了卡带中的记忆电池，因此游戏价格降低了1800日元，但同时也去掉了游戏中的摔角手编辑功能。

ウルフェンシュタイン3D｜Wolfenstein 3D
德军总部3D
●发售日期/1994年2月10日 ●售价/9800日元
●发行商/IMAGINEER

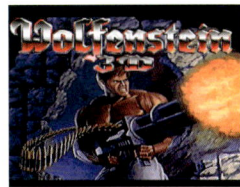

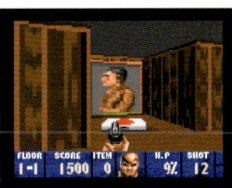

　　第一人称射击游戏目前在游戏市场上占据了重要的地位，《德军总部》可以说是这个类型的鼻祖，这是其超任移植版。玩家以主角的视角来进行游戏，在伪3D的场景中自由移动，用枪将敌人打倒。这是一款充满冲击力的游戏，但也有可能会诱发部分玩家的3D眩晕症。

スーパーヅガン -ハコテン城からの招待狀-
超级自我中心麻将 负分城的邀请函
●发售日期/1994年2月11日 ●售价/8800日元
●发行商/EA VICTOR

　　以片山政幸的人气麻将漫画为卖点的麻将游戏。玩家可以与漫画中出场的角色进行自由对局，但这款游戏主打的还是剧情模式。游戏主角前往负分城，拯救被绑架的女主角。与敌人的战斗以打麻将的方式进行。

ソード・マニアック | X-Kaliber 2097

剑狂

- ●发售日期/1994年2月11日 ●售价/8800日元
- ●发行商/东芝EMI

　　以未来纽约为背景的横版动作游戏。主角是一名刑警，为了营救被绑架的恋人，与邪恶组织进行战斗。因为他的武器是剑，所以这款游戏更注重近距离战斗。BOSS战以一对一的形式进行。由于角色体积很大，所以玩家能够体验到游戏中充满冲击力的动作设计。

バーチャルウォーズ | The Lawnmower Man

剪草人

- ●发售日期/1994年2月11日 ●售价/11000日元
- ●发行商/COCONUTS JAPAN

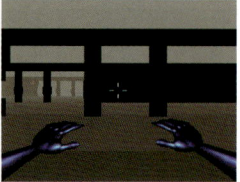

　　根据电影原作改编的动作射击游戏。现实世界以横版的方式展现，虚拟世界则以伪3D的形式展现。本作在视觉方面非常精致和讲究，例如利用实景影像来制作演示场景。玩家在两个角色中选择一个作为主角。游戏难度相当高。

トップマネジメントII

顶尖上班族2

- ●发售日期/1994年2月11日 ●售价/14800日元
- ●发行商/KOEI

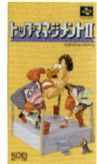

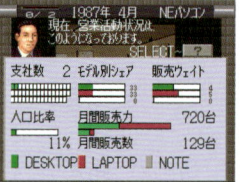

　　由KOEI发行的模拟经营游戏。玩家成为电脑公司的社长，运营这家公司。玩家需要负责各种各样的事情，例如开发新产品、建立分公司、扩大工厂的生产线等。虽然这是一款现实向的游戏，却能让人体验到现实生活中很难做到的事情。

緋王伝 魔物達との誓い

绯王传 魔物誓约

- ●发售日期/1994年2月11日 ●售价/11800日元
- ●发行商/WOLFTEAM

　　WOLFTEAM开发的游戏，一款以亡国的王子为主角的模拟游戏，从PC端移植而来。游戏系统采用实时制，玩家可将同伴角色组成小队，并下达命令。在习惯本作的玩法之前，玩起来可能会手忙脚乱。

迦楼羅王 | Skyblazer
迦楼罗王

- ●发售日期/1994年2月18日 ●售价/8900日元
- ●发行商/EPIC·索尼

　　一款罕见地以印度神话为题材的动作游戏。虽然游戏的难度不高，但游戏前期主角的攻击距离很短，不好操作。随着将各个BOSS打败，主角学会必杀技才逐渐变强。另外，主角还能够做出在墙上攀爬、在空中移动等丰富的动作。

戦え原始人3 主役はやっぱりJOE&MAC | Joe & Mac 2: Lost in the Tropics
战斗原始人3

- ●发售日期/1994年2月18日 ●售价/8500日元
- ●发行商/DATA EAST

　　人气动作游戏在超任上的第三部作品。前作中没有出场的JOE和MAC这次回归了，并成为主角。本作在横版动作游戏的基础上，融入了改造房屋和结婚的玩法，还能生育后代。滑稽可爱的角色做出各种夸张的行为，各种各样的机关也非常有趣。

ダービースタリオンII
德比赛马2

- ●发售日期/1994年2月18日 ●售价/12800日元
- ●发行商/ASCII

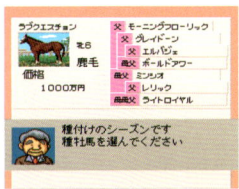

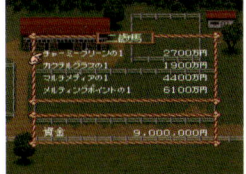

　　在红白机上发行，受到玩家好评的赛马养成模拟游戏的续作。与前作相比，配种的系统变得更加复杂，还引入了"属性相克"概念。在本作中，玩家可以拥有雄马。玩家间的口碑传播令该系列的游戏越来越受欢迎，并在下一作发售时引发了一股热潮。本作首次加入"育马者杯"比赛。

デザートファイター 砂の嵐作戦 | A.S.P. Air Strike Patrol
沙漠雄鹰

- ●发售日期/1994年2月18日 ●售价/9800日元
- ●发行商/SETA

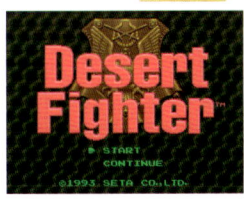

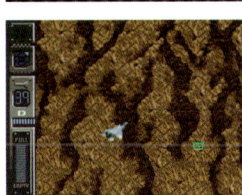
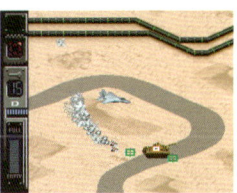

　　以海湾战争为原型的与众不同的射击游戏。玩家驾驶F-15或A-10战机，执行摧毁敌方基地等任务。玩家所驾驶的战机通常只能向前飞行，无法急转弯，这样的模拟非常贴近现实。与前作《沙漠风暴》不同，本作支持在任务中保存进度。

鉄腕アトム

铁臂阿童木

●发售日期/1994年2月18日 ●售价/9000日元
●发行商/BANPRESTO

　　根据手塚治虫的人气漫画《铁臂阿童木》改编而成的
横版动作游戏。玩家可做出原作中的一些动作，例如用拳
击攻击敌人、在空中静止等。在游戏中，为了拯救被变成石
头的茶水博士，阿童木要攻略布满机关的各个关卡。

宇宙レース アストロゴー!ゴー!

宇宙爆笑赛车

●发售日期/1994年2月25日 ●售价/9800日元
●发行商/MELDAC

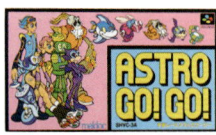 

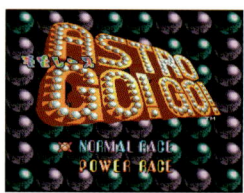 

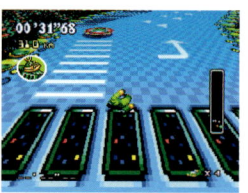 

　　这款赛车游戏有着非常吸引人的精致画面。以宇宙为
背景的赛道上布满了各种各样的机关。玩家可在五种不同
类型的赛车中进行选择，每辆车都有不同的性能和特点。
道具点数可以用来冲刺加速或设置陷阱、障碍等。

サイボーグ009

人造人009

●发售日期/1994年2月25日 ●售价/8800日元
●发行商/BEC

　　以石之森章太郎的人气漫画《人造人009》中的角色
为主角的横版动作游戏。根据游戏设定，九位机器人战士
拥有各不相同的特殊能力，玩家使用这些特殊能力来完成
任务。选择不同的战士会使游戏难度发生变化。

ストバスヤロウ将

街头篮球天王

●发售日期/1994年2月25日 ●售价/9000日元
●发行商/B-AI

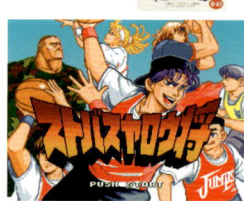 

　　以《月刊少年JUMP》上连载的同名漫画为原型的篮
球游戏。比赛以三对三的形式进行，赛场只有普通篮球场
的一半大。游戏规则也与通常的规则不同，分为攻击队和
防御队，两支队伍围绕同一个目标点进行攻防战。

総合格闘技 アストラルバウト2

综合格斗技2

●发售日期/1994年2月25日 ●售价/9700日元
●发行商/KING RECORDS

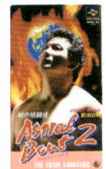

　　该系列的第二部作品。游戏以古罗马的潘克拉辛这一格斗技为原型。玩家在完成以组合技为主的模式以及以打击技为主的模式后，能够开启新模式。综合格斗技开创者前田日明的照片印在了游戏的外包装上，令人印象深刻。

大航海時代II | Uncharted Waters: New Horizons

大航海时代2

●发售日期/1994年2月25日 ●售价/11800日元
●发行商/KOEI

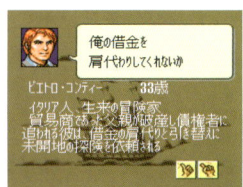

　　红白机游戏《大航海时代》的续作。基本系统继承了前作，玩家可以从六个角色中选择一个作为主人公，在多个故事中体会这款游戏的乐趣。玩家可进行交易、冒险、击退海盗等行动，自由度非常高。这是一款很耐玩的作品。

T-2 ザ・アーケードゲーム | T2: The Arcade Game

终结者2 街机版

●发售日期/1994年2月25日 ●售价/8900日元
●发行商/ACCLAIM JAPAN

　　将根据《终结者2》改编的街机枪击游戏移植到了超任上。玩家需要对伪3D画面里出现的敌人进行射击。这款游戏既可以用手柄来进行瞄准，也可以使用超级光线枪或超任鼠标。可根据所处环境来决定游戏方式。

パチスロランド ぱちぱちコインの伝説

柏青嫂乐园 许愿硬币传说

●发售日期/1994年2月25日 ●售价/9800日元
●发行商/CARROZZERIA JAPAN

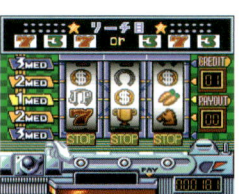

　　在游戏的剧情中，玩家需要收集"帕奇帕奇币"来实现游戏主角——一对情侣的愿望。游戏中出现的老虎机都是虚构的，并且没有现实中的原型机。获得指定数量的金币就会进入BOSS战，获胜后便可进入下一关。

拉莫斯的世界足球

ラモス瑠偉のワールドワイドサッカー | Tony Meola's Sidekicks Soccer

- ●发售日期/1994年2月25日 ●售价/9500日元
- ●发行商/PACK-IN-VIDEO

　以曾属于川崎绿茵队，同时也是日本国家队成员的拉莫斯·瑠伟名字命名的足球游戏。玩家可使用国家队或J联赛球队。游戏支持更改阵形。这款游戏的特色是动态视角，视角会跟随球的移动而移动。

超级本命 G1制霸

スーパー本命 GI制覇

- ●发售日期/1994年2月28日 ●售价/9800日元
- ●发行商/日本物产

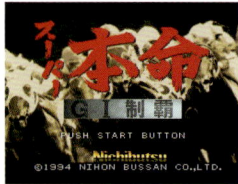

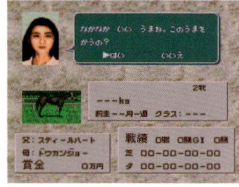

　在这款赛马养成模拟游戏中，玩家要经营牧场，为母马配种，培育出具有强大血统的赛马，并通过训练提高马匹的能力。游戏的目标是制霸G1比赛。此外，和该系列的其他作品一样，这款游戏也可以对现实中的比赛进行预测。

创业人生2

いただきストリート2 ネオンサインはバラ色に

- ●发售日期/1994年2月26日 ●售价/9800日元
- ●发行商/ENIX

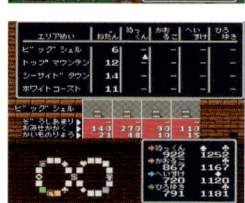

　红白机游戏《创业人生》的续作。这款桌面游戏的规则在大富翁的基础上进行了进一步发展，玩家可从地图上的商店中获得资金来不断发展，从停止在商店处的玩家手中获得购物费。游戏的基本规则和前作相同，但大幅增加了地图数和电脑角色数量。

歌舞妓洛克斯

カブキロックス

- ●发售日期/1994年3月4日 ●售价/9800日元
- ●发行商/ATLUS

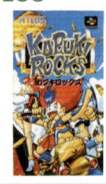

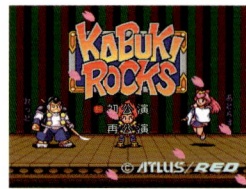

　这款角色扮演游戏由因《天外魔境》系列而知名的RED COMPANY和开发《女神转生》系列的ATLUS共同开发。角色移动时采用俯视视角，战斗为指令选择式。将正统的角色扮演玩法与歌舞伎主题相结合，用唱歌代替魔法当作武器。

ザ・キングオブドラゴンズ | The King of Dragons
龙王战士

● 发售日期/1994年3月4日 ● 售价/9800日元
● 发行商/CAPCOM

　　将CAPCOM的街机清版动作游戏移植到了超任上。有五种不同类型的角色供玩家选择,包括战士、牧师、矮人等。游戏具有成长元素,目标是打败红龙。在关卡的最后有BOSS战,打败BOSS可以获得武器和防具,从而增加攻击力和防御力。

スーパーファミスタ3
超级家庭棒球3

● 发售日期/1994年3月4日 ● 售价/8800日元
● 发行商/NAMCO

　　《超级家庭棒球》系列开创了棒球游戏新时代,这是系列在超任上的第三作。操作方法等要素与初代的红白机版基本没有区别。由于卡带中加入了记忆电池,所以最多能够记录130场循环赛的比赛结果。

ジーコサッカー
济科足球

● 发售日期/1994年3月4日 ● 售价/9800日元
● 发行商/EA VICTOR

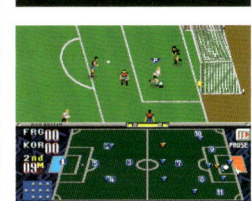

　　采用独特系统的足球游戏。玩家可使用各国的国家队及鹿岛鹿角队。玩家无法直接控制各球员的动作,而是作为教练下达指令。画面被分为上下两部分,玩家在下方的画面中发出指令,位于上方画面中的球员根据指令做出行动。

スーパールーブス
水管拼图

● 发售日期/1994年3月4日 ● 售价/8900日元
● 发行商/IMAGINEER

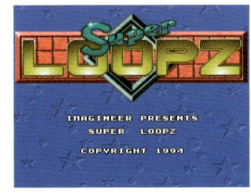

　　本作是由IMAGINEER开发的解谜游戏。玩家需要改变随机进入画面中各部件的方向,将它们首尾相连后即可消除。除了过关形式的街机模式外,还有将部件拼合成规定形状的解谜模式等其他四种不同模式。

机动战士V高达

機動戦士Vガンダム

● 发售日期/1994年3月11日 ● 售价/9800日元
● 发行商/BANDAI

　　根据在1993年至1994年间播出的电视动画改编而成的横版动作游戏。这款游戏的特色是角色的尺寸很大，就像对战格斗游戏一样。将关卡内的敌人全部击倒即可过关，展开后续剧情。由于子弹数量有限，所以不能胡乱射击浪费子弹。

斩3

斬IIIスピリッツ

● 发售日期/1994年3月11日 ● 售价/12800日元
● 发行商/WOLFTEAM

　　由WOLFTEAM开发的历史模拟系列游戏，也是该系列在超任上的第二部作品。玩家不仅能够操纵大名，还能操纵下属的武将或浪人。游戏特色是可采取自由的行动，如造反、攻占城池等。游戏采用阶段制的系统，玩家需要根据季节来制定战略并采取行动。

银河骑兵机器人

ギャラクシーロボ

● 发售日期/1994年3月11日 ● 售价/9800日元
● 发行商/IMAGINEER

　　以未来世界为背景的科幻主题模拟角色扮演游戏。游戏系统非常正统，玩家需要移动设置在俯视角的地图上的战斗单位，从而对敌人进行攻击并打倒他们。将敌人全部消灭即可展开后续剧情。将18章全部完成，则游戏通关。

实况力量棒球94

実況パワフルプロ野球'94

● 发售日期/1994年3月11日 ● 售价/9000日元
● 发行商/KONAMI

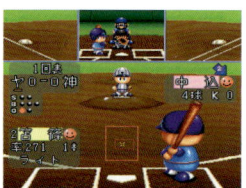

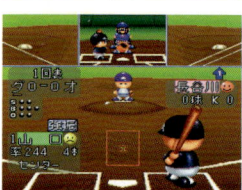

　　至今人气仍长盛不衰的《实况力量棒球》系列值得纪念的初代作品。在投球和击球时引入了高度差的概念，还设计了名为"击球光标"的特色系统，为棒球游戏建立了新标准。此外，比赛时播放的解说录音也都是全新的。

すごいへべれけ
迷糊蛋格斗大战

●发售日期/1994年3月11日 ●售价/8900日元
●发行商/SUNSOFT

　　由SUNSOFT开发的对战类动作游戏。风格独特可爱的"迷糊蛋们"将在场景中移动，通过拳打、脚踢的方式来攻击对手。使用多人游戏接口最多支持四人同时游戏，能够体验到乱斗游戏的乐趣。

ファーストクィーン オルニック戦記
魔域传说 奥尔尼克战记

●发售日期/1994年3月11日 ●售价/9800日元
●发行商/CULTURE BRAIN

　　将PC端颇具人气的模拟游戏移植到了超任上。这款游戏采用了实时制，游戏中多个角色同时战斗的状态被称为"多角色混战"。游戏系统采用的是关卡制，而在关卡的间隙是游戏的剧情部分。

リーサルエンフォーサーズ｜Lethal Enforcers
特警枪神

●发售日期/1994年3月11日 ●售价/9800日元
●发行商/KONAMI

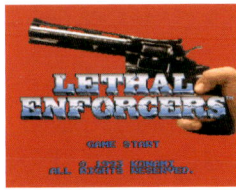

　　将街机上的人气枪械射击游戏移植到了超任上。为了复刻街机原版的游戏体验，一个枪形的专用控制器随游戏捆绑销售。玩家用枪指向电视机画面，移动准星向敌人射击。游戏采用实景拍摄的画面，反倒给人一种滑稽有趣的感觉。

Advanced Dungeons & Dragons アイ・オブ・ザ・ビホルダー｜Eye of the Beholder
龙与地下城 魔眼杀机

●发售日期/1994年3月18日 ●售价/12800日元
●发行商/CAPCOM

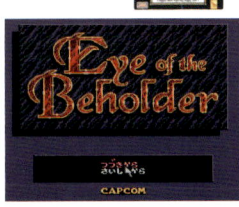

　　这款角色扮演游戏借鉴了闻名全球的桌上角色扮演游戏《龙与地下城》的世界观。游戏采用伪3D画面和实时制的系统，玩家与敌人间不间断地进行战斗。在习惯这款游戏的玩法前，可能会因为不知道做些什么而感到混乱，但随着玩家经验的积累，游戏也就能流畅地进行下去。

あさめしまえにゃんこ
猫咪黑白棋

●发售日期/1994年3月18日 ●售价/8800日元
●发行商/BANPRESTO

　　这是一款用猫作为棋子的棋牌游戏。和黑白棋的玩法相同，玩家需要把对手的棋子夹在自己方的棋子中间，从而改变它们的颜色。不过游戏额外添加了一个类似猜拳的战斗系统。占据更多的格子的一方获胜。有四种不同类型的猫咪可供选择。

ぎゅわんぶらあ自己中心派2 ドラポンクエスト
自我中心派2 勇者碰恶龙

●发售日期/1994年3月18日 ●售价/8900日元
●发行商/PACK-IN-VIDEO

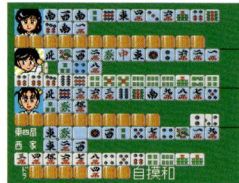

　　根据片山政幸原作改编的系列麻将游戏的第二作。玩家可使用持杉哆啦夫等漫画中的角色来进行自由对局，体验具有好运的角色能力。在剧情模式中，会对某著名角色扮演游戏进行恶搞，与敌人的战斗也通过麻将的方式来进行。

イデアの日
天目伊底亚之日

●发售日期/1994年3月18日 ●售价/9700日元
●发行商/SHOUEI SYSTEM

　　由搞笑漫画家相原弘治负责监制的角色扮演游戏。敌方和同伴角色都非常有个性，令游戏充满了独特的氛围。此外，玩家还可以自由变更队伍成员的服装，这种改变会在游戏画面中体现出来，是一款在特殊细节部分下了一番功夫的作品。

きんぎょ注意報!とびだせ!ゲーム學園
娱乐金鱼眼 游戏学园

●发售日期/1994年3月18日 ●售价/9800日元
●发行商/JALECO

　　以猫部猫的同名漫画为主题的迷你游戏合集。玩家可以体验以学校为背景的射击游戏、赛跑游戏等娱乐类的项目，以及社会问题抢答等知识类的项目。支持多人游戏，使用多人游戏接口最多支持三个人同时游戏。

サイド・ポケット | Side Pocket

花式台球

● 发售日期/1994年3月18日 ●售价/8500日元
● 发行商/DATA EAST

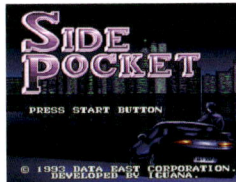
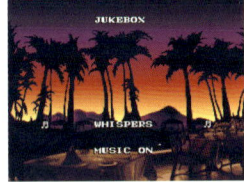

　　将DATA EAST的街机台球游戏移植到了超任上，并且在红白机上也发行过同名游戏。这款游戏的特色是成人感的氛围。除了落袋式和9球外，还有专门比拼台球技巧的模式。游戏采用俯视视角，是一款比起冲击力，更重视画面可见度的作品。

真・女神転生II

真女神转生2

● 发售日期/1994年3月18日 ●售价/9900日元
● 发行商/ATLUS

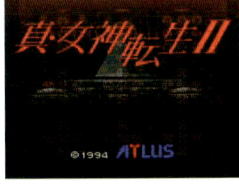

　　该系列的第二部作品，描绘了前作中的东京大破坏发生之后的世界。本作保留了前作中说服恶魔后将其收为仲魔，然后将它们合成制造出更厉害的恶魔的仲魔系统。游戏具有守序、混乱和中立这三种路线，每个路线的剧情不同。这是一款即便放到现在也非常有趣的名作。

Jリーグスーパーサッカー | Virtual Soccer

J联赛超级足球

● 发售日期/1994年3月18日 ●售价/9500日元
● 发行商/HUDSON

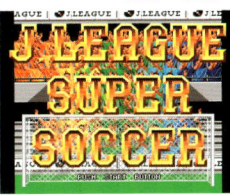

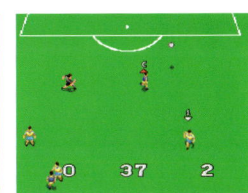

　　这是1993年J联赛召开后涌现出的大批足球游戏中的一款。除了10支原创球队外，还加入了平塚比马队和磐田喜悦队，共收录了12支队伍。玩家可以体验到所有队伍都参与的循环赛的比赛乐趣。玩家还可以选择球员奔跑速度和球滚动速度更快的"快速模式"。

super人生ゲーム

超级人生游戏

● 发售日期/1994年3月18日 ●售价/9800日元
● 发行商/TAKARA

　　将全世界都在玩的桌面游戏改编成超任上的电视游戏。这款游戏结合了类似轮盘赌的玩法和股票交易等策略元素，包括外观、人气、运气等属性。当然，本作支持四人同时游戏，是一款非常适合聚会时玩的游戏。

スーパーナグザットオープン ゴルフで勝負だどらぼっちゃん
超级魔法高尔夫
- ●发售日期/1994年3月18日 ●售价/9500日元
- ●发行商/NAXAT

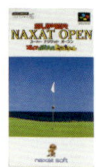

　　以NAXAT在PCE上发行的动作角色扮演游戏《超魔界大战 铜锣少爷》中的角色为主角的高尔夫游戏。每个可选角色的技能和特征各不相同，在铜锣少爷公开赛中可运用道具卡牌来释放特殊技能。

ダービージョッキー 騎手王への道
德比赛马 骑手王之道
- ●发售日期/1994年3月18日 ●售价/9800日元
- ●发行商/ASMIK

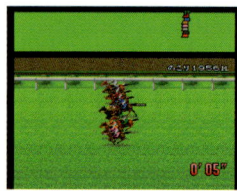

　　在这款赛马游戏中，玩家可以成为骑手，参加比赛。玩家需要选择所属地区和马厩，才能进行比赛。每匹赛马的跑法各不相同，要利用它们的特点来发挥优势。在比赛过程中，还需要注意赛马的体力，占据好的位置非常重要。

ソニックブラストマンII｜Sonic Blast Man II
音速超人2
- ●发售日期/1994年3月18日 ●售价/9500日元
- ●发行商/TAITO

　　清版动作游戏系列第二作，主角是测量拳击力度的街机游戏中的角色音速超人。玩家可从三个角色中选择一个作为主角。角色的攻击方法种类丰富。前作中玩家们不太满意的操作感在本作得到了改善。这是一款可以玩得很尽兴的游戏。

獨立戦争 Liberty or Death｜Liberty or Death
独立战争
- ●发售日期/1994年3月18日 ●售价/11800日元
- ●发行商/KOEI

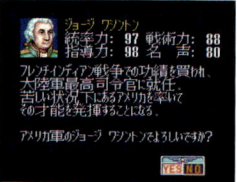

　　本作和《拿破仑》都是KOEI的历史模拟游戏中罕见地以西方近代史为主题的作品。玩家扮演美军或英军的最高指挥官，目标是获得独立或阻止对方独立。游戏采用阶段制的系统，每回合分为政府、地区、战争三个阶段。

あらいぐまラスカル
浣熊方块

●发售日期/1994年3月25日 ●售价/8900日元
●发行商/MASAYA

　　以20世纪70年代播出的人气动画《浣熊拉斯卡尔》中的角色为主角的解谜游戏。玩家操纵拉斯卡尔摆放方块，三个以上同种方块横、竖或斜着排列在一起即可消除。游戏共有三种模式，支持双人对战。拉斯卡尔的动作和姿态非常可爱，让人感觉很治愈。

ザ・ブルークリスタルロッド
蓝色水晶杖

●发售日期/1994年3月25日 ●售价/9800日元
●发行商/NAMCO

　　这是远藤雅伸的《巴比伦城堡传奇》系列作品之一，也是该系列的最终作。这是一款具有多重结局的冒险游戏，玩家在伪3D的城镇和地下城内移动。玩家在游戏事件中所做的选择会影响角色的能力，并以此来决定游戏的结局。

剣勇伝説YAIBA
剑勇传说

●发售日期/1994年3月25日 ●售价/9800日元
●发行商/BANPRESTO

　　根据青山刚昌在《周刊少年Sunday》上连载的漫画改编而成的动作角色扮演游戏。玩家可以使用剑来进行攻击。装备了特定的剑，还可以根据角色等级释放对应的必杀技。游戏支持和同伴合作，在双人合作时，2P玩家控制游戏的原创角色龙神雷。

サンリオワールド　けろけろけろっぴの冒険日記 眠れる森のけろりーぬ
大眼蛙的冒险日记

●发售日期/1994年3月25日 ●售价/6980日元
●发行商/CHARACTER SOFT

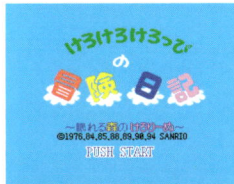

　　大眼蛙、大口仔、半鱼人等三丽鸥的角色都在这款角色扮演游戏中登场。由于这是一款低龄向的作品，所以游戏系统相当简单。即便小队全灭，也几乎没有惩罚。可通过输入密码的方式来继续游戏。

シャドウラン | Shadowrun

暗影狂奔

●发售日期/1994年3月25日 ●售价/9800日元
●发行商/DATA EAST

　　DATA EAST发行的角色扮演游戏，原本由美国厂商开发，因此在英文的下方附带了日文字幕。这款游戏的特色是赛博朋克的世界观。由于战斗会不间断地进行，所以移动时也不能放松警惕。

スーパー五目ならべ 連珠

超级五目连珠

●发售日期/1994年3月25日 ●售价/8800日元
●发行商/NAXAT

　　将使用围棋棋子来玩的五子棋游戏改编成超任上的电视游戏。游戏有从预先摆放好的棋局继续下棋并以获胜为目标的诘五子棋模式，以及自由对局模式，还有对五子棋术语进行解说的功能。这款游戏中的电脑非常强大，即使选择最简单的难度也需要进行一番苦战。

スーパートロールアイランド | Super Troll Islands

超级转转岛

●发售日期/1994年3月25日 ●售价/8900日元
●发行商/KEMCO

　　以巨魔娃娃为主角的横版动作游戏。游戏由欧美厂商开发，画面相当奇特。场景一开始是黑白的，主角路过的地方会变成彩色。如果能把所有的地方都变为彩色，就可以过关了。

スーパーホッケー'94 | Super Ice Hockey

超级冰上曲棍球94

●发售日期/1994年3月25日 ●售价/8900日元
●发行商/YONEZAWA

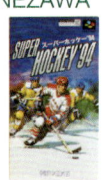

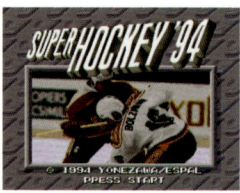

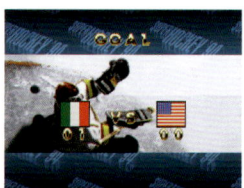

　　以1994年举办的冬季奥运会为原型的冰上曲棍球游戏。游戏中玩家可使用16个国家的国家队。可选择的模式有三种，分别是淘汰赛模式、奥运会模式和对战模式。在比赛中按下L键可以改变视角。这是一款画面生动、富有冲击力的作品。

スーパーリアル麻雀PIV
超真实麻将P4

●发售日期/1994年3月25日 ●售价/9800日元
●发行商/SETA

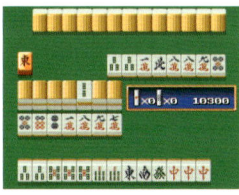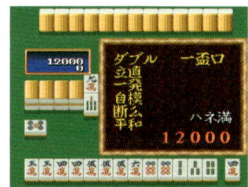

　　将街机平台上的热门麻将游戏移植到了超任上。超任版去掉了原版中的脱衣要素,具有根据所选角色将画像完成的解谜模式和消耗点数来欣赏画像的数据模式。和三姐妹之间的对局通常以双人麻将的方式进行。

スーパーロボット大戦EX
超级机器人大战EX

●发售日期/1994年3月25日 ●售价/9800日元
●发行商/BANPRESTO

　　现在依旧十分热门的《超级机器人大战》系列的作品之一。玩家在地底世界中,操纵高达、丹拜因、魔神Z、盖塔机器人等机器人进行战斗。玩家可享受难度各异的三个故事的乐趣,所选择的选项会对其他故事的剧情造成影响。

スペースインベーダー | Space Invaders
太空入侵者

●发售日期/1994年3月25日 ●售价/4980日元
●发行商/TAITO

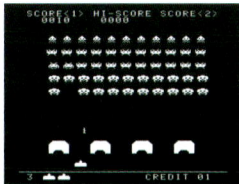

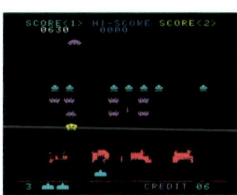

　　将1978年发行的一款引起了巨大热潮的街机游戏移植到了超任上。玩家可以在四种不同的模式下进行游戏,重现了当时因街机主板和机体不同所带来的差异。游戏还有对战模式,将己方场景中的入侵者以横向一排的方式消除后,它们就有可能出现在对手的场景中。

スペースエース | Space Ace
太空王牌

●发售日期/1994年3月25日 ●售价/9800日元
●发行商/IMAGINEER

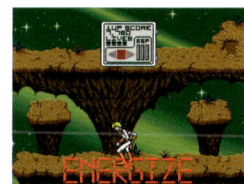

　　将街机上的镭射光盘游戏进行移植,变成了这款家用主机上的动作游戏。这是一款由欧美厂商开发的作品,画面独特而美丽。本作因极高的难度而被玩家们所熟知,想要通关就需要在不断死亡的同时一点点地记住玩法。

チャンピオンズワールドクラスサッカー | Champions World Class Soccer

世界级足球赛

●发售日期/1994年3月25日 ●售价/8900日元
●发行商/ACCLAIM JAPAN

　　欧美厂商开发的足球游戏进行本地化后在日本发行的作品。当时超任上该类型的游戏以纵向画面为主，而这款游戏采用了横向画面，更方便进行对战。玩家可使用32个国家的国家队，各队之间存在着能力差距。

南國少年パプワくん

南国少年 奇小邪

●发售日期/1994年3月25日 ●售价/8800日元
●发行商/ENIX

　　根据柴田亚美的漫画改编而成的横版动作游戏。游戏主角是奇小邪的好朋友新太郎。本作再现了原作角色滑稽可爱的动作，是一款能够让人感到快乐的作品。击败敌人可以获得经验值，角色升级后生命数和特殊攻击"伽马炮"的使用次数都会增加。

メルファンドストーリーズ

美法兰传说

●发售日期/1994年3月25日 ●售价/9800日元
●发行商/ASCII

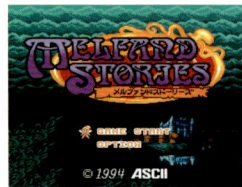

　　在这款横版动作游戏中，主角为了打败反叛的大臣而踏上旅途。玩家可在战士、骑士、盗贼和女巫四个角色中进行选择。游戏角色的尺寸都比较大，具有中BOSS战和BOSS战。双人游戏可以进行合作，并使用合体魔法。

ロックマンズサッカー | Mega Man Soccer

洛克人足球

●发售日期/1994年3月25日 ●售价/9000日元
●发行商/CAPCOM

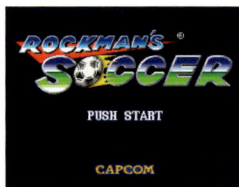

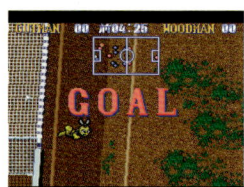

　　这是以《洛克人》中的角色为球员的8人制足球游戏。游戏包含表演赛、冠军赛、淘汰赛和联赛四种模式可供选择。每个球员都有射门必杀技，可以对所接触到的对手进行破坏或电击，但这一技能的使用次数有限。

From TV animation SLAM DUNK 四強激突!!

灌篮高手 四强激突

- ●发售日期/1994年3月26日 ●售价/9800日元
- ●发行商/BANDAI

　　由经典篮球漫画作品改编成的超任游戏。在表演赛模式中，玩家可以从六支队伍中选择一支与电脑或2P进行对战。在游戏主打的剧情模式中，玩家率领湘北高中队进行比赛。游戏采用指令式系统，即便是不擅长动作游戏的玩家也可以轻松地进行游戏。

マッスルボマー | Saturday Night Slam Masters

摔角霸王

- ●发售日期/1994年3月30日 ●售价/9980日元
- ●发行商/CAPCOM

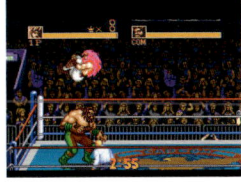

　　CAPCOM开发的街机职业摔角游戏移植到了超任上。游戏中的摔角手都是虚构角色，由因《北斗之拳》而知名的原哲夫设计。玩家可以选择单人赛或双打赛，使用多人游戏接口支持最多四名玩家同时游戏。对方双肩触地或投降即为胜利。

真・麻雀

真・麻将

- ●发售日期/1994年3月30日 ●售价/9000日元
- ●发行商/KONAMI

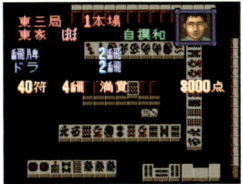

　　在这款麻将游戏中，玩家可以和莫扎特、阿基米德、水户黄门等世界各国的名人打麻将。游戏有自由对局和循环赛两种模式。在自由对局模式中可选择玩三人麻将，在循环赛模式中可保存比赛结果。玩家可对麻将规则进行非常详细的设定，也可以采用小众的地方规则。

アンドレ・アガシ テニス | Andre Agassi Tennis

阿加西网球

- ●发售日期/1994年3月31日 ●售价/8800日元
- ●发行商/日本物产

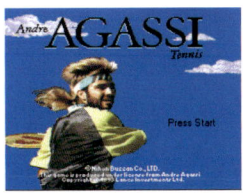

　　这款网球游戏由曾获得金满贯（获得四大满贯和奥运会单打冠军）的网球运动员安德烈・阿加西负责监制。本作的系统非常正统，画面分为近处和远处，可选择表演赛模式或淘汰赛模式。球场分为硬地、红土和草地这三种类型。

スーパーインディチャンプ

超级印地冠军赛车

- ●发售日期/1994年4月1日 ●售价/9200日元
- ●发行商/FORUM

　　以印地方程式赛为原型的赛车游戏。游戏分为轻量、冠军赛、500英里赛和战斗四种模式。玩家可以创建自己的原创赛车。游戏中的赛道数量很多，玩家可以在赛季中挑战各种赛道，获得新零件，对赛车进行强化。

スーパーダブル役満

超级双重爆番

- ●发售日期/1994年4月1日 ●售价/9000日元
- ●发行商/VAP

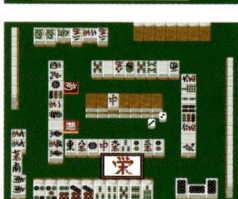

　　在GB上发行的麻将游戏的超任版。游戏共有三种模式，分别是道场闯关、麻将馆和锦标赛。游戏中共有15个电脑角色。这是一款传统的四人麻将游戏，玩家可对规则进行详细设定，例如是否允许鸣牌后断幺九。

项劉記 | Rise of the Phoenix

项刘记

- ●发售日期/1994年4月6日 ●售价/12800日元
- ●发行商/KOEI

　　KOEI历史模拟游戏中涉及朝代最为古老的一部作品。这款游戏以历史上第一次统一中国的秦朝的崩溃以及项羽和刘邦两个势力之间的权力斗争为主题。除了项、刘两大阵营之外，还有一些独立的势力，玩家需要将其纳入麾下。

NHLプロホッケー'94 | NHL '94

NHL职业冰上曲棍球

- ●发售日期/1994年4月8日 ●售价/9800日元
- ●发行商/EA VICTOR

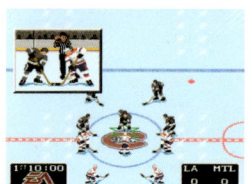
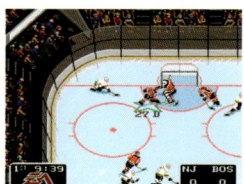

　　这是一款以北美职业冰球联赛为主题、由欧美厂商开发的游戏。玩家可使用NHL的26支球队，各支球队之间存在能力差距。游戏中的赛场是纵向的，采用了斜向下视角。在比赛过程中可以阻挡或揪住对手。

紫炎 ザ・ブレイドチェイサー | Shien's Revenge

逐刃者紫炎

- ●发售日期/1994年4月8日 ●售价/9600日元
- ●发行商/DYNAMIC PLANNING

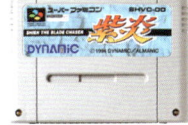

　　一款伪3D画面的枪械射击游戏。游戏主角是一名使用手里剑和苦无进行攻击的忍者。玩家需要根据敌人的距离改变攻击方式，对远处的敌人使用手里剑进行攻击，对近处的敌人使用苦无攻击。此外，还可以使用卷轴来攻击画面中的所有敌人。

夢迷宮 きぐるみ大冒険

梦迷宫 人偶装大冒险

- ●发售日期/1994年4月15日 ●售价/9800日元
- ●发行商/HECTOR

　　这是一款系统很特别的伪3D地下城角色扮演游戏。游戏中没有经验值和等级的概念，角色通过击败敌人获得的毛绒玩具来提升力量。战斗为指令选择式，玩家可以选择攻击敌人的特定部位。在地下城里有很多捉弄人的机关，难度很高。

スーパー囲碁 碁王

超级围棋 棋王

- ●发售日期/1994年4月8日 ●售价/14800日元
- ●发行商/NAXAT

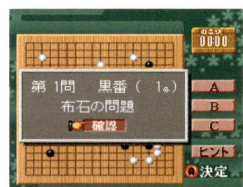

　　名誉棋圣藤泽秀行以自由奔放的棋风和个性而著称，这是一款由他负责监制的围棋游戏。玩家可以通过解答等级鉴定试题来检验自己的实力，并在答题之后通过观看解说来提升水平。当然，还可以和电脑进行对战，而本作的电脑水平相当高。

ピンクパンサー | Pink Goes to Hollywood

顽皮豹

- ●发售日期/1994年4月15日 ●售价/9500日元
- ●发行商/ALTRON

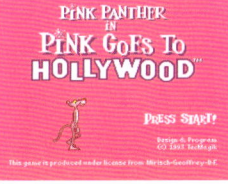

　　顽皮豹是一只粉红色的豹子，它在由彼得·塞勒斯出演了克鲁梭探长并获得好评的系列电影片头动画里第一次出现。这是一款横版动作游戏，游戏特色是主角夸张又滑稽的动作。顽皮豹能够通过冲刺跑、跳跃和喷雾来进行攻击。

ろくでなしBLUES 対決!東京四天王

铁拳对钢拳 对决 东京四天王

●发售日期/1994年4月15日 ●售价/9800日元
●发行商/BANDAI

　　这款对战格斗游戏根据在《周刊少年JUMP》上连载的森田真法的漫画原作改编而成。系统方面，同时按下L键和R键闪避敌人的攻击后，新增了投掷技能。在剧情模式中能够体验到与原作相同的激烈的情节展开。这是一款让原作粉丝非常欣喜的作品。

機動警察パトレイバー

机动警察

●发售日期/1994年4月22日 ●售价/9800日元
●发行商/BEC

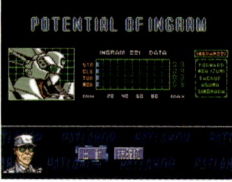

　　根据同名动画原作改编而成的模拟游戏。原作动画是押井守导演的代表作之一。游戏会在故事的间隙插入战斗的部分。玩家需要让英格拉姆在地图上移动，并通过选择指令的方式与敌方的机器人进行战斗。这是一款令粉丝无法抗拒的游戏。

F-1 GRAND PRIX PARTIII

F1 GP赛车3

●发售日期/1994年4月22日 ●售价/9900日元
●发行商/VIDEO SYSTEM

　　VIDEO SYSTEM的《F1 GP赛车》系列第三作。和前作相同，这款赛车游戏同样采取了俯视视角。游戏共有六种模式，而游戏中收录的车队和赛车手都是1993年的数据。玩家选择自己的所属车队，并以获得世界冠军为目标进行比赛。

コットン100%

棉花小魔女大冒险100%

●发售日期/1994年4月22日 ●售价/9300日元
●发行商/DATAM POLYSTAR

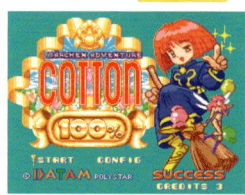

　　将SUCCESS开发、世嘉发行的街机横版射击游戏改编后移植到了超任上。这款游戏的特色是使用魔法的特殊攻击，以及妖精的选择。游戏中的角色非常受欢迎，而在初版的限定版中还附赠了一张单曲CD。

スーパーパチスロマージャン
超级柏青嫂麻将

●发售日期/1994年4月28日 ●售价/9500日元
●发行商/日本物产

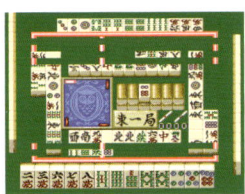

　　在这款游戏中，玩家可以同时体验麻将和老虎机两种游戏的乐趣。虽然游戏中收录的老虎机都是虚构机型，但很容易分辨出现实中的原型。玩家可以选择双人或四人麻将，并有自由对局模式和大赛模式可选。赌徒模式的目标是让10万金币的本金变成100万。

ダイナマイト・ザ・ラスベガス
赌城大战

●发售日期/1994年4月28日 ●售价/8900日元
●发行商/VIRGIN GAME

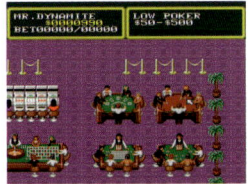

　　这是一款再现了拉斯维加斯赌场的桌面游戏。游戏共有11种项目，包括基诺、比大小、老虎机、扑克、轮盘等。在这款游戏的剧情设定中，主角需要打败赌场的秘密组织，努力找到父亲的下落。为此，主角必须在赌场内赚取超过指定数值的金币。

スーパーボンバーマン2｜Super Bomberman 2
超级博蒙曼2

●发售日期/1994年4月28日 ●售价/8500日元
●发行商/HUDSON

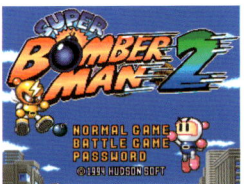

　　超任上的《博蒙曼》系列的第二部作品，游戏分为单人形式的普通模式和最多支持四人同时游戏的战斗模式。在单人模式中，后来的续作中也有登场的极恶博蒙曼五人组也在游戏中出场了。游戏场景中设置了各种各样的机关。

Fortune Quest ダイスをころがせ
命运传说

●发售日期/1994年4月28日 ●售价/9800日元
●发行商/BANPRESTO

　　这是以深泽美潮的人气小说《命运传说》中的角色为主角的桌面游戏。玩家可以在战士克莱、盗贼特拉普等原作中的人物中选择一位来完成任务。角色将根据骰子的点数在地图上移动，最多支持六位玩家同时游戏。

平成イヌ物語バウ ポップンスマッシュ!!

家有贱狗 杀球大战

- ●发售日期/1994年4月28日 ●售价/7800日元
- ●发行商/TAKARA

　　根据Terry山本的原作动画及漫画改编而成的壁球游戏。玩家可以选择用树枝或球棒等东西作为球拍，在室内和庭院等各类场景中进行对战。因此，球场的形式不是固定的，而球场中的障碍物是本作的重点。此外，在剧情模式中还可以使用秘技来更换角色。

らんま1/2 超技亂舞篇

乱马1/2 超技乱舞篇

- ●发售日期/1994年4月28日 ●售价/9980日元
- ●发行商/东宝·小学馆PRODUCTION

　　这是《乱马1/2》在超任上的第四部作品，也是该系列的最后一款作品。本作是对战格斗游戏，玩家可使用原作中的12个角色，通过秘技甚至可以使用最终BOSS。除了人机对战和双人对战模式外，游戏还有剧情模式，围绕能实现心愿的招财猫展开战斗。

笑っていいとも!タモリンピック

笑一笑又何妨 塔摩利大奖赛

- ●发售日期/1994年4月28日 ●售价/9500日元
- ●发行商/ATHENA

　　这是一款以传说级长寿节目中的热门环节为原型的迷你游戏合集。游戏共收录了19种项目，玩家将代表星期一队对各种各样的比赛进行挑战。本作最多支持四人同时游戏。

NBA JAM｜NBA Jam

劲爆NBA篮球

- ●发售日期/1994年4月29日 ●售价/9800日元
- ●发行商/ACCLAIM JAPAN

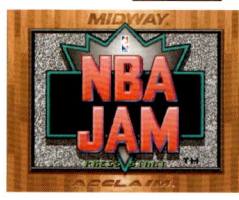 

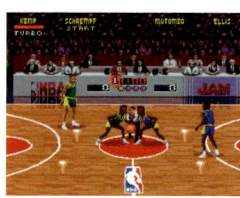 

　　在这款篮球游戏中，玩家可以使用NBA球员。比赛以二对二的形式进行，使用完整的球场。本作因其荒诞且超脱现实的玩法而颇具人气，例如球员能够用现实中无法达到的弹跳力来进行华丽的跳跃。本作在美国大受欢迎，后来发行了多款续作。

新・熱血硬派くにおたちの輓歌
新热血硬派 国夫的挽歌
● 发售日期/1994年4月29日 ● 售价/9800日元
● 发行商/TECNOS JAPAN

　　《国夫君》系列曾发行了多款以运动类游戏为主的衍生作品，而这款作品则和该系列的初代作一样，是一款清版动作游戏。在游戏中，受人冤枉而被关进了少管所的"国夫"和"力"逃出了少管所，然后寻找让他们蒙受冤屈的幕后黑手。

ナイス DE ショット
漂亮一杆
● 发售日期/1994年4月29日 ● 售价/9800日元
● 发行商/ASK讲谈社

　　这是一款伪3D画面的高尔夫游戏。在世界巡回模式中，玩家在世界各地的球场中打球，结合各国的特色进行比赛，非常有趣。经典模式则可以在标准球场中安心打球。虽然这款游戏的视角有些独特，但因其操作方式很传统，所以难度并不高。

ダークキングダム
黑暗王国
● 发售日期/1994年4月29日 ● 售价/9800日元
● 发行商/NIPPON TELENET

　　由NIPPON TELENET发行的角色扮演游戏。游戏主角的家乡被摧毁，他为了寻找犯罪者而成为魔王军的士兵。在游戏中，玩家作为魔王军的一员，前去打败那些在以往角色扮演游戏中需要保护的人类。战斗为指令选择式，伤害值由摇摆的指针决定。

Jリーグエキサイトステージ'94 | Capcom's Soccer Shootout
J联赛热力足球94
● 发售日期/1994年5月1日 ● 售价/9800日元
● 发行商/EPOCH

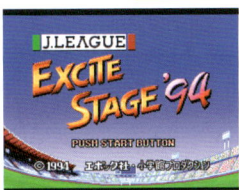

　　在这款足球游戏中，玩家可以使用当年J联赛中的12支队伍。游戏采用了斜向下的视角和纵向的场景。游戏共有六种模式供玩家选择，其中八位球员在四周被墙壁包围的场地上进行的室内足球比赛最为特别和有趣。

伊达公子网球

伊達公子のバーチャルテニス

●发售日期/1994年5月13日 ●售价/9000日元
●发行商/B-AI

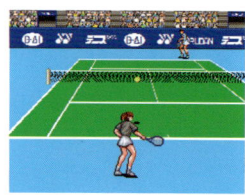

　　这款网球游戏由曾排名世界第四的网球运动员伊达公子负责监制。玩家可在16名球员中进行选择。本作的特色是球场视角不固定，会根据近处球员的移动而左右滚动。玩家可以在世界巡回赛、淘汰赛等四种不同的模式中进行游戏。

SD高达GX

SDガンダムGX

●发售日期/1994年5月27日 ●售价/9800日元
●发行商/BANDAI

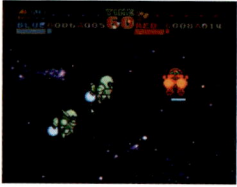

　　这款模拟游戏中出现了许多高达系列中的机动战士和战舰。玩家需要移动六边形地图上的战斗单位，进入战斗切换为侧视视角的动作游戏。这款游戏受到了粉丝的高度好评，甚至被认为是同类型游戏中完成度最高的作品。

柏青夫君 特别版2

パチ夫くんSPECIAL2

●发售日期/1994年5月20日 ●售价/9980日元
●发行商/COCONUTS JAPAN

　　该系列的第二部作品。按照游戏的剧情，玩家要用打弹珠的方式来寻找离家出走的儿子。虽然《柏青夫君》系列中的柏青机都是虚构的，但其中也有一部分是以实际的机器为原型的，有经验的玩家应该能够认出这些机器的原型。

马券炼金术

勝ち馬予想ソフト 馬券錬金術

●发售日期/1994年5月27日 ●售价/9500日元
●发行商/KSS

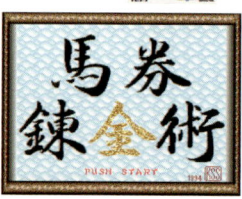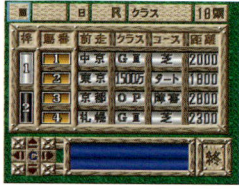

　　这是一款用来预测赛马结果的软件，而不是游戏。使用者需要手动输入极其详细的数据，使用超任鼠标可以更加流畅地输入。比赛的预测结果以数字的形式呈现，不会对比赛中的内容进行描述。这是一款去掉了一切无用元素的朴实而严谨的软件。

くにおのおでん
热血食物方块

● 发售日期/1994年5月27日 ● 售价/6900日元
● 发行商/TECNOS JAPAN

　　这是以《国夫君》系列中的角色为主角的下落式消除游戏。玩家可在"粘贴""串联"这两种规则中进行选择,且1P和2P两位玩家可选择不同的规则。玩家需要按照规则来排列关东煮的食材,使之消除。连锁消除后可以将一长串关东煮送到对手处进行干扰。

スーパーバトルタンク2 | Super Battletank 2
超级战斗坦克2

● 发售日期/1994年5月27日 ● 售价/9800日元
● 发行商/PACK-IN-VIDEO

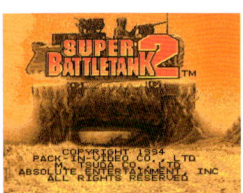 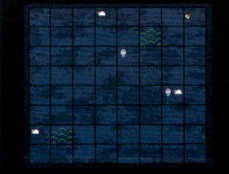

　　前作发行于1993年,约一年后这款作品得以问世。这是一款以驾驶员的视角与敌人进行战斗的坦克模拟游戏。玩家驾驶坦克在场景中自由移动,利用画面下方的雷达寻找并摧毁敌人的坦克。游戏采用任务系统,只要满足条件,就可以进入下一关。

クレヨンしんちゃん2 大魔王の逆襲
蜡笔小新2 大魔王的逆袭

● 发售日期/1994年5月27日 ● 售价/6800日元
● 发行商/BANDAI

　　1993年7月发行的《蜡笔小新 幼稚园风云儿》的续作。游戏讲述了同年夏天上映的电影的后续剧情,泳装魔王将再次登场。这是一款清版动作游戏,玩家在具有纵深的场景中进行探索,击败敌人不断前进。由于这是低龄向的作品,所以难度较低。

ドリフトキング 土屋圭市&坂東正明'94
首都高赛车94

● 发售日期/1994年5月27日 ● 售价/9800日元
● 发行商/BPS

　　由具有"漂移王"之称的赛车手土屋圭市和著名赛车改装师兼导演坂东正明共同打造的赛车游戏系列第一作。比赛以对战的形式进行,游戏则按照剧情来发展。由于赛车的抓地力较差,容易打滑,所以漂移是比赛的重点。

ファイターズヒストリー | Fighter's History

格斗烈传

●发售日期/1994年5月27日 ●售价/9800日元
●发行商/DATA EAST

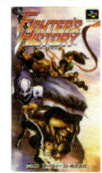

　　将DATA EAST发行的街机对战格斗游戏移植到了超任上。这款游戏采用了弱点系统。角色的特定位置受到一定程度的攻击，弱点就会暴露，角色也会昏迷。此外，在超任版中，只要满足条件就可以使用BOSS角色克朗和卡诺夫。

サラブレッドブリーダーⅡ

育马物语2

●发售日期/1994年6月8日 ●售价/12800日元
●发行商/HECTOR

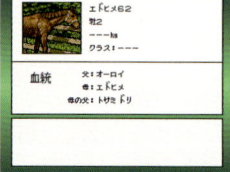

　　该系列的第二部作品，是一款赛马养成模拟游戏。玩家扮演赛马的主人，通过配种和训练，努力强化所拥有的马匹，并与1964年以来的历代名马进行竞争。游戏中收录了很多赛马的数据，对于赛马爱好者而言，仅凭这些就足够有吸引力了。

ワイルドトラックス | Stunt Race FX

特技立体赛车

●发售日期/1994年6月4日 ●售价/9800日元
●发行商/任天堂

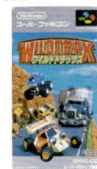

　　继《F-ZERO》和《超级马力欧卡丁车》后，超任上第三款由任天堂出品的赛车游戏。游戏的ROM卡带中使用了特殊芯片来渲染3D多边形画面。在游戏的初始阶段，玩家可以驾驶三种赛车，满足条件后可以驾驶摩托车，而在奖励关卡中可以驾驶拖车。

ナイツオブザラウンド | Knights of the Round

圆桌骑士

●发售日期/1994年6月10日 ●售价/9500日元
●发行商/CAPCOM

　　将CAPCOM发行的一款街机清版动作游戏移植到了超任上。玩家操纵亚瑟王、兰斯洛特等圆桌骑士前去打败敌人。在游戏中，防御非常重要。而在反弹敌人的攻击后，如果利用好无敌时间，就可以不停地对敌人进行攻击。

ぽっぷるメイル
啵咕物语

● 发售日期/1994年6月10日 ● 售价/8800日元
● 发行商/日本FALCOM

　　日本FALCOM在超任上的第一部作品，将PC上的一款动作角色扮演游戏进行了移植。在游戏初期，主角是一位精灵少女，随着剧情的进展，玩家可以使用同伴中的魔法师和怪兽等角色。原版使用身体冲撞进行攻击，而超任版则使用剑和盾进行攻击和防御。

ウルティマ外伝 黒騎士の陰謀 | Ultima: Runes of Virtue II
创世纪外传

● 发售日期/1994年6月17日 ● 售价/9800日元
● 发行商/EA VICTOR

　　闻名全球的角色扮演游戏系列的外传作品。玩家可以从四个角色中选择一个作为游戏主角，踏上打败黑骑士的旅程。这是一款具有很强解谜要素的动作角色扮演游戏，玩家需要通过布满陷阱的地下城。由于是欧美厂商开发的作品，所以游戏画面的色彩很鲜艳。

幽☆遊☆白書2 格闘の章
幽游白书2 格斗之章

● 发售日期/1994年6月10日 ● 售价/9600日元
● 发行商/NAMCO

　　这是该系列的第二部作品，是一款对战格斗游戏。游戏包含了一个人玩的剧情模式，以及大武术模式和战斗模式。由于原作有大量的打斗场面，所以粉丝们在玩这款游戏时不会感到不适应。玩家可以使用体术和灵术作为必杀技，而后者需要消耗灵力值。

SD飛龍の拳
SD飞龙之拳

● 发售日期/1994年6月17日 ● 售价/9800日元
● 发行商/CULTURE BRAIN

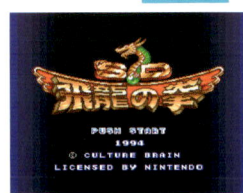

　　在这款对战格斗游戏中，Q版的SD角色进行战斗。游戏引入了很多当时最新的系统，例如投技后的受身和冲刺动作，防御后的反击动作等。玩家可以使用的角色多达15个，每个角色有不同的属性和技能。此外，在游戏结尾会学习超必杀技。

奇々怪界 月夜草子｜Pocky & Rocky 2

奇奇怪界 月夜草子

- 发售日期/1994年6月17日 ●售价/9500日元
- 发行商/NATSUME

　　该系列在超任上的第二部作品，游戏类型不变，仍是动作射击游戏。玩家可以使用卡牌进行远距离攻击，也可以使用驱魔棒近距离攻击敌人。此外，还可以投掷炸弹对敌人进行打击。虽然炸弹无法连续使用，但可以造成大量伤害。

スーパーフォーメーションサッカー94 ワールドカップエディション

超级阵形足球94 世界杯版

- 发售日期/1994年6月17日 ●售价/9800日元
- 发行商/HUMAN

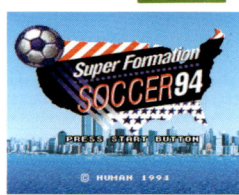

　　《超级阵形足球》是20世纪90年代前期具有代表性的系列足球游戏之一，这是该系列在超任上的第三部作品。这款游戏是以美国世界杯为主题的特辑，再现了当年各个国家队（球员姓名为化名）。和该系列其他游戏一样，本作也采用了斜向下的视角和纵向的场景。

スーパー将棋2

超级将棋2

- 发售日期/1994年6月17日 ●售价/9800日元
- 发行商/I'MAX

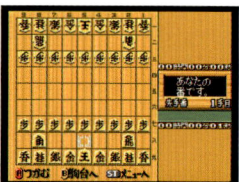

　　将棋游戏系列的第二作。除了人机对战和双人对战外，还可以进行将棋等级测试和将棋全国锦标赛。在前一种模式中，玩家要在五天内每天进行一次对局，通过赢得胜利来提高等级。后一种模式则是代表所在的地区在将棋锦标赛中获胜。

スーパー4WD The BAJA｜Super Off Road: The Baja

超级四轮驱动赛车

- 发售日期/1994年6月17日 ●售价/8800日元
- 发行商/日本物产

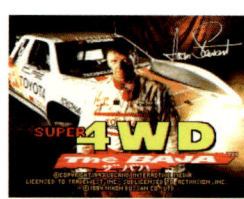

　　1992年发行的《超级四轮巨无霸赛车》的续作，标题中的BAJA指的是在墨西哥举办的拉力赛。这是一款采用赛车背后视角的伪3D赛车游戏，顺利跑完长达1600多千米的长距离赛道，不仅需要驾驶技术，还要对赛车进行维护。

fifaインターナショナル・サッカー | FIFA International Soccer

FIFA国际足球

●发售日期/1994年6月17日 ●售价/9800日元
●发行商/VICTOR ENTERTAINMENT

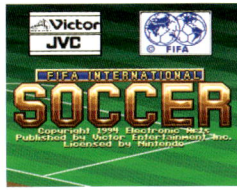

　　获得了FIFA官方授权的足球游戏，由欧美厂商开发。玩家可使用48个国家的国家队，每支队伍在射门、跑动、传球等方面的能力水平各不相同。本作最显著的特色是斜45度视角的场景，并且可选择表演赛、淘汰赛等四种模式。

ワールドカップストライカー | Elite Soccer

世界杯足球

●发售日期/1994年6月17日 ●售价/9980日元
●发行商/COCONUTS JAPAN

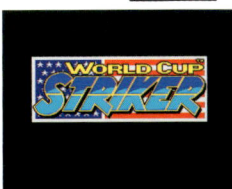

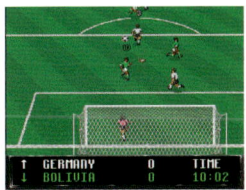

　　这款足球游戏获得了在1993年至1994年间川崎绿茵队领队松木安太郎的推荐。由因柏青哥游戏而出名的COCONUTS JAPAN发行。场景为当时常见的纵向形式，玩家可以使用世界各国的国家队。

やまねこバブジーの大冒険 | Bubsy in Claws Encounters of the Furred Kind

山猫巴比斯大冒险

●发售日期/1994年6月17日 ●售价/9800日元
●发行商/PACK-IN-VIDEO

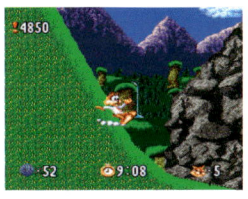

　　横版动作游戏，主角是受到马力欧和索尼克这两个角色启发而创造出来的"巴比斯"。它的弹跳力非常好，华丽的动作也很吸引人。本作虽然在日本只是小有名气，但在美国却相当受欢迎，已经推出了多款续作，还播出了以巴比斯为主角的动画。

ジグザグキャット ダチョウ倶楽部も大騒ぎダ

打砖块战士

●发售日期/1994年6月24日 ●售价/9500日元
●发行商/DEN'Z

　　这款特别的游戏在传统的打砖块游戏的基础上增加了故事情节和通过购买物品和道具来变强的系统。摧毁场景中的黑色石头即可过关，并继续前进。日本搞笑艺人组合"鸵鸟倶乐部"也会在游戏中出场，但与游戏剧情基本无关。

ジュラシック・パーク | Jurassic Park
侏罗纪公园

● 发售日期/1994年6月24日　● 售价/9800日元
● 发行商/JALECO

　　根据同名电影和小说改编的动作射击游戏。室外场景为俯视视角，进入室内将切换成伪3D的第一人称视角。游戏讲述了主角逃出侏罗纪公园的故事。主角需要使用武器来打败恐龙，并满足游戏中的各种条件。

スーパードッグファイト | Turn and Burn: No-Fly Zone
超级混战

● 发售日期/1994年6月24日　● 售价/9800日元
● 发行商/PACK-IN-VIDEO

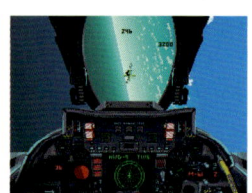

　　以航空母舰为基地的飞行射击游戏，由欧美厂商开发。游戏特色是采用坐在驾驶舱内的驾驶员视角，玩家需要使用屏幕下方的雷达来搜索敌方的战机。本作采用任务系统，玩家顺利摧毁目标并返回，就可以进入下一关卡。

スーパービリヤード | Championship Pool
超级台球锦标赛

● 发售日期/1994年6月24日　● 售价/9800日元
● 发行商/IMAGINEER

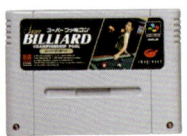

　　由欧美厂商开发的台球游戏。玩家可选择自由式、小队赛、淘汰赛和挑战赛四种模式，以及9球、8球和轮换等的规则。这是一款很正统的作品，玩家可进行相当细致的操作，在比赛过程中还可以随意切换视角。

スレイヤーズ
秀逗魔导士

● 发售日期/1994年6月24日　● 售价/9800日元
● 发行商/BANPRESTO

　　这款角色扮演游戏改编自神坂一的著名轻小说。游戏采用俯视视角的移动画面和指令选择式战斗方式，是一款非常正统的作品。出自原著小说的角色具有鲜明的个性，游戏画面也很精美。通关后可以自由组队等设定会让原作粉丝相当满意。

ルーニー・テューンズ バックス・バニー はちゃめちゃ大冒険 | Bugs Bunny Rabbit Rampage

乐一通 兔八哥大冒险

- ●发售日期/1994年6月24日 ●售价/9200日元
- ●发行商/SUNSOFT

　　以欧美人气动画为题材的横版动作游戏。玩家操纵主角兔八哥通过踩踏等方式打倒敌人并不断前进。卡通动画中典型的夸张动作作为这款游戏增添了可玩性。由于游戏续关次数有限，所以需要一定的技巧才能过关。

スーパーストリートファイターII | Super Street Fighter II: The New Challengers

超级街头霸王2

- ●发售日期/1994年6月25日 ●售价/10900日元
- ●发行商/CAPCOM

　　CAPCOM人气对战格斗游戏的移植作，也是该系列在超任上的第三部作品。角色外形经过了重新设计，还加入了飞龙、迪·杰、T·霍克和嘉米四个新角色。此外，家用主机版的游戏可以对速度进行调整，这一功能是街机版所不具备的。

全日本プロレス ファイトだポン! |

SD全日本职业摔角

- ●发售日期/1994年6月25日 ●售价/9800日元
- ●发行商/MASAYA

　　以巨人马场为首的全日本职业摔角中的众多摔角手都在这款游戏中出场。本作结合了桌面游戏和卡牌游戏的玩法，游戏按照剧情来进行。当玩家停留在指定的方块上时，就会进行比赛，双方通过出牌的方式来出招。

ブランディッシュ | Brandish

星间游侠

- ●发售日期/1994年6月25日 ●售价/10800日元
- ●发行商/KOEI

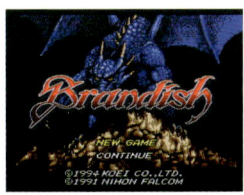

　　这是由日本FALCOM开发，KOEI发行的动作角色扮演游戏。由此前发行的一款PC游戏移植而来。游戏开始于地下城，玩家以回到地面为目标前进。由于游戏中的武器具有耐久度，而且设置了很多可导致瞬间死亡的机关，所以难度相当高。

テコンドー

跆拳道

●发售日期/1994年6月28日 ●售价/8900日元
●发行商/HUMAN

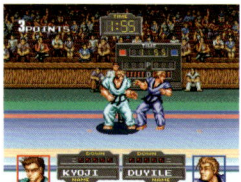

　　这是罕见的以跆拳道为题材的格斗游戏。游戏用各个按键来对应相关技能，操作起来非常简单。由于游戏中释放技能会消耗体力，还有反击的概念，所以需要重视战术的运用。玩家可以创建原创角色。

ワールドヒーローズ2 | World Heroes 2

世界英雄2

●发售日期/1994年7月1日 ●售价/9980日元
●发行商/ZAURUS

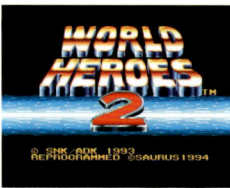

　　阿尔法电子开发的街机对战格斗游戏的第二作移植到了超任上。游戏保留了前作根据按住按键的时长来决定技能强弱的系统。除了前作中的八个角色外，还新增了修拉、J·马克西姆、狂人等六个角色，一起争夺史上最强英雄的宝座。

遊人のふりふりガールズ

游人女孩盘戏

●发售日期/1994年7月1日 ●售价/8900日元
●发行商/POW

　　以漫画家游人所画的角色为主角的卡片游戏。游戏共有三张地图和四个可选角色，最多支持四位玩家同时游戏。游戏目标是尽可能收集更多的JL（吉尔），JL数将根据事件增加或减少。此外，如果两位玩家在同一个方格里停了下来，那么将通过猜拳来决定输赢。

サンサーラ・ナーガ2

育龙战记2

●发售日期/1994年7月5日 ●售价/9800日元
●发行商/VICTOR ENTERTAINMENT

　　由樱玉吉负责角色设计、押井守担任监制的角色扮演游戏系列第二作，前一作是在红白机上发行的。在游戏中，主角要在旅程中饲养三条龙。角色没有等级的概念，如何养好龙是游戏的重点。龙的特征由玩家所选择的属性决定。

スラップスティック | Robotrek
勇者机器人
●发售日期/1994年7月8日 ●售价/9600日元
●发行商/ENIX

　　由Quintet开发、ENIX发行的角色扮演游戏。游戏主角是个发明家，通过制造机器人和道具来对抗邪恶组织。玩家最多可以拥有三个机器人，并可使用不同的部件来赋予它们不同的特性，还可以通过创造新发明来强化它们。

つり太郎
钓鱼太郎
●发售日期/1994年7月8日 ●售价/9800日元
●发行商/PACK-IN-VIDEO

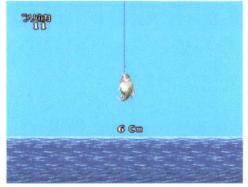 

　　由以《川钓太郎》系列而著称的PACK-IN-VIDEO推出的钓鱼游戏。根据游戏的剧情设定，玩家需要为了生病的妹妹而钓鱼。主角要在角色扮演游戏风格的场景中移动，到达钓鱼地点后尝试用各种技巧钓到鱼。游戏中除了黑鲈鱼，还有海鳗、内陆鲑鱼等15种鱼。

テトリスフラッシュ | Tetris 2
闪光俄罗斯方块
●发售日期/1994年7月8日 ●售价/8000日元
●发行商/BPS

　　这是在全球范围内引起轰动的下落式消除游戏的鼻祖《俄罗斯方块》的衍生作品，规则是消除画面中所有的闪光方块即可过关，与原版有些不同。任天堂负责这款游戏在欧美地区的发行。玩家可选择普通模式、解谜模式和对战模式，可通过输入密码来继续游戏。

ドラッキーのAリーぐさっかー
猫仔哥足球
●发售日期/1994年7月8日 ●售价/9800日元
●发行商/IMAGINEER ZOOM

　　以猫仔哥等角色为主角的运动游戏，也是该系列继《猫仔哥棒球》后的第二款作品。球队由狗、猫和兔子组成，每个动物都可以做一些特殊动作。滑稽可爱的角色互相抢球的样子十分搞笑，但也可以做出暴力动作，比如把对手击飞等。

美女と野獣｜Disney's Beauty and the Beast

美女与野兽

- ●发售日期/1994年7月8日 ●售价/8500日元
- ●发行商/HUDSON

　　以根据法国民间故事改编的迪士尼电影为主题的横版动作游戏。主人公是一位被变成野兽的王子，游戏目标是打破魔女对他所下的诅咒。主角能做出多种动作，并且行动非常流畅。这款作品具有典型的迪士尼风格。

キーパー

奇波方块

- ●发售日期/1994年7月15日 ●售价/7200日元
- ●发行商/DATAM POLYSTAR

　　这是一款有两种模式的消除游戏。玩家需要控制小动物推拉画面中的方块，让它们按顺序排列。三块或三块以上的相同颜色或图案的方块横向或纵向排列，即可消除。"游戏"模式下要无止境地消除方块，也可以进行双人对战。

歌舞伎町リーチ麻雀 東風戦

歌舞伎町麻雀 东风战

- ●发售日期/1994年7月15日 ●售价/8800日元
- ●发行商/PONY CANYON

　　以新宿歌舞伎町为背景的麻将游戏。玩家在地图上移动，前往麻将馆打麻将以赚取资金。游戏的最终目标是收购所有的麻将馆。玩家还可以在游戏厅里玩小游戏，分数越高，获得的金钱就越多。尽管麻将的玩法很传统，但抓到赤宝牌将会获得额外奖励。

ジャングルブック｜The Jungle Book

丛林王子

- ●发售日期/1994年7月15日 ●售价/9800日元
- ●发行商/VIRGIN GAME

　　根据迪士尼电影改编的横版动作游戏，由欧美厂商开发。主角是一个被狼养大的男孩，他可以利用丛林中的藤蔓做出各种动作。这款游戏虽然难度很高，但画面十分精美，人物动作也像动画一样流畅。

スーパーF1サーカス3
超级F1竞技场3

●发售日期/1994年7月15日 ●售价/9900日元
●发行商/日本物产

　　由CREAM开发、日本物产发行的F1赛车游戏，也是该系列在超任上的第四作。和该系列第二、三部作品一样，采用伪3D画面，以区别在PCE上发行的俯视视角的系列作品。由于游戏取得了官方授权，所以车队和车手都以真名出场。

パチスロ研究
柏青嫂研究

●发售日期/1994年7月15日 ●售价/9500日元
●发行商/魔法

　　带有故事（实践）模式的老虎机游戏。可玩的机型有大东音响的ZANGUS 1和ZANGUS 2，PIONEER的CITY BOY 1和MUSASHI 2，以及两台原创机型。在研究模式下，玩家可以自由改变机器的设定，对和实机中一样的动作进行研究。

ソード・ワールドSFC2 いにしえの巨人伝説
剑王之王2 古代巨人传说

●发售日期/1994年7月15日 ●售价/9900日元
●发行商/T&E SOFT

 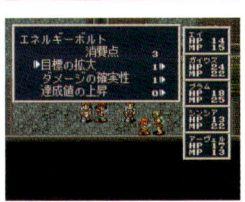

　　根据桌上角色扮演游戏改编而成的《剑王之王》系列的第二作，是超任上的原创作品。玩家通过掷骰子的方式创建角色，组建队伍并接受任务。完成任务后获得经验，角色因此成长。游戏中的战斗很重视策略性。

バトルゼクウ伝
斗姬传

●发售日期/1994年7月15日 ●售价/9800日元
●发行商/ASMIK

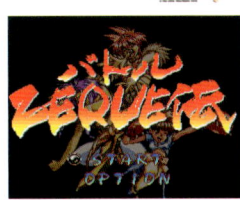 

　　这款清版动作游戏采用了打倒一定数量的敌人就可以继续前进的系统，场景没有纵深概念。玩家可以从三个角色中选择一个作为主角，角色有等级概念。由于在游戏中很难躲避敌人的攻击，所以需要熟练掌握如何进行防御。

美少女战士セーラームーンS こんどはパズルでおしおきよ!!

美少女战士S 方块大战

●发售日期/1994年7月15日 ●售价/6800日元
●发行商/BANDAI

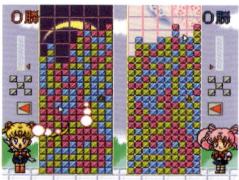

　　以美少女战士为主角的消除游戏。画面中有很多方块,选择两个或以上相连的同颜色方块,即可将其消除。在对战模式中,如果一次消除了大量方块,就可以给对手发送方块,造成干扰。此外,还可以通过消耗能量来释放必杀技。

グーフィーとマックス 海賊島の大冒険 | Goof Troop

高飞狗海贼岛大冒险

●发售日期/1994年7月22日 ●售价/7800日元
●发行商/CAPCOM

　　在这款俯视视角的动作游戏中,玩家操纵高飞和麦克斯。游戏支持双人合作。玩家可以举起、投掷或踹飞各种物品,击败敌人,不断前进。游戏中还加入了丰富的解谜要素,玩家可以使用各种技巧来完成五个关卡。

ジグソーパ～ティ～ | Pieces

拼图对决

●发售日期/1994年7月22日 ●售价/8200日元
●发行商/HORI

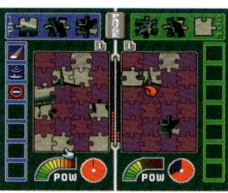

　　这是罕见的对战类型的拼图游戏。当玩家把随机分布的拼图块放到正确位置后,就可以积累能量值。拼得越快,获得的能量就越多。在游戏中既可以和电脑或其他玩家对战,也可以双人合作共同完成拼图。

超原人 | Super Bonk

超原人

●发售日期/1994年7月22日 ●售价/8800日元
●发行商/HUDSON

　　PCE上的热门游戏《PC原人》的超任版。游戏特色是主角滑稽可爱的外表和动作,还有很多搞笑的敌人。主角通过名为"邦克"的头部撞击来打倒敌人,并通过吃肉提高能力。超任版的特征是对主角的体形进行了调整。

ゼロヨンチャンプRR
房车大赛RR

- ●发售日期/1994年7月22日 ●售价/9980日元
- ●发行商/MEDIA RINGS

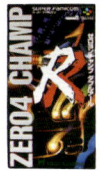

　　在PCE上发行了两部作品的人气赛车游戏的续作。在冒险模式中玩家需要推动故事的发展，不断对赛车进行调整，努力在比赛中获胜。比赛中无法使用方向盘进行控制，赛车需要尽可能地在直道上高速前进，在合适的时机换挡是比赛成功的关键。

プロ麻雀 極II
职业麻将 极2

- ●发售日期/1994年7月22日 ●售价/9800日元
- ●发行商/ATHENA

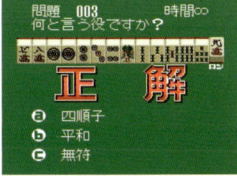

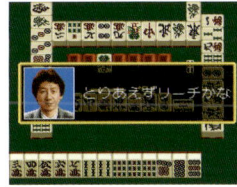
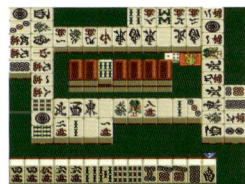

　　该系列的第二部作品。这款游戏也得到了日本职业麻将联盟、最高位战日本职业麻将协会和101竞技联盟的授权，很多职业麻将选手以真实姓名在游戏中登场。麻将为四人麻将，有普通模式、挑战模式和问答模式等五种不同的模式。

ファイプロ女子オールスタードリームスラム
火爆女子摔角

- ●发售日期/1994年7月22日 ●售价/9500日元
- ●发行商/HUMAN

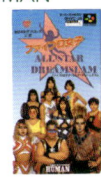

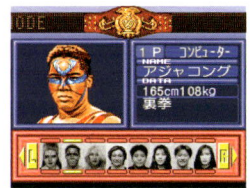

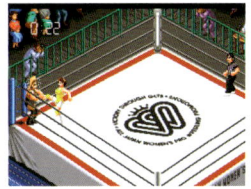
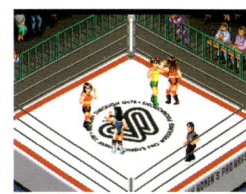

　　一款获得官方授权的职业摔角游戏，属于《火爆职业摔角》系列作品。青木惠子、黑金刚等18名摔角手都以真实姓名登场。游戏有单人赛、双打赛、淘汰赛等五种模式。游戏的操作方法与《火爆职业摔角》系列的前几款作品基本一致。

スーパーウルトラベースボール2
超能力棒球2

- ●发售日期/1994年7月28日 ●售价/9800日元
- ●发行商/CULTURE BRAIN

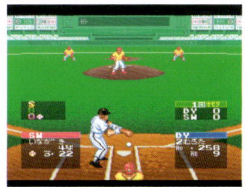

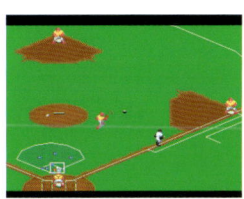

　　可使用魔法球及秘技的《超能力棒球》系列在超任上的第二部作品。当时有很多棒球游戏获得了NPB授权，球员都以真实姓名出场，而这款游戏却反其道而行之，所有球队都是虚构的，让人耳目一新。除了普通模式下的比赛，还可以玩能够使用魔法球及秘技的模式。

餓狼伝説SPECIAL | Fatal Fury Special

饿狼传说特别版

- ●发售日期/1994年7月29日 ●售价/10900日元
- ●发行商/TAKARA

　　在街机对战格斗游戏领域可与《街头霸王2》分庭抗礼的《饿狼传说》系列第三部作品的超任移植作。除了能使用前作中的最终BOSS克劳萨及他手下的三个斗士外，利用秘技还能使用《龙虎之拳》中的良。本作角色能够释放华丽的超必杀技和连续技，场面非常热闹。

スーパーニチブツマージャン3 吉本劇場篇

超级日本物产麻将3 吉本剧场篇

- ●发售日期/1994年7月29日 ●售价/10800日元
- ●发行商/日本物产

　　日本物产在超任上的第三款麻将游戏。当时很多活跃着的漫才艺人会在游戏中登场。在自由对战模式中，玩家可以选择双人麻将或四人麻将，而在其他模式中则无法选择。对局时，对手的表情会发生变化，双人模式尤为明显，提高了麻将游戏的趣味性。

甲子園3

甲子园3

- ●发售日期/1994年7月29日 ●售价/9800日元
- ●发行商/魔法

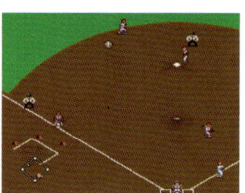

　　以高中棒球为题材的系列棒球游戏《甲子园》的第三部作品（第一作在红白机上发行）。参加日本全国高中棒球比赛的各支校队使用经过改编的名字，玩家可选择喜欢的队伍进行比赛。游戏的目标当然是在甲子园获得比赛胜利，而玩家要从地区大赛阶段开始进行比赛。

スーパー!!パチンコ

超级柏青哥

- ●发售日期/1994年7月29日 ●售价/9800日元
- ●发行商/I'MAX

　　这是因《柏青夫君》系列取得了好成绩而突然在超任上大量出现的柏青哥游戏之一。虽然游戏中所有的机型都是虚构的，但也有羽根式和777机型。主角是梦想成为职业柏青哥玩家的无业游民，结局会根据他在60天内用柏青哥赚的钱所买的家具而改变。

ズールのゆめぼうけん | Zool: Ninja of the "Nth" Dimension

真宝珠小子

●发售日期/1994年7月29日 ●售价/8800日元
●发行商/INFOCOM

　　由欧美厂商开发的横版动作游戏。游戏主角是一个浑身漆黑的忍者，能够做出各种各样的动作。虽然这款游戏没有什么名气，但操作手感很好，角色的动作也非常流畅。游戏中出现了珍宝珠、YAMAHA RESORT等品牌的联动广告。

パチスロ物語 ユニバーサル・スペシャル

柏青嫂物语 通用特别版

●发售日期/1994年7月29日 ●售价/9800日元
●发行商/KSS

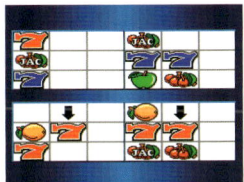

　　在本作中可以玩到顶级柏青哥制造商之一环球公司（及其集团公司）的机型，收录了3号机"CONTINENTAL""CONTINENTAL 2""CONTINENTAL 3"和4号机"ORIENTAL 2""CLUB TROPICANA""SOLRX"，共六台机器。此外还有虚构机型"歌舞伎"和"JUNGLE FEVER"。

天使の詩～白き翼の祈り～

天使之诗 白翼的祈祷

●发售日期/1994年7月29日 ●售价/9980日元
●发行商/NIPPON TELENET

　　这是曾在PC Engine SUPER CD-ROM2发行、虽然名气不大，但收获了一批狂热粉丝的《天使之诗》系列的完结作。玩家可以和出现在场景中的敌人进行谈判，成功就可以获得经验，提高好感度。游戏中的过场动画数量丰富。

ハットトリックヒーロー2

帽子戏法足球英雄2

●发售日期/1994年7月29日 ●售价/8900日元
●发行商/TAITO

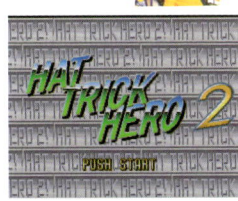

　　TAITO开发的街机足球游戏系列的第三作。玩家可以使用各国的国家队，进行淘汰赛或循环赛。比赛中会消耗能量值，可通过输入指令进行射门、冲刺和抢截等。此外，比赛中还可以避开裁判，做出一些粗暴的行为。

ロードランナーTwin ジャスティとリバティの大冒険

淘金大冒险

●发售日期/1994年7月29日 ●售价/8800日元
●发行商/T&E SOFT

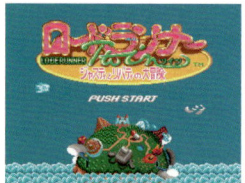

　　BRODERBUND全球热销的动作解谜游戏《淘金大冒险》系列作品之一。游戏在内容方面进行了大幅修改，可选择剧情和战斗等四种不同的模式。场景可向上下左右滚动，画面下方的雷达会显示敌人和金块的位置。

スーパーパワーリーグ2

超动力联盟棒球2

●发售日期/1994年8月3日 ●售价/9800日元
●发行商/HUDSON

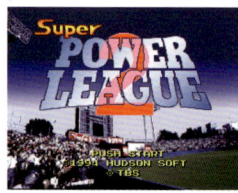

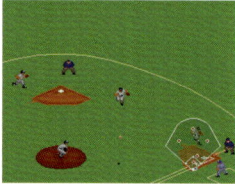

　　HUDSON在PCE上发行的棒球游戏移植到超任的第二部作品。这是一款真实风格的游戏，球员头身比接近真实人类的比例，玩家可使用12支NPB球队。此外，游戏中还加入了现场解说的录音，由TBS播音员松下健次和福岛弓子负责解说。

ワールドカップUSA94 | World Cup USA '94

94美国世界杯足球

●发售日期/1994年7月29日 ●售价/9800日元
●发行商/SUNSOFT

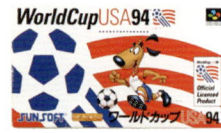

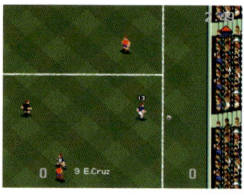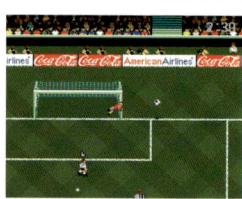

　　以美国世界杯为原型的足球游戏。将欧美厂商开发的游戏按照原样直接发行，虽有语言选项，但无法选择日语。游戏共有五种模式，各个国家的国家队都在游戏中登场。玩家可使用多个按键来进行微操作。

うごく絵Ver.2.0 アリョール

动态拼图

●发售日期/1994年8月5日 ●售价/9800日元
●发行商/ALTRON

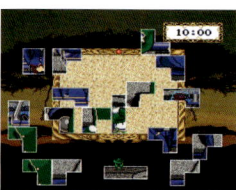

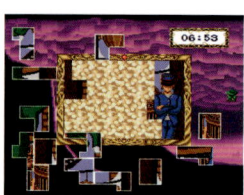

　　同年2月发行的游戏《动感拼图》的续作。和前作一样，本作也是拼图游戏，玩法则在前作的基础上进行了大幅改进，玩家需要将被分割成碎片的动画拼合在一起。与难度过高的前作不同，本作加入了声音提示和奖励碎片，使玩家能够毫无压力地轻松游戏。

鬼神降臨伝ONI
鬼神降临传ONI
- ●发售日期/1994年8月5日 ●售价/9800日元
- ●发行商/BANPRESTO

　　热门GB游戏《ONI》系列作品之一，这是该系列在超任上的第一款作品。本作是以镰仓时代为背景的俯视视角的角色扮演游戏。根据游戏系统设定，角色没有等级概念，角色的能力会根据战斗中所采取的行动获得提升。

ジェノサイド2
灭绝战记2
- ●发售日期/1994年8月5日 ●售价/9800日元
- ●发行商/KEMCO

　　在PC上发行的横版动作游戏的移植作。这是该系列的第二部作品，也是该系列在超任上的首款移植作。游戏主角是一个采用近战攻击的机器人，它可以做出侧翻、冲刺等各种动作。使用秘技能够选择关卡或进入无敌状态。

Jリーグサッカー プライムゴール2
J联赛足球得分王2
- ●发售日期/1994年8月5日 ●售价/8800日元
- ●发行商/NAMCO

　　NAMCO开发的足球游戏系列的第二作。玩家可以使用当年参加J联赛的12支队伍。游戏有人机对战、双人对战、循环赛及PK赛等模式，玩家还可以使用全明星队伍。操作性在前作的基础上有所改进。游戏中虚拟的体育新闻节目《NAMCO体育》会在每场比赛结束后公布比赛结果。

スーパー高校野球 一球入魂
超级高中棒球 一球入魂
- ●发售日期/1994年8月5日 ●售价/9800日元
- ●发行商/I'MAX

　　在这款以高中棒球为题材的游戏中，玩家要培养一支棒球队，目标是赢得甲子园的冠军。除了可以直接控制球员的模式外，还可以作为教练给球队下命令。游戏中收录了4071支以真实存在的日本高中为原型的学校校队，玩家可以自由选择喜欢的球队。

超级忍者君

す～ぱ～忍者くん

●发售日期/1994年8月5日 ●售价/7900日元
●发行商/JALECO

　　曾经由UPL发行的《忍者君》系列作品，本作改为由拥有版权的JALECO负责发行。游戏延续了前作的基本玩法，玩家在阶梯状的场景中利用跳跃或使用飞镖等武器击败敌人，还可以通过消耗能量使用忍术。

旋风弹珠台

ピンボール ピンボール | Pinball Dreams

●发售日期/1994年8月5日 ●售价/9980日元
●发行商/COCONUTS JAPAN

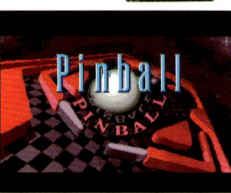
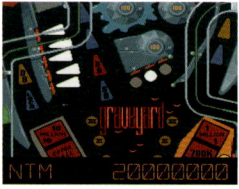

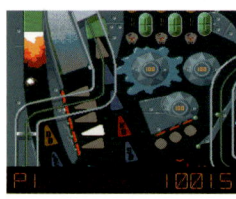

　　游戏中有四种弹珠台，分别以太空、摇滚等概念为主题。游戏操作非常简单，即便是第一次玩的玩家也不会有不明白的地方。此外，还可以通过摇晃弹珠台对弹珠的位置进行微调，让高手也能体验到本作的乐趣。

超级花札

スーパー花札

●发售日期/1994年8月5日 ●售价/8800日元
●发行商/I'MAX

　　这是一款专门以"KOI KOI"为主题的花札游戏。游戏模式分为自由对战和淘汰赛，玩家可以对规则进行详细设置，比如是否限制时间、是否支持某些牌组搭配等。玩家可与八个独具个性的电脑角色对战。对战时，他们出现在画面中，并做出各种表情。

魔法方块

魔法ぽいぽい ぽいっと!

●发售日期/1994年8月5日 ●售价/8800日元
●发行商/TAKARA

　　当年在热门游戏《噗哟噗哟》的带动下流行起来的对战型下落式消除游戏之一。将屏幕上方落下的四个一组的方块按照规则排列，三个及以上同种方块横向、纵向或斜着排列在一起即可消除。连锁消除可以给对手送去干扰方块。

ザ フリントストーン トレジャー オブ シェラマッドロック | The Flintstones: The Treasure of Sierra Madrock

福斯特石头族乐园大冒险

● 发售日期／1994年8月12日 ● 售价／8500日元
● 发行商／TAITO

　　以美国动画片《福斯特石头族》中的角色为主角的横板动作游戏。玩家在地图画面中掷骰子，然后按照骰子所示点数完成停靠的格子所对应的关卡。连击跳跃按键可以让角色挥动手脚在空中飘浮。这是一款风格幽默的作品。

新日本プロレスリング '94バトルフィールド iN 闘強導夢

新日本职业摔角94 斗强导梦战场

● 发售日期／1994年8月12日 ● 售价／11800日元
● 发行商／VARIE

 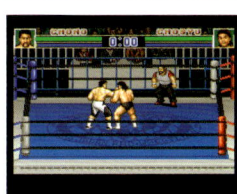

　　获得了由安东尼奥·猪木成立的新日本职业摔角官方授权的职业摔角游戏《斗强导梦》系列的第二作。玩家可使用长州力、兽神雷电莱卡、第三代虎面人等20位摔角手。游戏共有四种模式，消耗能量可以释放摔角手的必杀技。

スーパー究極ハリキリスタジアム2

超究极棒球2

● 发售日期／1994年8月12日 ● 售价／9500日元
● 发行商／TAITO

　　TAITO开发的棒球游戏系列作品之一，是该系列在超任上的第二作。除了可使用12支NPB球队外，游戏中还收录了各球队的主场棒球场。游戏包含战斗、锦标赛和全明星赛三种模式。游戏中还有成长要素，以及交易功能。球员的能力会根据成绩而发生变化。

スーパーファイナルマッチテニス

超级回合网球

● 发售日期／1994年8月12日 ● 售价／8900日元
● 发行商／HUMAN

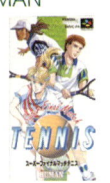 

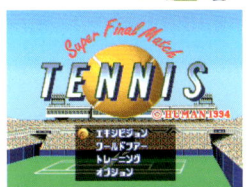 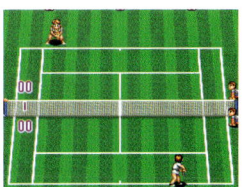

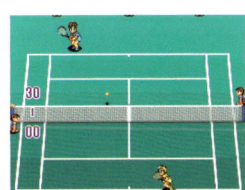 

　　由HUMAN开发的网球游戏。这款游戏的风格很传统，球场是纵向的，采用斜向下的视角。当时活跃的男女职业网球选手以假名在游戏中登场。游戏包含表演赛、世界巡回赛和练习三种模式。场地也有三种不同的类型供玩家选择。

スーパー三國志
超级三国志

●发售日期/1994年8月12日 ●售价/9800日元
●发行商/KOEI

　　将KOEI最具代表性的历史模拟游戏系列《三国志》的初代作品移植到了超任上。此前在红白机版中取消的指令在这一版本中重新回归。此外，红白机版过于烦琐复杂的战斗画面也得到了改善，使游戏体验变得更舒适。

レミングス2 | Lemmings 2: The Tribes
疯狂小旅鼠2

●发售日期/1994年8月12日 ●售价/9800日元
●发行商/SUNSOFT

　　曾在超任上发行的动作解谜游戏《疯狂小旅鼠》的续作。游戏延续了前作的玩法，玩家带领按照一定规则不断走来走去的小旅鼠到达目标点，即可过关。在这款续作中，增加了一些新指令，关卡的数量也非常多。

ポパイ いじわる魔女シーハッグの巻
大力水手 坏心眼魔女海哈格之卷

●发售日期/1994年8月12日 ●售价/9500日元
●发行商/TECNOS JAPAN

　　以在日本和美国都颇具人气的卡通作品《大力水手》为主题的作品。游戏类型别具一格，结合了桌面游戏和动作游戏的玩法。按照轮盘所示的点数前进，完成格子所对应的关卡后，即可回到桌面游戏的部分。

ワイルドガンズ | Wild Guns
荒野之枪

●发售日期/1994年8月12日 ●售价/9200日元
●发行商/NATSUME

　　《荒野之枪》是一款伪3D画面的枪械射击类游戏，近年在PS4和Switch上推出了重制版。与同类型的其他游戏不同，本作的主角直接出现在画面中。游戏具有可以避开子弹等特色。此外，本作虽然采用西部电影风格，但出场的敌人却是各种各样的机器人，十分有趣。

必勝777ファイターⅡ パチスロマル秘情報
必胜777战士2 柏青嫂机密情报

●发售日期/1994年8月19日 ●售价/9500日元
●发行商/VAP

　　由攻略杂志《柏青哥机密情报》负责监制的老虎机游戏的第二作。在游戏剧情中，主角为了拯救被绑架的朋友而玩老虎机。游戏中收录了以"CONTINENTAL"和"SAFARI RALLY"等机器为原型的虚构机型。和前作一样支持双人对战。

アップルシード
苹果核战记

●发售日期/1994年8月26日 ●售价/9800日元
●发行商/VISIT

　　根据士郎正宗的同名动漫作品改编而成的横版动作游戏。游戏特色是角色的体形较大。玩家可在迪娜、布里艾诺斯中选择一位作为主角，用枪或炸弹打倒敌人，不断前进。使用按键与十字键组合，可进行多方向的攻击。这是一款原作粉丝一定会喜欢的作品。

麻雀悟空 天竺
麻雀悟空 天竺

●发售日期/1994年8月19日 ●售价/9800日元
●发行商/CHATNOIR

　　由CHATNOIR开发并在红白机等平台发行的《职业麻将悟空》的超任版。本作是以《西游记》为主题的作品，对手包括金角大王、百眼魔君、寅将军等角色。这款游戏具有当年被厂商认为是业界最强的人工智能，所以电脑的水平相当高。

押忍!!空手部
押忍 空手部

●发售日期/1994年8月26日 ●售价/10800日元
●发行商/CULTURE BRAIN

　　本作改编自1985年起在《周刊少年JUMP》上连载了10多年的人气漫画。这是一款对战格斗游戏，汗流浃背的男人们进行打斗的画面具有十足的魄力。在游戏中可通过输入指令的方式释放必杀技，而在斗气值达到峰值时可以释放斗气必杀技。

サイバーナイトII 世紀争覇の野望

电子骑士2 世纪争霸的野心

●发售日期/1994年8月26日 ●售价/9900日元
●发行商/TONKIN HOUSE

　　1992年在超任上发行的游戏《电子骑士》的续作。前作主要面向PCE发行，本作则只在超任上推出。游戏是科幻题材的角色扮演游戏。剧情获得了玩家的好评。玩家需要一边在5×7的战术板上移动，一边进行战斗。

スーパードラッケン | Dragon View

超级屠龙传记

●发售日期/1994年8月26日 ●售价/9800日元
●发行商/KEMCO

　　由欧美厂商开发的角色扮演游戏《屠龙传记》的续作。相对于上手门槛较高的前作，本作由日本厂商开发，所以玩起来比较轻松。游戏类型改为动作角色扮演游戏。室外场景是3D视角，地下城和城市中为侧视视角。

ハロー!パックマン | Pac-Man 2: The New Adventures

哈喽! 吃豆人

●发售日期/1994年8月26日 ●售价/8300日元
●发行商/NAMCO

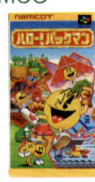

　　以世界上最成功的街机游戏之一的《吃豆人》为主角的游戏。玩家只能指挥和引导吃豆人的前进方向，无法直接对其进行控制。此外，通过用柏青哥弹珠击打屏幕上的各个位置，可以引发某些事件，玩家可以体验由此产生的一些有趣的反应。

松村邦洋伝 最強の歴史をぬりかえろ!

松村邦洋传

●发售日期/1994年8月26日 ●售价/9900日元
●发行商/SHOUEI SYSTEM

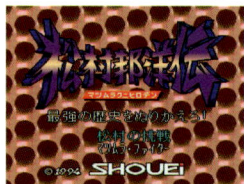

　　以当时在电视上人气很高的松村邦洋为主角的对战格斗游戏。松村邦洋为了制作以他为主角的游戏而出发前往厂商处，他要与途中遇到的人物进行战斗。游戏中人物脸部画面制作得十分精致，仅仅是观察角色们的表情变化都会觉得很有趣。

横綱物語

横纲物语

●发售日期/1994年8月26日 ●售价/9800日元
●发行商/KSS

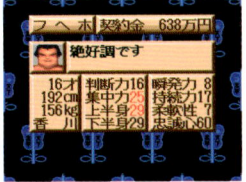 

　　相扑游戏中罕见的力士养成与相扑部屋模拟经营游戏。玩家扮演相扑部屋的掌门人，选拔和培养新徒弟。力士变强后，相扑部屋的收入也会增加，从而能够招收更多优秀的新徒弟。但是，力士的实力会随着年龄增长而衰减，所以需要注意新旧世代力士的更替。

へべれけのおいしいパズルはいりませんか

迷糊蛋美味益智赛

●发售日期/1994年8月31日 ●售价/8900日元
●发行商/SUNSOFT

　　曾在街机上发行的游戏《美味益智赛》的超任移植版。玩家按照轮盘所示点数在地图上前进，然后在停留位置进行所对应的填字游戏、图片匹配、找茬等各种解谜类的游戏，完成后即可继续前进。

サンリオワールド サンリオ上海

三丽鸥上海

●发售日期/1994年8月31日 ●售价/6980日元
●发行商/CHARACTER SOFT

　　以大眼蛙、凯蒂猫、半鱼人等三丽鸥的角色为主角的《上海》游戏。由于这是一款低龄向的游戏，所以牌的数量相当少，玩起来很简单。不过，即使是同一个角色，表情不同的话，就不算是同样的牌，所以在选取时一定要仔细观察确认。

ライブ・ア・ライブ

时空勇士

●发售日期/1994年9月2日 ●售价/9900日元
●发行商/SQUARE

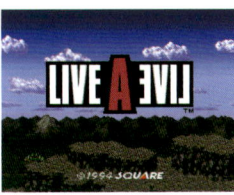 

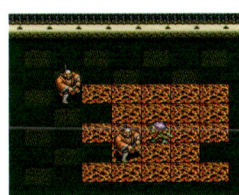 

　　由小学馆和SQUARE共同策划开发的角色扮演游戏。这是一款集锦类型的游戏，玩家能体验发生在不同地点和时代的多个故事。人物设计由青山刚昌、岛本和彦等七位漫画家共同负责，是一款制作班底非常豪华的游戏。

ザ・ファイヤーメン | The Firemen

消防员

- ●发售日期/1994年9月9日 ●售价/9300日元
- ●发行商/HUMAN

　　罕见地以消防员为主角的游戏。这是一款伟大的作品，玩家要在火灾现场灭火救人。主角随身携带消防水枪和灭火炸弹，根据情况使用相应的道具。NPC同伴能够自动行动，负责主角无法完成的打开门锁、急救搬运等任务。

上海III

上海3

- ●发售日期/1994年9月15日 ●售价/8900日元
- ●发行商/SUNSOFT

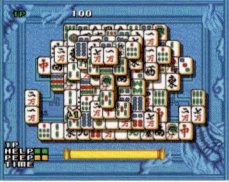

　　自1987年首次发行以来，《上海》被移植到各种平台上。本作是SUNSOFT在街机上发行的该系列第三作的移植版，游戏的基本规则与原版相同，但麻将牌的摆放方式比原作更加丰富，是一款很耐玩的作品。

チョップリフターIII | Choplifter III

超级直升机3

- ●发售日期/1994年9月9日 ●售价/7800日元
- ●发行商/VICTOR ENTERTAINMENT

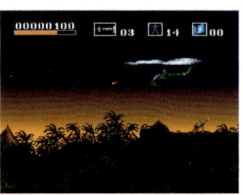

　　美国BRODERBUND最具代表性的系列游戏《超级直升机》的第三作。游戏内容和初代作品相同，都是以营救战俘为目标进行横版射击。玩家可以体验到操纵直升机的独特魅力。为了避免误伤战俘，需要慎重操作。

スパークスター | Sparkster

火箭骑士

- ●发售日期/1994年9月15日 ●售价/9800日元
- ●发行商/KONAMI

　　这是在KONAMI针对世嘉MD主机发行的游戏《火箭骑士大冒险》的基础上，为超任重新开发的作品。玩家操纵游戏的主角小负鼠去完成布满各种机关的关卡。游戏卖点是背着火箭的主角能够做出各种敏捷的动作，但在操作时仍需小心谨慎。

おでかけレスタ～ れれれのれ(^^; | Lester the Unlikely

惊异之旅

● 发售日期/1994年9月16日　● 售价/8900日元
● 发行商/ASMIK

　　这是一款特意制作的无厘头游戏，主角是个非常不可靠的男人。与面对强大敌人时毫不犹豫、勇往直前的勇者完全相反，这个主角软弱无力，就连遇到小动物都会逃跑。虽然游戏操作有些生硬，主角进行攻击时也是一副没有自信的样子，但玩家能在游戏过程中见证他的成长。

リーディングジョッキー

马场大亨

● 发售日期/1994年9月16日　● 售价/9800日元
● 发行商/CARROZZERIA JAPAN

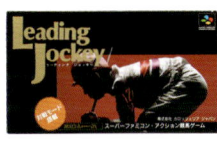

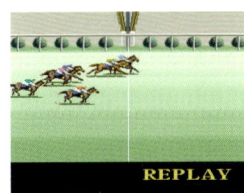

　　以销售汽车用品等产品而闻名的CARROZZERIA JAPAN推出的赛马游戏。玩家成为骑师，以赢得凯旋门大奖赛为目标参加比赛。游戏中还涉及赛马的繁殖和饲养等内容。比赛画面是伪3D形式，而抽打鞭子的时机和位置在比赛中非常重要。

実戦!パチスロ必勝法!2

实战柏青嫂必胜法2

● 发售日期/1994年9月16日　● 售价/9980日元
● 发行商/SAMMY

　　这是由著名的老虎机制造商SAMMY发行的老虎机系列游戏第二作。除了该公司发行的3号机"ALADDIN 2"和4号机"HEAVY METAL"等机器外，游戏中还收录了其他厂商的"NEW PULSAR"和"DREAM SEVEN Jr."等机器。在游戏中玩家可自由更改设置。

ジャングルの王者ターちゃん 世界漫遊大格闘の巻

秀逗泰山 世界漫游大格斗之卷

● 发售日期/1994年9月18日　● 售价/8800日元
● 发行商/BANDAI

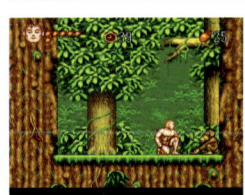

　　以《周刊少年JUMP》上连载的人气漫画为题材的横向卷轴动作游戏。主角能做出非常丰富的动作，除了能使用拳打或脚踢攻击敌人外，还可以破坏墙壁等障碍物，或利用藤蔓跳向远处。游戏结尾画面会根据玩家在关卡中捡到的橡子数量而改变。

デザエモン
描绘卫门
- ●发售日期/1994年9月20日 ●售价/12900日元
- ●发行商/ATHENA

　由ATHENA开发的射击游戏编辑软件,是红白机上的《描绘卫门》的升级版。用户可以用这款软件来制造最多由六个关卡组成的竖版射击游戏,同时还能编写游戏的背景音乐。在这款软件中可以学习游戏制作的基本知识。

カービィボウル | Kirby's Dream Course
卡比滚球
- ●发售日期/1994年9月21日 ●售价/7900日元
- ●发行商/任天堂

　这款游戏充分利用了卡比能够蜷缩成球的能力,在高尔夫的基础上结合了台球的玩法。球形的卡比被击飞后将击倒敌人并前进。最后的敌人会变成杯子,只要让卡比落入杯中,即可过关。游戏得分由击球次数决定。

ウィザップ! ～暗黒の王
黑暗之王
- ●发售日期/1994年9月22日 ●售价/9900日元
- ●发行商/ASCII

　由ASCII发行的角色扮演游戏,是红白机上的《黑暗统治者》(DATA EAST发行)的续作。这款游戏的自由度非常高,因此难度也很大。玩家创建角色,并在城镇中接任务,采取某些特定的行动能够引发剧情。

サムライスピリッツ | Samurai Shodown
侍魂
- ●发售日期/1994年9月22日 ●售价/10900日元
- ●发行商/TAKARA

　由SNK开发的超人气街机对战格斗游戏的移植作。本作的特色是所有角色都持有武器,砍杀攻击的伤害被设定得很高。虽然超任版取消了画面的放大和缩小,但在玩法方面进行了高度还原,玩家可使用原版中的所有角色。

スーパーフォーメーションサッカー94 ワールドカップファイナルデータ
超级阵形足球94 世界杯最终资料版
- ●发售日期/1994年9月22日 ●售价/9800日元
- ●发行商/HUMAN

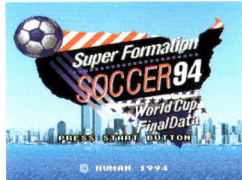

　　同年6月《超级阵形足球94》发行后，仅隔三个月就推出了这款作品。游戏中的数据根据美国世界杯的比赛结果进行了修改，除此之外没有进行其他较为明显的改动。斜向下俯视的视角，纵向赛场及国家队等内容都和前作相同。

本家花札
本家花札
- ●发售日期/1994年9月22日 ●售价/9800日元
- ●发行商/IMAGINEER

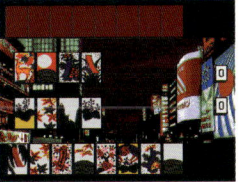

　　由IMAGINEER发行的花札游戏。玩家可以选择"花合"和"KOI KOI"两种规则，还可以对规则进行详细设置。在剧情模式中，玩家扮演一名长途卡车司机，在全国各地周游并用花札与对手竞争。游戏中可以与很多角色进行对战，让玩家从多方面体验游戏的乐趣。

中嶋悟監修 F-1ヒーロー'94
中岛悟F1英雄94
- ●发售日期/1994年9月22日 ●售价/9800日元
- ●发行商/VARIE

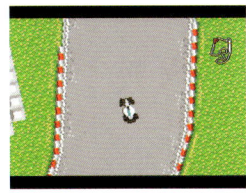
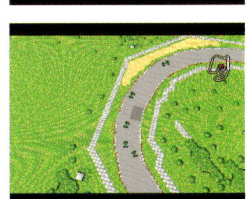

　　当年受到F1热潮的影响，在多个平台都发行了作品的《中岛悟监修》系列游戏之一。这是该系列在超任上的第二作。游戏在默认状态下是伪3D画面，玩家可在五种视角中选择。本作获得了官方授权，因此赛车手都以真名出场。

ラリー・ニクソン スーパー・バス・フィッシング | TNN Bass Tournament of Champions
拉里超级黑巴斯钓鱼
- ●发售日期/1994年9月22日 ●售价/9800日元
- ●发行商/KING RECORDS

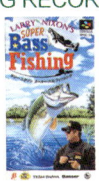

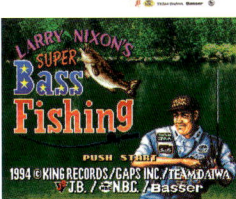

　　以美国著名职业鲈鱼钓手（钓黑鲈鱼的职业选手）拉里·尼克松命名的游戏。这款游戏获得了钓鱼用具制造商大和公司的赞助，玩家可以使用当时在市面上销售的钓具。在大多数钓鱼游戏中，玩家可以轻松钓到鱼，但本作却相当严格，如果只是随便玩玩，可能连鱼的影子都见不到。

リブルラブル
超级连一连

●发售日期/1994年9月22日 ●售价/6300日元
●发行商/NAMCO

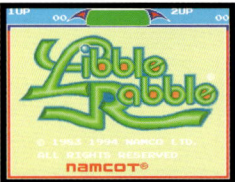

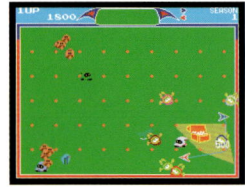

　　NAMCO的街机动作游戏的移植版本。在街机原版游戏中，玩家需要使用两个操纵杆来控制箭头形状的角色，超任移植版则有三种类型的操作方式可供选择。这款游戏的移植度很高，原版游戏中用线将敌人或妖精围起来的独特玩法和动听的音效都得到高度还原。

ゴーストチェイサー電精
电精

●发售日期/1994年9月23日 ●售价/9800日元
●发行商/BANPRESTO

　　BANPRESTO发行的街机清版动作游戏《电神魔傀》的移植作。玩家从三个角色中选择一个作为主角，打倒敌人并不断前进。消耗能量值可以释放必杀技。这款游戏虽然知名度不高，但因其难度恰到好处，故事情节也十分出色，后来人们对其评价有所改观。

アンジェリーク
安琪莉可

●发售日期/1994年9月23日 ●售价/9800日元
●发行商/KOEI

※限定版BOX
发售日期／1995年
12月8日
售价／9800日元

　　一款由女性员工制作的女性向恋爱模拟游戏。表面上玩家扮演女王候补，养成行星，与对手争夺王位，但实际上在课程中和各位男性角色培养感情才是游戏的真正目标。可以说是本作开创了女性向游戏的先河，后来还发行了装满游戏周边的高级礼盒版。

スーパーブラックバス2 | Bassin's Black Bass with Hank Parker
超级黑巴斯2

●发售日期/1994年9月23日 ●售价/9800日元
●发行商/STARFISH DATA

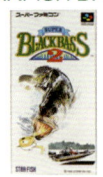

　　HOT・B在红白机上发行的《黑巴斯》系列作品之一的移植版。由于此时HOT・B公司已经破产，因此由STARFISH DATA负责这款游戏的发行。玩家创建角色并参加美国钓鱼大赛。这款游戏相当严格，不制定好策略就钓不到鱼。

TOKORO'Sマージャン
所乔治麻将
- ●发售日期/1994年9月23日 ●售价/9500日元
- ●发行商/VIC东海

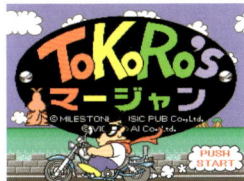

　　这是一款由被各个年龄段观众所喜爱的"收视率之王"所乔治绘制的角色为主角的麻将游戏。游戏分为普通、活动、学习、计算四种模式，对局类型可选择三人麻将或四人麻将。电脑角色中的很多人物外表是大家眼熟的艺人模样。

ドラゴンボールZ 超武闘伝3 | Dragon Ball Z: Super Butouden 3
龙珠Z 超武斗传3
- ●发售日期/1994年9月29日 ●售价/9800日元
- ●发行商/BANDAI

　　《超武斗传》系列在超任上的最后一作。和该系列其他作品相同，本作也是2D对战格斗游戏，在漫画原作魔人布欧篇上半部分出现的角色都在游戏中登场了。与前作相比，本作的游戏速度得到提升，还可以随时使用舞空术，使玩家有更多的机会进行空中战。

麻雀戦國物語
麻将战国物语
- ●发售日期/1994年9月23日 ●售价/9300日元
- ●发行商/四次元

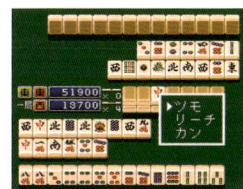

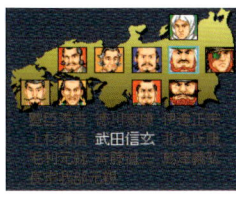

　　如标题所示，在这款麻将游戏中会出现很多战国武将。玩家可以扮演武田信玄、北条氏康等战国武将，与其他武将进行战斗。在游戏主打的麻将战国时代模式中，玩家可在10位战国大名中选择一位，以统一全国为目标进行游戏。对局中可以使用换牌等技巧。

クラッシュ・ダミー ～Dr.ザブを救い出せ～ | The Incredible Crash Dummies - Dr. Sabu o Sukuidase
不可思议之人偶
- ●发售日期/1994年9月30日 ●售价/8900日元
- ●发行商/ACCLAIM JAPAN

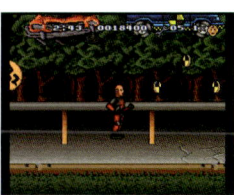

　　这是以在车祸实验等场合中使用的替身人偶为主角的横版动作游戏。在游戏中能体验到欧美厂商特有的大胆制作风格，这点很吸引人。玩家通过投掷扳手和踩踏攻击来战胜敌人，前往终点。人偶受损后，身上的零件会随之掉落，十分有趣。

タイニー・トゥーン アドベンチャーズ ドタバタ大運動會 | Tiny Toon Adventures: Wacky Sports Challenge

兔宝宝历险记 古怪运动会

●发售日期/1994年9月30日 ●售价/9000日元
●发行商/KONAMI

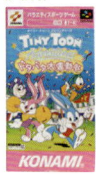 

　　以在美国颇具人气且在日本也曾播出过的动画《乐一通》中的角色为主角的小游戏合集。这是一款聚会游戏，使用多人游戏接口最多支持四名玩家对战。这款游戏很适合和朋友们一起玩，炒热聚会气氛。游戏内置了玩法说明，即便是第一次玩也无须担心。

ダウン・ザ・ワールド

直到世界末日

●发售日期/1994年9月30日 ●售价/9800日元
●发行商/ASCII

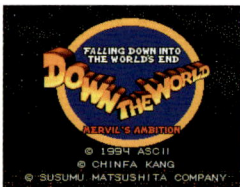 

　　ASCII发行的角色扮演游戏，由松下进负责角色设计，康珍化负责游戏剧本。战斗以战棋的方式进行，玩家需要移动9×9的棋盘中的角色，让他们与敌人战斗。花费五年时间构思出来的剧本是这个作品的最大卖点。

天龍源一郎のプロレスレヴォリューション | HammerLock Wrestling

天龙源一郎职业摔角

●发售日期/1994年9月30日 ●售价/9800日元
●发行商/JALECO

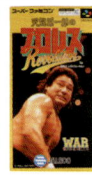 

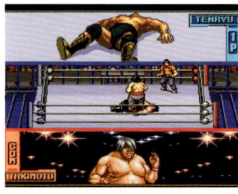 

　　这是当年WAR成员天龙源一郎冠名的职业摔角游戏。游戏中虽然也有天龙之外的摔角手，但都以化名出场。游戏中共有15名摔角手。本作的特色是被分割成两部分的画面，摔角手们的姿态在上下两个画面中得到展现。当摔角手使出大招时，画面会自动放大。

バークレーのパワーダンク | Barkley Shut Up and Jam!

巴克利强力灌篮

●发售日期/1994年9月30日 ●售价/9200日元
●发行商/DEN'Z

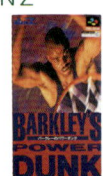 

 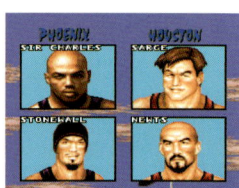

　　由欧美厂商开发的篮球游戏，NBA巨星查尔斯·巴克利负责监制。比赛以二对二的形式进行，有16名球员可供选择。球场为全场，还可以在室外进行比赛。最多支持四名玩家同时游戏。在游戏中做出漂亮的扣篮后，心情会变得舒畅。

バーチャルバート｜Virtual Bart

辛普森一家 巴特的幻想

●发售日期/1994年9月30日 ●售价/9800日元
●发行商/ACCLAIM JAPAN

　以美国人气动画《辛普森一家》中的角色为主角的动作游戏。游戏主角是辛普森一家中的大儿子巴特，他将挑战六种类型的关卡。在不同的关卡中，巴特能够变身成恐龙、婴儿、小猪等形态。游戏中充满了和原作动画一样的黑色幽默。

ヒューマングランプリ3 F1トリプルバトル

休曼GP赛车3

●发售日期/1994年9月30日 ●售价/10500日元
●发行商/HUMAN

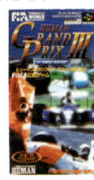

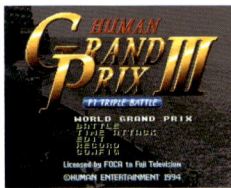

　该系列在超任上的第三作。获得了FOCA的官方授权，因此赛车手出场时都附带真人图片。游戏采用伪3D画面，画面上方可以看到后视镜中的影像。游戏分为世界大奖赛、战斗和时间竞速三种模式。玩家可以创建原创的赛车手。

バイク大好き!走り屋魂

魂电单车

●发售日期/1994年9月30日 ●售价/9600日元
●发行商/MASAYA

　单看标题可能会觉得这是一款硬核赛车游戏，但实际上是风格卡通的游戏。画面分为上下两部分，在单人模式中可以任意更改上半部分画面的视角。有八个角色可供选择，还可以使用比赛中获得的道具。在比赛中能够恰当地使用这些道具，就能获得优势。

麻雀大會II

麻将大会2

●发售日期/1994年9月30日 ●售价/9800日元
●发行商/KOEI

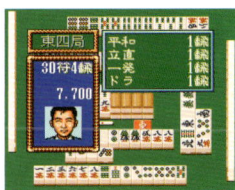

　《超级麻将大会》的续作。在游戏中，玩家可以和拿破仑、关羽、水户黄门等古今中外的名人一起打麻将（还包括小说中的角色）。在游戏主打的大赛模式中，可以参加由24人参加的淘汰赛。比赛结果可以被记忆电池保存。

秘馬券購入術 競馬エイトスペシャル2 マル

马券买入术2

●发售日期/1994年9月30日 ●售价/9980日元
●发行商/IMAGINEER

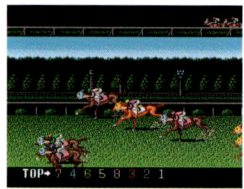
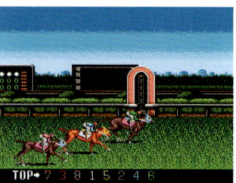

　　由赛马报《赛马8》负责监制的赛马预测软件系列第二作。除了输入数据来预测赛马抵达终点的顺序外，游戏中还加入了冒险模式和派对模式。在前一种模式中可购买马券、积累资金，然后购买礼物送给女孩。

ノスフェラトゥ | Nosferatu

古城救美

●发售日期/1994年10月7日 ●售价/9800日元
●发行商/SETA

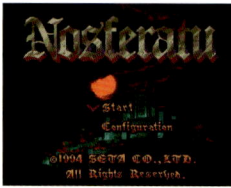

　　这款横版动作游戏的特色是黑暗阴森的氛围，而从游戏画面的构成可以看出本作受到了《波斯王子》的影响。根据游戏的设定，主角只身一人前往德古拉的城堡。游戏难度极高。主角可以做出的动作特别多，因此很难完全记住游戏的操作方法。

シヴィライゼーション 世界七大文明 | Civilization

文明

●发售日期/1994年10月7日 ●售价/12800日元
●发行商/ASMIK

　　将席德梅尔的人气模拟游戏系列的第一作移植到了超任上。玩家扮演某个文明的首领，发展城市，推进文明的发展。可以通过外交与其他文明建立和平关系，或在战争中毁灭对方。本作非常适合用来学习至今仍在不断推出新作的《文明》系列游戏的基本玩法。

ミスターナッツ | Mr. Nutz

松鼠大冒险

●发售日期/1994年10月7日 ●售价/8800日元
●发行商/SOFEL

　　由欧美厂商开发的横版动作游戏，游戏特色是色彩鲜艳浓烈的画面。主角是一只红白相间的松鼠，可以通过扔坚果和用尾巴抽打来攻击敌人。游戏共有六个关卡，只要打败出现在关卡最后的BOSS即可过关。

豪血寺一族 | Power Instinct

豪血寺一族

●发售日期/1994年10月14日 ●售价/10500日元
●发行商/ATLUS

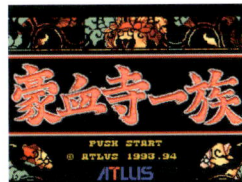

　　ATLUS开发的街机对战格斗游戏的移植作。为了成为豪血寺一族的族长，八个角色展开了一对一的战斗。吃肉的和尚、有社交恐惧症的忍者等角色的设定极具特色，尤其是78岁的豪血寺种，她能通过吸收对手的精气，在一段时间内返老还童。

パチンコファン 勝利宣言

柏青哥迷 胜利宣言

●发售日期/1994年10月15日 ●售价/9800日元
●发行商/POW

　　由老牌柏青哥攻略杂志《柏青哥迷》负责监制的游戏。在实践篇中，玩家通过玩柏青哥来不断积累金钱，然后享受与女孩约会的乐趣。在攻略和研究模式中，玩家可随意玩自己喜欢的机器。游戏中的柏青哥机器都是虚构机型，但喜欢柏青哥的玩家应该马上就能认出它们的原型机。

U.F.O.仮面ヤキソバン ケトラーの黒い陰謀

UFO假面战士

●发售日期/1994年10月14日 ●售价/5890日元
●发行商/DEN'Z

　　日清UFO炒面的广告因迈克尔富冈和戴夫·斯派克的出演而引起了讨论，这是以该广告为原型开发的清版动作游戏。起初这款作品只是作为活动奖励的非卖品，后来正式发行销售。在游戏中可使用"油炸面糊炸弹""酱料射线""青海苔闪电"等技能。

下野正希のFishing To Bassing

巴斯钓鱼大会赛

●发售日期/1994年10月16日 ●售价/9800日元
●发行商/NATSUME

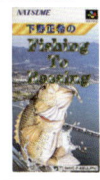

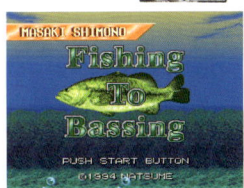

　　由日本职业鲈鱼钓手的先驱者下野正希制作的钓鲈鱼游戏。玩家从六个角色中选择一个来做主角，然后挑战比赛。在比赛中赚取的奖金可以购买各种钓具、拟饵、船只等。游戏中的赛事很多，具有很高的挑战价值。

はらぺこバッカ | Hungry Dinosaurs

恐龙抢蛋

● 发售日期/1994年10月19日 ● 售价/4980日元
● 发行商/魔法

　　在这款对战类的解谜游戏中，玩家操纵外表滑稽可爱的恐龙，移动9×9的棋盘中的己方角色把蛋按照规则排列。如果己方的蛋包围了对方的蛋，就可以将其变成己方的蛋。此外，在蛋上移动可以把蛋吃掉。在规定时间内，只要棋盘上的蛋比对手多，即可获胜。

スーパーファミリーサーキット

超级家庭赛车

● 发售日期/1994年10月21日 ● 售价/8800日元
● 发行商/NAMCO

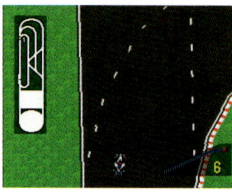

　　在红白机上收获了一批狂热粉丝的《家庭赛车》的超任版，是该系列的第三作。这是一款俯视视角的赛车游戏，特色是游戏中没有与对手车辆的碰撞检测。这款游戏充分利用了超任的硬件性能，赛道可以左右转动。

キッドクラウンのクレイジーチェイス | Kid Klown in Crazy Chase

凯伦的疯狂追逐

● 发售日期/1994年10月21日 ● 售价/8800日元
● 发行商/KEMCO

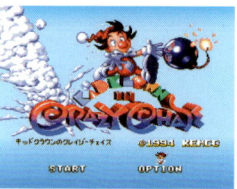

　　与游戏杂志《电击超级任天堂》合作开发的游戏，作为读者参与的项目，游戏中的部分内容由投票的形式决定。这款动作游戏的特色是画面向右下角自动滚动。玩家需要通过跳跃来避开各种各样的机关和陷阱，同时还要收集必要的标记。

スーパーラグビー

超级橄榄球

● 发售日期/1994年10月21日 ● 售价/9000日元
● 发行商/TONKIN HOUSE

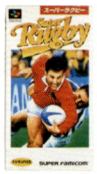

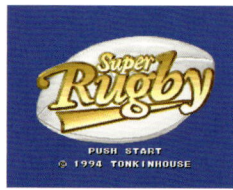

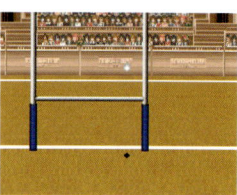

　　以当时还是小众运动的橄榄球为主题的作品。在游戏中，玩家可使用16个国家的国家队，画面会根据情况放大，增加了游戏的感染力。游戏有世界杯模式，以及与电脑或2P进行的自由对战模式，还附带规则解说。

デモンズ・ブレイゾン 魔界村 紋章編 | Demon's Crest

魔界村外传 纹章篇

- ●发售日期/1994年10月21日 ●售价/9800日元
- ●发行商/CAPCOM

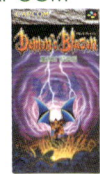

　　在GB和红白机上发行的《红魔冒险》系列的超任版，是《魔界村》系列的衍生作品。在这款横版动作游戏中，玩家可通过切换魔石来改变红魔的外观和能力。在墙上攀缘、在空中悬停等丰富的动作非常有魅力。

船木誠勝 HYBRID WRESTLER 闘技伝承

船木诚胜 斗技传承

- ●发售日期/1994年10月21日 ●售价/9800日元
- ●发行商/TECNOS JAPAN

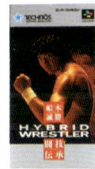

　　这是与标题中的船木诚胜所在的PANCRASE合作的职业摔角游戏。游戏中共有10名摔角手可供选择，除了船木之外，其他都是虚构的角色。除了普通的擂台之外，还可以在沙漠中或悬崖边的擂台上进行战斗。玩家可以创建原创的摔角手。

必殺パチンコココレクション

必杀柏青哥

- ●发售日期/1994年10月21日 ●售价/9800日元
- ●发行商/SUNSOFT

　　由弹珠机制造商藤商事与SUNSOFT合作发行的柏青哥游戏。游戏收录了"AREDDIN""ARRAKING""惠比寿3""惠比寿5"等五种机型，可以体验如今已经消失的激烈连庄。

ヘラクレスの栄光IV 神々からの贈り物

海格力斯的荣光4 来自神的赠礼

- ●发售日期/1994年10月21日 ●售价/9900日元
- ●发行商/DATA EAST

　　红白机早期就发行过的作品，且拥有狂热粉丝的角色扮演游戏系列的第四作。游戏以希腊神话为题材，卡戎、摩伊拉等神明会在游戏中出场。主角失去了身体，通过附身到各种人物上来推动故事的发展。战斗为非常正统的指令选择式。

本格麻雀 徹萬II

正统麻将 彻万2

●发售日期/1994年10月21日 ●售价/8900日元
●发行商/NAXAT

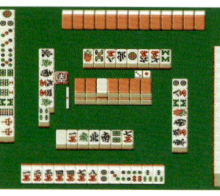
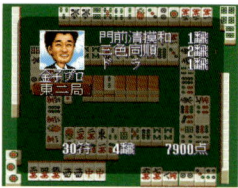

　　与前作截然不同的麻将游戏，游戏中出现了许多职业麻将手。对局以四人麻将的方式进行，游戏中无法作弊。可进行细致的设定或使用各地的麻将规则。在游戏主打的冠军争霸赛模式中，玩家要在五年内尽可能多地获得冠军。由于比赛频率为每个月一次，所以这是一场持久战。

化學者ハリーの波亂萬丈 | Harley's Humongous Adventure

哈利巨人屋探险

●发售日期/1994年10月28日 ●售价/8900日元
●发行商/ALTRON

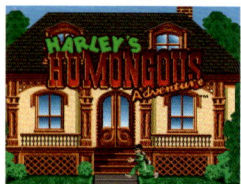

　　欧美厂商开发的横版动作游戏。游戏讲述了主角哈利因一次意外而导致身体变小后展开的波澜壮阔的冒险故事。科学家哈利能使用各种武器，还可以使用喷气装置飞行。哈利将前往厨房和书桌等各种场所进行冒险。由于地图很大，在游戏中很容易迷路。

イルバニアンの城

超魔兽战记

●发售日期/1994年10月28日 ●售价/9980日元
●发行商/JAPAN CLARY BUSINESS

　　以奇幻世界为背景的策略模拟游戏。玩家可以召唤天使、妖怪等怪物单位，把它们部署到地图上，并前往敌人的城堡。各战斗单位通过积累经验，不断成长，在完成一个地图后，可以把存活下来的单位带到下一个地图。

SANKYO Fever!フィーバー! パチンコ実機シミュレーションゲーム

柏青哥狂热

●发售日期/1994年10月28日 ●售价/9800日元
●发行商/NIPPON TELENET

　　获得了三大柏青哥厂商之一的SANKYO全力配合的柏青哥游戏。在游戏中可以玩到"狂热斗士1""狂热光球2""狂热女王2""狂热强者3"四台机器。除了能体验到和实机一样的胜利画面外，还能看到奖励画面。

少年忍者サスケ
忍者小子
- ●发售日期/1994年10月28日 ●售价/9800日元
- ●发行商/SUNSOFT

　　以忍者小子为主角的动作游戏。在任务模式中，击败敌人可获得经验值和金钱，用来购物和提升等级。在动作模式中，没有经验值和金钱的设定，击败敌人将掉落道具。两种模式的剧情是一样的，并且都有一些搞笑元素。

スーパーカジノ2
超级赌城2
- ●发售日期/1994年10月28日 ●售价/9800日元
- ●发行商/COCONUTS JAPAN

　　由COCONUTS JAPAN发行的桌面游戏，游戏的目标是在赌场赚钱。玩家可以选择百家乐、视频扑克、视频赛马和21点等六种项目。挑战的项目没有限制，只要顺利赚到100万美元，即可通关。

真・女神転生if...
真女神转生if
- ●发售日期/1994年10月28日 ●售价/9990日元
- ●发行商/ATLUS

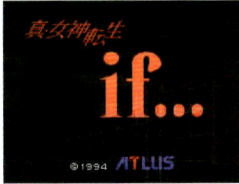

　　《真女神转生》系列在超任上的第三作。以高中校舍这一狭小的空间为背景，这也是这款游戏的特色。在伪3D地下城角色扮演游戏的基础上加入了《真女神转生2》的改良版系统。当主角和朋友们受到攻击时，可触发新加入的守护者系统。

卒業番外篇 ねぇ麻雀しよ!
卒业麻将
- ●发售日期/1994年10月28日 ●售价/9800日元
- ●发行商/KSS

　　以PC端美少女模拟养成游戏的先驱作品《卒业》系列中的角色为主角的麻将游戏。这款游戏有着独特的设定，在麻将比赛的间隙，玩家可以安排学生们的日程表。学生的属性值会根据玩家的麻将排名而变化。

DEAR BOYS
灌篮少年

●发售日期/1994年10月28日 ●售价/9800日元
●发行商/YUTAKA

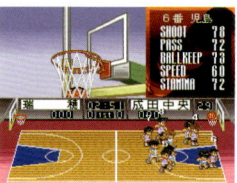

根据自1989年开始在《月刊少年Magazine》上连载且至今仍未完结的人气漫画《灌篮少年》（DEAR BOYS）改编的游戏。虽然是一款以篮球为题材的游戏，但玩家无法直接控制球员，而是需要通过输入指令的方式向球员下达指示，从而进行比赛。

ドラッキーのパズルツアー'94
猫仔哥方块94

●发售日期/1994年10月28日 ●售价/8200日元
●发行商/IMAGINEER ZOOM

继棒球和足球题材之后，《猫仔哥》系列的又一部作品。游戏类型为射击类解谜游戏，玩家投掷三种颜色的方块，三个或以上同种颜色的方块横、纵或斜着排列在一起即可消除。成功消除方块会给对手带来干扰。这款游戏的胜利关键是快速消除，而不是连锁消除。

テクモスーパーベースボール
TECMO超级棒球

●发售日期/1994年10月28日 ●售价/9800日元
●发行商/TECMO

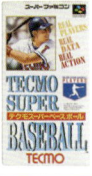

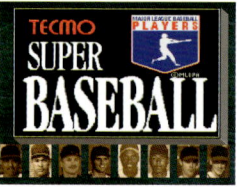

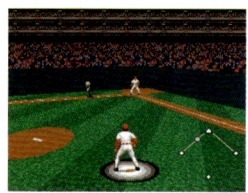
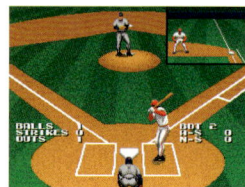

这是一款可以使用美国职业棒球大联盟球队的棒球游戏。游戏系统以同公司出品的《TECMO超级碗》为原型，有季前赛、常规赛和超级统计三种模式可供选择。来自各大球队的选手在出场时都有头像图片，也都有详细的能力设定。

爆投ドッチャーズ バンプス島は大さわぎ
暴投 动物大混战

●发售日期/1994年10月28日 ●售价/8500日元
●发行商/BPS

以名为Dotschy的竞技项目为题材的作品，使用多人游戏接口最多支持四个玩家同时游戏。竞技项目的内容是在五种类型的场地上互相击球，玩家可以从八个角色中选择一个进行游戏。场地上还设置了陷阱等机关，是一款适合和朋友一起愉快玩耍的游戏。

Feda the Emblem of Justice

王者之师

● 发售日期/1994年10月28日 ● 售价/9990日元
● 发行商/YANOMAN

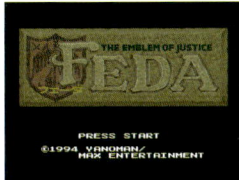

　　以《阿蕾莎》系列而闻名的YANOMAN发行的战略角色扮演游戏。玩家需要在场景中移动己方角色，与敌人进行战斗。盟友角色分为守序、混乱、中立三种属性，玩家的战斗方式可能会使他们脱离队伍。虽然游戏的内容中规中矩，但完成度相当高。

マルチプレイバレーボール

多人排球

● 发售日期/1994年10月28日 ● 售价/8900日元
● 发行商/PACK-IN-VIDEO

　　主机游戏中为数不多的以排球为主题的作品。比赛时的球场是纵向的，分为前后两部分。游戏最多支持四名玩家参与，既可以合作，也可以对战。玩家可以通过佯攻、后排攻击和快攻等技巧来战胜对手。

本格派囲碁 碁聖

正统派围棋 棋圣

● 发售日期/1994年10月28日 ● 售价/14800日元
● 发行商/TAITO

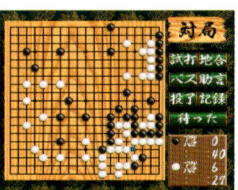

　　由女性棋士小川诚子监制、获得日本棋院推荐的围棋游戏。与《星际火狐》等游戏相同，卡带内置了超级FX芯片。除了可以与电脑或2P玩家对战外，游戏中还收录了100道诘将问题，以帮助玩家提高围棋水平。在练手模式中，玩家可以与来自日本各地的棋手进行比赛。

ゴン

小恐龙 刚刚君

● 发售日期/1994年11月11日 ● 售价/8800日元
● 发行商/BANDAI

　　这款横版动作游戏改编自田中政志在《Morning》杂志上连载的漫画。玩家可以利用尾巴或头部撞击来击败敌人。为了不破坏没有台词的原作漫画的氛围，画面中不显示分数和主角剩余体力值等文字信息。当刚刚君陷入危机时，游戏音乐会发生相应的变化。

223

実況ワールドサッカー PERFECT ELEVEN | International Superstar Soccer

实况世界足球 完美十一人

● 发售日期/1994年11月11日 ● 售价/9980日元
● 发行商/KONAMI

 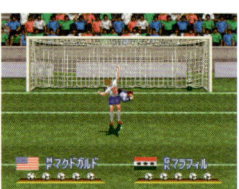

　　《实况世界足球》系列是KONAMI热门足球游戏《胜利十一人》的前身，游戏的主要卖点是带有配音的实况解说功能。在游戏中，玩家可以使用世界各国的国家队进行比赛，有六种不同模式可供选择。该系列曾在多个平台连续发行新作，非常受欢迎。

ミッキーとミニー マジカルアドベンチャー2 | The Great Circus Mystery Starring Mickey & Minnie

米奇与米妮的魔法冒险2

● 发售日期/1994年11月11日 ● 售价/9500日元
● 发行商/CAPCOM

　　CAPCOM开发的横版动作游戏系列第二作。除了米老鼠，米妮也加入到战斗中，玩家可在两个角色中选择一个作为主角。游戏的核心玩法是通过穿上各种服装来变身，主角能扮演清洁工或探险家等角色，打败敌人，前往平时无法到达的地方。

ファイヤー・ファイティング

救火战士

● 发售日期/1994年11月11日 ● 售价/9890日元
● 发行商/JALECO

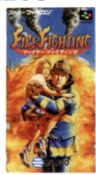 

　　以消防员灭火为题材的动作游戏。在执行任务前，会对火灾现场的情况进行介绍，并给出完成任务的条件。在火灾现场，玩家要使用灭火器等道具来灭火，并救出没有顺利逃生的人。游戏中需要与时间赛跑。

モータルコンバットII 究極神拳 | Mortal Kombat II

真人快打2

● 发售日期/1994年11月11日 ● 售价/11800日元
● 发行商/ACCLAIM JAPAN

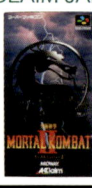 

　　在美国很受欢迎的对战格斗游戏系列的第二作。游戏角色采用真人形象。虽然游戏玩法十分普通，但将敌人打倒后释放的最后一击"终结技"很有人气。本作还新加入了能将敌人变成婴儿的还童技和建立友好关系的友情技。

ウルティマVII ザ・ブラックゲート | Ultima VII: The Black Gate

创世纪7 黑暗之门

●发售日期/1994年11月18日 ●售价/9800日元
●发行商/PONY CANYON

 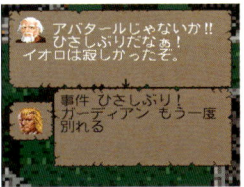

　　自PC端角色扮演游戏诞生初期便已经存在的热门游戏《创世纪》系列的第七作，而这一作的游戏类型变成了动作角色扮演游戏。虽然自由度很高，但是关于游戏剧情的信息却不多，对于习惯了无微不至的日式角色扮演游戏的玩家来说，这款游戏可能会比较难玩。

super五目・将棋 =定跡研究篇=

超级五子棋和将棋 棋谱研究篇

●发售日期/1994年11月18日 ●售价/9500日元
●发行商/日本物产

 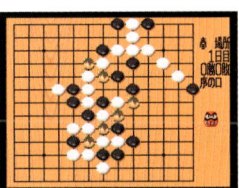

　　在这款游戏中可以同时玩到五子棋和将棋，非常划算。在下将棋时，可通过格言来进行棋谱的学习。此外，在将棋相扑模式中，要在七天内进行七场比赛，目标是在比赛中获胜并成为横纲。五子棋也有相应的五子棋相扑模式，该模式每次历时15天。

GP-1 RS RAPID STREAM | GP-1: Part II

GP-1 行云流水赛

●发售日期/1994年11月18日 ●售价/9800日元
●发行商/ATLUS

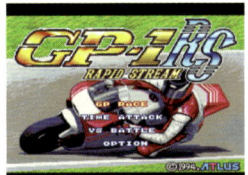 

　　ATLUS发行的摩托赛车游戏《GP-1》的续作。在游戏主打的GP赛车模式中，玩家要连续出战日本锦标赛和世界锦标赛。有六种不同类型的摩托车可供选择，可以根据需求对发动机、悬挂系统等部件进行调整，非常贴近现实。此外还可以用记忆电池来保存游戏进度。

ツヨシしっかりしなさい 対戦ぱずるだま

小小男子汉 对战魔法气泡

●发售日期/1994年11月18日 ●售价/8500日元
●发行商/KONAMI

　　KONAMI开发的街机下落式消除游戏《对战魔法气泡》的超任版，游戏中的角色皆来自漫画《小小男子汉》。三个或三个以上相同颜色的大球连在一起，即可消除，同时与它们相连的小球也会变成大球。与同类型的游戏相比，即便是新手，也能在本作中轻松地进行连锁消除。

ドリームバスケットボール ダンク&フープ

梦幻篮球赛

●发售日期/1994年11月18日 ●售价/9600日元
●发行商/HUMAN

　　在这款篮球游戏中，玩家可使用以NBA球队为原型的16支球队及日本国家队。游戏对球队中的每位球员的能力值都进行了详细设定，使每支队伍各具特色。此外，除了常规比赛，还可以进行三对三的比赛。

鋼 HAGANE | Hagane: The Final Conflict

修罗战士 钢

●发售日期/1994年11月18日 ●售价/9500日元
●发行商/HUDSON

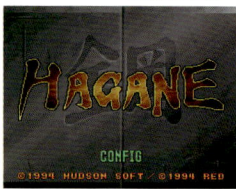

　　以近未来为背景的忍者动作游戏，游戏以忍者这一日本古代的文化象征为主题，融合了机械文明这种源自欧美具有未来感的世界观。虽然操作有点复杂，但能够让角色做出各种各样的动作。如果操作能更容易一些，这款游戏玩起来会非常爽快。

中野浩一監修 競輪王

竞轮王

●发售日期/1994年11月18日 ●售价/9980日元
●发行商/COCONUTS JAPAN

　　这是一款以自行车竞赛为题材的游戏，即便在今天也十分罕见。游戏类型为模拟养成类，主角刚从自行车竞赛学校毕业，玩家要不断提高他的能力，最终赢得GP比赛。练习中需要进行按键连击，在锻炼主角腿部肌肉的同时，也锻炼了玩家的手臂肌肉。

パチンコ秘必勝法

柏青哥秘必胜法

●发售日期/1994年11月18日 ●售价/9800日元
●发行商/VAP

　　如标题所示，这是一款柏青哥游戏。除了三洋的"棒球拳"，其他都是虚构机型，而"TANO(TANU)KICHI KUN 2" "BRAVO KINKDOM(KINGDOM)" "ALADDIN (AREDDIN)"等机器的名字则来自真实机型。游戏有剧情模式，玩家扮演新人作家，收集弹珠店里的独家信息。

花の慶次 -雲のかなたに-
北斗游侠 花之庆次
●发售日期/1994年11月18日 ●售价/9800日元
●发行商/四次元

　　根据原哲夫的人气漫画改编的格斗游戏。游戏模式分为玩家可以自由对战的比赛模式和随着情节的展开而进行游戏的故事模式。在后一种模式中，剧情会根据玩家所选择的选项发生变化，而在故事间隙会插入与其他角色的对战。

マグナブラバン～遍歴の勇者
魔法与剑
●发售日期/1994年11月18日 ●售价/9800日元
●发行商/ASK讲谈社

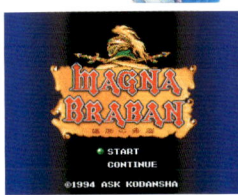

　　这是一款角色扮演游戏，讲述了主角小队由于一点小误会而被迫成为勇者的故事。游戏中充满平民感的角色使玩家们产生了共鸣，因此这款游戏虽然小众，但获得了很高的评价。战斗采用了独特的系统，角色会根据预先设置好的策略自动做出行动。

パニックイン なかよしワールド
美少女抢救大作战
●发售日期/1994年11月18日 ●售价/6800日元
●发行商/BANDAI

　　固定画面式的动作游戏，游戏角色都出自讲谈社的月刊少女漫画杂志《好朋友》中连载的《美少女战士》《魔力小金鱼》等四部漫画。玩家可以通过道具来强化射击强度，打败敌人。此外，玩家还需要救助场景中的朋友们。

ミリティア | Metal Marines
金属战队
●发售日期/1994年11月18日 ●售价/8800日元
●发行商/NAMCO

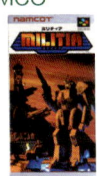

　　即时战略游戏。玩家和敌方在隔海相对的两座岛屿上排兵布阵，部署导弹基地和被称为"执事"的大型机器人等单位来进行战斗。每个攻击、防御单位都有属性相克设定，进攻时一定要根据敌方的阵容来配置相应的单位。

モンスターメーカーキッズ 王様になりたい
怪物制造厂 儿童版
●发售日期/1994年11月18日 ●售价/9200日元
●发行商/SOFEL

　　以卡牌游戏《怪物制造厂》中的角色为主角的桌面游戏。掷骰子并按照骰子所示的点数前进，前往目标点。脚下的格子对应着各种各样的事件，有时会进行战斗。战斗通过掷骰子的方式来进行伤害判定。

遊人 雀獸學園2
游人 雀兽学园2
●发售日期/1994年11月18日 ●售价/9800日元
●发行商/VARIE

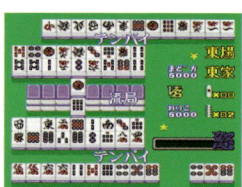

　　以游人所画的角色为主角的麻将游戏第二作。游戏中可以选择四人麻将模式，还可以设置规则。故事模式有很多女生角色和玩家一起打麻将。主角可以通过在麻将游戏中获胜来不断成长，运气和麻将能力等要素会有所提升。

元祖パチスロ日本一
元祖日本第一柏青嫂
●发售日期/1994年11月25日 ●售价/9980日元
●发行商/COCONUTS JAPAN

　　以柏青哥攻略杂志为题材的游戏，虽然此杂志号称是创刊号，但从未发行过第二期。游戏具有COCONUTS JAPAN的典型风格，所有机器都以当时的实机为原型。游戏有两种故事模式，第一种是悬疑型，玩家需要解决一桩谋杀案，另一种则是童话型。

極上パロディウス
极上Q版沙罗曼蛇
●发售日期/1994年11月25日 ●售价/9800日元
●发行商/KONAMI

　　KONAMI街机横版射击游戏的移植版。这款游戏的移植度相当高。在可选自机中新增了乌帕、德古拉君、五右卫门等，是超任特有的元素。同时，玩家除了可以选择难度等级、残机数、是否自动连续射击外，还可以原地复活，游戏内容非常丰富。

スーパー麻雀3 辛口
超级麻将3 辣味
●发售日期/1994年11月25日　●售价/9800日元
●发行商/I'MAX

 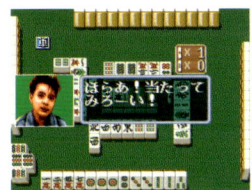

　　I'MAX的麻将游戏系列第三作。玩家可创建一个主角作为自己的分身，在雀庄三番馆进行麻将对局。在游戏的最开始，可以对局的角色数量很有限，满足条件后，角色会随之增加，最终会举行比赛。这款游戏的特色之一是可以对规则进行非常详细的设置。

大爆笑!!人生劇場 ～大江戸日記～
大爆笑 人生剧场 大江户日记
●发售日期/1994年11月25日　●售价/9000日元
●发行商/TAITO

　　TAITO的系列桌面游戏，该系列在红白机上也发行过作品。本作以江户时代为背景，游戏规则与系列以往作品不同。掷骰子并按照骰子所示的点数前进，角色属性会根据游戏事件而发生变化。最终总资产最多的玩家赢得比赛。

全國高校サッカー
全国高校足球
●发售日期/1994年11月25日　●售价/9800日元
●发行商/四次元

　　在这款足球游戏中，玩家可以使用日本4449所高中的队伍，游戏目标是从地区预选赛开始不断赢得比赛，最终获得全国高中足球锦标赛的冠军。将现实中的校名前后颠倒，就变成了游戏中的校名。玩家可以选择自己心仪的高中来参加比赛。

武田修宏のスーパーリーグサッカー
武田修宏之超级联盟足球
●发售日期/1994年11月25日　●售价/9800日元
●发行商/JALECO

　　至今仍活跃在综艺节目等领域的足球运动员武田修宏冠名的足球游戏第二作。玩家可使用12支J联赛球队。除了超级联赛和表演赛模式外，还有足球抽签占卜、足球教室等模式供玩家选择。比赛中的视角会根据情况而变化。

ただいま勇者募集中 おかわり

勇者募集中

●发售日期/1994年11月25日 ●售价/9900日元
●发行商/HUMAN

　　PCE上的桌面游戏的续作。玩家需要掷骰子，按照骰子所示的点数在地图上前进。旅途中会遇到新伙伴，并与敌人进行战斗，最终抵达BOSS的所在地。成功击败BOSS后，可以获得积分，积分最多的玩家即为赢家。

ノンタンといっしょ くるくるぱずる

丹丹的生活日记 转转方块

●发售日期/1994年11月25日 ●售价/7800日元
●发行商/VICTOR ENTERTAINMENT

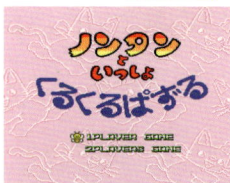

　　以曾被改编成动画的绘本中的角色"小猫丹丹"为主角的下落式消除游戏。方块从画面上方掉落下来，将两个以上相同的方块摆放在一起即可消除。按下按键可以将方块翻转，从而将鱼变成骨头等。还可以将方块变成丹丹方块，消除丹丹方块后，同一横排上的方块也会随之消除。

なるほど!ザ・ワールド

原来如此 世界问答比赛

●发售日期/1994年11月25日 ●售价/9500日元
●发行商/TOMY

　　由1981年至1996年间在富士电视台播出的人气问答节目(目前仍作为特别节目播出)改编的游戏。主持人爱川钦也和楠田枝里子都在游戏中登场，令气氛更加热闹。游戏准备了各种经过精心设计的问答题目，节目赞助商旭化成的名字也会多次在游戏中出现。

バトルサッカー2

SD足球2

●发售日期/1994年11月25日 ●售价/8800日元
●发行商/BANPRESTO

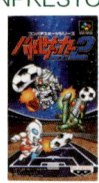

　　由BANPRESTO出品的Compati Hero系列作品之一，奥特曼、假面骑士、高达等角色进行足球比赛。游戏保留了前作中可以将敌人击飞的必杀射门，还可以随意做出暴力行为。玩家甚至可以拉拢敌方队伍中的球员，用自己喜欢的角色创建一支队伍。

アレサⅡ アリエルの不思議な旅
阿蕾莎2 艾丽耶露的奇幻旅程
- 发售日期/1994年12月2日 ● 售价/9900日元
- 发行商/YANOMAN

　　GB上的角色扮演游戏系列在超任上的第二部作品。这次的故事发生在前作之后，主角仍然是爱丽儿。战斗采用兴奋点数的独特系统，当同伴陷入危机时，情况越是焦灼，所获得的点数就越多，从而出现扭转战局的可能性。

ザ・ラストバトル
最后决战
- 发售日期/1994年12月2日 ● 售价/9800日元
- 发行商/TEICHIKU

　　唱片公司TEICHIKU发行的角色扮演游戏，由"Kimu皇"木村初负责监制，土井孝幸负责角色设计。游戏的自由度极高，玩家可以在战斗中自由组合行动指令，或把咒语组合起来创造新魔法等。

ストリートレーサー | Street Racer
街头赛车手
- 发售日期/1994年12月2日 ● 售价/9200日元
- 发行商/UBI SOFT

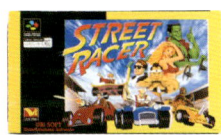

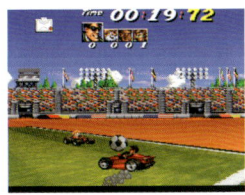

　　英国游戏厂商开发的赛车游戏。游戏采用伪3D画面，有八辆性能各异的汽车供玩家选择。玩家可以通过各种方式干扰对手，所以玩这款游戏不仅要重视速度，更要注重战术。画面可分成四个部分，最多支持四位玩家同时进行游戏。

制服伝説プリティ・ファイター
制服传说 美丽战士
- 发售日期/1994年12月2日 ● 售价/9980日元
- 发行商/IMAGINEER

　　与《街头霸王2》属于同类型的2D对战格斗游戏，但游戏中登场的角色都是女性。正如标题所示，许多角色穿着制服，她们的职业各不相同，如护士、女警等。输入指令可以释放必杀技，必杀技的名字也很有特色，如"水手服上勾拳"等。

多卡波王国3·2·1风起云涌的友情

ドカポン3・2・1 ～嵐を呼ぶ友情～

●发售日期/1994年12月2日 ●售价/9600日元
●发行商/ASMIK

　　《多卡波王国》系列的第二部作品，由于第一部的标题是《多卡波王国4》，所以很容易造成误解。虽然依旧是桌面游戏，但本作改为具有角色扮演要素的对战类型，敌方角色和玩家在游戏中战斗。人气漫画家柴田亚美负责角色设计。

龙战士2 使命之子

ブレスオブ ファイアII 使命の子 | Breath of Fire II

●发售日期/1994年12月2日 ●售价/9980日元
●发行商/CAPCOM

　　CAPCOM开发的角色扮演游戏系列的第二作。故事背景设定在前作的500年后，男女主角虽然名字相同，却是不同的人。本作的新颖之处在于共同体系统，玩家可以邀请分散在世界各地的人加入自己的社区。

旋风机器人

ヴォルテックス | Vortex

●发售日期/1994年12月9日 ●售价/9900日元
●发行商/PACK-IN-VIDEO

 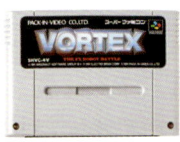

　　由《星际火狐》的主要开发商Argonaut Software推出的3D射击游戏。这款游戏使用超级FX芯片来渲染3D多边形画面。玩家操纵一个机器人，可以变身成车辆形态或飞行形态，需要根据关卡情况来变身。

队长小翼5 霸者的冠军头衔

キャプテン翼V 覇者の称號カンピオーネ

●发售日期/1994年12月9日 ●售价/9980日元
●发行商/TECMO

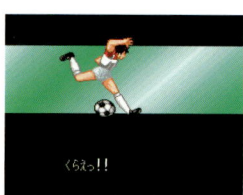 

　　自红白机时代就不断推出新作的TECMO《队长小翼》系列的第五作。游戏画面改成了和普通足球游戏相似的形式，通过选择指令来传球和射门的操作则和前作相同。除了主线剧情外，还有围绕人气球员展开的支线剧情。

ゴジラ 怪獣大決戦

哥斯拉 怪兽大决战

● 发售日期/1994年12月9日 ● 售价/9980日元
● 发行商/东宝

　　以哥斯拉为主角的对战格斗游戏。游戏初期玩家就能使用王者基多拉、机械哥斯拉等九个角色，还可以使用梅加洛等陷入发狂状态的角色。除了弱攻和强攻外，还可使用投掷技和必杀技。当怒吼值达到最大时，便可以释放超必杀技。

スーパー桃太郎電鉄III

超级桃太郎电铁3

● 发售日期/1994年12月9日 ● 售价/9500日元
● 发行商/HUDSON

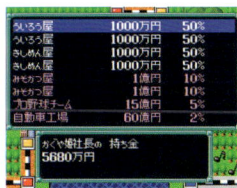

　　《桃太郎电铁》系列的第四作，也是该系列在超任上的第二作。游戏的基本规则没有明显变化，玩家乘坐火车前往日本各地，并用获得的资金购买房产。在本作中，玩家仍会受到穷神和穷神王的干扰。

三國志IV | Romance of the Three Kingdoms IV: Wall of Fire

三国志4

● 发售日期/1994年12月9日 ● 售价/14800日元
● 发行商/KOEI

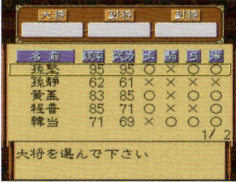

　　从本作开始，武将有了各自的拿手技能，从而强化了他们的个性。此外，在本作中只要设置好官员和预算，就能自动进行内政管理。战斗方面新增了兵种特性和攻城武器。战斗分为野战和攻城战，由进行防御的阵营来决定战斗形式。

すごろクエスト++ -ダイスニクス-

双陆任务++

● 发售日期/1994年12月9日 ● 售价/9900日元
● 发行商/TECNOS JAPAN

　　流行于20世纪90年代中期的对战类桌面游戏之一。玩法中加入了角色扮演元素，玩家需要掷骰子并按骰子所示点数移动。地图上的格子对应着不同事件，停在格子上会触发相应事件。接受任务并将其完成后，才能继续前进。战斗方式为指令选择式。

牌砦

牌砦

●发售日期/1994年12月9日 ●售价/8800日元
●发行商/TAKARA

　　街机益智游戏的移植版。在由麻将牌组成的牌堆中选取同种花色的两张牌，即可将其消除。拿取的牌保存在画面下方的区域里，摆满牌后则游戏结束。虽然游戏规则简单，但难度很高。这个游戏考验的是玩家对未来的预见能力。

バトルクロス

飞行机车赛

●发售日期/1994年12月9日 ●售价/9800日元
●发行商/IMAGINEER

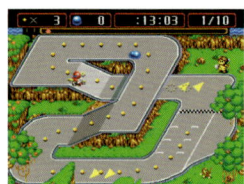

　　这是一款斜向下视角的固定画面赛车游戏，玩家在短赛道上绕圈，比拼名次。赛道上会出现各种各样的道具，玩家可通过使用道具获得优势。游戏分为战斗、大奖赛、试一试三种模式。在比赛中，玩家可以和朋友们互相使坏，享受游戏的乐趣。

ライオン・キング | The Lion King

狮子王

●发售日期/1994年12月9日 ●售价/9980日元
●发行商/VIRGIN GAME

　　由迪士尼著名的歌舞电影改编而成的横版动作游戏。主人公辛巴在童年时和成年后可做出的动作以及玩家的操作方式都有所不同。游戏画面忠实地还原了原作中的场景，十分精美，角色的动作也非常流畅。

ワンダープロジェクトJ 機械の少年ピーノ

神奇计划J 机械少年皮诺

●发售日期/1994年12月9日 ●售价/11800日元
●发行商/ENIX

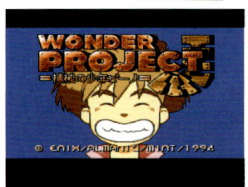

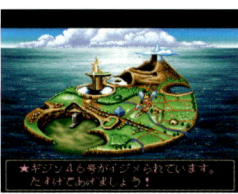

　　由ENIX发行的模拟游戏。游戏的主角机械少年皮诺起初什么都不懂，需要由玩家教会他道具的使用方法等知识，培养他逐渐成长。当皮诺做出错误的行为时，玩家需要责备他，对其进行教育，使其做出正确的事情。

蒼き伝説シュート!

足球风云

- ●发售日期/1994年12月16日 ●售价/10800日元
- ●发行商/KSS

　　根据《周刊少年Magazine》上连载的漫画《足球风云》以及其动画版改编的足球游戏。剧情延着原作的故事展开，随着在比赛中获得胜利，球员们也不断成长。游戏的主要特色是可以使用必杀射门将其他球员击飞或让球消失。

NBAライブ95 | NBA Live 95

NBA现场直播赛95

- ●发售日期/1994年12月16日 ●售价/9600日元
- ●发行商/EA VICTOR

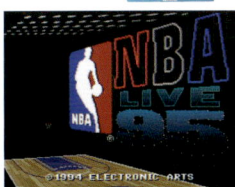 

　　由发行过多款运动游戏的EA公司出品的篮球游戏。NBA球队和球员都以真名登场。篮球游戏大多采取二对二的形式，而本作由10名球员进行五对五的比赛。在赛季模式中，玩家将挑战由82场比赛组成的循环赛。游戏目标是赢得比赛，成为冠军。

海釣り名人 スズキ編

海钓名人 海鲈鱼篇

- ●发售日期/1994年12月16日 ●售价/9800日元
- ●发行商/EA VICTOR

　　在多款以黑鲈鱼垂钓为题材的游戏中，本作专门以海钓为主题，独具特色。游戏目标是捕获海鲈鱼。除了拟饵外还可以使用饵食，同时还能够使用各种技巧。和通常的海钓一样，在游戏中也能钓到除海鲈鱼外的鱼，使玩家感受到钓鱼的乐趣。

がんばれゴエモン3 獅子重禄兵衛のからくり卍固め

大盗五右卫门3 狮子重禄兵卫的诡计万字固

- ●发售日期/1994年12月16日 ●售价/9600日元
- ●发行商/KONAMI

　　《大盗五右卫门》系列在超任上的第三作。和前作不同，本作改成了一边在地图中自由移动，一边解谜的动作冒险游戏。主要角色有四个，分别是五右卫门、惠比寿丸、佐助和八重，玩家可以随时在四个角色间进行切换。

祇園花
祇园花
●发售日期/1994年12月16日 ●售价/7980日元
●发行商/日本物产

日本物产发行的花札游戏。花札有三种玩法，分别是"KOI-KOI""花合"及"Oicho-Kabu"。游戏有三种模式可供选择，分别是双六、自由对战和大赛。在双六模式中进行"KOI-KOI"对战，获胜的一方可以掷骰子，玩法比较特别。

スーパー詰将棋1000
超级诘将棋1000
●发售日期/1994年12月16日 ●售价/9800日元
●发行商/BOTTOM UP

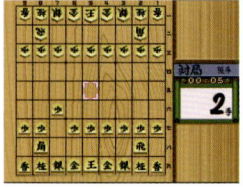

获得日本诘将棋联盟官方授权的将棋游戏。正如标题所示，游戏中收录了1000道诘将棋问题。题目分为入门级、初级、中级、高级四个级别，玩家可通过解决这些问题来衡量自己的将棋水平，并可通过输入密码的方式来进行段位认定。当然，游戏中也可以进行正常的将棋对局。

スーパー・スネーキー｜WildSnake
超级蛇方块
●发售日期/1994年12月16日 ●售价/7800日元
●发行商/四次元

由《俄罗斯方块》的开发者阿列克谢·帕基特诺夫负责监制的下落式消除游戏。玩家需要将从画面上方落下的颜色、花纹各异的蛇引向适当的位置，同种花色的蛇挨在一起即可消除。不过，由于蛇落地后会移动到空隙中，所以要消除它们并不简单。

スーパーテトリス3
超级俄罗斯方块3
●发售日期/1994年12月16日 ●售价/8500日元
●发行商/BPS

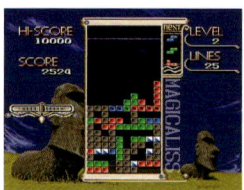

除了标准版《俄罗斯方块》之外，卡带中还包含两款下落式消除游戏——《神奇俄罗斯方块》和《超级俄罗斯方块》。后两款游戏都是在《俄罗斯方块》的基础上进行了一些局部改动，但玩起来出人意料地有趣。这三款作品都有两种模式，因此一共有六种玩法供玩家选择。

スーパーフィッシング ビッグファイト

超级钓鱼 力战群鱼

●发售日期/1994年12月16日 ●售价/9800日元
●发行商/NAXAT

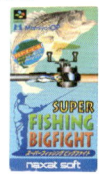

　　一款外表看起来很卡通，但实际上很正经的钓鱼游戏。游戏一开始，玩家要参加黑鲈鱼钓鱼大赛，之后可以挑战在北海道钓远东哲罗鱼或在高知钓日本尖吻鲈。本作获得了当时正销售钓具的Mamiya-OP公司的赞助，在游戏中可使用ABU的钓竿、渔线轮和Heddon的拟饵等。

スキーパラダイスWITHスノーボード | Tommy Moe's Winter Extreme: Skiing & Snowboarding

滑雪天堂

●发售日期/1994年12月16日 ●售价/8900日元
●发行商/PACK-IN-VIDEO

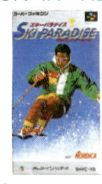

　　在这款软件中可以玩滑雪和单板滑雪。游戏有练习、高山自由滑雪、竞赛三种模式可供选择。在竞赛模式中，可以挑战回转、大回转和速降。游戏采用伪3D画面，画面上下起伏，很有冲击力。游戏中还有NORDICA等品牌的广告。

superレッスルエンジェルス

超级摔角天使

●发售日期/1994年12月16日 ●售价/9980日元
●发行商/IMAGINEER

　　这是PC端发行的同名游戏的移植作，一款卡牌战斗类型的职业摔角游戏。游戏中玩家要负责管理女子摔角组织，而训练新人摔角手是重要的环节，摔角手们通过练习和接受教导才能变得更强。随着摔角手越来越强，也越来越受欢迎，摔角组织的经营也更加顺利。

どっすん!岩石バトル

岩石方块大战

●发售日期/1994年12月16日 ●售价/8800日元
●发行商/I'MAX

　　这是一款对战类的下落式消除游戏，三个或三个以上相同的方块横向、竖向、斜向相连即可消除。消除方块可以给对手造成伤害。游戏中的每个角色都有自己的特长，比如魔法攻击和物理攻击等，只要消除对应的方块就可以引发带有特殊效果的攻击。

ドラえもん3 のび太と時の寶玉

哆啦A梦3 大雄与时空宝珠

- ●发售日期/1994年12月16日 ●售价/9500日元
- ●发行商/EPOCH

　　《哆啦A梦》系列在超任上的第三作，一款横版动作游戏。玩家可使用《哆啦A梦》中的各个老熟人来进行游戏。在现代小镇中寻找秘密工具，并使用时光机穿越到过去或未来。游戏内容十分丰富，玩家可以使用各种武器进行攻击，或在地图中进行探索等。

花札王

花札王

- ●发售日期/1994年12月16日 ●售价/8980日元
- ●发行商/COCONUTS JAPAN

　　在这款花札游戏中，玩家要与里花札世界派来的刺客"十二人众"进行战斗。花札有"KOI-KOI""Oicho-Kabu""花合"三种玩法，可通过输入密码的方式继续游戏。此外，在自由模式中可自由选择对手和玩法。游戏支持使用任天堂鼠标。

ナイジェルマンセル・インディカー | Newman/Haas IndyCar featuring Nigel Mansell

纽曼哈斯印地赛车

- ●发售日期/1994年12月16日 ●售价/10900日元
- ●发行商/ACCLAIM JAPAN

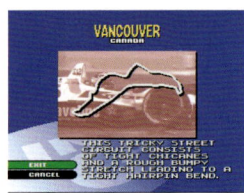 

　　以曾获得F1和印地方程式赛车冠军的伟大赛车手奈杰尔·曼塞尔为主角的赛车游戏。在游戏版的印地车赛中，玩家可以在15个真实存在的赛道上进行比赛，并努力赢得比赛的冠军。

美少女戦士セーラームーンS～場外亂闘!? 主役爭奪戦～

美少女战士SuperS 场外乱斗 主角争夺战

- ●发售日期/1994年12月16日 ●售价/9980日元
- ●发行商/ANGEL

　　以《美少女战士》中的角色为主角的对战格斗游戏。九个角色为了争夺主角的头衔而展开战斗。游戏加入了当时的流行元素，除了可通过输入指令来释放必杀技外，还可以进行冲刺或拆投等动作。比起画面，本作更加注重游戏性。

ビッグ一撃!パチスロ大攻略

大奖一发 柏青嫂大攻略

●发售日期/1994年12月16日 ●售价/9800日元
●发行商/ASK讲谈社

　　在这款老虎机游戏中可以玩到真实的机型,包括3号机"SUPER PLANETT""PEGASUS412"和4号机"NEW PULSAR""PEGASUS WARP R""FLIPPER3""EVE X""TROPICANA"。此外还有一台原创机型,合计共八种机型。

フルパワー | Full Throttle: All-American Racing

动力十足大竞速

●发售日期/1994年12月16日 ●售价/11000日元
●发行商/COCONUTS JAPAN

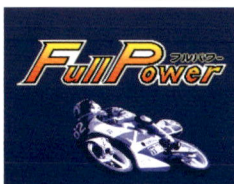

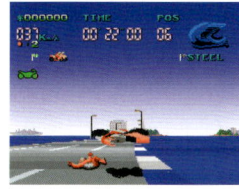

　　在这款由COCONUTS JAPAN发行的赛车游戏中,玩家可以挑战在美国各地举办的13场比赛。有趣的是,这些比赛中不仅有摩托车赛,还有水上摩托车赛,玩家可参加多项赛事。此外,比赛中可以用脚踢来干扰对手。

必勝パチスロファン

必胜柏青嫂爱好者

●发售日期/1994年12月16日 ●售价/9800日元
●发行商/POW

　　由老牌柏青哥、老虎机攻略杂志《柏青哥迷》负责监制的老虎机游戏。由于本作未获得制造商的授权,因此游戏中的老虎机全是虚构机型,它们的外型和原型机十分相似,一眼就能看出来。在实战模式中获得的钱可以用来收购拉面店等。

ミッキーの東京ディズニーランド大冒険

米老鼠东京迪士尼乐园大冒险

●发售日期/1994年12月16日 ●售价/9800日元
●发行商/TOMY

　　以东京迪士尼乐园为背景的横版游戏,游戏主角是米老鼠。这款游戏的特色是使用水球和气球来做出动作,米老鼠以此来进行攻击或移动。游戏关卡由"飞溅山"和"幽灵公馆"等迪士尼乐园中的主题景点组成。

ロックマンX2 | Mega Man X2

洛克人X2

●发售日期/1994年12月16日 ●售价/9800日元
●发行商/CAPCOM

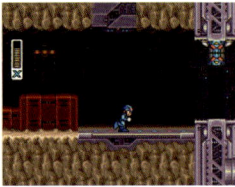

　　《洛克人X》系列的第二作。游戏卡带中加入了由CAPCOM自主研发的定制芯片CX4，使精致的画面成为本作的卖点。而系统方面，本作为该系列之后的作品打下了基础，例如，从一开始就可以冲刺，BOSS被属性相克的武器击中后会进入硬直状态等。

ワギャンパラダイス

超级瓦强大冒险

●发售日期/1994年12月16日 ●售价/8800日元
●发行商/NAMCO

　　该系列在超任上的第三作。主角进行了更新换代，玩家可选择控制泰克特或加林。前两作中用音波炮进行攻击以及跳跃等动作基本保持不变，但细节上有所改进。此前颇受好评的迷你游戏则进行了非常彻底的改动。

ザ・グレイトバトルIV

SD英雄大战4

●发售日期/1994年12月17日 ●售价/9600日元
●发行商/BANPRESTO

　　Compati Hero系列作品之一、《SD英雄大战》系列的第四作。在这款动作射击游戏中，有四个角色可供选择。每个角色有不同特点，因此每个角色都有各自擅长或不擅长的关卡，玩家需要根据情况及时切换角色。

テクモスーパーボウルII SPECIAL EDITION | Tecmo Super Bowl II: Special Edition

TECMO超级碗2 特别版

●发售日期/1994年12月20日 ●售价/9980日元
●发行商/TECMO

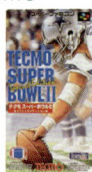

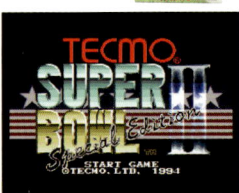

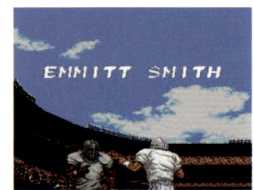

　　该系列在超任上的第二作，数据更新为最新版本。虽然操作方式与前作相同，但画面更加精美，可选择的阵形也有所增加。此外，本作支持进行球员交易，玩家可以组建一支符合自己喜好的球队。

岡本綾子とマッチプレイゴルフ

冈本绫子高尔夫

- ●发售日期/1994年12月21日 ●售价/9700日元
- ●发行商/TSUKUDA ORIGINAL

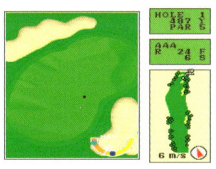

　　这是以在欧美也十分活跃的女性职业高尔夫球手冈本绫子为主角的高尔夫游戏。游戏再现了夏威夷寇欧琳纳高尔夫俱乐部的球场。虽然游戏的日文标题中有"比洞赛"字样，但也可以玩到比杆赛。游戏有逐洞赛等六种不同的模式供玩家选择。

アニマル武乱伝 -ブルータル- | Brutal: Paws of Fury

动物快打

- ●发售日期/1994年12月22日 ●售价/9800日元
- ●发行商/KEMCO

　　欧美厂商开发的Mega-CD对战格斗游戏的移植版。如标题所示，出场角色都是动物，会武功的兔子和泰拳战士猎豹等角色在游戏中展开对决。游戏初期只能使用几种技能，随着战斗的进行，角色会获得经验值，不断成长，并掌握必杀技。

龍虎の拳2

龙虎之拳2

- ●发售日期/1994年12月21日 ●售价/10900日元
- ●发行商/ZAURUS

　　SNK的街机对战格斗游戏的移植版。与街机原版不同，超任版中玩家要使用不同的按键来释放强弱程度不同的招式，并且可以使用默认的12个角色。输入秘技可使用最终BOSS吉斯·霍华德。街机版的画面会根据角色之间的距离自动放大缩小的功能在本作中得以保留。

アルバートオデッセイII 邪神の胎動

英雄圣战2 邪神之胎动

- ●发售日期/1994年12月22日 ●售价/9980日元
- ●发行商/SUNSOFT

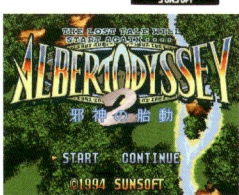

　　在备受好评的前作发行一年零九个月后推出的续作。和前作相同，都是模拟类角色扮演游戏。游戏故事对前作10年后的世界进行描绘。游戏延续了前作中命中率随敌人的方向而改变的系统，同时增加了一些详细的规则，进一步提高了游戏的完成度。

ウルトラベースボール実名版2
超人棒球实名版2
● 发售日期/1994年12月22日 ● 售价/9800日元
● 发行商/CULTURE BRAIN

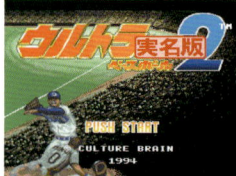

　　CULTURE BRAIN的系列棒球游戏第二作。玩家可对球员外形进行选择，分别是Q版的标准身材和基于现实的真实身材。游戏视角为传统的挡球网内视角。在超级比赛模式中，可使用魔球和秘打。

サンスポフィッシング 渓流王
溪流王
● 发售日期/1994年12月22日 ● 售价/9980日元
● 发行商/IMAGINEER

　　虽然游戏标题是"溪流王"，但除了溪流，玩家也可以在其他地方钓鱼。目标鱼为黑鲈鱼、鲤鱼、欧洲巨鲶、湖红点鲑等。既可以用鱼饵钓鱼，也可以用拟饵钓鱼，玩家可体验到多种乐趣。游戏中还可以使用真实存在的渔具。

元祖パチンコ王
元祖柏青哥王
● 发售日期/1994年12月22日 ● 售价/9980日元
● 发行商/COCONUTS JAPAN

　　游戏发生在一个各行各业都以柏青哥为中心的城邦多拉姆城，主角是个高中生，在外逃亡10年后，他重返故土，进行柏青哥攻略挑战。游戏中的弹珠机都是虚构机型，在积累资金的过程中，故事不断展开。最终目标是赢得柏青哥王争霸赛的冠军，尽管这条路漫长且艰难。

スーパーキャッスルズ
超级城堡
● 发售日期/1994年12月22日 ● 售价/9800日元
● 发行商/VICTOR ENTERTAINMENT

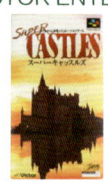

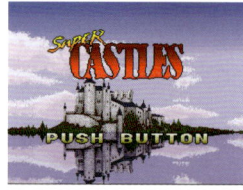

　　由欧美厂商开发的战略模拟游戏。虽然这一类型的游戏往往需要通过治理内政来增加经济实力，通过战争来扩大领土面积，但在本作中，与其他国家之间的友好关系同样重要。游戏最终目标是得到教皇的认可，成为国王。

スーパーファイヤープロレスリングスペシャル
超级热血摔角世界 特别版

● 发售日期/1994年12月22日 ● 售价/11500日元
● 发行商/HUMAN

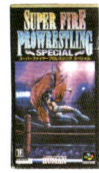

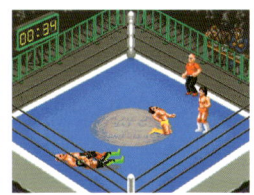

　　本作在使用招式的时机等系统方面进行了调整。此外，冠军领主的剧本由后来创作了大量知名作品的须田刚一所写，游戏中奇特的故事情节充满了他的个人风格。使用"超级文件器TWIN"可对数据进行备份。

大貝獸物語
大贝兽物语

● 发售日期/1994年12月22日 ● 售价/10900日元
● 发行商/HUDSON

　　红白机上的《贝兽物语》的续作。发行商由NAMCO改为HUDSON。游戏特色是救助系统和战斗对话系统，这两个系统在战斗和进行移动时都发挥了重要作用。本作的销量高达30万份，是受到众多粉丝喜爱的作品。

覇王大系リューナイト ロードオブパラディン
霸王大系 龙骑士

● 发售日期/1994年12月22日 ● 售价/9800日元
● 发行商/BANDAI

　　根据1994年至1995年间在东京电视台播出的电视动画改编而成的游戏。这是一款俯视视角的动作角色扮演游戏，小队最多由四人组成，可切换玩家角色。游戏内容非常正统，可以在城镇中购物，通过积累经验值来提升等级等。

はしれへべれけ
迷糊蛋大赛跑

● 发售日期/1994年12月22日 ● 售价/9500日元
● 发行商/SUNSOFT

　　以SUNSOFT受人喜爱的热门角色"迷糊蛋"为主角的竞速游戏。游戏中不使用摩托车或赛车，而是角色们亲自赛跑，这点非常有特色。玩家可使用角色自带的必杀技或使用道具来妨碍对手，游戏有"奔跑吧迷糊蛋""时间竞速""污秽退散"三种模式。

バトルジョッキー
战斗赛马

●发售日期/1994年12月22日 ●售价/9800日元
●发行商/VIRGIN GAME

　　在这款赛马游戏中，玩家成为骑手，挑战比赛。游戏获得了曾发行过《家庭赛马》的NAMCO的官方授权。在主打的马场大亨模式中，玩家可以创建自己的马匹，并努力赢得G1比赛。使用资金可以对马进行训练。

ポコニャン!
叮当猫

●发售日期/1994年12月22日 ●售价/8800日元
●发行商/东宝

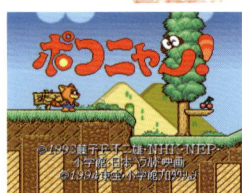

　　根据藤子·F·不二雄的动漫作品《叮当猫》改编的横版动作游戏。在游戏中，主角一边收集糖果，一边前往终点。玩家可通过跳跃来打败敌人或进行变身。这是一款低龄向的作品，主角是无敌的，所以游戏玩起来很简单。

パワー オブ ザ ハイアード
魔兽使传说

●发售日期/1994年12月22日 ●售价/9800日元
●发行商/MASAYA

　　MASAYA发行的模拟角色扮演游戏。游戏中有一个名为雇佣系统的独特系统。主角是一名魔兽使，他所施放的魔法类型会根据所雇佣的魔兽发生变化。游戏采用俯视视角的方块地图，即使是新手也能轻松上手。

本格将棋 風雲児龍王
本格将棋 风云儿龙王

●发售日期/1994年12月22日 ●售价/9800日元
●发行商/VIRGIN GAME

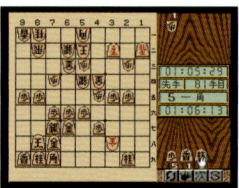

　　这款将棋游戏中收录了"横步取战法""天保名局"等棋谱，可把它看作是能够查询棋谱的数据库来使用。玩家还可以设定条件，与电脑进行对战，或进行淘汰赛等比赛。游戏还具有丰富的编辑功能。需要注意的是，电脑的思考时间稍微有点长。

麻雀倶楽部
麻将俱乐部

● 发售日期/1994年12月22日 ● 售价/4980日元
● 发行商/HECTOR

　　在这款麻将游戏中，玩家可以根据自己喜欢的战术来创建相应的角色。游戏中除了可以详细设置有无赤牌、是否允许鸣牌下断幺九等规则，还能设置是否可使用百万石、四连刻等高番数牌型。这款游戏虽然看上去很朴素，但内容很丰富。

横山光輝 三國志盤戯 スゴロク英雄記
横山光辉 三国志戏盘 双陆英雄记

● 发售日期/1994年12月22日 ● 售价/9800日元
● 发行商/ANGEL

　　横山光辉的史诗级漫画《三国志》中的角色在这款桌面游戏中登场。玩家选择一位君主，如曹操、刘备等，与其他君主争夺霸权。游戏地图以中国大陆为原型，玩家根据轮盘所示点数在地图上移动。与黄巾军或武将进行战斗后可获得卡牌或金钱。

幽☆遊☆白書 特別篇
幽游白书 特别篇

● 发售日期/1994年12月22日 ● 售价/9800日元
● 发行商/NAMCO

　　这是一款对战类的战斗游戏，战斗系统为指令选择式。游戏以回合制为基础，画面上方的角色会根据玩家输入的指令采取行动，进行攻击或闪避。即便是不擅长动作游戏的玩家也可以玩这款游戏。游戏中可以使用的角色多达17个。

ライズ オブ ザ ロボッツ｜Rise of the Robots
机器人的崛起

● 发售日期/1994年12月22日 ● 售价/10900日元
● 发行商/T&E SOFT

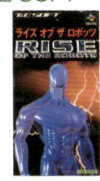

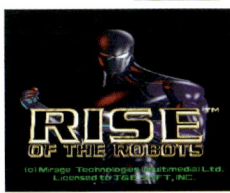

　　以未来世界为背景的格斗游戏，战斗在机器人之间展开。这款游戏由欧美厂商开发，原版发布于Amiga平台。在大量以人与人之间的对战为主的游戏中，这款以机器人战斗为题材的游戏可谓别出心裁，加上风格独特的画面，使其受到了欧美玩家的欢迎。

海腹川背

海腹川背

●发售日期/1994年12月23日 ●售价/9800日元
●发行商/TNN

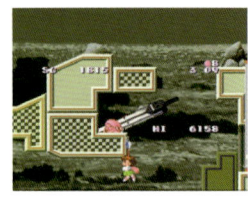

　　这是一款有着奇特标题和可爱主角的吊索类动作游戏。把鱼钩挂在墙上后，利用可伸缩的绳索可让主角做出各种花样动作。本作在刚发行时没什么名气，后来知名度逐渐提高，令这款游戏得以系列化。

GO GO ACKMAN

冲 冲 恶魔君

●发售日期/1994年12月23日 ●售价/9300日元
●发行商/BANPRESTO

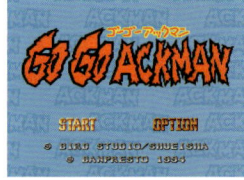

　　根据鸟山明的漫画《恶魔少年》改编的横版动作游戏。玩家控制恶魔君，在前进过程中打败敌人天使。玩家可以使用场景中的道具提升能力来完成全部五个关卡。游戏结尾画面的插图会根据所获得的积分而改变。

JWP女子プロレス ピュア・レッスル・クイーンズ

JWP女子摔角皇后

●发售日期/1994年12月23日 ●售价/9800日元
●发行商/JALECO

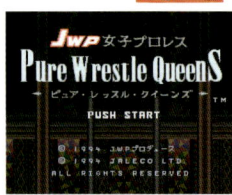

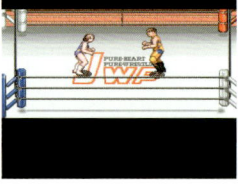

　　在这款摔角游戏中，前女子职业摔角组织JWP的成员炸药关西（铃木智江子）、恶魔雅美（吉田雅美）等人以配有真人照片的方式登场。在比赛中，玩家可以通过四个按键做出各种动作。在经营模式中，玩家会通过桌面游戏的方式来管理摔角组织。

super燃えろ!!プロ野球 | Super Bases Loaded 3: License to Steal

超燃烧棒球

●发售日期/1994年12月23日 ●售价/9800日元
●发行商/JALECO

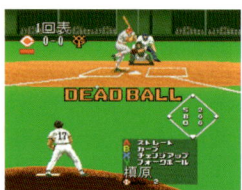

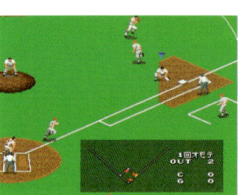
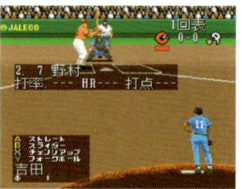

　　在红白机上发售时引发了争论的棒球游戏的超任版。球员和球队都以真实名字登场。游戏有锦标赛、公开赛、红白赛和全明星赛四种模式。游戏采用投手背后视角，玩起来就像在电视上看棒球比赛直播一样，充满身临其境的感觉。

柏青嫂胜负师
パチスロ勝負師

- ●发售日期/1994年12月23日 ●售价/8980日元
- ●发行商/日本物产

　　日本物产发行的老虎机游戏，除了可以玩与真实机器为原型的虚构老虎机外，还能玩到游戏厅中常见的8线电动老虎机，以及双人麻将、四人麻将等。故事模式的目标是攒下指定数额的金钱。

机动武斗传G高达
機動武闘伝Gガンダム

- ●发售日期/1994年12月27日 ●售价/9800日元
- ●发行商/BANDAI

　　根据高达系列TV动画中独树一帜的《机动武斗传G高达》改编的对战格斗游戏。动画原作展现的是机动斗士们之间的战斗，这款游戏与动画原作的主题非常匹配。在游戏主打的故事模式中，玩家可从五种战机里选择一种来进行战斗。

鲁邦三世 传说的秘宝
ルパン三世 伝説の秘寶を追え!

- ●发售日期/1994年12月27日 ●售价/9800日元
- ●发行商/EPOCH

　　根据加藤一彦（Monkey Punch）原作漫画、日本最具代表性的动画之一《鲁邦三世》改编的动作游戏。玩家操纵鲁邦三世在解决谜题的过程中不断前进。游戏中有绳索、炸弹等各种道具，如何使用它们是解决问题的关键。

圣灵珠传说2
デュアルオーブII

- ●发售日期/1994年12月29日 ●售价/10800日元
- ●发行商/I'MAX

　　在前作发行约一年半后推出的角色扮演游戏。移动画面中的角色皆为Q版造型，而战斗画面中的角色恢复为真实的头身比例，战斗为半即时制。此外，游戏中还增加了武器锻造强化等新内容，系统方面得到大幅改进。

スーパーヅガン2 ツカンポファイター ～明菜コレクション～

超级自我中心麻将2 没运战士明菜的珍藏

●发售日期/1994年12月30日 ●售价/9980日元
●发行商/J·WING

　　根据片山政幸的漫画改编的麻将游戏第二作。在自由对局模式中，玩家可自由选择漫画中的14个角色来打麻将。具有多重结局的"自我中心麻将霸王"故事模式是对《街头霸王2》的恶搞，而内容是与各角色对战，取得最终胜利。

梦幻的未发售游戏《音乐工房》

　　这是一款梦幻般的游戏，在1994年即将完成时，被迫停止发行。在这款游戏中，使用鼠标画出的图画能够变成音乐，或将方块消除。由于32位游戏机的出现，品牌方需要重新安排超任游戏软件的发行数量，因此这款游戏被雪藏了起来。

　　※出自目前开发者在东京原宿活动中的发言（2010年8月21日）

《音乐工房》的广告传单

这款游戏原计划作为超任鼠标专用游戏发行。

高尔夫模拟外设"激光小鸟球"

　　作为高尔夫模拟外设发行的"激光小鸟球"，除了专用软件《一杆进洞》外，还配备了由激光球杆、传感器垫和站姿标尺组成的套装。传感器垫能检测到球杆顶端发出的激光，由此来测量球的飞行距离和类型。

　　除了独创的18洞球场外，玩家还可选择比杆赛、比洞赛、逐洞赛、差点锦标赛等。此外，游戏中还有一个面向实战的训练模式，可显示出每次挥杆时杆头的模拟轨迹，对高尔夫球杆进行了非常真实的模拟。

文字来源/复古游戏爱好会

●发售日期/1995年 ●发行商/RICOH ●售价/49800日元

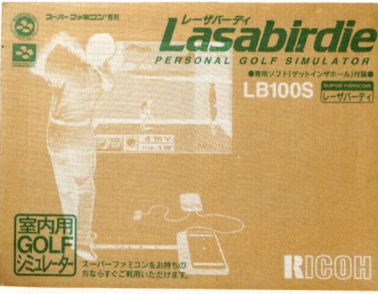

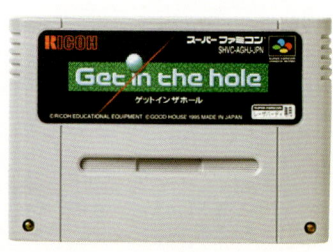

《一杆进洞》

传感器垫

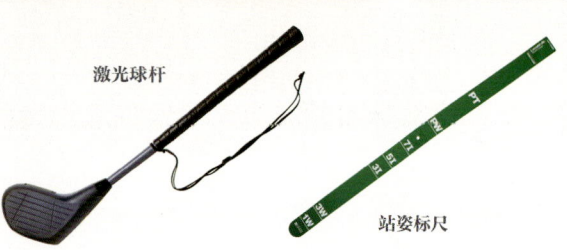
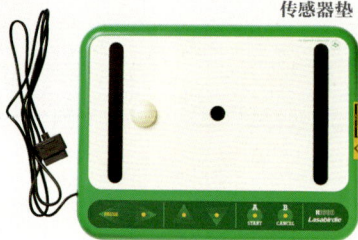

激光球杆

站姿标尺

超级任天堂

1995年

Super Famicom

ダービースタリオンⅢ
德比赛马3

●发售日期/1995年1月20日 ●售价/12800日元
●发行商/ASCII

吸引了日本全国的赛马爱好者
赛马游戏系列复兴之鼻祖

　　养成模拟游戏中销量高达百万份的怪物级软件。本作是《德比赛马》系列在超任上的第二部作品。在前作的基础上进行了多项改进，为该系列的后续作品奠定了基础。游戏的核心玩法与初代作品相同，玩家扮演饲养员、马主和驯马师，从赛马的配种到训练，事事亲力亲为，培育出厉害的赛马前去参加比赛。

　　本作增加了可以自动训练马匹的马厩、地方举办的赛马比赛等新内容，使游戏更加有趣。虽然游戏的目标是在最顶级的凯旋门大奖赛中获得胜利，但无须拘泥于此，玩家可以随心所欲地体验这款游戏的乐趣。

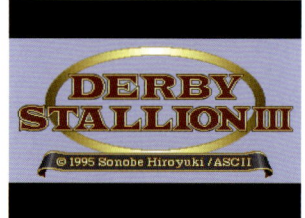

クロノ・トリガー | Chrono Trigger
超时空之轮

●发售日期/1995年3月11日 ●售价/11400日元
●发行商/SQUARE

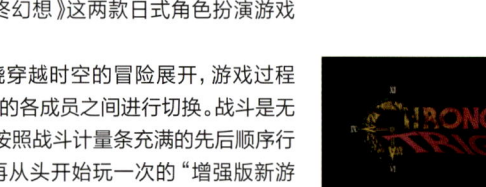

注定会大受欢迎的游戏项目
大牌云集，梦幻般的开发团队

　　这是由SQUARE发行的一款大型RPG游戏，由名为"梦幻项目"的团队开发。团队主要成员包括坂口博信、堀井雄二、鸟山明等业界泰斗，目标是将《勇者斗恶龙》和《最终幻想》这两款日式角色扮演游戏大作加以融合。

　　游戏剧情围绕穿越时空的冒险展开，游戏过程中玩家可以在小队的各成员之间进行切换。战斗是无缝进行方式，角色按照战斗计量条充满的先后顺序行动。此外，通关后再从头开始玩一次的"增强版新游戏"（*1）在当时也成为热门话题。

*1.译注："增强版新游戏"即现在常说的"二周目"。

聖剣伝説3

圣剑传说3

● 发售日期/1995年9月30日 ● 售价/11400日元
● 发行商/SQUARE

由SQUARE发行的
动作角色扮演游戏名作

　　这是该系列在超任上的第二作，和前作一样都是动作角色扮演游戏，基本系统等内容也沿袭前作。玩家从六个角色中选择主角和两个伙伴。游戏中的对话会根据所选择的角色发生改变，因此在通关后可以更换角色多次进行游戏。本作的故事也和前作一样，围绕玛娜展开，主角们为了恢复世界和平而进行战斗。

　　游戏采用识别敌人后自动进入战斗的系统，击败所有的怪物即可结束战斗。消耗必杀技能量值可以释放每个角色特有的必杀技，而角色转职后可以学习新的技能。

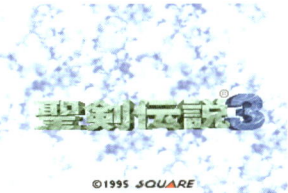

タクティクスオウガ

皇家骑士团2

● 发售日期/1995年10月6日 ● 售价/11400日元
● 发行商/QUEST

正义与邪恶的冲突不断
以多种思想间的差异为主题的作品

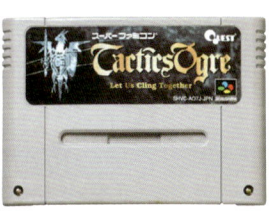

　　基于松野泰己《奥伽战争》第七章的内容开发的一款游戏，在超任版《皇家骑士团》推出一年半后发行。前作的半即时制战斗系统在本作中改为独创的待命回合制，并且敌我双方在处于具有高度差的地图上进行战斗。

　　很多粉丝被游戏深刻的故事和庞大的世界观所吸引，并且在很长一段时间内，游戏杂志的最爱游戏榜单中都能见到这款游戏的身影。优秀的游戏系统，较高的游戏难度，以及出自各种角色的诸多名言，使这款游戏至今仍是玩家们热议的话题。

天地創造｜Terranigma

天地创造

●发售日期/1995年10月20日 ●售价/11800日元
●发行商/ENIX

以毁灭与创造为主题
QUINTET在超任上的最终作

　　由QUINTET开发、ENIX发行的动作角色扮演游戏作品，与《创世封魔录》《盖亚幻想记》并称QUINTET三部曲（或天地三部曲）。玩家在以真实的世界地图为原型的广阔场景中进行探索，在地下城中与敌人战斗。虽然故事架构十分宏大，但游戏系统却不难，任何人都能够自然地沉浸在这个世界中。

　　战斗需要输入指令，角色可使出冲刺攻击、旋转攻击、滑翔攻击等组合招式，还可以对远程攻击进行防御。动作部分的难度适中，游戏中还有丰富的解谜要素。这款游戏各方面的平衡性极高，是超任游戏中数一数二的名作。

ロマンシング サ・ガ3

浪漫沙加3

●发售日期/1995年11月11日 ●售价/11400日元
●发行商/SQUARE

超任上的系列最终作
系统完成度极高，集系列之大成

　　采用开放式剧情的《浪漫沙加》系列的第三部作品，游戏系统回归初代。游戏中有八个主角可供选择，每个主角都有自己的专属故事。此外还有大量支线剧情，由玩家来决定哪个角色可以加入小队。虽然系统的自由度极高，但最终目标都是一样的，剧本完美地围绕最终决战为《浪漫沙加》系列画上了句号。

　　战斗方面新增了指挥官模式，是否使用这个模式则由玩家来决定。玩家可以一直使用传统的指令输入式战斗直到游戏结束。

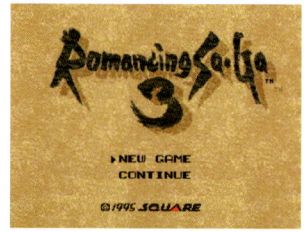 

ドラゴンクエストVI 幻の大地
勇者斗恶龙6 幻之大地

- ●发售日期/1995年12月9日 ●售价/11400日元
- ●发行商/ENIX

还未体验就能让人感到安心
稳定可靠的趣味性极具吸引力

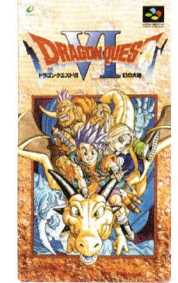

已成为国民级角色扮演游戏而广为人知的《勇者斗恶龙》系列的第六部作品,在超任上则是继《勇者斗恶龙5》《勇者斗恶龙1·2》和《勇者斗恶龙3》之后的第四部作品。故事是天空系列的最终作,主角们在两个世界间穿梭往返,寻找真相。相比描绘了主角波澜壮阔一生的前作,本作剧情回归了主流风格。

战斗方面与该系列历代作品一样,采用指令选择式。除了魔法之外,游戏中还新增了很多不需要消耗魔法值就能释放的特技。通过转职对角色进行培养这一系统在本作中非常重要。此外,前作中可使怪物成为同伴的系统也得到了保留。

テイルズ オブ ファンタジア
幻想传说

- ●发售日期/1995年12月15日 ●售价/11800日元
- ●发行商/NAMCO

移植版和重制版的出货量
是超任版的五倍以上

在PC和家用游戏主机上发行了数款作品的WOLF TEAM开发的角色扮演游戏。《传说》系列的第一部作品。该系列在超任只发行了这一款游戏,后续被移植到多个平台,人气长盛不衰。

这款作品中具有大量可引发话题的要素,如超任游戏中首屈一指的高质量画面和片头曲、由藤岛康介所创造的角色等,但它并没有像其他角色扮演大作一样引起暴发性的热潮,而是通过口耳相传逐渐收获大众好评,在推出重制版及第二作之后才终于引起轰动。

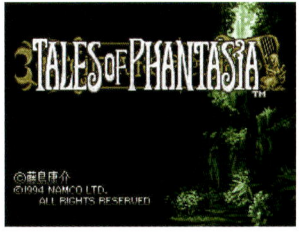

X-MEN | X-Men: Mutant Apocalypse

X战警

●发售日期/1995年1月3日 ●售价/9980日元
●发行商/CAPCOM

　以漫威人气漫画《X战警》中的角色为主角的横版动作游戏。游戏中可以使用镭射眼、金刚狼、灵蝶、牌皇、野兽这五个角色。从第二关开始，玩家可以自由选择角色，通过输入指令可释放必杀技。

スーパーチャイニーズファイター

超级中国拳格斗

●发售日期/1995年1月3日 ●售价/9800日元
●发行商/CULTURE BRAIN

　《超级中国拳》系列作品之一，是一款对战格斗游戏。单人游戏以冒险模式为主。为了拯救被绑架的玲玲，找回被夺走的秘籍，杰克与龙将与敌人展开战斗。游戏中可以使用道具。

高橋名人の大冒険島II | Super Adventure Island II

高桥名人之大冒险岛2

●发售日期/1995年1月3日 ●售价/9500日元
●发行商/HUDSON

　来自红白机的《高桥名人之冒险岛》系列在超任上的第二作。本作的玩法与前作不同，改成了动作角色扮演游戏，因此游戏中具有寻找道具、解谜等丰富的内容，角色还可以使用魔法。在游戏中，名人的武器是一把剑，他还能学会各种剑的招式。

バックインタイム | Pac-In-Time

吃豆人时空之旅

●发售日期/1995年1月3日 ●售价/7900日元
●发行商/NAMCO

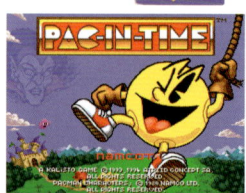

　在这款横版动作游戏中，玩家操纵拟人化的"吃豆人"前进。为了过关，需要集齐关卡中所有的豆子。主角可通过穿越魔法环来获得四种能力，然后利用这些能力完成关卡中的难关。

ボンカーズ ハリウッド大作戦! | Disney's Bonkers
邦克大进击

- ●发售日期/1995年1月3日 ●售价/8500日元
- ●发行商/CAPCOM

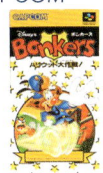 

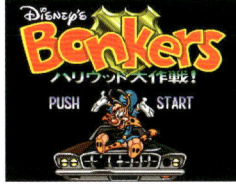 

　　根据迪士尼同名动画原作改编的横版动作游戏。主角可以跳跃、投掷炸弹、冲刺等，场景中会落下各种各样的道具。到达指定地点，主角与BOSS进行战斗，打败BOSS就可以过关了。

实战!麻雀指南
实战 麻将指南

- ●发售日期/1995年1月13日 ●售价/9800日元
- ●发行商/ASK讲谈社

 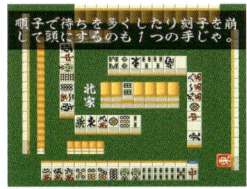

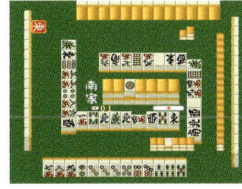 

　　在本作中玩家可以指定电脑角色作为代理老师，并跟随老师学习麻将的战术。当然，也可以正常进行麻将对局，游戏包括自由对局、段位审查等五种不同模式。此外，还可以保存对局数据，玩家可随时回顾自己每一局的战术。

ギャラクシーウォーズ
银河大战

- ●发售日期/1995年1月13日 ●售价/5980日元
- ●发行商/IMAGINEER

 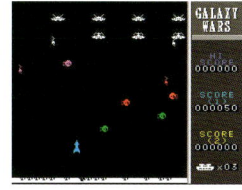

 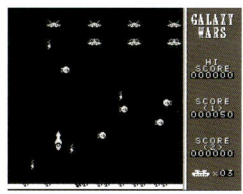

　　同名街机游戏的重制版，《电子神童》的主角正是从这款游戏中学会了火焰陀螺。这款游戏有多种画面模式，包括黑白画面模式，模拟当时在街机屏幕上粘贴玻璃纸的彩色模式，以及20世纪90年代风格的重制模式。此外，在重制模式中，可以真正地使用火焰陀螺。

雀遊記 悟空亂打
雀游记 悟空乱打

- ●发售日期/1995年1月13日 ●售价/8900日元
- ●发行商/VIRGIN GAME

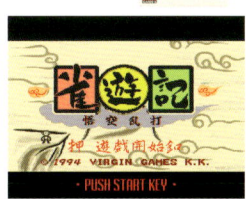 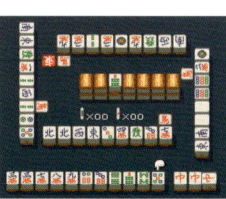

　　以《西游记》为题材的麻将游戏，唐僧师徒一行为了赚取路费而在麻将馆打麻将。除了与《西游记》中的人物进行自由对战的模式外，还可以玩神经衰弱、老虎机等小游戏。麻将是四人麻将的形式，对局中无法作弊，令人放心。

パズルボブル｜Bust-a-Move

弹珠泡泡龙

●发售日期/1995年1月13日 ●售价/6800日元
●发行商/TAITO

　　TAITO的街机射击解谜游戏的移植版。本作最初是《泡泡龙》的衍生作品，后来成为比原作更受欢迎的游戏系列。画面下方的炮台可以发射泡泡，三个以上同种颜色的泡泡相连即可消除。消除全部泡泡即可过关。

スターダストスープレックス

幻象女子摔角

●发售日期/1995年1月20日 ●售价/9980日元
●发行商/VARIE

　　VARIE发行的职业摔角游戏，出场的摔角手全是女性。虽然运动员采用化名，但都以现实的摔角手为原型，粉丝们很快就能分辨出来。通过按键的组合，角色可使出打击技、关节技等各种各样的攻击招式。

わくわくスキー わんだあシュプール

可爱滑雪大赛

●发售日期/1995年1月13日 ●售价/9600日元
●发行商/HUMAN

　　以卡通风格的可爱角色为特色的滑雪游戏。虽然是滑雪游戏，但赛道并不是倾斜的，看起来就像普通的赛车游戏。共有八个可选角色，每个角色的能力各不相同。游戏分为越野赛、双人竞赛等四种模式。

マイケル・アンドレッティ インディーカーチャレンジ｜Michael Andretti's Indy Car Challenge

迈克尔·安德烈蒂的印地赛车挑战

●发售日期/1995年1月20日 ●售价/9800日元
●发行商/BPS

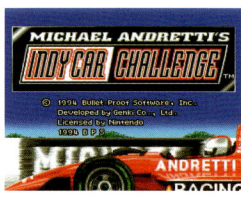

　　以来自美国的赛车手兼F1车手迈克尔·安德烈蒂命名的赛车游戏。游戏使用伪3D画面，比赛前可对赛车进行设置。在游戏中，玩家要参加真实存在的16场比赛，可以询问迈克尔·安德烈蒂关于比赛的建议。

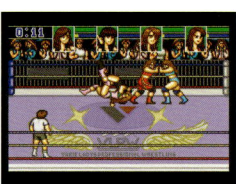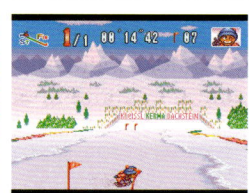

ウルヴァリン | Wolverine: Adamantium Rage

金刚狼

- ●发售日期/1995年1月27日 ●售价/10900日元
- ●发行商/ACCLAIM JAPAN

　　以《X战警》中最受欢迎的角色之一金刚狼为主角的横版动作游戏。玩家可以用艾德曼合金爪攻击并击倒敌人，或用爪子刺入天花板进行移动。虽然操作有些复杂，但运用自如之后就可以做出各种动作。

キテレツ大百科 超時空すごろく

奇天烈大百科大富翁

- ●发售日期/1995年1月27日 ●售价/8900日元
- ●发行商/VIDEO SYSTEM

　　以藤子·F·不二雄的人气漫画《奇天烈大百科》中的角色为主角的桌面游戏。玩家按照轮盘所示的点数前进，积分根据所停留的格子而增加或减少。使用道具可以更顺利地前进，或给对手造成干扰。游戏中还收录了一些迷你游戏。

鋼鉄の騎士3 -激突ヨーロッパ戦線-

钢铁之骑士3

- ●发售日期/1995年1月27日 ●售价/12800日元
- ●发行商/ASMIK

　　游戏描绘了从战争初期到末期的经过。很多当时的坦克在游戏中登场，因此本作对军事爱好者极具吸引力。细致的命中判定等细节可以看出这个游戏的制作非常用心。

パチンコ物語2 名古屋シャチホコの帝王

柏青哥物语2

- ●发售日期/1995年1月27日 ●售价/9800日元
- ●发行商/KSS

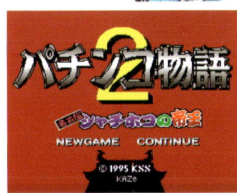

　　该系列的第二作，玩家在柏青哥发源地名古屋的一栋大楼中挑战弹珠机。游戏中共有10种弹珠机，全都是虚构机型。在大楼的其他楼层有游戏厅和夜总会，可以去玩迷你游戏或追求喜欢的女孩。游戏中收集信息十分重要。

みらくるカジノパラダイス
神奇博彩天堂

●发售日期/1995年1月27日 ●售价/9800日元
●发行商/CARROZZERIA JAPAN

　　由CARROZZERIA JAPAN发行的桌面游戏。游戏中的音乐由因日本FALCOM游戏而闻名的古代祐三负责创作。游戏规则参照了《大富翁》，玩家通过租借场地来赚钱。此外，游戏中还有很多以博彩项目为原型的迷你游戏，内容十分丰富。

アイアンコマンドー 鋼鉄の戦士
钢铁战士

●发售日期/1995年2月10日 ●售价/9800日元
●发行商/POPPO

　　在这款清版动作游戏中，玩家可以在两个角色中选择一个作为主角，打倒敌人并不断前进。除了徒手攻击，玩家还可以使用球棒、小刀等近战武器。游戏还设计了自动滚屏关卡。一家名为超技（BLAZEPRO）的中国香港的公司获得了官方授权，2017年推出了这款游戏的复刻版。

放課後 in Beppin 女學院
放课后的美女学院

●发售日期/1995年2月3日 ●售价/9980日元
●发行商/IMAGINEER

　　由IMAGINEER发行的模拟养成游戏。玩家从三个学生中选择一个，作为代理人对其进行教育。安排好学生的时间表后，便开始进行训练或做出相应的行动，属性也将随之增加或减少。过程中会发生各种各样的事件，遗憾的是没有恋爱要素。

機動戦士ガンダム CROSS DIMENSION 0079
机动战士高达 穿越次元0079

●发售日期/1995年2月10日 ●售价/9800日元
●发行商/BANDAI

　　以高达为题材的模拟角色扮演游戏。从阿姆罗第一次坐进高达驾驶舱，一直到结尾枪战后的肉搏战是第一部分。第二部分则为游戏原创内容——主角驾驶精灵高达。通过输入指令来释放必杀技的设定很有趣。

さいばらりえこのまあじゃんほうろうき
西原理惠子麻将流浪记

● 发售日期/1995年2月10日　● 售价/9800日元
● 发行商/TAITO

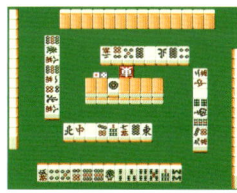

根据西原理惠子的漫画改编的麻将游戏。除了作者本人外，玩家还可以和金角、银角、银玉老板、博○堂的宫崎、马场职业选手等漫画中的人物一起打麻将。在雀皇战模式中，参赛者分组围坐在桌前，最终得分最多的四名选手晋级决赛。

ザ・心理ゲーム2 ～マジカルトリップ～
心理游戏2 魔法之旅

● 发售日期/1995年2月10日　● 售价/8800日元
● 发行商/VISIT

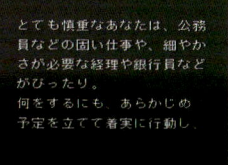

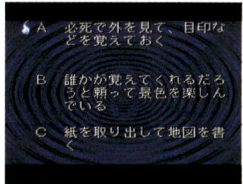

《心理游戏》系列的第二作。游戏中有"你会怎么做？""自我观察""缘分诊断""神奇之旅"四个项目，玩家可以通过回答一系列的问题来分析自己的心理。此外，游戏中还准备了两部长篇小说，迷幻风格的画面具有治愈心灵的效果。

ジャムズ
骰子方块

● 发售日期/1995年2月10日　● 售价/7800日元
● 发行商/CARROZZERIA JAPAN

这是一款用骰子玩的下落式消除游戏。两个一组的骰子从画面上方落下，将其左右移动或翻转，降落至底部。如果用同种颜色的骰子包围一枚不同颜色的骰子，那么颜色相同的骰子将会消除，被包围的骰子点数会减一。当骰子的点数变为零时，骰子也会消失。

だるま道場
达摩道场

● 发售日期/1995年2月10日　● 售价/8800日元
● 发行商/DEN'Z

以"敲不倒翁"为原型的解谜游戏，移植自街机。玩家操纵主角用木槌敲击圆柱，画面下方三个相同的圆柱叠在一起即可消除。游戏有多种模式，可根据时间限制或次数限制来改变规则。

柏木重孝のトップウォーターバッシング

柏木重孝顶尖钓客

●发售日期/1995年2月17日 ●售价/14800日元
●发行商/VAP

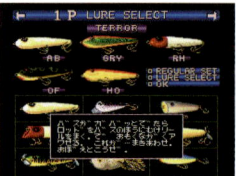

　　由原拟饵生产商ZEAL的创始人、如今著名的职业鲈鱼钓手柏木重孝制作的钓鲈鱼游戏。虽然操作有些复杂，但游戏制作十分真实。如果只是随意玩玩，会很难钓到鱼。当然，游戏中出现了多款ZEAL的拟饵。

タイムコップ | Timecop

时空战警

●发售日期/1995年2月17日 ●售价/9800日元
●发行商/VICTOR ENTERTAINMENT

　　根据1994年上映的同名电影改编的横版动作游戏，由欧美厂商负责开发。游戏中的人物采用真人演示录制影像，让玩家体验到电影般的真实感。想要继续前进就需要设置一些机关，探索地图也十分重要。

銀玉親方の実戦パチンコ必勝法

银玉亲方实战柏青哥必胜法

●发售日期/1995年2月17日 ●售价/10500日元
●发行商/SAMMY

　　以过去经常出现在《柏青哥必胜指南》和西原理惠子的漫画中，如今正经营麻将馆的"银玉老板"山崎一夫为主角的柏青哥游戏。游戏获得了柏青哥公司"平和"和"三共"的赞助，"狂热女王2""新BIG SHOOTER""弹丸物语SP"等五台真实机型在游戏中登场。

チェスマスター | The Chessmaster

国际象棋大师

●发售日期/1995年2月17日 ●售价/9800日元
●发行商/ALTRON

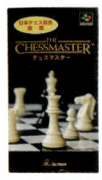

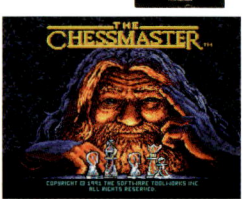

　　由欧美厂商开发的国际象棋游戏。游戏中没有无用的特效，是一款硬派的作品。除了与电脑进行对战，还可以和2P玩家对战，并进行细致的设置。电脑的智力水平很高，会让仅懂得棋子移动方式的玩家无法招架。

提督の決断II | P.T.O. II: Pacific Theater of Operations

提督的决断2

● 发售日期/1995年2月17日 ● 售价/14800日元
● 发行商/KOEI

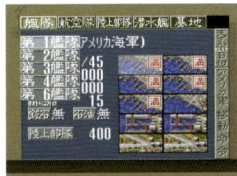

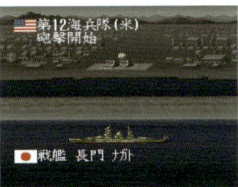

　　玩家指挥日本或美国海军，目标是取得战争的胜利。游戏在战斗之外的内容上也很用心，例如可以对军舰或飞机进行设计，通过卡牌游戏来模拟会议，而这同样也是这款作品的重心。

ヤムヤム

亚蒙亚蒙世界

● 发售日期/1995年2月17日 ● 售价/9800日元
● 发行商/BANDAI

　　这是一款令人惊奇的游戏，角色设计由因《火炎斗球儿弹平》及《闪电十一人》而闻名的越田哲弘负责。这款游戏以角色扮演为主要玩法，但在城镇间移动时会切换成伪3D射击游戏。在射击环节中打败敌人可以赚取金钱和提升等级。

ファイターズヒストリー 溝口危機一髪!!

格斗烈传 沟口千钧一发

● 发售日期/1995年2月17日 ● 售价/9900日元
● 发行商/DATA EAST

　　在DATA EAST的街机对战格斗游戏的基础上针对超任改进移植的新作。人气角色沟口被选为主角，而在沟口模式中，玩家与各角色进行战斗，目的是拿回被偷走的章鱼烧店的招牌。最终BOSS原子战士出自DATA EAST的另一款游戏。

魔神転生II

魔神转生2

● 发售日期/1995年2月19日 ● 售价/10800日元
● 发行商/ATLUS

　　ATLUS的模拟角色扮演游戏的续作。本作也采用了《真女神转生》中的仲魔、恶魔合成系统。可通过对话将恶魔收为仲魔，并通过组合制造出更强大的仲魔。仲魔在战斗中可以使用附加技能，且合体后也能继承原有技能。

エストポリス伝記II | Lufia II: Rise of the Sinistrals

四狂神战记2

● 发售日期/1995年2月24日 ● 售价/9980日元
● 发行商/TAITO

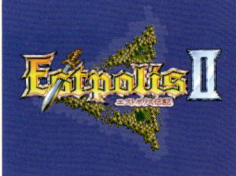

　　由TAITO发行的人气角色扮演游戏系列的第二作。故事发生在前作的100年前左右,描述了人类与神灵之间的战斗。地下城中充满了解谜要素,玩起来像解谜游戏。战斗中引入了胶囊怪兽系统。

NBA JAMトーナメントエディション | NBA Jam Tournament Edition

劲爆NBA篮球 淘汰赛版

● 发售日期/1995年2月24日 ● 售价/11800日元
● 发行商/ACCLAIM JAPAN

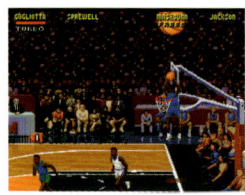
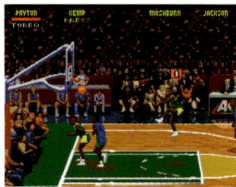

　　在多个平台发行过作品的《劲爆NBA篮球》系列在超任上的第二作。这款作品的特色是NBA巨星们以真实姓名结合图像的形式参与比赛。比赛以二对二的形式进行。与该系列其他作品一样,球员的弹跳力非常出色,比赛场面也十分壮观,是一款很有趣的游戏。

NFLクォーターバッククラブ'95 | NFL Quarterback Club

NFL四分卫俱乐部95

● 发售日期/1995年2月24日 ● 售价/11800日元
● 发行商/ACCLAIM JAPAN

　　由欧美厂商开发的美式橄榄球游戏,当时的NFL球队以真实队名登场。游戏采用了纵向的场地,在单人模式中向上方进攻。游戏收录了很多攻击或防御阵形,对于美式橄榄球来说这些是最重要的内容,同时让玩家体会到和真实比赛一样的乐趣。

クラシックロードII

赛马之道2

● 发售日期/1995年2月24日 ● 售价/12800日元
● 发行商/VICTOR ENTERTAINMENT

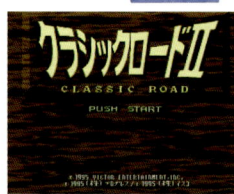

　　赛马模拟养成游戏的续作。玩家要购买赛马,进行配种繁殖小马,训练赛马使它们成长。在本作中,可以购买外国马和本地马,扩大了游戏的内容。虽然目标是赢得G1比赛,但游戏中并没有明确的目的,自由度很高。

実況パワフルプロ野球2

实况力量棒球2

- ●发售日期/1995年2月24日 ●售价/9980日元
- ●发行商/KONAMI

　　《实况力量棒球》系列的第二作，游戏中加入了由朝日放送电视台的播音员配音的比赛解说。系统方面与前作相比没有太大的变化，只是在内容方面对数据进行了更新。《实况力量棒球》系列的人气稳步上升，被广大玩家认定为棒球游戏的标杆。

スーパードリフトアウト

超级世界野外赛车

- ●发售日期/1995年2月24日 ●售价/9980日元
- ●发行商/BISCO

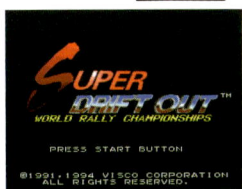

　　街机赛车游戏《越野赛车》的超任移植版。游戏采用俯视视角。斯巴鲁翼豹、丰田赛利卡、三菱蓝瑟翼豪陆神等真实车型在拉力赛中登场。虽然向左右大幅度转向的弯道十分吸引人，但玩起来很容易头晕。

将棋倶楽部

将棋俱乐部

- ●发售日期/1995年2月24日 ●售价/8800日元
- ●发行商/HECTOR

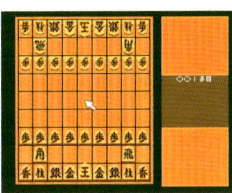

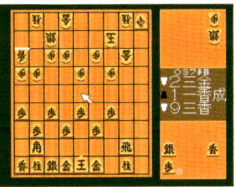
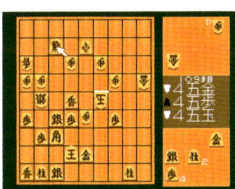

　　由HECTOR发行的将棋游戏。游戏只有一种模式，就是和电脑对战。玩家可以对先手和后手、是否进行除去飞车或角行的让子局等细节进行设置。游戏中没有多余的表现形式或花哨的图像。如此简单朴素的玩法在这个时代反而很罕见。

Turf Memories

赛马回忆

- ●发售日期/1995年2月24日 ●售价/11600日元
- ●发行商/BEC

　　在这款游戏中，玩家扮演骑手，挑战各种比赛。故事从20世纪70年代开始，最初只是新人骑手的主角逐渐成长起来。玩家可以参加过去曾举办过的大型赛事，但比赛失败则游戏结束，比赛无法重新进行。

ドリフトキング土屋圭市&坂東正明　首都高バトル2

首都高赛车2 甩尾王土屋圭市与坂东正明

●发售日期/1995年2月24日　●售价/9800日元
●发行商/BPS

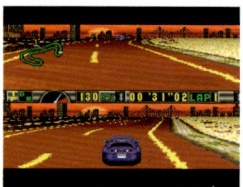
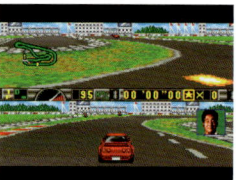

　　由"漂移王"土屋圭市监制的赛车游戏系列的第二作。玩家与对手以一对一的形式决斗，画面被分成上下两部分。除首都高速道路外，还可以在其他专用赛道上进行比赛，并在坂东正明的指导下对赛车进行设置。游戏中出现的赛车都以真实赛车为原型。

バトルピンボール

SD弹珠台

●发售日期/1995年2月24日　●售价/6800日元
●发行商/BANPRESTO

　　Compati Hero系列的弹珠游戏。弹珠台分为高达、奥特曼等不同主题，对应的角色会在关卡中登场。游戏中还有以打倒邪恶军团为主题的故事模式，把四个弹珠台全都通关后，将通过对战型的弹珠玩法与BOSS进行对决。

NAGE LIBRE 静寂の水深

女子学园社团战记

●发售日期/1995年2月24日　●售价/9800日元
●发行商/VARIE

　　出场角色全都是美少女的模拟角色扮演游戏。移动地图上的角色，攻击相邻的敌人。在战斗中，玩家要使用随机分配到的牌来进行攻击、防御和恢复等行动。此外，使用换装卡换上泳装和体操服等服装的换装系统是这款游戏的特点。

美少女戦士セーラームーンS くるっくりん

美少女战士S 消气泡大战 美少女战士

●发售日期/1995年2月24日　●售价/6800日元
●发行商/BANDAI

　　在超任上发行的九款美少女战士主题作品中的第五款游戏。这是一款消除游戏，将三种类型的法宝向画面最下方移动，顺利获取全部法宝即可获得胜利。每位角色都有各自的必杀技，而释放必杀技的时机十分关键。

ファーランドストーリー
剑士法兰多
- ●发售日期/1995年2月24日 ●售价/10800日元
- ●发行商/BANPRESTO

　　曾在电脑上发行过八部作品的模拟角色扮演游戏的超任版。游戏以剑与魔法的世界为背景，故事由两个部分构成。游戏采用玩家熟悉的系统：移动地图上的角色，对敌人进行攻击，在城镇中还可以购买道具。

From TV animation SLAM DUNK 2 IH予选完全版!!
灌篮高手2
- ●发售日期/1995年2月24日 ●售价/10800日元
- ●发行商/BANDAI

　　《灌篮高手》在超任上的第二作。本作以日本全国高中综合体育大赛的预赛环节为主题。系统沿用了前作的设定，在球员实时移动的过程中，玩家通过输入指令来控制他们传球或灌篮。比赛过程中经常插入特写画面，使比赛效果更加震撼。

フロントミッション
前线任务
- ●发售日期/1995年2月24日 ●售价/11400日元
- ●发行商/SQUARE

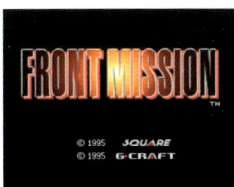

　　在SQUARE大多数以奇幻世界为背景的作品中，这是一款罕见的科幻题材的模拟角色扮演游戏。敌方和盟友驾驶名为Wanzer的人形装甲进行战斗，可通过增加零件或钢管对装甲进行强化。这是一款剧本严谨，气氛阴暗的硬派游戏。

HEIWAパチンコワールド
平和柏青哥世界
- ●发售日期/1995年2月24日 ●售价/9900日元
- ●发行商/SHOUEI SYSTEM

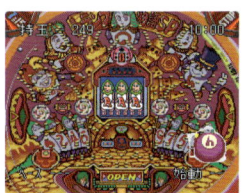

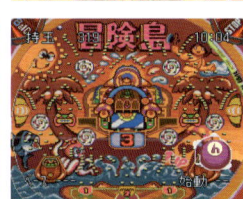

　　这款柏青哥游戏与著名的弹珠机制造商平和（HEIWA）进行了全面合作。在游戏中可以玩到"CR名画""ATOMIC""冒险岛""扑克物语""恐龙王国"等平和生产的真实机型。在实战篇中，中奖率与现实中相同，入门篇中的机器更加容易中奖，中奖率为现实中的两倍。

永遠のフィレーナ
永远的菲蕾娜

●发售日期/1995年2月25日 ●售价/9800日元
●发行商/德间书店INTERMEDIA

　　根据首藤刚志在动画杂志《Animage》上连载的小说改编的角色扮演游戏。这是一款非常正统的作品，采用俯视视角的画面加上指令选择式的战斗方式，玩家可以快速进行游戏。除了野外场景，其他场景中也可按B键进行冲刺。

おとぼけ忍者コロシアム
轰炸忍者超人

●发售日期/1995年2月25日 ●售价/8800日元
●发行商/INTEC

　　以四名美少女忍者为主角的动作游戏。将一段时间后会爆裂开的撒菱放置在场景中，以这种方式打败敌人。破坏障碍物不仅能够让角色由此穿过，还可以获得道具。最多支持四个玩家对战，故事模式则支持两个玩家一起玩。

スーパーボンバーマン ぱにっくボンバーW
超级博蒙曼方块

●发售日期/1995年3月1日 ●售价/8900日元
●发行商/HUDSON

　　《博蒙曼》主题的下落式消除游戏。三个以上相同颜色的博蒙曼横向、竖向、斜向相连即可消除。在大量消除或连锁消除后将出现炸弹，引爆点燃的炸弹可以消除更多的博蒙曼。此外，碍事的焦炭博蒙曼只能用炸弹来消除。

アンダーカバーコップス
暴力刑警

●发售日期/1995年3月3日 ●售价/9800日元
●发行商/VARIE

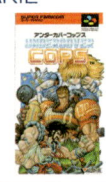 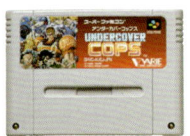

　　IREM开发的街机清版动作游戏移植到了超任上。游戏中共有三个玩家角色，玩家可从中选择一个作为主角。支持三个玩家同时游戏。这款游戏的特色是艺术点数系统：用特定招式打败敌人可获得艺术点数。

スーパーエアダイバー2
超级空中战斗员2

●发售日期/1995年3月3日 ●售价/9800日元
●发行商/ASMIK

　　伪3D画面的飞行射击游戏系列的第二作。本作新增了地图画面，在战略阶段可以移动背景、选择攻击地点。游戏中有两架战机供玩家选择，分别是日本航空自卫队也有配备的F-15战斗机和法国制造的幻影2000战斗机。

スーパーマッドチャンプ
超级疯狂机车赛

●发售日期/1995年3月4日 ●售价/9600日元
●发行商/TSUKUDA ORIGINAL

　　虽然在这款摩托车赛车游戏中可使用暴力行为，但由于游戏采用的是俏皮的卡通风格，因此并没有杀机四伏的氛围。游戏中共有五名车手供玩家选择。比赛中挣到的奖金可以用来购买新摩托车。对赛车进行调整时，会用日语中的拟声拟态词来进行说明，生动形象，易于理解。

スーパーファミスタ4
超级家庭棒球4

●发售日期/1995年3月3日 ●售价/9500日元
●发行商/NAMCO

　　于每年3月发行的《超级家庭棒球》系列的第四作。本作在系统上进行了一些改动，在投球和击球时加入了高度差概念。除了基础的12支NPB球队，还有包含隐藏队在内的四支虚构队伍。游戏中还有一种可创建原创球员并让球员加入球队的模式。

ラストバイブルⅢ
最后的圣经3

●发售日期/1995年3月4日 ●售价/10800日元
●发行商/ATLUS

　　ATLUS在GB上发行的角色扮演游戏系列的第三作。这款游戏仅在超任上推出。比起沉重黑暗的《真女神转生》系列，本作的风格更加明快，视角也改为俯视视角，玩起来更加方便。这款作品中也具有与恶魔对话、仲魔系统、魔兽合成等内容。

マジカルポップン
魔法大进击

●发售日期/1995年3月10日 ●售价/9800日元
●发行商/PACK-IN-VIDEO

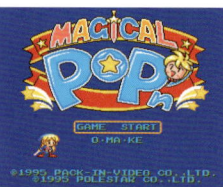

　　在这款横版动作游戏中，可爱的魔法师少女可以使用六种不同的魔法战斗，还可以使用剑。主角的配音由首次担任声优的饭岛爱负责，在当时成为热门话题。游戏本身的完成度非常高，操作性强，动作也很丰富。

キャプテンコマンドー | Captain Commando
名将

●发售日期/1995年3月17日 ●售价/9800日元
●发行商/CAPCOM

　　CAPCOM的街机清版动作游戏的移植作。美式漫画风格的人物看起来像是出自某本日本漫画，但实际上是CAPCOM的原创游戏。游戏中有四个角色供玩家选择，每个角色具有不同的能力。通关的诀窍是掌握冲刺攻击和强力投掷这两种招式。

おらがランド主催 ベストファーマー収穫祭
明治农村农耕对抗赛

●发售日期/1995年3月17日 ●售价/7800日元
●发行商/VIC东海

　　以明治制果的零食"Curl"的吉祥物为主角的对战类动作解谜游戏。在田地里播种、浇水，哪方先收获指定数量的四种蔬菜即为胜利。可使用的角色共有六个，包括Curl叔叔、小男孩等。在游戏中可进行播种和收获的特训。

Jリーグスーパーサッカー'95 実況スタジアム
J联赛超级足球95 实况足球场

●发售日期/1995年3月17日 ●售价/9980日元
●发行商/HUDSON

　　HUDSON的足球游戏系列第二作。本作由欧美厂商开发，内容与前作相比发生了巨大变化，甚至球场改成了横版。J联赛的球队以真实队名在游戏中登场。游戏共有六种模式。此外，新增的带有配音的实况解说也是本作的特色之一。

スーパー雀豪
超级雀豪

●发售日期/1995年3月17日 ●售价/9800日元
●发行商/VICTOR ENTERTAINMENT

　　IMAGINEER发行的四人麻将游戏。这款游戏的卖点是电脑的快速思考能力。对局中不允许作弊，是一款严肃认真的作品。游戏分为自由对局、雀豪位战、短期战三种模式。玩家可创建角色作为自己的分身，比赛结果可以储存在记忆电池中。

スーパーボンブリス
超级爆炸方块

●发售日期/1995年3月17日 ●售价/7500日元
●发行商/BPS

 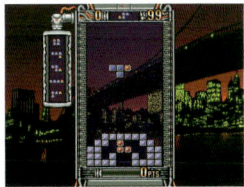

　　对《俄罗斯方块》的规则进行了部分修改的下落式消除游戏。落下的方块中混杂着炸弹，方块摆满一排时炸弹会爆炸，并炸毁周围的方块。四枚炸弹组成正方形会变成一颗巨大的炸弹，可造成大范围的爆炸，并消除大量方块。

スーパーピンボールII ザ・アメイジング・オデッセイ
超级弹珠台2 神奇奥德赛

●发售日期/1995年3月17日 ●售价/9800日元
●发行商/MELDAC

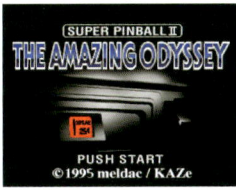 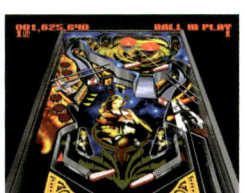

　　和前作一样，都以看上去像是欧美厂商开发的画面为特色。游戏中有三种不同类型的弹球台，保留了前作中可看到整体机身的视角。游戏操作非常简单，支持横向或纵向轻微摇动弹珠台。这是一款非常用心的作品。

スパイダーマン リーサルフォーズ
蜘蛛侠 致命敌人

●发售日期/1995年3月17日 ●售价/9800日元
●发行商/EPOCH

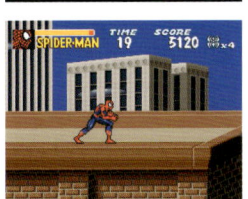 

　　以漫威漫画英雄中人气特别高的蜘蛛侠为主角的横版动作游戏。这款游戏的特色是用蜘蛛丝做动作，比如蜘蛛侠可用蜘蛛丝将自己吊起进行高速移动。此外，蜘蛛侠的身体还可以吸附到墙壁或天花板上。

スプリンター物語 〜めざせ!!一獲千金〜

自行车物语

●发售日期/1995年3月17日 ●售价/12800日元
●发行商/VAP

　　罕见地以自行车竞赛为题材的作品，是一款模拟养成游戏。玩家扮演自行车运动员，通过力量训练和骑行训练等方式来提高能力值。在游戏中，有时还可以享受休养或约会的乐趣。在六场比赛中夺冠的目标达成即可通关。

第4次スーパーロボット大戦

第4次超级机器人大战

●发售日期/1995年3月17日 ●售价/12800日元
●发行商/BANPRESTO

　　在这款热门模拟游戏中，令人怀念的机器人汇聚一堂。游戏中的主角分为真实系和超级系，所驾驶的机器人也与前作不同。本作和前作共同稳固了《超级机器人大战》系列的人气，系统方面基本完美，战斗画面也相当精彩。

熱血大陸バーニングヒーローズ

热血大陆 燃烧英雄

●发售日期/1995年3月17日 ●售价/10800日元
●发行商/ENIX

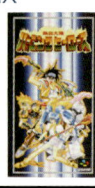

　　这款游戏由四个故事组成，完成一个故事即可开启新故事。本作共有八个主角，除主角外还有同伴角色，但在战斗中玩家只能对主角发出指令，其他角色皆为自动战斗。角色受到伤害时，热血值会增加，达到100%即可释放必杀技。

バトルレーサーズ

SD英雄赛车

●发售日期/1995年3月17日 ●售价/9800日元
●发行商/BANPRESTO

　　Compati Hero系列的赛车游戏。大家熟悉的高达、奥特曼、假面骑士等角色以赛车的形式展开对决。游戏画面分为上下两部分，在单人游戏中可显示俯视视角的画面。可利用道具在比赛中获得优势，或对对手进行干扰。

負けるな!魔剣道2 決めろ!妖怪総理大臣
可别输了 魔剑道2 决定 妖怪总理大臣

●发售日期/1995年3月17日 ●售价/9500日元
●发行商/DATAM POLYSTAR

　　系列前作是横版动作游戏，本作将游戏类型变成了对
战格斗游戏。乍一看，可能会觉得这款游戏华而不实，但
实际上本作是一款精致得令人意外的作品。除了可以具有
"取消接必杀技"系统外，还能够通过消耗魔拳气能量来使
用魔法。

ウイニングポスト2
赛马大亨2

●发售日期/1995年3月18日 ●售价/12800日元
●发行商/KOEI

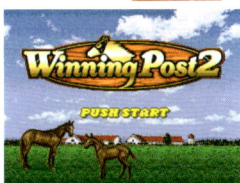

　　赛马模拟游戏系列第二作。玩家作为马主，要在30年
的有限时间内，在各种各样的比赛中拔得头筹。通过繁殖
来获得新赛马，通过训练对它们进行锻炼。在游戏中还可
以开设牧场，有很多事情需要玩家去完成。

ラブクエスト
恋爱日记

●发售日期/1995年3月17日 ●售价/9800日元
●发行商/德间书店INTERMEDIA

　　由漫画家弓月光负责角色设计的角色扮演游戏，以超
级奇葩的内容而闻名。游戏以现代日本为背景，在战斗中
玩家需要勾引对面的女孩，这个设定非常奇怪。游戏中充
满了各种自嘲的笑话。本作原计划在红白机上发行。

TURF HERO
赛马英雄

●发售日期/1995年3月21日 ●售价/12800日元
●发行商/TECMO

　　赛马养成模拟游戏。和其他同类作品相比，这款游戏
的故事情节更丰富，发生的事件数量更多。游戏主角曾是
一名骑手，他将在经营牧场的父亲和哥哥的指导下，尝试
培养出最强的赛马。最终目标是在日本德比中获得胜利。

高速思考 将棋皇

高速思考 将棋皇

●发售日期/1995年3月24日 ●售价/12800日元
●发行商/IMAGINEER

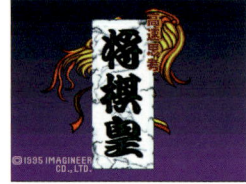

　　将棋游戏中经常出现轮到电脑角色落子时,玩家等待时间过长的问题,而本作则是一款以电脑的快速思考为卖点的游戏。游戏共有对局、诘将棋、淘汰赛、练习四种模式。电脑的将棋水平相当高,即便与最弱的电脑角色进行比拼,轻敌的话也会陷入苦战。

スーパー馬券王'95

超级马券王95

●发售日期/1995年3月24日 ●售价/9980日元
●发行商/TEICHIKU

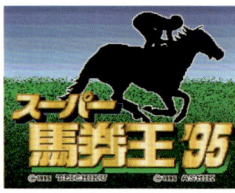

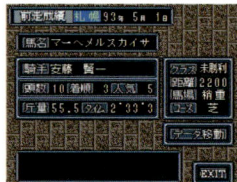

　　赛马预测软件之一,在GB上发行过系列作品。最多可记录130匹赛马的数据。玩家可以输入非常详细的数据,软件界面也非常简洁易懂。这是一款用来帮助使用者进行预测的软件,所以没有任何游戏方面的内容。

ジ・ATLUS

佛罗伦斯航海者

●发售日期/1995年3月24日 ●售价/10800日元
●发行商/PACK-IN-VIDEO

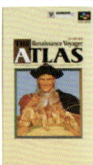

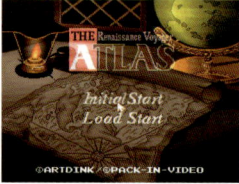
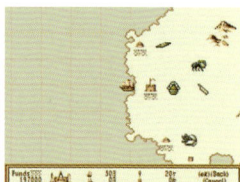

　　以大航海时代为背景,以创建世界地图为目标的模拟游戏。除了已知的地区之外,地图上的其他区域都是空白的,玩家需要参照舰队带回来的信息制作地图。此外,发现珍稀生物、买卖特产积累资金在游戏中也十分重要。

ドラゴンボールZ 超悟空伝 突激編

龙珠Z 超悟空传 突激篇

●发售日期/1995年3月24日 ●售价/10800日元
●发行商/BANDAI

　　《龙珠》系列在超任上的第五作。这款游戏围绕悟空的少年时代展开,游戏有和原作中一样的搞笑情节。虽然这是一款冒险游戏,但采用了即时制指令输入式的战斗方式。当敌人或己方的身体发光时,可进行攻击或防御。

必殺パチンココレクション2
必杀柏青哥2
- ●发售日期/1995年3月24日 ●售价/9980日元
- ●发行商/SUNSOFT

　　与柏青哥厂商藤商事合作的第二款柏青哥游戏。游戏中有六台藤商事的弹珠机可选,分别是"EXCITE""ARRANGE Man""VANGUARD""CR回转烧""SKIP BALL""TURN BACK3",还有一些非常小众的机型。

幽☆遊☆白書FINAL 魔界最強列伝
幽游白书 魔界最强列传
- ●发售日期/1995年3月24日 ●售价/9800日元
- ●发行商/NAMCO

　　《幽游白书》系列在超任上的最终作,和前作一样,游戏类型是对战格斗。除了单人的剧情模式外,还可进行魔界统一淘汰赛或组队对战等。本作的战斗与前作相比更加激烈,玩家可使用爽快的连续技将对方击倒。

ロックマン7 宿命の対決! | Mega Man 7
洛克人7 宿命的对决
- ●发售日期/1995年3月24日 ●售价/9800日元
- ●发行商/CAPCOM

　　虽然此前在超任上发行过《洛克人X》系列的作品,但这是《洛克人》在超任上的第一款续作。与该系列的前几款作品相比,本作没有进行太大的改进,但画面要比红白机版漂亮很多。本作中,佛鲁迪首次在《洛克人》系列中登场。

EMIT Vol.1 時の迷子
EMIT Vol.1 时空迷途者
- ●发售日期/1995年3月25日 ●售价/11800日元（VOICER套装14800日元）
- ●发行商/KOEI

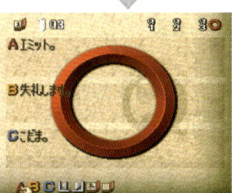

　　《EMIT》系列的初代作,作为英语学习软件发行。游戏附带一张带有录音的CD,玩家可以通过观看游戏中的字幕和听英文音频来进行学习。游戏主题曲由小室哲哉作曲、筱原凉子演唱,阵容非常豪华。

EMIT Vol.2 命がけの旅

EMIT Vol.2 赌命之徒

● 发售日期/1995年3月25日 ● 售价/11800日元（VOICER套装14800日元）
● 发行商/KOEI

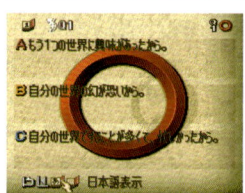

　　英语学习软件第二作。字幕可随时在英语和日语间切换，从而使玩家能够学习台词的意思及语法。故事悬念迭起，情节惊心动魄，引人入胜。《EMIT》系列的人物设计都由猪股睦美负责，林原惠担任主角的日语配音，赤川次郎担任剧本原案，制作阵容极其豪华。

Parlor!パーラー! パチンコ3社・実機シミュレーションゲーム

京乐三洋丰丸Parlor

● 发售日期/1995年3月30日 ● 售价/11800日元
● 发行商/NIPPON TELENET

　　由弹珠机主力厂商京乐、三洋、丰丸合作推出的柏青哥游戏。游戏中收录了来自三家公司的"CR SUPER BOY2""哆啦哆啦天国3""BAR BAR BAR""PINBALL""天国KISS""唐璜"这六种机型。听牌画面和中奖率都和现实中相同。

EMIT Vol.3 私にさよならを

EMIT Vol.3 向我说再见

● 发售日期/1995年3月25日 ● 售价/11800日元（VOICER套装14800日元）
● 发行商/KOEI

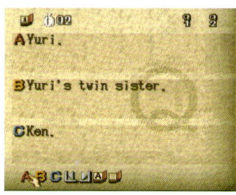

　　英语学习软件的完结篇。连接周边外设"VOICE KUN"后，可用超任来控制音频CD的播放。后来还推出了由该系列三部作品组成的超值套装（1995年12月15日发售，19800日元）。

RPGツクール SUPER DANTE

RPG工具 超级但丁

● 发售日期/1995年3月31日 ● 售价/9800日元
● 发行商/ASCII

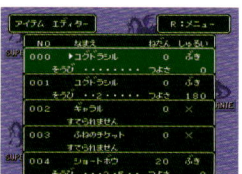

　　超任上首款《RPG工具》系列作品，是此前电脑版软件的移植版。从地图到魔法、游戏道具、敌人角色等元素，都由玩家自行编辑，从而使用这款软件制作出原创角色进行游戏。软件中内置了示例游戏，可用来参考。

エスパークス 異時空からの来訪者
异次元来访者
●发售日期/1995年3月31日 ●售价/9500日元
●发行商/TOMY

　　本作改编自名为《ESPARKS》的漫画，原作是在笔盒、铅笔、笔记本等文具上登场的故事和小游戏，这些商品都相当受欢迎。这是一款俯视视角的正统动作角色扮演游戏。玩家可创建最多由三人组成的小队，但只可对主角进行控制。

近代麻雀スペシャル
近代麻将特别版
●发售日期/1995年3月31日 ●售价/9800日元
●发行商/IMAGINEER

　　与竹书房出版的麻将漫画杂志《近代麻将》进行全面合作的麻将游戏。虽然马场职业选手也会在游戏中出场，但无法选他作为对手。出场角色都是虚构人物。游戏中还收录了选择适当的牌、计算点数等问答题，对提高玩家的麻将水平很有帮助。

旧約・女神転生
旧约女神转生
●发售日期/1995年3月31日 ●售价/10800日元
●发行商/ATLUS

　　红白机上的两款《女神转生》游戏经过重制，以合集的形式移植到了超任上。游戏画面根据超任的特点进行了重新绘制。虽然先玩哪款游戏都可以，但先通关第一部再挑战第二部，在满足条件的情况下，可以将特殊的魔神收为仲魔。

ザ・モノポリーゲーム2
大富翁2
●发售日期/1995年3月31日 ●售价/11500日元
●发行商/TOMY

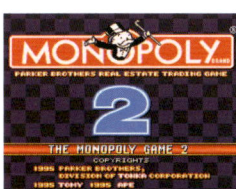

　　《大富翁》系列在超任上的第二作，属于包含红白机版游戏在内的系列第四作。游戏内容可看作是电子游戏版的《大富翁》。本作电脑的思考能力得到了强化。这款作品由糸井重里监制，前《大富翁》比赛世界冠军百田郁夫担任游戏总监。

史上最強リーグ セリエA エースストライカー

史上最强足球联赛 王牌射手

●发售日期/1995年3月31日 ●售价/9980日元
●发行商/TNN

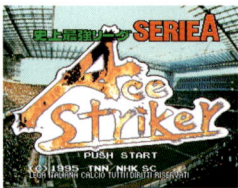

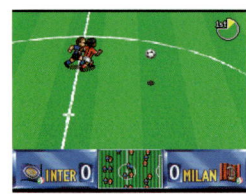

　　以意大利足球甲级联赛为主题的足球游戏。1994年，随着三浦知良的转会，意甲赛事在日本也一时间备受瞩目。18支意甲参赛球队及参赛选手都以真名在游戏中登场。游戏共有三种模式，玩家可自由选择。

スーパーフォーメーションサッカー95 della セリエA

超级阵形足球95

●发售日期/1995年3月31日 ●售价/9980日元
●发行商/HUMAN

　　人气足球游戏系列的意大利足球甲级联赛版。游戏采用《超级阵形足球》系列传统的纵向画面，玩过该系列游戏的玩家可以很自然地享受本作的乐趣。18支球队和球员都以真名登场。在情景模式中，玩家一共要参加34场比赛。

最高速思考 将棋 麻雀

最高速思考 将棋 麻将

●发售日期/1995年3月31日 ●售价/9800日元
●发行商/VARIE

　　这是一款以电脑高速思考为卖点的将棋和麻将游戏，得到了日本职业麻将联盟的官方授权和推荐。游戏内容很简单，玩家与电脑进行将棋或麻将的对战，有六位对手可供选择。为了加快电脑的思考速度，游戏卡带中安装了特殊芯片。

であえ殿様 あっぱれ一番

白痴殿下总动员

●发售日期/1995年3月31日 ●售价/9800日元
●发行商/SUNSOFT

　　这是一款特意制作的无厘头游戏。在这款俯视视角的动作游戏中，玩家控制白痴老爷或白痴王子不断前进（支持双人同时游戏）。白痴老爷主要用纸扇进行攻击，白痴王子则用玫瑰进行攻击。输入指令可释放特殊技能，累计一定的TGR（白痴殿下值）后可释放破坏性极强的技能。

羽生名人のおもしろ将棋
羽生名人之趣味将棋

●发售日期/1995年3月31日 ●售价/12000日元
●发行商/TOMY

以被称为史上最强棋士的羽生善治为主角的将棋游戏，获得了日本将棋联盟的官方授权。"趣味"是指游戏中包含屏风将棋和地雷将棋等特殊将棋玩法。在普通模式中，玩家既可以和电脑对局，也可以回顾过去的著名棋局。

ミッキーマニア | Mickey Mania: The Timeless Adventures of Mickey Mouse
疯狂米老鼠

●发售日期/1995年3月31日 ●售价/9500日元
●发行商/CAPCOM

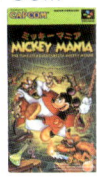

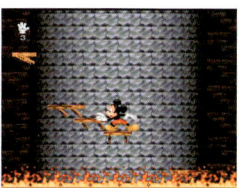

以米老鼠为主角的横版动作游戏，由欧美厂商开发。在游戏中，米老鼠将回顾过去他出演过的电影。这款游戏原计划在米老鼠形象诞生65周年纪念日期间发行。在黑白电影的关卡中，除了米老鼠外，游戏中其他部分都是黑白的。

レディストーカー ～過去からの挑戦～
秘境魔宝美少女篇 来自过去的挑战

●发售日期/1995年4月1日 ●售价/9980日元
●发行商/TAITO

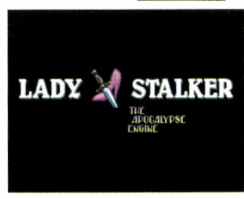

由CLIMAX开发的斜45度视角的动作角色扮演游戏。本作原本是以《勇者斗恶龙4》中的安莉娜为主角的衍生作品，因此游戏中到处都有与《勇者斗恶龙4》相关的内容。由于本作以世嘉MD的《秘境魔宝》为原型，因此包含很多利用视角进行解谜的内容。

全日本プロレス2 3・4武道館
全日本职业摔角2 3月4日武道馆

●发售日期/1995年4月7日 ●售价/10080日元
●发行商/MASAYA

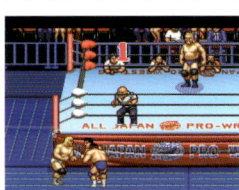
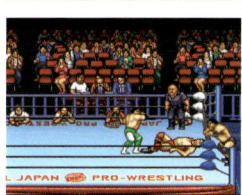

《全日本职业摔角》系列在超任的第三作，出场的是全日本职业摔角的摔角手。游戏以1993年3月4日在日本武道馆举办的比赛为主题。从本作开始，这个系列作品不再显示摔角手的体力条，增加了真实度。

ディアーナ・レイ 占いの迷宮
占卜迷宫

●发售日期/1995年4月14日 ●售价/9500日元
●发行商/COCONUTS JAPAN

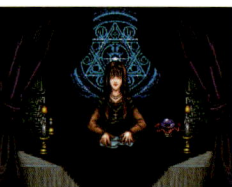

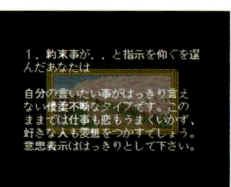

在这款软件中，神秘的算命师迪安娜·雷来会进行占卜。她通过塔罗、易经、天宫图三种方式进行占卜，可占卜的项目共五种，分别是爱情婚姻、缘分、当天的运势、事业、学业。此外，还可以根据情况选择符合的选项来进行心理测试。

新SD戦國伝 大将軍列伝
新SD战国传 大将军列传

●发售日期/1995年4月21日 ●售价/9800日元
●发行商/BEC

这是一款以在讲谈社《Comic BomBom》等杂志里出现的武者高达为主角的模拟角色扮演游戏。游戏采用从敏捷度最高的角色开始按顺序行动的系统。由于这是一款日式风格的作品，所以在状态画面中使用了很多的汉字。

ぱずるんでS!
欢乐推方块

●发售日期/1995年4月14日 ●售价/8980日元
●发行商/日本物产

在这款消除游戏中，将画面中的三个以上砖块横向或纵向排列在一起即可消除。主角虽然可以推动砖块，但砖块在撞上其他物体前会不断向前滑行。此外，有四块以上相同颜色的砖块时，如果没有顺利消除，那么就会有一块或两块砖块被剩下。

スーパートランプコレクション
超级游戏集锦

●发售日期/1995年4月21日 ●售价/8900日元
●发行商/BOTTOM UP

这款纸牌游戏一共包含七种玩法，分别是神经衰弱、最后一张牌、跑得快、憋七、大富豪、扑克和二十一点。根据玩法的不同，有时可对规则进行设置，有时可得到关于出牌条件的提示。此外，扑克和二十一点采用了街机风格。

スーパーリアル麻雀PVパラダイス オールスター4人打ち
超真实麻将P5 天堂

●发售日期/1995年4月21日 ●售价/9800日元
●发行商/SETA

在街机版麻将的基础上进行了较大改动。本作是一款不支持作弊的四人麻将游戏，出场角色共有九个，包括出自该系列第二、三、四作中的六个角色。这款游戏最大的卖点是不含任何街机麻将游戏的那种脱衣要素，取而代之的是可以玩各角色所对应的小游戏。

タクティカル・サッカー
策略足球

●发售日期/1995年4月21日 ●售价/9800日元
●发行商/EA VICTOR

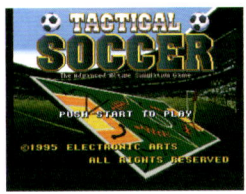

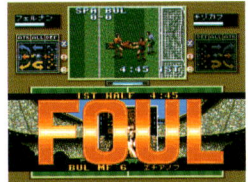

在这款游戏中，玩家对球员发号施令从而展开比赛，是一款类似教练模拟器的游戏。由于比赛实时进行，所以需要玩家瞬间做出准确的判断。玩家可使用16个国家的国家队，在三种不同的模式下进行游戏。如果在世界巡回赛模式中连赢15场比赛，就能让隐藏队现身。

なつきクライシスバトル
空手女神龙

●发售日期/1995年4月21日 ●售价/10800日元
●发行商/ANGEL

根据鹤田洋久在集英社漫画杂志上连载的漫画改编而成的对战格斗游戏。在故事模式中，玩家操纵主角夏生进行战斗。在对战模式中，玩家则可从八个角色中选择一人进行战斗。除了通过输入指令的方式释放必杀技，角色还可进行反击和防御打击等。

魔法陣グルグル
魔法阵咕噜咕噜

●发售日期/1995年4月21日 ●售价/10800日元
●发行商/ENIX

这是一款角色扮演游戏，根据ENIX发行的漫画杂志《月刊少年GANGAN》上连载的漫画改编。游戏中的人物比例相当大，表情会发生细微的变化。玩家需要攻略的13座塔都是随机生成的，还具有类似今天的"类Rogue"类型的玩法。

ママレード・ボーイ

橘子酱男孩

- ●发售日期/1995年4月21日 ●售价/9800日元
- ●发行商/BANDAI

　　根据集英社的少女漫画杂志《Ribon》上连载的同名漫画改编的作品。这是一款女性向的恋爱游戏。玩家扮演主角光希，与游戏中的各位男性角色进行约会，提高好感度，最后在情人节那天进行告白。

真・聖刻

真圣刻

- ●发售日期/1995年4月21日 ●售价/9800日元
- ●发行商/YUTAKA

　　这是一款从涵盖小说、桌上角色扮演游戏、广播剧等内容的跨媒介项目中诞生的游戏。战斗分为肉搏式的团体战，以及驾驶名为赛博魔像的机甲进行的机甲战，这两类战斗都采用指令选择式的战斗方式。

宮路社長のパチンコファン勝利宣言2

宫路社长的柏青哥迷 胜利宣言2

- ●发售日期/1995年4月21日 ●售价/9800日元
- ●发行商/POW

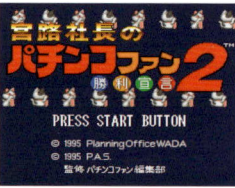

　　柏青哥游戏系列第二作，主角是城南（信光）电气创始人——曾公开表示自己热爱柏青哥的宫路社长。这款游戏由攻略杂志《柏青哥迷》监制。游戏中的弹珠机全是虚构机型，但只是简单地改了一下名称，比如"CR名画"改为"CR画廊"，很容易就能认出原型机。

リジョイス アレサ王國の彼方

阿蕾莎外传

- ●发售日期/1995年4月21日 ●售价/9900日元
- ●发行商/YANOMAN

　　由YANOMAN开发的人气游戏《阿蕾莎》系列的外传作品。这是一款俯视视角的动作角色扮演游戏，支持双人同时游戏。战斗采用无缝进行的方式。游戏的故事发生在GB版《阿蕾莎2》和《阿蕾莎3》之间。这是一款令粉丝们爱不释手的作品。

川のぬし釣り2
川钓太郎2
●发售日期/1995年4月28日 ●售价/10800日元
●发行商/PACK-IN-VIDEO

　　在红白机上推出因独特的系统而受到欢迎的《川钓太郎》的续作。玩家可使用爱好钓鱼的一家人中的四个角色。在本作中，玩家还可以在野外与动物展开战斗。钓鱼的地点和方法，以及目标鱼的种类都有所增加，比前作的内容更加丰富。

Jリーグエキサイトステージ'95
J联赛热力足球95
●发售日期/1995年4月28日 ●售价/9800日元
●发行商/EPOCH

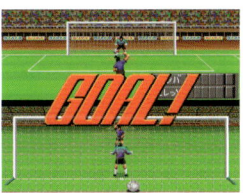

　　发售期间人气极高的足球游戏系列的第二作。J联赛的球队和球员都以真名登场。在游戏中可更改阵形。游戏包含淘汰赛、选拔赛等七种模式供玩家选择。可通过连接专用条码扫描仪（Barcode Battler）来添加新球员。

3次元格闘ボールズ | Ballz 3D
3次元格斗
●发售日期/1995年4月28日 ●售价/9800日元
●发行商/MEDIA RINGS

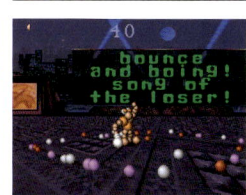

　　在这款3D对战格斗游戏中，球体组成的角色展开了战斗，具有纵深的场景很有特色。球和球之间的距离会延长，从而进行远程攻击。在操作不是很熟练的情况下，很难掌握适当的攻击距离。这款作品的技术水平极高，仿佛是在挑战超任主机的硬件极限。

シミュレーションプロ野球
古田敦也棒球
●发售日期/1995年4月28日 ●售价/12800日元
●发行商/HECTOR

　　在这款棒球模拟游戏中，玩家无须直接控制球员，只要发出指令，比赛即可自动进行。NPB的12支球队和球员在游戏中登场。游戏有两种模式：锦标赛模式和双人对战模式。在锦标赛模式中，玩家可以在赛季中途参赛，创造奇迹般的逆袭。

初段位認定 初段プロ麻雀

初段麻将段位认定

●发售日期/1995年4月28日 ●售价/9800日元
●发行商/GAPS

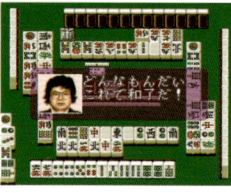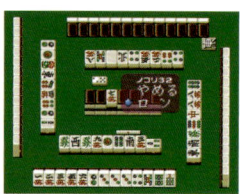

　　获得了作家伊集院静的推荐，以及日本职业麻将联盟官方授权的麻将游戏。正如游戏标题所示，这是一款以初段为主的游戏，玩家可获得麻将的初段段位认证。15位真实存在的职业麻将选手在游戏中登场，在凤凰赛或自由赛中与玩家对战。

スーパーパチンコ大戦

SD英雄超级柏青哥大战

●发售日期/1995年4月28日 ●售价/6900日元
●发行商/BANPRESTO

　　一款用弹珠机进行战斗的不可思议的作品。高达、奥特曼、假面骑士等角色在游戏中登场。画面上方是弹珠机，下方是游戏角色，弹珠机转出相同的数字即可向对手发起攻击。最先把对手的体力槽清零的一方获胜。

スーパーボンバーマン3 | Super Bomberman 3

超级博蒙曼3

●发售日期/1995年4月28日 ●售价/8900日元
●发行商/HUDSON

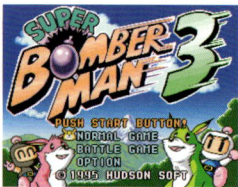

　　《超级博蒙曼》系列在超任上的第三作。普通模式支持单人或双人游戏，采用过关制。战斗模式则为对战的形式，最多支持五人同时游戏。本作中首次出现干扰炸弹，战败的玩家也可使用干扰炸弹进行攻击。

ストーンプロテクターズ | Stone Protectors

石头保护者

●发售日期/1995年4月28日 ●售价/9800日元
●发行商/KEMCO

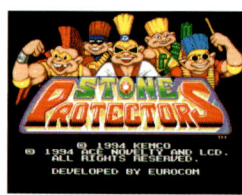

　　这是一款清版动作游戏，玩家从五个很有个性的角色中选择一个作为主角。游戏内容很正统，除了拳打、脚踢之外，还可以使用武器攻击敌人并不断前进。支持与电脑角色合作。虽然曾公布过世嘉MD版，但最终没有发行。

タロットミステリー
神秘塔罗牌
●发售日期/1995年4月28日 ●售价/9800日元
●发行商/VISIT

　　如游戏标题所示，这是一款以塔罗占卜为主题的软件。可占卜的项目有七种，分别是相对运、学业运、爱情运、人际运、婚姻运、金钱运和事业运。玩家只需在心中默念，并按下按键，即可获得占卜的结果。此外还可通过星座来进行缘分诊断。

牌势麻雀 凌駕
牌势麻将 凌驾
●发售日期/1995年4月28日 ●售价/12800日元
●发行商/ASCII

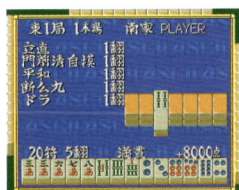
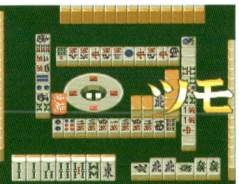

　　这款麻将游戏的卖点是玩家需要根据牌桌上的局势进行游戏。除了和电脑进行对局的普通模式外，还可进行德比模式。雀士作为赛马，在比赛中展开挑战。玩家扮演骑手，教练则由玩家所创建的角色担任，自动与电脑角色进行对局。

トゥルーライズ｜True Lies
真实的谎言
●发售日期/1995年4月28日 ●售价/10900日元
●发行商/ACCLAIM JAPAN

　　以1994年上映的阿诺德·施瓦辛格所主演的同名电影为原型开发的动作游戏。电影中的一些场景在游戏中通过照片的方式得到展现。玩家可使用枪或炸弹等武器打败敌人。如果向平民开枪，主角的"命数"会减少，从而导致任务失败。

プラネットチャンプ TG3000｜Top Gear 3000
行星杯赛车3000
●发售日期/1995年4月28日 ●售价/9500日元
●发行商/KEMCO

　　《顶级赛车》系列在日本发行的第三作。不知为何在发行时对游戏标题进行了大幅更改。这是一款伪3D赛车游戏，玩家可对车体颜色进行变更。游戏卡带中内置了这款游戏专用的名为DSP-4的特殊芯片。

シンジケート | Syndicate

暴力辛迪加

● 发售日期/1995年5月19日　● 售价/9800日元
● 发行商/EA VICTOR

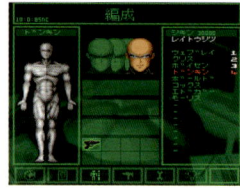

　　这款游戏很特别，游戏目标是击溃敌对组织，并使己方的组织在全世界发展壮大。玩家与七个犯罪组织为敌，通过让机械人特工潜入其中，进行暗杀和绑架等行动，将对手依次击溃。战斗间隙可对机器人进行改造，或进行武器的开发。游戏移植自PC版。

スヌーピーコンサート

史奴比音乐会

● 发售日期/1995年5月19日　● 售价/9800日元
● 发行商/三井不动产/电通

　　这款游戏精巧地再现了漫画《花生漫画》中的世界。玩家需要完成各角色所对应的运动游戏、动作解谜游戏等内容。全部完成后，史奴比和朋友们的音乐会便拉开帷幕。游戏设计非常精致，完成度很高。任天堂可能参与了这款游戏的开发。

スーパー競馬2

超级赛马2

● 发售日期/1995年5月19日　● 售价/11800日元
● 发行商/I'MAX

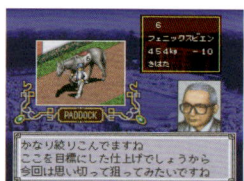

　　赛马养成模拟游戏的续作。繁殖或购买赛马，训练并提高它们的能力。这款游戏与富士电视台的《超级赛马》节目进行了合作，游戏中的比赛会以电视节目的形式进行直播。游戏目标是让赛马赢得G1比赛。

バトルタイクーン

闪电斗士

● 发售日期/1995年5月19日　● 售价/10980日元
● 发行商/RIGHT STUFF

　　PCE的对战格斗游戏《闪电斗士》的续作，故事发生在前作的一年之后。游戏中有九个默认角色和两个隐藏角色供玩家选择。为游戏进行配音的声优阵容十分豪华。此外，在进阶模式中还有一些养成元素。

ウォーロック｜Warlock

邪恶术士

●发售日期/1995年5月26日 ●售价/10900日元
●发行商/ACCLAIM JAPAN

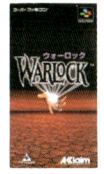

　　欧美厂商开发的横版动作游戏。游戏中的敌人是术士，主角则是一个德鲁伊战士。主要攻击方式为魔法攻击，主角可向左右两边或斜方向施放魔法。此外，悬浮在主角身后的魔法球可用来进行攻击或获取道具。

コンピュータ脳力解析 ウルトラ馬券

电脑解析 终极马券

●发售日期/1995年5月26日 ●售价/12800日元
●发行商/CULTURE BRAIN

　　以赛马评论家花冈贵子为卖点的赛马预测软件。同类软件大多只有输入数据和得出结果，稍显平淡，而在这款软件中可以选择成绩派、稳定派和穴派三种不同风格的预测家，并且还会显示比赛的内容，看起来很有趣。但游戏也警告说无法对预测结果做出保证。

グール・パトロール｜Ghoul Patrol

鬼屋历险

●发售日期/1995年5月26日 ●售价/8800日元
●发行商/VICTOR ENTERTAINMENT

　　以消除恶灵为题材的俯视视角动作游戏。同时按下Y键和十字键可以奔跑，按下X键可进行潜行。游戏的每个关卡中都有10名俘虏，只有把他们全部救出来，才能进入下一关。

シムシティ2000｜SimCity 2000

模拟城市2000

●发售日期/1995年5月26日 ●售价/12800日元
●发行商/IMAGINEER

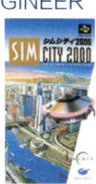

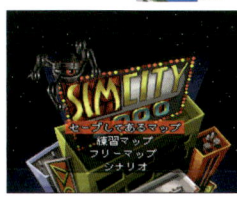

　　超任初期相当受欢迎的《模拟城市》的续作。本作改为由IMAGINEER发行。画面改为斜45度视角，使玩家可以在游戏中建造立体的城市，甚至还能够在地下进行城市建设。游戏分为自由的城市开发模式和具有一定限制的故事模式。

す～ぱ～なぞぷよ ルルーのルー
超级谜题噗哟 露露的面糊

●发售日期/1995年5月26日 ●售价/9200日元
●发行商/BANPRESTO

　　这款下落式消除游戏虽然使用了《噗哟噗哟》中的角色和游戏规则，但并不是对战类的游戏。游戏主打的是满足一定条件就能过关的"迷之噗哟"模式，此外还有比拼连锁消除技巧的"连锁之路"等共计四种游戏模式。

スパーク・ワールド
轰炸汽车

●发售日期/1995年5月26日 ●售价/8500日元
●发行商/DEN'Z

　　以汽车为主角的俯视视角动作游戏。把电池放在地面上，过一段时间会产生火花，接触到火花的敌人会被击倒。故事模式既可单人游戏，也可双人合作。战斗模式则最多支持四名玩家同场竞技。灵活运用各种道具是获胜的关键。

スターゲイト | Stargate
星际之门

●发售日期/1995年5月26日 ●售价/10900日元
●发行商/ACCLAIM JAPAN

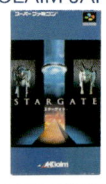

　　根据1994年上映的科幻电影改编的横版动作游戏。玩家使用枪和手榴弹打倒敌人并不断前进，满足条件即可完成任务。游戏具有多重结局，能否集齐炸弹的所有材料是本作的关键所在。

ニチブツツアーケードクラシックス
日本物产经典街机合辑

●发售日期/1995年5月26日 ●售价/5980日元
●发行商/日本物产

　　卡带中收录了日本物产在1980年到1982年间发行的《月冠登陆艇》《疯狂攀登者》《水管工汤姆》这三款游戏。每款游戏都有两种模式，一是采用复古画面的原始模式，另一种是将画面替换为20世纪90年代风格的改编模式。

パチンコ連チャン天國 スーパーCRスペシャル
柏青哥 连庄天国

- ●发售日期/1995年5月26日 ●售价/9800日元
- ●发行商/VAP

　　1994年发行的《柏青哥秘必胜法》的续作。游戏中可玩的"雪满开""超级小猎犬""BIG SLOTTORU"这三台弹珠机都是CR机型。虽然这些机器都以实机为原型，但毕竟是虚构机型，所以对实战的帮助并不大。

早指し二段 森田将棋2
快棋手二段 森田将棋2

- ●发售日期/1995年5月26日 ●售价/14900日元
- ●发行商/SETA

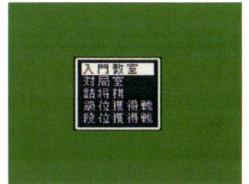

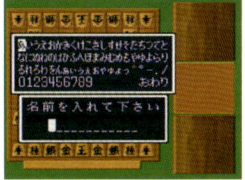

　　活跃于20世纪八九十年代的程序员森田和郎开发的将棋游戏系列第二作。游戏卡带中内置了由SETA开发的特殊芯片。游戏中电脑的实力相当强。只要满足条件，就可以获得日本将棋联盟的业余三段认证。

真髄対局囲碁 碁仙人
真髓对局围棋 围棋仙人

- ●发售日期/1995年6月2日 ●售价/15500日元
- ●发行商/J·WING

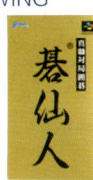

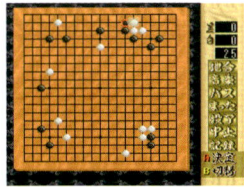

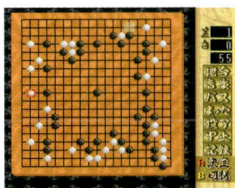
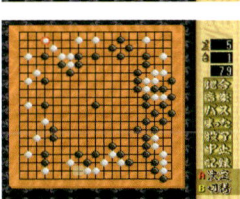

　　这是一款硬派的围棋游戏，没有任何游戏角色，也没有多余的要素，游戏模式只有双人对战和人机对战。与之相对的是，可通过让子来给较强的一方设置不利条件，也可以悔棋。虽然游戏本身很简单，但非常有助于提高玩家的围棋水平。

エルファリアII
未来勇者2

- ●发售日期/1995年6月9日 ●售价/9980日元
- ●发行商/HUDSON

　　1993年发行的《未来勇者》的续作，故事发生在前作的100年后。在前作中可通过合成素材来强化装备，没有等级的概念，而本作则和通常的角色扮演游戏一样，角色需要通过积累经验值来升级。

妖怪バスター ルカの大冒険 | The Jetsons: Invasion of the Planet Pirates

妖怪克星 露卡大冒险

●发售日期/1995年6月9日 ●售价/8800日元
●发行商/角川书店

　　以游戏杂志《完胜超级任天堂》的吉祥物露卡为主角的横版动作游戏。露卡能够做出各种各样的动作，如用鬼的头把敌人吸入，在墙上攀爬等。露卡的每种表情和动作都十分可爱。

夜光虫

夜光虫

●发售日期/1995年6月16日 ●售价/10800日元
●发行商/ATHENA

　　由ATHENA发行的有声小说类型的作品，特色是竖排的文字。游戏主角是一艘货船船长，故事的大部分内容在船上发生。剧情发展会根据玩家的选择而改变。游戏玩法令人熟悉，任何人都可以轻松上手。

本家SANKYO FEVER 実機シミュレーション

本家三共狂热 柏青哥实机模拟

●发售日期/1995年6月10日 ●售价/10800日元
●发行商/DEN'Z

　　与著名弹珠机制造商三共进行全方位合作的柏青哥游戏。游戏中收录了"CRF·WORLD1""FEVER NEPTUNE""FEVER WARS1""FEVER CASTLE"这四台机器。对实机进行了再现，胜利画面等内容十分有趣。

アースワーム・ジム | Earthworm Jim

蚯蚓吉姆

●发售日期/1995年6月23日 ●售价/9800日元
●发行商/TAKARA

　　这款动作游戏的主角是一只获得了超能力的蚯蚓。它可以用手中的枪进行攻击，夸张流畅的动作非常值得一看。玩家可享受各种各样的动作带来的乐趣，例如不停地转动头部并飞起来的"头部直升机"，以及同样用头部进行攻击的"头鞭"等。

実戦競艇

实战赛艇

- ●发售日期/1995年6月23日 ●售价/11800日元
- ●发行商/IMAGINEER

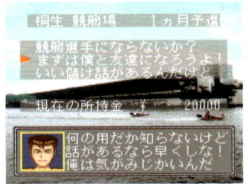

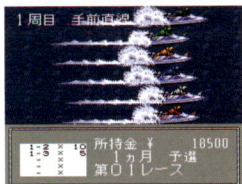

　　这是一款罕见地以赛艇为题材的游戏。在故事模式中，玩家要对赛艇运动员进行培养。外形卡通的角色与现实风格的比赛画面结合起来非常有趣。只需选择适当的选项即可，所以任何人都可以轻松上手。另外还有可以预测比赛排名的模式。

トランプアイランド | Super Solitaire

扑克之岛

- ●发售日期/1995年6月23日 ●售价/8900日元
- ●发行商/PACK-IN-VIDEO

　　游戏中收录了12种不同的单人接龙类纸牌游戏，非常适合用来打发时间。很多人应该都知道其中的《克朗代克》和《空当接龙》，而其他的玩法则相对小众。游戏的背景插图由赤井孝美绘制。

スーパー・スター・ウォーズ ジェダイの復讐 | Super Star Wars: Return of the Jedi

超级星球大战 绝地归来

- ●发售日期/1995年6月23日 ●售价/10800日元
- ●发行商/VICTOR ENTERTAINMENT

　　根据电影《星球大战》改编的游戏系列的第三作，以《星球大战6》为背景。虽然游戏初期会进行陆地飞车竞速比赛，但游戏内容还是以横版动作为主。在游戏过程中会出现一些电影中的画面，是一款深受粉丝喜爱的作品。

西陣パチンコ物語

西阵柏青哥物语

- ●发售日期/1995年6月23日 ●售价/10800日元
- ●发行商/KSS

　　与著名弹珠机制造商西阵进行合作的游戏。游戏中收录了"CR球界王EX""CR花满开""花百景""春一番""你最强EX"这五台机器。两台CR机器难度较低，很受欢迎，其他三台分别是普通机、短时机和保留弹珠的连庄机，类型非常均衡。

Pマン | Prehistorik Man
原始人
●发售日期/1995年6月23日　●售价/9200日元
●发行商/KEMCO

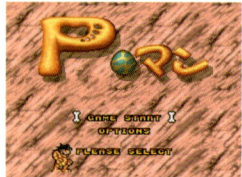 

　　以原始人为主角的横版动作游戏，作为超任后期的作品，游戏画面非常精美。游戏目标是收集食物。有趣的是，甜筒冰淇淋、奶油蛋糕等食物在原始时代十分突兀。游戏的操作性很好。作为一款动作游戏，游戏完成度很高。

Mr. Do! | Mr. Do!
度 先生
●发售日期/1995年6月23日　●售价/5980日元
●发行商/IMAGINEER

　　UNIVERSAL在1982年发行的街机动作游戏移植到了超任上。过关的主要条件是拿到所有的樱桃或击败全部敌人，玩家可使用球或苹果将敌人击倒。这款游戏在移植时并未进行改进，玩法和画面都和原版一样。

プリンセス・ミネルバ
公主战士
●发售日期/1995年6月23日　●售价/9900日元
●发行商/VIC东海

　　这是一款有很多美少女的角色扮演游戏。游戏中的九个角色全是女性，她们可分成三支由三人组成的小队，在游戏中分组前进。遇到敌人时，系统会随机选择三组中的一组展开战斗。这是一款把重点放在角色上的游戏，为此还邀请了很多配音演员进行配音。

ルインアーム
毁灭武器
●发售日期/1995年6月23日　●售价/10800日元
●发行商/BANDAI

　　由BANDAI发行的动作角色扮演游戏。游戏会用到手柄上的所有按键，来做出各种各样的动作。两个游戏角色可以由玩家和电脑或两个玩家分别控制，进行合作。场景中设置了各种各样的机关。游戏剧情也是常见风格。玩家们可以放心游戏。

大物ブラックバスフィッシング 人造湖編 | Mark Davis' The Fishing Master

大物黑巴斯钓鱼 人工湖篇

● 发售日期/1995年6月30日 ● 售价/12800日元
● 发行商/ACCLAIM JAPAN

　　ACCLAIM JAPAN出品的钓鲈鱼游戏。虽然该公司发行过多款欧美游戏，但这款作品是由日本厂商开发的。玩家乘船在湖泊中移动，选定地点后抛出钓钩，移动拟饵来引诱鲈鱼。玩家要在五场比赛中比拼积分，最终目标是在总冠军赛中获得胜利。

グランヒストリア ～幻史世界記～

幻史世界记

● 发售日期/1995年6月30日 ● 售价/11400日元
● 发行商/BANPRESTO

　　这是一款具有多重结局的角色扮演游戏。游戏讲述了阻止20年后世界毁灭的宏伟故事，而玩家所做出的各种选择将决定游戏的发展。游戏系统比较正统，虽然战斗方式为指令选择式，但敌人可能会从各个方向袭来。

ガメラ ギャオス撃滅作戦

飞天神龟 加美拉

● 发售日期/1995年6月30日 ● 售价/9980日元
● 发行商/SAMMY

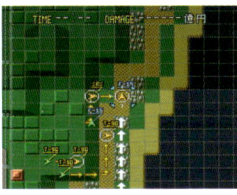

　　游戏剧情根据1995年上映的《加美拉 大怪兽空中决战》改编而来。在这款即时制的模拟游戏中，玩家需要引导卡美拉前往卡欧斯处。本作采用了特殊系统，例如自卫队的武器无法打倒怪兽、破坏值达到一定数值则游戏失败等。

サーキットUSA | Kyle Petty's No Fear Racing

美国巡回赛车

● 发售日期/1995年6月30日 ● 售价/9800日元
● 发行商/VIRGIN INTERACTIVE ENTERTAINMENT

　　以改装赛车为题材的赛车游戏。玩家前往美国的28条不同的赛道进行比赛。比赛中获得的奖金可以用来对赛车进行强化。在比赛中进入前六名即可获得积分，最终目标是赢得冠军。

新日本プロレスリング公認 '95闘強導夢 BATTLE7

新日本职业摔角95 斗强导梦七战

●发售日期/1995年6月30日 ●售价/11800日元
●发行商/VARIE

　　新日本职业摔角的《斗强导梦》系列在超任上的最终作。游戏中可使用长州力、藤波辰尔等20个默认角色。既可以选择单打比赛，也可以进行双人对打。赛场采用斜向下俯视的视角，具有纵深设计。

スーパー競艇

超级赛艇

●发售日期/1995年6月30日 ●售价/9500日元
●发行商/日本物产

　　一款获得日本摩托艇竞争联合会官方授权的赛艇游戏。游戏有三种模式，除了在研修所训练到成为顶级赛车手的赛艇英雄列传模式外，还有通过投注来赚钱的赌王模式，以及对实际的比赛结果进行预测的胜者预测模式。当然最主要的是赛艇英雄列传模式。

スーパーファイヤープロレスリング クイーンズスペシャル

超级热血摔角世界 女王特别版

●发售日期/1995年6月30日 ●售价/11400日元
●发行商/HUMAN

　　在为数众多的《超级热血摔角世界》系列作品中，这是超任上的第六作。如游戏名中的"女王"所示，这是一款以女子摔角为题材的游戏。全日本女子职业摔角的摔角手都以真实姓名出场。操作方式与其他《超级热血摔角世界》作品相同。

デア ラングリッサー

梦幻模拟战2

●发售日期/1995年6月30日 ●售价/10800日元
●发行商/MASAYA

　　本作移植自世嘉MD上的《梦幻模拟战2》。游戏剧情存在分支，自由度很高，玩家可享受王道、魔道、霸道等各种类型的剧情。尤其是与所有势力都反目成仇，除了好友海恩之外，失去其他所有朋友的路线令人震撼。

とっても！ラッキーマン ラッキークッキールーレットで突撃〜

幸运超人

- ●发售日期/1995年6月30日 ●售价/8800日元
- ●发行商/BANDAI

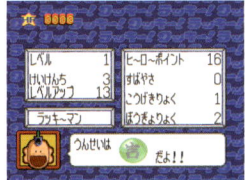

　　根据蒲生洋在《周刊少年JUMP》上连载的搞笑漫画《行运超人》改编而成的游戏。内容是桌面游戏和角色扮演游戏的融合，结果由轮盘点数来决定。游戏系统很有特色。和原作一样，运气好的话过关会很容易。

リトルマスター〜虹色の魔石〜

魔兽大战 虹色的魔石

- ●发售日期/1995年6月30日 ●售价/9900日元
- ●发行商/德间书店INTERMEDIA

　　GB上发行的模拟类角色扮演游戏系列的第三作。与系列前两部作品相比，由于硬件性能得到了很大提升，地图和战斗画面都十分精美。此外，出场人物的数量和战斗单位的种类也大幅增加了。

プロ麻雀 極Ⅲ

职业麻将 极3

- ●发售日期/1995年6月30日 ●售价/9800日元
- ●发行商/ATHENA

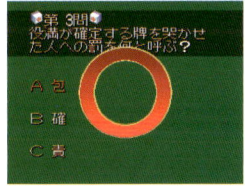

　　系列麻将游戏第三作，出场角色都是真实存在的职业麻将选手。他们的外表很严肃。和该系列的前两部作品一样，本作朴实而严谨，问答模式中的"打哪一张牌？""听哪一张牌？"等问题严肃认真。出场角色中有些是已故的职业麻将选手，能与他们打麻将也是一种宝贵的体验。

キャラバンシューティングコレクション

大篷车射击游戏合辑

- ●发售日期/1995年7月7日 ●售价/6800日元
- ●发行商/HUDSON

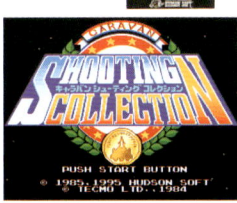

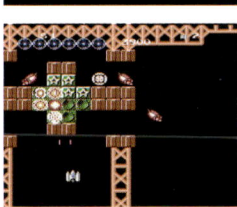

　　"大篷车射击"指的是HUDSON在日本全国各地举办的射击游戏大赛。比赛中使用的三个红白机游戏以合集的形式移植到超任上。游戏在移植时没有进行任何调整，画面也和红白机原版相同。

史记英雄传

史记英雄传

●发售日期/1995年7月7日 ●售价/10800日元
●发行商/OUTRIGGER

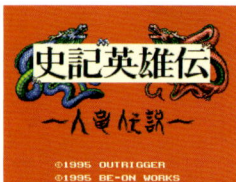

　　以中国古代为背景的角色扮演游戏，讲述了从春秋战国时期到西汉时期的故事。游戏标题中的"史记"是西汉时期的司马迁所撰写的史书，游戏剧情也按照这本书的内容展开。喜欢历史的游戏玩家一定会喜欢这款作品。

实战!パチスロ必勝法!クラシック

实战柏青嫂必胜法经典版

●发售日期/1995年7月7日 ●售价/9500日元
●发行商/SAMMY

　　SAMMY发行的老虎机游戏，但与山佐、Olympia、PAL工业、高砂电子等四家公司进行了合作。游戏中的老虎机都是真实机型，甚至还可以玩到"NEW PEGASUS"和"NEW STARDUST"这两款古老的1.5号机。今天看来，这款游戏可以说是一款极其珍贵的作品。

真 一攫千金

真 一获千金

●发售日期/1995年7月7日 ●售价/9800日元
●发行商/VAP

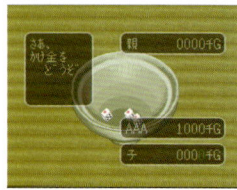

　　一款以赌博为主题的游戏。游戏中不仅收录了赛马、赛艇这种公营博彩项目，还有诸如三六豹子、猜单双数等赌博项目。玩家既可以在挑战模式中努力成为最强赌王，也可以在自由模式中随意游戏。

スーパーF1サーカス外伝

超级F1竞技场外传

●发售日期/1995年7月7日 ●售价/9900日元
●发行商/日本物产

　　日本物产出品的热门F1赛车游戏《超级F1竞技场》的外传作品。游戏初始阶段需要进行改装赛车竞速赛，最终目标是成为F1赛车手。这款游戏采用伪3D画面，和该系列早期采用俯视视角的作品有着很大差异。

できたてハイスクール
美少女高校经营
- ●发售日期/1995年7月7日 ●售价/9990日元
- ●发行商/BPS

在当时逐渐流行起来的美少女游戏之一,是一款以培养学生为主题的模拟养成游戏。主角是学校的理事,可以根据自己的喜好来改建校舍。改建的结果将影响学生的培养,所以玩家要同时从教师和管理者这两个角度对学生进行培养。

キャッツラン 全日本Kカー選手権
车神大赛
- ●发售日期/1995年7月14日 ●售价/10800日元
- ●发行商/ATLUS

使用本田TODAY、铃木WAGON R、三菱TOPPO等20世纪90年代十分流行的小型汽车进行比赛的赛车游戏。出场角色大多是女性,而每个角色的外表看起来都不像赛车手。不过游戏本身制作精良,操作感也不错。

パチンコチャレンジャー
柏青哥挑战者
- ●发售日期/1995年7月7日 ●售价/9800日元
- ●发行商/CARROZZERIA JAPAN

又一家新厂商加入到柏青哥游戏的大军。本作的剧情别出心裁。在游戏中,柏青哥成了虚构的名古屋奥运会中的正式比赛项目,弹珠机都是虚构机型。正因如此,可供选择的机器种类非常丰富,以实机为原型的弹珠机多达12种。

甲子園4
甲子园4
- ●发售日期/1995年7月14日 ●售价/9800日元
- ●发行商/魔法

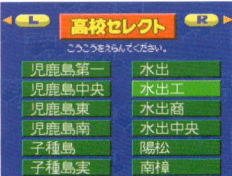

该系列的第四部作品,也是超任上的第三部作品。在本作中,日本各地的高中以虚构的名称登场。在游戏主打的大赛模式中,玩家成为领队,目标是在10年内赢得甲子园冠军。此外,从本作开始,投球和击球的场景中增加了高度差的概念。

攻略カジノバー

赌城大攻略

●发售日期/1995年7月14日 ●售价/7800日元
●发行商/日本物产

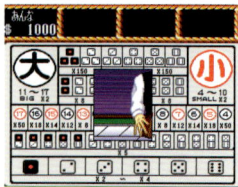

日本物产发行的赌场体验游戏。在游戏主打的故事模式中，目标是在一年的时间内，在六家赌场中玩老虎机、轮盘赌、比大小、大富豪、二十一点和七张桩牌扑克等项目，并获得胜利。派对模式最多支持四人同时游戏。

ピットフォール マヤの大冒険｜Pitfall - The Mayan Adventure

陷阱 玛雅冒险

●发售日期/1995年7月14日 ●售价/9800日元
●发行商/PONY CANYON

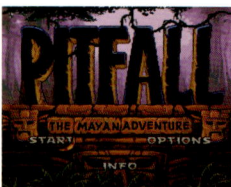

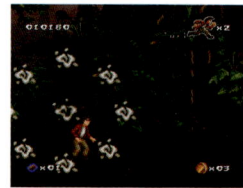

曾经风靡全球，被移植到各种平台的《陷阱》系列作品之一。这是一款横版动作游戏，玩家可使用四种类型的武器，并做出跳跃、匍匐前进等动作，打倒敌人不断前进。游戏画面十分精美，主角的动作也很流畅。

スーパー競輪

超级自行车赛

●发售日期/1995年7月14日 ●售价/9800日元
●发行商/I'MAX

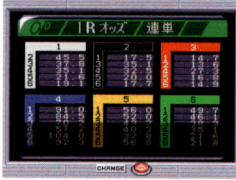

这款游戏的目标不是作为自行车运动员在比赛中获胜，而是通过购买赌券来赚钱。主角为了和女朋友结婚，通过购买自行车赛赌券的方式筹集资金。这是一款非常真实的作品，游戏中设置了一些活动，例如付钱给预言家获得信息、在赛场中吃当地特产等。

ミスティックアーク

神秘的约柜

●发售日期/1995年7月14日 ●售价/11800日元
●发行商/ENIX

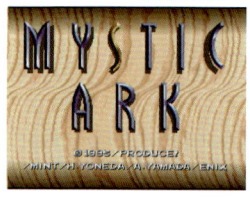

ENIX发行的角色扮演游戏，是发行于1993年的《时空引导者》的续作。本作加入了探索类游戏的玩法，接触场景中的特定部分后，镜头便会拉近，可进行详细调查。游戏中获得的电弧既可以用于探索，也可以附在武器上，对武器进行强化。

4人将棋
四人将棋

●发售日期/1995年7月14日 ●售价/9800日元
●发行商/POW

 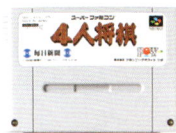

由于规则非常特殊，因此至今仍未普及的四人将棋的电子游戏版。虽然棋子的移动方式与普通的将棋相同，但棋盘上四个人方向各异的棋子摆在一起，非常混乱。在单人赛中，玩家要对抗其他三个敌人。双人比赛则两两一组，以队伍的形式进行比拼。

ラプラスの魔
拉普拉斯之魔

●发售日期/1995年7月14日 ●售价/9900日元
●发行商/VIC东海

1987年发行的PC版角色扮演游戏的移植作。这是一款以消灭幽灵为主题的恐怖游戏，玩家从五个不同职业的角色中选择一位作为主角。在战斗中拍下幽灵的照片后可以用来换取金钱。超任版取消了3D地下城，大大降低了解谜难度。

悪魔城ドラキュラXX | Castlevania: Dracula X
恶魔城XX

●发售日期/1995年7月21日 ●售价/9800日元
●发行商/KONAMI

 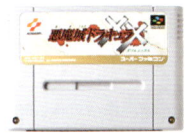

在PCE上发行的《恶魔城X 血之轮回》的重制版，由于ROM卡带和CD-ROM的储存容量不同，所以超任版取消了原版中的探索元素和影片。与该系列的前几作相比，本作大量使用光栅卷轴技术，画面质量与以往不同。

GO GO ACKMAN2
冲 冲 恶魔君2

●发售日期/1995年7月21日 ●售价/9500日元
●发行商/BANPRESTO

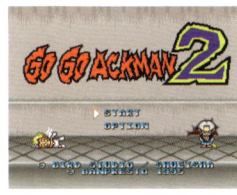 

该系列的第二部作品。本作采用完全原创的剧情。与前作相比，对攻击方法进行了大幅增强，角色可进行滑行攻击，或通过输入指令的方式对敌人进行连续攻击、把敌人摔倒等，玩起来更加有趣。

将棋最强
将棋最强

●发售日期/1995年7月21日 ●售价/14800日元
●发行商/魔法

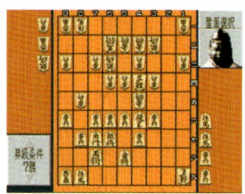

　　这款将棋游戏的启动画面是阿修罗像，冲击力极强。在与自称"最强"的电脑进行对战时，除了可选择先手、进阶、名人这三种难度外，还可以选择每手棋限时30秒的快棋模式。游戏卡带中内置了名为"SA-1"的特殊芯片，缩短了电脑的思考时间。

武豊 G1メモリー
武丰 G1赛马

●发售日期/1995年7月21日 ●售价/12800日元
●发行商/NGP

　　这款赛马游戏的名字来自保持了JRA历史上最多胜利记录的著名骑师武丰。在纪念模式中，玩家扮演驯马师，训练过去的知名赛马，提高赛马的能力。在养成模式中，玩家作为马主兼饲养员，从零开始培养赛马。播音员杉本清负责游戏中的实况解说。

superヴァリアブル・ジオ
姬武神传说

●发售日期/1995年7月21日 ●售价/9980日元
●发行商/TGL

　　将戏画公司开发的PC端对战格斗游戏移植到了超任上。出场角色全都是女性，服装很有特色，包括紧身西服、兔女郎装、家庭餐厅制服等。这是一部非常正统的格斗游戏，战败角色的脱衣画面被彻底删除了。

ダンクエスト 魔神封印の伝説
魔神封印传说

●发售日期/1995年7月21日 ●售价/9900日元
●发行商/TECNOS JAPAN

　　TECNOS JAPAN开发的动作角色扮演游戏。本作的系统很特殊，每个怪物都有独立的经验值，打倒某一怪物的次数越多，就越容易战胜它。游戏剧情由各个事件串联起来，每个事件都需要玩家在地下城中进行探索。获得称号后，角色会变得更强。

ビッグ一撃!パチスロ大攻略2 ユニバーサル・コレクション

大奖一发 柏青嫂大攻略2

- ●发售日期/1995年7月21日 ●售价/10800日元
- ●发行商/ASK讲谈社

 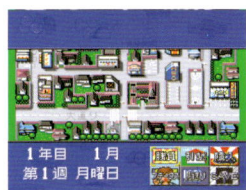

　　以著名老虎机厂商环球（UNIVERSAL）生产的机型为主的老虎机游戏。收录了从1.5号机"FIRE BIRD7U"到4号机"FLIPPER3"在内的13台老虎机。在攻略模式中，可自由更改机器的设置。在实战模式中，玩家以50万金币作为本金，靠玩老虎机生活。

インディ・ジョーンズ | Indiana Jones' Greatest Adventures

夺宝奇兵

- ●发售日期/1995年7月28日 ●售价/10800日元
- ●发行商/VICTOR ENTERTAINMENT

　　融合了热门电影《夺宝奇兵》系列三部曲内容的横版动作游戏。除了标志性的鞭子外，玩家还可以用手榴弹或身体冲撞进行攻击。游戏场景中充满各种陷阱，就像电影一样，玩起来令人提心吊胆，难度相当高。

らんま1/2 奥義邪暗拳

乱马1/2 奥义邪暗拳

- ●发售日期/1995年7月21日 ●售价/8800日元
- ●发行商/东宝·小学馆PRODUCTION

　　这是《乱马1/2》系列在超任上发行的第五部作品。本作在对战类下落式消除游戏的基础上，融合了猜拳的规则。游戏中有石头、剪子、布三种方块，如果上面的方块能战胜下面的方块，下面的方块便可以消除。完成连锁消除能够给对手送去干扰方块。

ウルティマ 恐竜帝國

创世纪恐龙帝国

- ●发售日期/1995年7月28日 ●售价/9800日元
- ●发行商/PONY CANYON

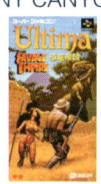 

　　风靡全球的角色扮演游戏《创世纪》系列的外传作品，被归为世界冒险系列。游戏系统和GB游戏《创世纪 神秘的美德》一样，是注重解谜的动作角色扮演游戏。这也是一款罕见地以原始时代为背景的作品。

ウルトラリーグ 燃えろ!サッカー大決戦!

奥特曼联盟 足球大战

●发售日期/1995年7月28日 ●售价/9800日元
●发行商/YUTAKA

　　以达达、巴尔坦星人等奥特曼相关角色为主角的足球游戏。踢球或抢截会消耗球员的体力值。由于球员的体力为零便会退场，因此要多加注意。此外，游戏中还可以使出将敌人击飞的必杀射门。

エメラルドドラゴン

翡翠龙

●发售日期/1995年7月28日 ●售价/9800日元
●发行商/MEDIAWORKS

　　《翡翠龙》原本是PC端的著名角色扮演游戏，而超任版则是基于PCE版开发而来。超任版在系统和游戏平衡性方面进行了调整，玩起来更容易。此外，超任版还新增了原创要素，比如可以在战斗中变身为龙的变龙玩法。

キャリアエース | Carrier Aces

神风特攻队

●发售日期/1995年7月28日 ●售价/12800日元
●发行商/U-MEDIA

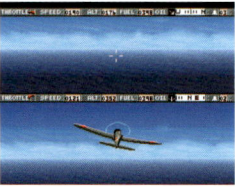

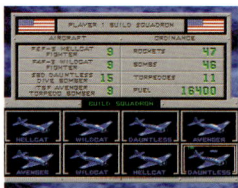

　　一款驾驶二战时期的活塞式战斗机的飞行模拟游戏。玩家可选择日军或美军阵营，目标是镇压太平洋上的诸多岛屿。玩家要完成多种任务，如与敌方战斗机进行缠斗、投下鱼雷、炸弹等，而出发前要针对任务目标整顿装备。

就職ゲーム

就职游戏

●发售日期/1995年7月28日 ●售价/11800日元
●发行商/IMAGINEER

　　这是一款独特的以求职为题材的冒险游戏，与对手的比赛结果将根据男女主角所拿到的内定数量来决定，游戏具有多重结局。游戏中多次出现的各类选项决定着剧情的走向。去大学递交求职申请，面试时会被问到公司成立的年份等，游戏内容很现实。

超原人2
超原人2
●发售日期/1995年7月28日 ●售价/8900日元
●发行商/HUDSON

　　《原人》系列在超任上的第二作。类型和前作一样，都是横版动作游戏，动作以跳跃和头部撞击为主。前作中可用道具变身成迷你原人和鸟原人的有趣设定得以保留。游戏的操作感很好，玩家可以安心游戏。

忍者乱太郎
忍者乱太郎
●发售日期/1995年7月28日 ●售价/9800日元
●发行商/CULTURE BRAIN

　　根据NHK热播动画改编的动作游戏合集。玩家可在乱太郎、雾丸、新兵卫这三个角色中选择一个来进行游戏。完成各种各样的游戏任务后，角色可以学会新技能。游戏的间隙会插入剧情。

バスマスターズクラシック | Bass Masters Classic
巴斯钓鱼大师教室
●发售日期/1995年7月28日 ●售价/11800日元
●发行商/ALTRON

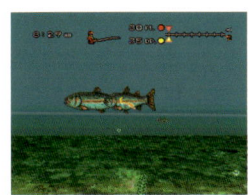

　　ALTRON发行的钓鲈鱼游戏。玩家要挑战在各地举办的钓鲈鱼大赛，用赚取的奖金来备齐钓具。将拟饵抛出后，在水中发生的情况用伪3D画面来展现，到鱼儿上钩为止，玩家都可以对其进行实时观察，非常有冲击力。

ポポイっとへべれけ | Hebereke's Popoitto
迷糊蛋益智魔法气泡
●发售日期/1995年7月28日 ●售价/8900日元
●发行商/SUNSOFT

　　将街机版下落式消除游戏移植到了超任上。游戏规则和《马力欧医生》类似，将四个以上与画面中预先设置好的角色颜色相同的方块排列在一起，即可消除。但由于角色不是固定的，所以很容易出错。

麻将繁盛记

麻雀繁盛記

●发售日期/1995年7月28日 ●售价/6800日元
●发行商/日本物产

可选择从初级到职业级各种难度的麻将游戏。游戏中的对手种类繁多，从儿童到老年人一应俱全。此外，卡带中还收录了日本物产在20世纪80年代发行的街机游戏《皇家麻将》和《雀豪》，画面和当年的街机原版相同。

闪电海滩排球

稲妻サーブだ!! スーパービーチバレー

●发售日期/1995年8月4日 ●售价/9800日元
●发行商/VIRGIN INTERACTIVE ENTERTAINMENT

根据在沙滩上以二对二的形式展开的沙滩排球赛改编而成的游戏。在游戏主打的单人模式中，进行的是职业联赛，目标是从C级联赛打入A级。玩家通过输入指令的方式完成必杀发球或进攻，享受激烈比赛所带来的欢乐。

鬼神童子 烈斗雷传

鬼神童子ZENKI 烈闘雷伝

●发售日期/1995年8月4日 ●售价/9800日元
●发行商/HUDSON

根据在《月刊少年JUMP》上连载、在东京电视台播出了动画的《鬼神童子ZENKI》改编的横版动作游戏。在最开始的关卡以童子的状态前进，在后续关卡中则变身为鬼神，通过输入指令可进行各种各样的攻击。

J联赛足球得分王3

Jリーグサッカー プライムゴール3 | 90 Minutes European Prime Goal

●发售日期/1995年8月4日 ●售价/9800日元
●发行商/NAMCO

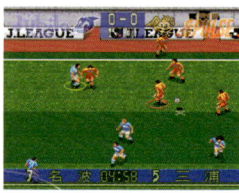

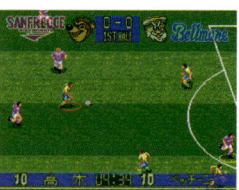

NAMCO发行的J联赛系列足球游戏的最终作。在前作的基础上新增了两种模式，加起来共有七种游戏模式。在本作新增的"你是英雄"模式中，玩家可创建原创角色，并加入球队。联赛由26场比赛构成，持续的时间相当长。

超魔法大陸WOZZ

超魔法大陆 沃兹

●发售日期/1995年8月4日 ●售价/10800日元
●发行商/BPS

　　这是小学馆发行的游戏杂志《GAME-ON!》策划的一款角色扮演游戏，由RED COMPANY开发，BPS负责发行。游戏讲述了来自日本、中国、美国的三位勇者拯救世界的故事，战斗中可以使用魔法或超能力。

スーパーマリオ ヨッシーアイランド｜Super Mario World 2: Yoshi's Island

超级马力欧 耀西岛

●发售日期/1995年8月5日 ●售价/9800日元
●发行商/任天堂

　　以《超级马力欧世界》中初次登场的耀西为主角的横版动作游戏。游戏目标是将马力欧宝宝安全送到目的地。耀西可以伸长舌头吃掉敌人，或扔蛋来打败敌人，而使用空中踏步跳跃能让耀西飞得更远。

學校であった怖い話

学校怪谈

●发售日期/1995年8月4日 ●售价/11800日元
●发行商/BANPRESTO

　　饭岛健男带领的潘多拉盒子团队开发的有声小说。游戏中有六个讲述故事的人，玩家可以自行选择人物来听故事，体验叙述者的经历。这款游戏的独特之处在于，故事情节会根据听故事的顺序而改变。游戏背景为实景拍摄，人物也采用真人实拍。

スーパーパワーリーグ3

超动力联盟棒球3

●发售日期/1995年8月10日 ●售价/9980日元
●发行商/HUDSON

　　真实系棒球游戏中的热门系列，在超任上的第三部作品。NPB的12支球队和球员都以真名登场，此外还收录了两支虚构球队。本作还取得了富士电视台的允许，在游戏中加入了由播音员福井谦二配音的实况解说。

ゲームの達人
游戏达人

●发售日期/1995年8月11日 ●售价/12800日元
●发行商/SUNSOFT

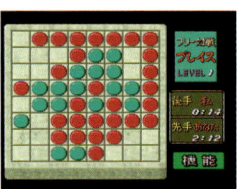

　　在这款软件中，可享受将棋、五子棋、麻将、黑白棋四种游戏的乐趣。共有三种模式供玩家选择，分别是可自由游戏的自由模式，可获得高手认证的修行模式，以及与来自21个国家的对手进行对战的世界模式。想要全部获胜很不容易，值得一玩。

武宮正樹九段の囲碁大将
武宫正树九段围棋大将

●发售日期/1995年8月11日 ●售价/14800日元
●发行商/KSS

　　由棋力超群、曾六次荣获本因坊战冠军的武宫正树九段负责监制的围棋游戏，同时还获得了日本棋院推荐。既可以两个玩家进行对战，也可以与电脑对战，人机对战有五种难度选择。这是一款去除了多余功能和无用特效的硬派围棋游戏。

すーぱーぐっすんおよよ
超级豆豆君

●发售日期/1995年8月11日 ●售价/9980日元
●发行商/BANPRESTO

　　将作为街机游戏发行的解谜游戏《豆豆君》移植到了超任上。旋转和移动从上方落下的砖块，使它们堆积起来，构建一条路，引导画面中不断移动的豆豆君Gussun和Oyoyo前往目标点。由于场景逐渐被水淹没，因此需要注意时间限制。

天地を喰らう 三國志群雄伝
吞食天地 三国志群雄传

●发售日期/1995年8月11日 ●售价/12800日元
●发行商/CAPCOM

　　以本宫宏志的三国志漫画《吞食天地》中的角色为主角的战略模拟游戏。游戏目标是统一中原，地图上共有39个城市，有三个不同的故事供玩家游戏。玩家要在内政、外交、军事等方面发号施令，充实国库资金，增加兵力，攻占其他国家。

ドナルドダックの魔法のぼうし
唐老鸭的魔法帽

●发售日期/1995年8月11日 ●售价/9800日元
●发行商/EPOCH

　　以唐老鸭为主角的横版动作游戏。游戏目标是通过打工攒钱，并给女友黛西买帽子作为礼物。然而，当唐老鸭攒够钱去买帽子的时候，剧情急转直下——玩家需要在魔法世界中战胜魔王。

忍者龍剣伝 巴 | Ninja Gaiden Trilogy
忍者龙剑传 巴

●发售日期/1995年8月11日 ●售价/7980日元
●发行商/TECMO

　　将TECMO的人气动作游戏《忍者龙剑传》系列在红白机上发行的三部作品进行了重制，以合集的形式移植到超任上。游戏难度很高，这也是该系列一直以来的卖点之一。此外，超任版对红白机原版中颇受玩家好评的漂亮特写镜头进行了一些改进。

ファイティングベースボール | MLBPA Baseball
战斗棒球

●发售日期/1995年8月11日 ●售价/9400日元
●发行商/COCONUTS JAPAN

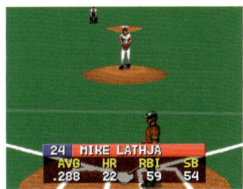
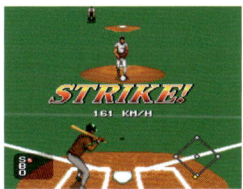

　　以美国职业棒球大联盟为题材的棒球游戏，在EA所开发的作品的基础上进行了日语本地化处理。游戏共有四种模式，除了公开赛和世界大赛外，还可以选择季后赛或全赛季模式。在全赛季模式中，比赛可自动进行。

ブラックソーン 復讐の黒き棘 | Blackthorne
黑暗之鹰

●发售日期/1995年8月11日 ●售价/9400日元
●发行商/KEMCO

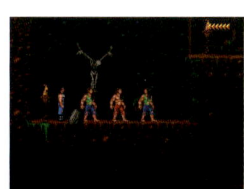

　　暴雪公司凭借《暗黑破坏神》等作品被众多日本玩家所熟知，而这是暴雪开发的一款横版动作游戏。主角的目标是打败邪恶帝王，为此他将在崎岖不平的场景中前进。玩家需要从被囚禁的人处获得信息，并利用道具开辟道路。

ブランディッシュ2
星间游侠2

- ●发售日期/1995年8月11日　●售价/10800日元
- ●发行商/KOEI

　　日本FALCOM开发的PC端动作角色扮演游戏系列在超任上的第二部移植作。从本作开始支持超任鼠标，玩家可获得与PC版相似的游戏体验。超任版的武器种类有所增加，地图也更加广阔，在前作的基础上对游戏进行了大幅强化。

ザ・心理ゲーム3
心理游戏3

- ●发售日期/1995年8月25日　●售价/9800日元
- ●发行商/VISIT

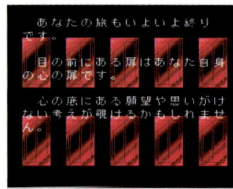 

　　系列第三部作品，同时也是该系列的最终作。按下开始键后便会直接进入剧情，故事内容将随机在古代的亚特兰蒂斯大陆或中世纪的欧洲等不同时间和不同地点展开。由于玩家基本上只要选择适当的选项就可以了，所以与其说这是心理游戏，倒不如说是一款互动小说游戏。

ころんらんど
可龙岛

- ●发售日期/1995年8月25日　●售价/6800日元
- ●发行商/U-MEDIA

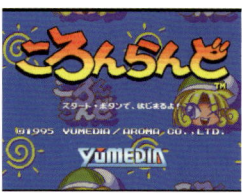 

　　击中敌人后，敌人会变成雪球，把雪球来回滚动就能变大，接着可以用大雪球撞击敌人，将其打倒。游戏中有四个能力各异的主角可供选择。任务模式是附带了简单剧情的过关游戏，战斗模式最多支持四个玩家对战。

実戦バスフィッシング必勝法 in USA｜Jimmy Houston's Bass Tournament U.S.A.
实战巴斯钓鱼必胜法

- ●发售日期/1995年8月25日　●售价/9800日元
- ●发行商/SAMMY

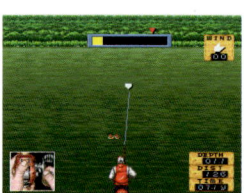 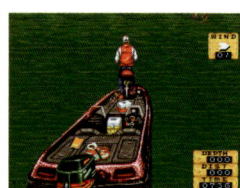

　　由日本和美国的鲈鱼职业钓手负责监制、禧玛诺公司赞助的钓鲈鱼游戏。游戏目标是参加比赛，提高钓鱼技术，并在SAMMY经典之路比赛中赢得冠军。玩家乘船在湖面移动，到达钓鱼地点后抛投拟饵。鱼上钩后，一边看计量表，一边收线。

Parlor!パーラー!2 パチンコ5社・実機シミュレーションゲーム

京乐三洋丰丸Parlor 2

● 发售日期/1995年8月25日 ● 售价/11800日元
● 发行商/NIPPON TELENET

 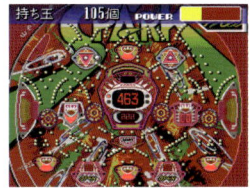

　　本作获得了京乐、三洋、丰丸、大一、丸本（MARUHON）这五家公司的赞助。游戏收录了"CR ULTRA DYNAMITE""CR GOLDEN CATS""MARINE GALS7""SLOT PARADISE2""胜负传说2""SPARK"六种机型。虽然很多机型很小众，但能玩到它们也是种宝贵的经验。

魔獣王

魔兽王

● 发售日期/1995年8月25日 ● 售价/10800日元
● 发行商/KSS

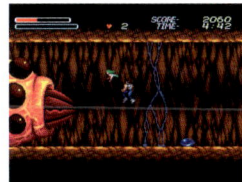 

　　这款横版动作游戏中有许多令人毛骨悚然的敌人。游戏讲述了妻子被杀、女儿被绑架后，男主角踏上复仇之路的故事。面对强大的敌人，身为人类的主角势单力薄，但当他击败关卡BOSS并获得水晶球后，能够变身为魔兽。这款游戏于2018年由Softgarage重新发行。

ヒューマングランプリ4 F1ドリームバトル

休曼GP赛车4

● 发售日期/1995年8月25日 ● 售价/11400日元
● 发行商/HUMAN

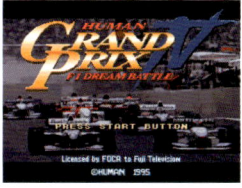 

　　F1赛车游戏系列的第四作，收录了从1992年到1995年之间各赛季的数据。由于这款游戏取得了FOCA的官方授权，因此车队和赛车手都以真名登场。游戏采用伪3D画面，有四种模式供玩家选择，编辑模式的内容也很丰富。

松方弘樹のスーパートローリング

松方弘树的超级钓鱼

● 发售日期/1995年8月25日 ● 售价/9900日元
● 发行商/TONKIN HOUSE

　　这款钓鱼游戏标题画面上的松方弘树十分引人注目。在于非洲和澳大利亚等地举行的预选赛上取胜后，即可参加正式比赛。选择船只和船钩，然后航行至可能会出现旗鱼的水域。从鱼咬钩到顺利钓上来为止，需要花费很长的时间，并且鱼有时还会逃走。

柿木將棋

柿木将棋

●发售日期/1995年9月1日 ●售价/12800日元
●发行商/ASCII

　　这是可以从第一届世界电脑将棋锦标赛开始参加比赛的老牌将棋游戏。超任版的发行时间要晚于同时期其他平台的版本。游戏画面非常简单，没有多余的特效，电脑的水平毋庸置疑。此外，玩家可以保存棋谱——有助于提高将棋水平。

super人生ゲーム2

超级人生游戏2

●发售日期/1995年9月8日 ●售价/9800日元
●发行商/TAKARA

　　由经典热门桌面游戏改编的《超级人生游戏》系列第二作。玩家可以根据自己的游戏时间选择快速生活模式或悠闲生活模式。按照轮盘点数前进的玩法和原来一样，但在本作中玩家可以购买房产了。

バトルロボット烈伝

战斗机器人烈传

●发售日期/1995年9月1日 ●售价/12800日元
●发行商/BANPRESTO

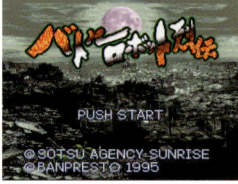

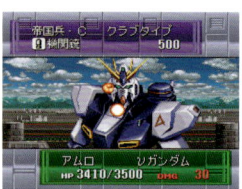

　　这款机器人模拟游戏与《超级机器人大战》系列属于不同的类型。《机动战士高达 逆袭的夏亚》《圣战士丹拜因》《战斗装甲Xabungle》等SUNRISE动画作品中的多个机器人在游戏中登场。画面为斜45度视角的六边形地图，并有高度差的概念。

バウンティ・ソード

赏金剑客

●发售日期/1995年9月8日 ●售价/11400日元
●发行商/PIONEER LDC

　　一款超任上罕见的即时制模拟游戏。游戏主角是一名落魄的赏金剑客，他作为叛军的一员奋起抗争。由于己方角色在战场上自动移动并攻击敌人，因此游戏的关键玩法是快速并准确地下达命令。

クロックタワー
钟楼惊魂
●发售日期/1995年9月14日 ●售价/11400日元
●发行商/HUMAN

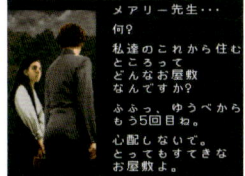

　　HUMAN的惊魂游戏系列作品之一，是一款动作冒险游戏。玩家以移动光标加点击的方式进行操作，游戏目标是确保主角在不被剪刀人抓到的情况下逃出古宅。游戏采用即时制，玩起来充满了紧张感。

桜井章一の雀鬼流麻雀必勝法
樱井章一雀鬼流 麻将必胜法
●发售日期/1995年9月14日 ●售价/9980日元
●发行商/SAMMY

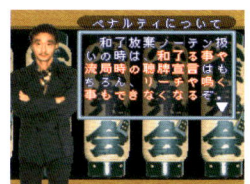

　　在游戏中，玩家跟随因20年不败战绩而出名的雀士樱井章一学习麻将。与一般的麻将不同，这款游戏的规则更加严格。例如，如果第一张牌出了字牌，就会被训斥，有时也可能需要放弃和牌。这些规则在本作中得到了重现。

マリオのスーパーピクロス
马力欧超级绘图方块
●发售日期/1995年9月14日 ●售价/7900日元
●发行商/任天堂

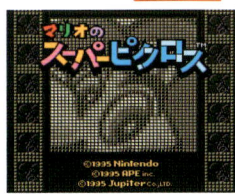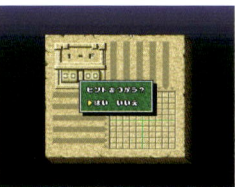
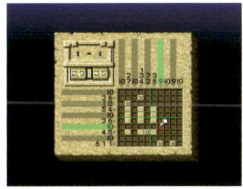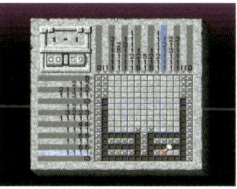

　　将原本在纸上玩的《绘图方块》改编成电子游戏，并由马力欧来做这款游戏的形象代言人。游戏中共收录了300道题，有时间限制的马力欧版和没有时间限制的瓦力欧版在规则上有细微的差别，后者的难度要大一些。

アリスのペイントアドベンチャー
爱丽丝梦游仙境
●发售日期/1995年9月15日 ●售价/8800日元
●发行商/EPOCH

　　根据迪士尼动画版的《爱丽丝梦游仙境》改编而成的冒险游戏。玩家可通过点击各种各样的地方来触发事件，推动故事发展。在绘画模式中，可以享受使用各种颜色给线稿上色的乐趣。

スーパー鉄球ファイト！
超级铁球大战

●发售日期/1995年9月15日 ●售价/9000日元
●发行商/BANPRESTO

这也是Compati Hero系列作品之一，熟悉的角色悉数登场。游戏主打的铁球攻击是远程攻击，在铁球返回之前角色无法移动。此外还可以通过翻转地砖使敌人失去行动能力，或通过跳跃进行移动。打败所有敌人即可过关。

必勝777ファイターIII 黒竜王の復活
必胜777战士3 黑龙王的复活

●发售日期/1995年9月15日 ●售价/10800日元
●发行商/VAP

老虎机游戏系列的第三作，也是该系列的最终作。虽然游戏中的机器都是虚构机型，但可以从机器的外观和名称上辨认它们的原型。在故事模式中，原本在第一作中被打败的黑龙王再次复活，主角又一次被卷入到战斗中。剧情十分硬派。

セント・アンドリュース ～栄光と歴史のオールドコース～
安德鲁的荣光高尔夫

●发售日期/1995年9月15日 ●售价/9800日元
●发行商/EPOCH

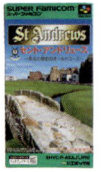

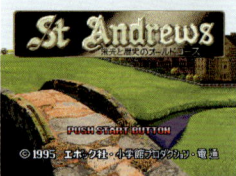

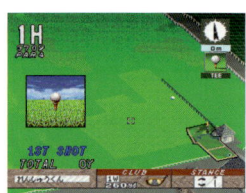

这款高尔夫游戏再现了世界上历史最悠久的高尔夫球场——圣安德鲁斯老球场。游戏采用斜向下俯视球场的视角，有四种模式供玩家选择，分别是高尔夫联赛、比洞赛、比杆赛及练习模式。在游戏中可对差点进行设置。

朝日新聞連載 加藤一二三九段将棋 心技流
加藤一二三九段将棋 心技流

●发售日期/1995年9月22日 ●售价/12300日元
●发行商/VARIE

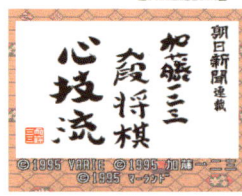

九段将棋大师加藤一二三已退出一线，如今活跃在综艺节目中，在他还是在役棋士时监制了这款棋游戏。在全日本业余将棋比赛模式中，玩家以淘汰赛的方式与以现实棋士为原型的角色进行角逐。在将棋讲座模式中，加藤九段会来进行术语解说等讲座。

四柱推命學入門 真桃源鄉

四柱推命学入门 真桃源乡

●发售日期/1995年9月22日 ●售价/11800日元
●发行商/BANPRESTO

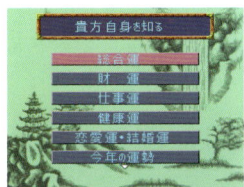

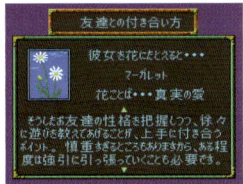

　　使用以中国的阴阳五行理论为基础的四柱推命进行占卜的软件。可占卜的内容除了综合运势、财运、事业运之外，还有与朋友的缘分指数、了解上司和下属等贴近现实的内容。此外，软件中还收录了一个名为命运老虎机的迷你游戏。

ジャングルストライク 受け継がれた狂気｜Jungle Strike

丛林激战直升机

●发售日期/1995年9月22日 ●售价/9900日元
●发行商/EA VICTOR

　　这款游戏是1993年发行的《沙漠突袭》的续作。和前作一样，都是驾驶武装直升机去完成各种各样的任务。此外，在本作中玩家还可以操纵轰炸机和著名的隐形战机F-117。虽然本作由欧美厂商制作，但日语本地化做得很出色。

実況ワールドサッカー2 FIGHTING ELEVEN｜International Superstar Soccer Deluxe

实况世界足球2 战斗十一人

●发售日期/1995年9月22日 ●售价/9980日元
●发行商/KONAMI

　　KONAMI《实况足球》系列的第二作。斜向下俯视球场的视角很有特点。游戏中可以使用国家队。带有配音的实况解说是该系列的特色，而本作比前作有了很大的进步。另外，操作方面也有所改进。前作粉丝可以尽情享受这款游戏的乐趣。

新・將棋倶楽部

新・将棋俱乐部

●发售日期/1995年9月22日 ●售价/12800日元
●发行商/HECTOR

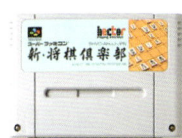

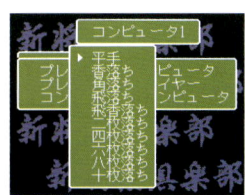

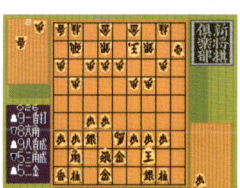

　　1995年2月发行的《将棋俱乐部》的续作。除了双人对战和人机对战模式外，玩家还可以观看电脑间的对战。本作的特色是可对让子棋进行非常细致的设置，从只让一个香车到让十个子都可以设置。电脑的思考速度很快，玩起来很痛快。

超兄贵 爆裂乱斗篇

超兄貴 爆烈乱闘篇

●发售日期/1995年9月22日 ●售价/11800日元
●发行商/MASAYA

　　粉丝们狂热追捧的PCE射击游戏《超兄贵》中那些极具个性的角色在这款格斗游戏中展开对战。虽然角色可以在场景中自由移动，但无法跳跃。与攻击和防御有关的压力槽是这款游戏的独特之处。

龙珠Z 超悟空传 觉醒篇

ドラゴンボールZ 超悟空伝 -覚醒編-

●发售日期/1995年9月22日 ●售价/10800日元
●发行商/BANDAI

　　前作的故事从悟空的童年时代开始，而玩家在本作中可以体验悟空和悟饭成年后的故事。游戏系统和大约半年前发行的前作相同，战斗中玩家需要在合适的时机输入指令。角色技能具有类似于三者相克的设定。

陈牌

陳牌

●发售日期/1995年9月22日 ●售价/7800日元
●发行商/BANPRESTO

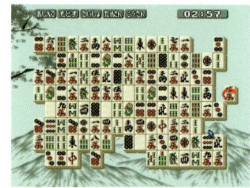

　　这是一款以麻将牌为主题的解谜游戏。移动画面中的麻将牌，将同一种牌摆放在一起即可消除。根据游戏规则，玩家在移动麻将牌时只能转一次直角弯。游戏有淘汰赛、双人对战等五种模式。支持使用超任鼠标。

美少女战士 另一个故事

美少女戦士セーラームーン ANOTHER STORY

●发售日期/1995年9月22日 ●售价/11800日元
●发行商/ANGEL

　　这是《美少女战士》在超任上的第六款游戏，也是该系列唯一一款角色扮演游戏。剧情为游戏原创，玩家可控制10名美少女战士。战斗中每个角色都有各自的必杀技，有些技能在动画片中没有出现过。

ウィザードリィVI 禁断の魔筆
巫术6 禁断的魔笔

●发售日期/1995年9月29日 ●售价/12800日元
●发行商/ASCII

　　角色扮演类型游戏诞生初期便已经存在并且在日本也拥有大量粉丝的《巫术》系列的第六作。游戏仍在伪3D的地下城中展开，但本作中角色的种族不同，属性上限也有所不同，并且男女之间也存在着差异。本作对直到《巫术5》都一成不变的系统进行了大刀阔斧的改进。

ヴェルヌワールド
科学岛大冒险

●发售日期/1995年9月29日 ●售价/11800日元
●发行商/BANPRESTO

　　以经典科幻小说《海底两万里》和《环游世界八十天》的作者儒勒·凡尔纳的主题公园为背景的角色扮演游戏。击败敌人能够获得能量，玩家可以用能量购买道具或使用特殊武器。

ウェディングピーチ
爱天使传说

●发售日期/1995年9月29日 ●售价/9800日元
●发行商/KSS

　　根据东京电视台播出的动画《爱天使传说》改编的迷你游戏合集。一共收录了八个游戏，玩家可以从三个角色中选择一个进行挑战。迷你游戏有钓金鱼游戏"热闹钓鱼大会"、连连看游戏"天使配对"等。完成历时三天的比赛，游戏便会结束。

A列車で行こう3 スーパーバージョン
A列车行进3 超级版

●发售日期/1995年9月29日 ●售价/10800日元
●发行商/PACK-IN-VIDEO

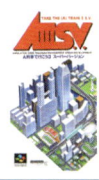

　　移植自PC版。铺设铁道线路，建设办公大楼和酒店，围绕铁路来对城镇进行开发。超任版可以在俯视视角和斜45度视角之间切换，铺设铁路变得更加轻松。游戏的制作水平比起PC版毫不逊色。

NBA実況バスケット ウイニングダンク | NBA Give 'n Go

NBA实况 胜利灌篮

●发售日期/1995年9月29日 ●售价/10800日元
●发行商/KONAMI

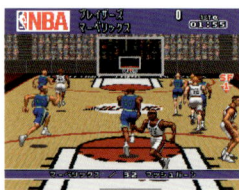
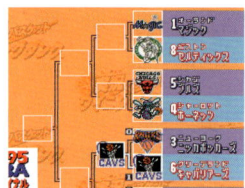

　　这款KONAMI出品的篮球游戏获得了NBA的官方授权。虽然是街机游戏《大灌篮》的移植版，但增加了超任版的原创模式。使用纵向卷轴方式表现的场地较为罕见，比赛实况解说由曾为KONAMI广告配音的克里斯·帕普勒负责。

サージェントサンダース コンバット

勇者无惧

●发售日期/1995年9月29日 ●售价/12800日元
●发行商/ASCII

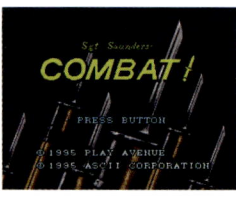
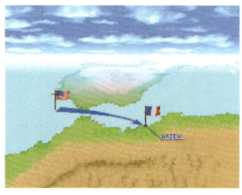

　　桑德斯中士这个角色让人们记住了美剧《战役》，而本作正是根据《战役》改编的。游戏类型为ASCII非常擅长的模拟游戏，玩家要控制一支步兵在战场上杀出重围。让角色匍匐前进等细致的指令非常贴合现实。游戏的难度很高。

美食戦隊 薔薇野郎

美食战队 蔷薇野郎

●发售日期/1995年9月29日 ●售价/9800日元
●发行商/VIRGIN INTERACTIVE ENTERTAINMENT

　　这款游戏发行过复刻版卡带，英文版也在Steam平台上线，至今仍有极高的人气。这是一款清版动作游戏，世界观独具特色。游戏系统也很特别，玩家可将打败敌人后掉落的食材组合起来进行烹饪，通过吃东西的方式恢复体力。

常勝麻雀 天牌

常胜麻雀 天牌

●发售日期/1995年9月29日 ●售价/8900日元
●发行商/ENIX

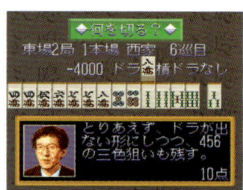

　　真实存在的职业雀士在这款麻将游戏中登场。游戏模式非常丰富，除了要在大赛中取得最终胜利外，还可以在观战模式中学习职业雀士的战术，或对自己的麻将水平进行鉴定。将这款游戏与卫星接收器连接后，玩家还能查看职业联赛的数据。

全日本GT選手権
全日本GT选手权

●发售日期/1995年9月29日 ●售价/9980日元
●发行商/KANEKO

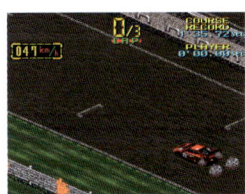

　　以赛车比赛SUPER GT的前身为原型的作品。当时的车队和赛车手都以真名登场，目标是驾驶GT赛车赢得五场锦标赛的冠军。与通常的赛车游戏不同，这款游戏采用了独特的系统，玩家可以跟随在其他车后，待出现锁定标识后进行超车。

ノーマーク爆牌党 史上最強の雀士達
爆牌党 史上最强麻将手

●发售日期/1995年9月29日 ●售价/10800日元
●发行商/ANGEL

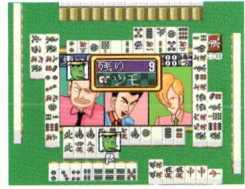

　　以片山政幸的同名漫画为原型的麻将游戏。近几年这个作品还被拍成了真人电影。虽然作为麻将游戏，这款作品看起来较为粗糙，但还是很好地还原了原作中角色的战术。此外，大多数角色AI懂得麻将礼仪，例如他们不会进行无用的和牌等。

ダービージョッキー2
德比赛马2

●发售日期/1995年9月29日 ●售价/9800日元
●发行商/ASMIK

　　1993年发行的《德比赛马》的续作。与前作一样，玩家作为新人骑手开启了职业生涯，目标是在42岁强制退役前获得G1比赛的冠军。在本作中，玩家能够体验到骑手艰苦生活的真实面貌，比如在游戏初期玩家骑不了厉害的马。

ハーメルンのバイオリン弾き
魔法提琴手

●发售日期/1995年9月29日 ●售价/9600日元
●发行商/ENIX

　　根据渡边道明在《月刊少年GANGAN》上连载的漫画改编的动作游戏。玩家控制男主角哈梅尔带领女主角芬儿特在关卡中前进。玩家可通过把芬儿特扔向敌人或障碍物的方式进行攻击，这应该是对原作内容的再现。

火之皇子 大和战神

火の皇子 ヤマトタケル

●发售日期/1995年9月29日 ●售价/10800日元
●发行商/东宝

 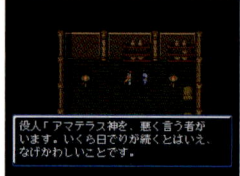

　　这款角色扮演游戏的剧本由《女神转生》的原作者西谷史负责。主人公是日本神话中的日本武尊，游戏采用了可召唤同伴的从魔系统，以及会对从魔和日本武尊产生各种影响的星座系统。主人公具有善良值，游戏结局将根据玩家在事件中做出的选择发生变化。

平和柏青哥世界2

HEIWAパチンコワールド2

●发售日期/1995年9月29日 ●售价/10800日元
●发行商/SHOUEI SYSTEM

 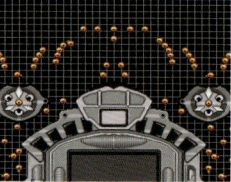

　　对弹珠机制造商平和（HEIWA）发行的真实机型进行模拟的《柏青哥世界》系列第二作。本作收录了"CR MISS PACHI PRO""BRAVO七福神"，以及当时非常受欢迎的羽物机"BUNBUN丸DX"等五种机型。游戏的主要系统与前作相同。

平安风云传

平安風雲伝

●发售日期/1995年9月29日 ●售价/11800日元
●发行商/KSS

　　以平安时代为背景的模拟角色扮演游戏，安倍晴明等历史名人在游戏中登场。游戏采用正统系统，玩家在野外行走，遇到敌人切换为战斗画面，给部队做出指示进行战斗。另一方面，游戏具有死去的同伴角色无法复活等严格的规则。

光伞传说

ホーリーアンブレラ ドンデラの無謀!!

●发售日期/1995年9月29日 ●售价/9800日元
●发行商/NAXAT

　　在这款动作冒险游戏中，主人公健一被传送到异世界，在那里他要召集同伴，与邪恶的冬德拉军团展开战斗。本作的特色是用伞做出动作，并且伞有很多不同的使用方法，比如抓住伞柄转圈可以飞起来，把伞打开就能在空中飘浮。

魔法騎士レイアース
魔法骑士 雷阿斯

- ●发售日期/1995年9月29日 ●售价/9800日元
- ●发行商/TOMY

　　根据CLAMP的异世界幻想题材作品改编的游戏。在1994年至1995年间，该作品曾在多个平台发行。这是一款主流类型的指令式角色扮演游戏，以漫画原作的第一部为原型，并进行了一些改编，比如加入了原创魔法等。

メタルマックスリターンズ
重装机兵 回归

- ●发售日期/1995年9月29日 ●售价/12800日元
- ●发行商/DATA EAST

　　本作是《重装机兵》的重制版，该游戏因新颖的玩法受到玩家的喜爱。为了赏金，玩家要在荒芜的世界中驾驶坦克去追捕通缉犯。虽然本作的定位是红白机版本的超任重制版，但设定方面有些细微的差异，并且对难度进行了调整，比如削弱了部分道具的功能。

激闘バーニング・プロレス
激斗火焰摔角

- ●发售日期/1995年10月6日 ●售价/10800日元
- ●发行商/BPS

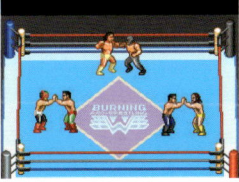

　　在这款职业摔角游戏中，以现实中的团体为原型的100多名摔角手以虚构的名字登场，游戏系统与《火爆摔角》相似。游戏的主打模式是单人的世界统一战，除此之外还有多人混战等多种模式。

神聖紀オデッセリアII
神圣记2

- ●发售日期/1995年10月6日 ●售价/10800日元
- ●发行商/VIC东海

　　1993年发行的《神圣记》的续作。本作的主人公是在前作中登场的同伴角色，游戏采用类似群像剧的模式，以露丝的儿子厄格为首，每一章的背景故事和主角都不同。本作的故事与前作有直接联系，可以看作是对前作的补充。

すぱぽーん

超立体打砖块

●发售日期/1995年10月6日　●售价/5800日元
●发行商/YUTAKA

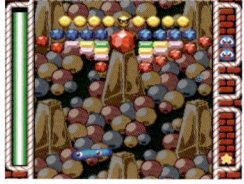

　　这款解谜游戏新奇的标题非常引人注目。这是一款打砖块类型的游戏，共有55个关卡。游戏具有充电系统，即便不击碎全部砖块，只要将画面中的敌人全都打败，便可以过关。游戏支持双人对战。

ハイパーイリア

超级伊莉雅

●发售日期/1995年10月13日　●售价/9600日元
●发行商/BANPRESTO

　　根据雨宫庆太导演的特摄电影《杰拉姆》的OVA动画《伊利亚：杰拉姆动画版》改编的动作游戏。玩家操纵赏金猎人伊利亚收集资金、筹备武器，前去挑战被委托的四项任务。

ゲームの鉄人 THE上海

游戏铁人 上海篇

●发售日期/1995年10月13日　●售价/9980日元
●发行商/SUNSOFT

　　游戏卡带中收录了上海、龙龙、紫禁城这三部作品，这些作品都是麻将牌消除游戏。玩家可以选择单独玩任意一款游戏，也可以在故事模式中解决谜题。但无论哪种模式，只要玩家在不关闭电源的情况下完成全部的关卡，就会显示一张通关图片。

スーパー花札弐

超级花札2

●发售日期/1995年10月20日　●售价/9800日元
●发行商/I'MAX

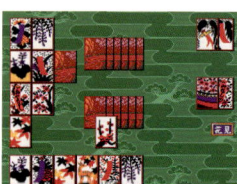

　　如标题所示，这是一款花札游戏。游戏中共有七种不同的模式，玩家可进行自由对战、联赛、淘汰赛、双人对战。除了经典的KOI-KOI外，游戏中还可以玩花合。敌方角色种类繁多，从儿童到老年人一应俱全。

総合格闘技RINGS アストラルバウト3
综合格斗技3

●发售日期/1995年10月20日 ●售价/9800日元
●发行商/KING RECORDS

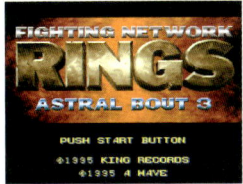

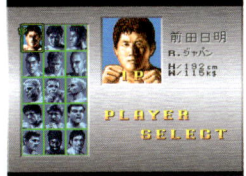

　　与前田日明创立的综合格斗技组织RINGS合作推出系列的第三作。包括前田日明在内的四名选手都以真实姓名登场，外国选手则使用了虚构的名字。在本作中，玩家可在三种不同类型的攻击风格中选择。拜师于前田的话，他会认真地进行操作方法的教学。

ウルトラベースボール実名版3
超人棒球实名版3

●发售日期/1995年10月27日 ●售价/9800日元
●发行商/CULTURE BRAIN

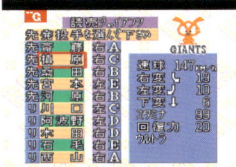

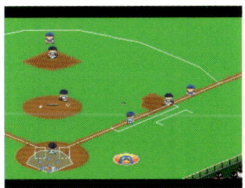

　　《超人棒球》超任版的第五作，同时也是取得了日本棒球机构官方授权的"实名版"第三作。与系列前几作一样，玩家能够使用不可思议的秘打和魔球进行超人棒球赛，而本作中的球员人数比上一作更多了。

マジカルドロップ
魔法微量球

●发售日期/1995年10月20日 ●售价/8500日元
●发行商/DATA EAST

　　由DATA EAST制作的动作解谜游戏。原本是街机游戏，但从本作开始被陆续移植到多个平台。游戏内容为下落式消除类型，具体玩法是移动小丑将球吸过来，然后把球发射到适当的位置上，从而将画面中的球消除。

SD F-1グランプリ
SD F-1 GP赛车

●发售日期/1995年10月27日 ●售价/10900日元
●发行商/VIDEO SYSTEM

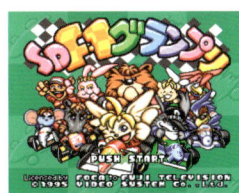

　　赛车手的名字基本都是虚构的，但由于这是富士电视台的官方游戏，因此当时活跃在F1赛场的解说员今宫纯和川井一仁使用了真名登场。赛车手都是拟人化的动物，在一些比赛中还可以使用干扰道具。游戏的整体风格比较轻松。

ガンガンガンチャン
魔法气泡闯通关

●发售日期/1995年10月27日 ●售价/8800日元
●发行商/MAGIFACT

　　正如游戏的宣传语"超级搞笑动作游戏"所说，这是一款角色设计得非常可爱的动作游戏。玩家操纵魔法气泡在地图上进行防御和射击，目标是捕获四种类型的魔法气泡，连成魔术方阵，并收集钥匙。

クリスタルビーンズ フロム ダンジョンエクスプローラー
晶沙之城堡探险

●发售日期/1995年10月27日 ●售价/9500日元
●发行商/HUDSON

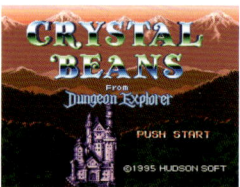

　　将PCE的热门动作角色扮演游戏《地牢冒险家》进行重新改编移植到了超级任天堂。多人游戏的最大人数从五人减少到三人，职业也与原作不同。不过，在地下城中打倒BOSS、收集水晶、提高能力值的流程和原作是一样的。

ジャスティスリーグ | Justice League Task Force
正义超人大对决

●发售日期/1995年10月27日 ●售价/11800日元
●发行商/ACCLAIM JAPAN

　　汇集了超人、蝙蝠侠等大家耳熟能详的美式漫画英雄跨界作品的电子游戏版。这是一款对战格斗游戏，角色们的必杀技都来自原作漫画。游戏有三种模式，分别是故事模式、战斗模式和对战模式。

ジャッジ・ドレッド | Judge Dredd
特警判官

●发售日期/1995年10月27日 ●售价/10900日元
●发行商/ACCLAIM JAPAN

　　根据西尔维斯特·史泰龙主演的同名电影改编的游戏。在这款横向卷轴动作游戏中，玩家扮演约瑟夫·德雷德，在核战后的荒芜世界中制裁不法分子。除了射击、脚踢和跳跃外，角色还可以做出吊在天花板上等动作。

女子摔角 闪耀之星传说

白いリングへ

- ●发售日期/1995年10月27日 ●售价/9980日元
- ●发行商/PONY CANYON

　　这款游戏与女子职业摔角组织LLPW及大仁田厚所率领的FMW等多个团体进行了合作。与主流的摔角游戏相反,这不是个动作游戏,而是对虚构的主角进行养成的模拟游戏。游戏剧情与实际存在的摔角手们密切相关。

柏青嫂物语 帕尔工业特别篇

パチスロ物語 パル工業スペシャル

- ●发售日期/1995年10月27日 ●售价10800/日元
- ●发行商/KSS

　　在这款游戏中,可以玩到由曾经存在过的老牌老虎机厂商PAL工业生产的老虎机。游戏采用冒险风格,玩家跟随故事的发展对老虎机进行攻略。游戏中除了以"PEGASUS"系列为代表的PAL工业的老虎机外,还有一些游戏原创机型。

天地无用 游戏篇

天地無用! げ～む編

- ●发售日期/1995年10月27日 ●售价/10800日元
- ●发行商/BANPRESTO

　　《天地无用》起初以OVA动画的形式发行,随后又播出了TV动画和电影,并且还在多个平台上发行了多款不同类型的衍生游戏,而本作是具有多条剧情分支的策略类角色扮演风格的游戏。故事发生在OVA的第一期和第二期之间,剧情为游戏原创。

永远的蝙蝠侠

バットマン フォーエヴァー | Batman Forever

- ●发售日期/1995年10月27日 ●售价/11800日元
- ●发行商/ACCLAIM JAPAN

　　以同年上映的电影为原型的横向卷轴动作游戏。从使用实景照片等方面可以看出,游戏在画面上十分讲究。本作的特点是再现了原作中吊钢丝的动作,但在掌握窍门之前,操作起来比较困难。支持双人同时游戏。

パネルでポン | Tetris Attack

花仙子方块

● 发售日期/1995年10月27日 ● 售价/5800日元
● 发行商/任天堂

　　由任天堂和INTELLIGENT SYSTEM共同开发的动作解谜游戏。在游戏中，玩家需要用两个水平方块大小的光标来改变方块的位置，寻找制造连锁的机会。游戏角色为任天堂游戏中罕见的魔法少女型原创角色。

From TV animation SLAM DUNK SDヒートアップ!!

SD灌篮高手

● 发售日期/1995年10月27日 ● 售价/9800日元
● 发行商/BANDAI

　　本作中，《灌篮高手》中的角色都以Q版形象登场，同时这也是该系列在超任上的第三作。本作支持多人游戏，最多支持五个玩家同时游戏。游戏玩法以正面出击为主，当能量槽积累到一定程度时，就可以释放该角色对应的必杀技。

フォアマン フォーリアル | Foreman For Real

真实拳击

● 发售日期/1995年10月27日 ● 售价/11800日元
● 发行商/ACCLAIM JAPAN

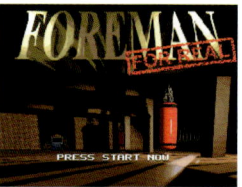

　　这是一款乔治·福尔曼冠名的拳击游戏。退役后，他在45岁时奇迹般地复出，重返世界重量级冠军宝座。福尔曼作为最终BOSS在游戏中称霸。游戏内容非常简单，只要与对手不停地互相殴打就可以了。

麻雀飛翔伝 真 哭きの竜

麻将飞翔传 真 哭泣的龙

● 发售日期/1995年10月27日 ● 售价/8900日元
● 发行商/BEC

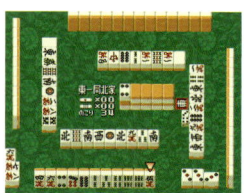

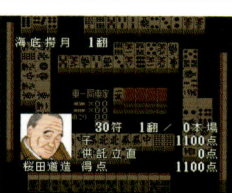

　　剧画风格的麻将漫画《哭泣的龙》在超任上的第二作。前作是游戏原创剧情，本作则和漫画原作一样，以龙为主角，剧情发展也遵循了漫画原作中的内容。此外，充分发挥主角的特长进行鸣牌，是胜利的关键。

魔天伝説 戦慄のオーパーツ
魔天传说
● 发售日期/1995年10月27日 ● 售价/10800日元
● 发行商/TAKARA

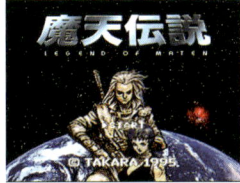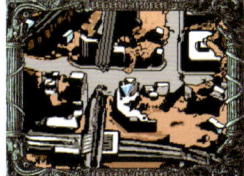

　这是一款指令选择式的角色扮演游戏，游戏目标是让突然飘浮在太空中的日本列岛回归原处。场景由2D地图和3D地下城组成，可对怪物加以利用等内容类似《女神转生》。玩家可以利用从敌人身上吸收的能量制造道具，从而提升角色的能力值。

紺碧の艦隊
绀碧舰队
● 发售日期/1995年11月2日 ● 售价/10800日元
● 发行商/ANGEL

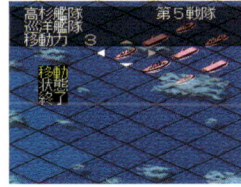

　以曾经被改编为动画的荒卷义雄所写的战记小说为题材的超任游戏。这是一款以完成任务为主要内容的策略模拟游戏。除了模拟游戏的内容外，玩家还可以在游戏间歇进行投资，开发武器，增加收入。

ライトファンタジーII
光之传说2
● 发售日期/1995年10月27日 ● 售价/9900日元
● 发行商/TONKIN HOUSE

　1992年发行的幻想题材角色扮演游戏《光之传说》的续作。本作的故事发生在距前作几百年后的世界。系统方面，游戏继承了前作的怪物同伴系统。通关需要费一番功夫，而结局从各种角度来说都意味深长。

必殺パチンココレクション3
必杀柏青哥3
● 发售日期/1995年11月2日 ● 售价/9980日元
● 发行商/SUNSOFT

　SUNSOFT《必杀柏青哥》系列的第三作。在本作中可以玩到游戏厅中的真实弹珠机机型。系列前两作收录的是藤商事的机型，而本作则收录了来自大一商会的五款机器。与系列其他作品一样，本作的角色也有着夸张的身材。

全國縦断ウルトラ心理ゲーム

纵横全国终极心理游戏

●发售日期/1995年11月10日 ●售价/9800日元
●发行商/VISIT

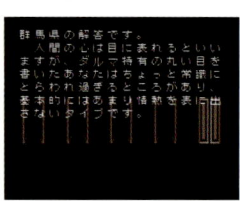

　　这是以问答的形式进行心理测试的游戏。游戏以电视节目的形式对日本进行介绍，并由此出题，根据答案对玩家的性格等方面进行诊断。此外还会公布玩家的心灵力量得分。诊断内容意外地直击要害。

キャプテン翼J THE WAY TO WORLD YOUTH

队长小翼J 迈向世界杯

●发售日期/1995年11月17日 ●售价/9800日元
●发行商/BANDAI

　　这款游戏与TECMO发行的一系列作品无关。根据游戏的系统设定，在进行竞争或试图拦截使用必杀技发射的球等特殊情况下，玩家需要通过连击按键来决定胜负。虽然这是本作的最大卖点，但只要随意连按几下便能获胜。

上海 万里の長城

上海 万里长城

●发售日期/1995年11月17日 ●售价/9800日元
●发行商/SUNSOFT

　　系列益智游戏的第一作，玩家需要把堆积起来的麻将牌依次消除。和前作《上海3》一样，游戏移植自街机。除街机模式外，还可以选择"北京·长城"等具有不同规则的其他模式，以及可进行对战的"青岛"模式。

ロゴスパニック ごあいさつ

拼字方块

●发售日期/1995年11月17日 ●售价/9800日元
●发行商/YUTAKA

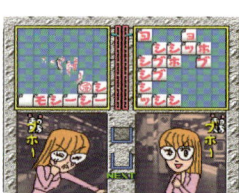

　　以漫画家望月寿城作品中的角色为主角的解谜游戏。游戏内容很有创意，玩家需要将画面中随机出现的假名组合成特定的单词，但由于每位角色所对应的单词各不相同，其中还包含一些意义不明的奇怪单词，所以必须把单词都背下来。

新スタートレック～大いなる遺産IFDの謎を追を～ | Star Trek - The Next Generation - Future's Past

新星际迷航 追寻伟大遗产IFD之谜

● 发售日期/1995年11月17日 ● 售价/9800日元
● 发行商/德间书店

　　根据长篇科幻剧集的衍生作《星际迷航：下一代》改编的作品。游戏主要由飞船内部和飞船外的探索部分组成。虽然游戏的整体风格类似动作冒险游戏，但也有射击游戏的内容。

ブロックくずし

究极打砖块

● 发售日期/1995年11月17日 ● 售价/5980日元
● 发行商/POW

　　如标题所示，这是一款打砖块游戏，但同时具有道具等概念，玩法与《快打砖块》类似。游戏有三种模式供玩家选择，分别是故事模式、挑战模式和双人对战模式。游戏中有着各种各样的机关，一不留神就会接不到球。

全國高校サッカー2

全国高校足球2

● 发售日期/1995年11月17日 ● 售价/9800日元
● 发行商/四次元

　　以冬季举办的标志性赛事"日本全国高等学校足球锦标赛"为原型的足球游戏系列第二作。在本作中，玩家可在来自4063所学校的球队中挑选自己喜欢的队伍进行比赛。前作可随意进行背后抢截的设定保持不变，本作同样支持犯规操作。此外，在本作中传球变得更重要了。

レンダリング・レンジャーR2

未来骑警R2

● 发售日期/1995年11月17日 ● 售价/10800日元
● 发行商/VIRGIN INTERACTIVE ENTERTAINMENT

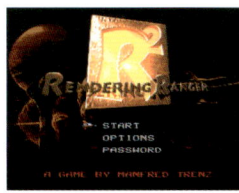 

　　这款游戏的玩法与《魂斗罗》类似，由动作和射击两方面的内容构成。玩家可选择机关枪、激光枪、弹射和集束射击四种类型的射击方式。游戏中有专门用来强化射击的道具，每种类型都可以进行火力强化，最高可强化至三级。

スーパードンキーコング2 ディクシー&ディディー | Donkey Kong Country 2: Diddy's Kong Quest

超级森喜刚2 蒂克丝刚与迪迪刚

●发售日期/1995年11月21日 ●售价/9800日元
●发行商/任天堂

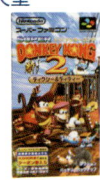

　　《超级森喜刚》系列的第二作。由于森喜刚被绑架了，因此迪迪刚和蒂克丝刚成为本作的主角。本作在前作的基础上增加了更多的挑战元素，例如收集DK金币。通关后可以为了100%的完成度而继续享受游戏的乐趣。

鬼神童子ZENKI 電影雷舞

鬼神童子 电影雷舞

●发售日期/1995年11月24日 ●售价/9980日元
●发行商/HUDSON

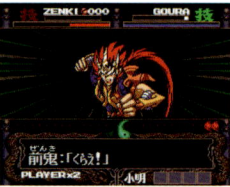

　　《鬼神童子ZENKI》在超任上的第二作。前作角色的头身比例和现实相同，而本作则分成两种情况：动作部分使用Q版角色，BOSS战则使用现实比例的角色。而这两部分的系统也有所不同，BOSS战以指令战斗的形式进行。

赤川次郎　魔女たちの眠り

赤川次郎 沉睡的魔女

●发售日期/1995年11月24日 ●售价/10800日元
●发行商/PACK-IN-VIDEO

　　根据悬疑小说巨匠赤川次郎的《魔女的黄昏》和《魔女的长眠》改编的有声小说类游戏。游戏分为两个章节，如果能在第一章中达成特定的结局，就可以继续进行第二章。游戏中有一些血腥描写，令人不寒而栗。

super億万長者ゲーム

超级亿万长者游戏

●发售日期/1995年11月24日 ●售价/9800日元
●发行商/TAKARA

　　根据与《人生游戏》同为20世纪70年代大受欢迎的桌面游戏《亿万长者游戏》改编而成。支持四人同时游戏。在单人的淘汰赛模式中，玩家可与电脑进行对战。游戏中通过购买股票和房产来增加自己的资产的玩法可以说是《富豪街》的原型。

恐龙战队

MIGHTY MORPHIN POWER RANGERS | Mighty Morphin Power Rangers

- ●发售日期/1995年11月24日 ●售价/9800日元
- ●发行商/BANDAI

　　《恐龙战队》改编自美国制作的日本超级战队系列电视剧。游戏内容为对战格斗类的清版格斗游戏，场景没有纵深的概念。此外，这款游戏还在关卡中设置了一些陷阱。

房车大赛RR-Z

ゼロヨンチャンプRR-Z

- ●发售日期/1995年11月25日 ●售价/11900日元
- ●发行商/DOUBLE RING

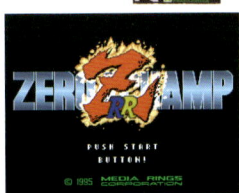

　　该系列在超任上的第二作，本作的背景设定在前作《房车大赛RR》的半年后。游戏讲述了前作的主人公赤泽跌落冠军宝座、试图东山再起的故事。和前作一样，游戏中不仅有赛车比赛，玩家还可以玩迷你游戏来积攒资金。

马场大亨2

リーディングジョッキー2

- ●发售日期/1995年11月24日 ●售价/9800日元
- ●发行商/CARROZZERIA JAPAN

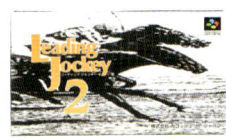

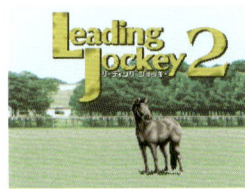
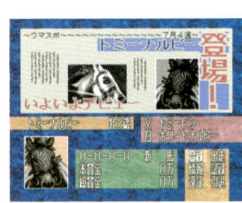

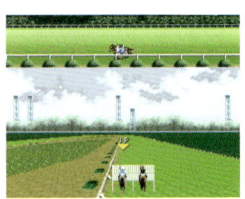

　　混合型赛马游戏的续作。在这个系列的游戏中，玩家不仅要扮演骑手骑马参赛，还要负责赛马的养殖和训练。游戏目标是赢得日本赛马界的夙愿——凯旋门大奖赛的冠军。本作非常适合想要沉浸在赛马世界的人。与卫星接收器兼容。

SUNSOFT逻辑绘图

おーちゃんのお絵かきロジック

- ●发售日期/1995年12月1日 ●售价/6980日元
- ●发行商/SUNSOFT

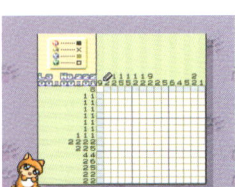

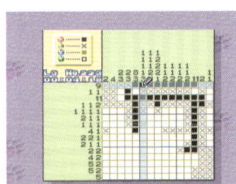
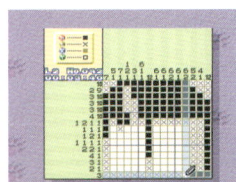

　　本作由曾让"纸笔谜题"风靡一时的世界文化社的《PUZZLER》负责监制，是第一款逻辑类的解谜游戏。除本作之外，在其他平台也有多款同名游戏发行。将原本在纸上玩的绘图方块进行了数字化，玩起来速度更快，更有趣。

樱桃小丸子 南国岛游乐
ちびまる子ちゃん めざせ!南のアイランド!!

●发售日期/1995年12月1日 ●售价/9000日元
●发行商/KONAMI

以樱桃子原作的国民级动画《樱桃小丸子》为题材的动作游戏。在游戏中,大家熟悉的角色们以南国岛旅行为赌注,在迷你游戏中进行竞争。迷你游戏共有三种,分别是扔球、趣味泳池和油漆涂涂乐。玩家可挑战以故事模式为首的多种模式。

柏青夫君 特别版3
パチ夫くんSPECIAL3

●发售日期/1995年12月1日 ●售价/10800日元
●发行商/COCONUTS JAPAN

 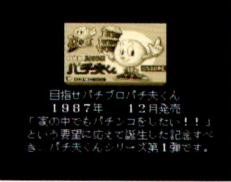

以拟人化的柏青哥弹珠为标志的《柏青夫君》系列作品之一。这款游戏并未对真实机型进行模拟。玩家可以玩游戏的原创机型,增加所获得的弹珠数量。游戏卡带中收录了该系列在红白机上的前四部作品,性价比非常高,而这也是《柏青夫君》系列在超任上的最终作。

多卡波王国外传 火焰选秀会
ドカポン外伝 炎のオーディション

●发售日期/1995年12月1日 ●售价/8800日元
●发行商/ASMIK

《多卡波王国》系列的外传。这是该系列在超任上的第三部作品。角色设计由前作的柴田亚美改为佐藤元。前作中最富有的一方获胜的规则保持不变,但由于缩短了游戏时间,游戏系统与系列其他作品有所不同。

BB枪大作战
B.B.GUN

●发售日期/1995年12月1日 ●售价/11800日元
●发行商/I'MAX

游戏标题是"BALL BULLET GUN(球弹枪)"的简称,是一款罕见地以气枪互相射击的生存游戏为题材的模拟游戏。玩家需要编排一支由一名队长和任意10名攻击组、特遣组、防守组、狙击组的队员组成的小队,然后进行战斗。特定关卡中藏有强大的隐藏武器。

ビッグ・ハート | Frank Thomas' Big Hurt Baseball

法兰克汤姆斯棒球

●发售日期/1995年12月1日 ●售价/11800日元
●发行商/ACCLAIM JAPAN

 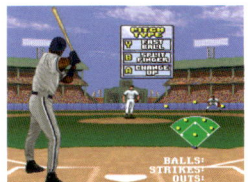

 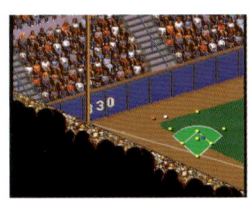

标题中的BIG HURT是美国职业棒球大联盟球员法兰克·汤姆斯的昵称，这是一款由汤姆斯监制的欧美棒球游戏。在引进日本时并未进行本地化翻译。本作的特色是逼真的画面和细致的指令式球种选择功能。

ロックマンX3 | Mega Man X3

洛克人X3

●发售日期/1995年12月1日 ●售价/9800日元
●发行商/CAPCOM

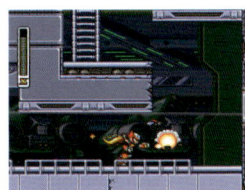 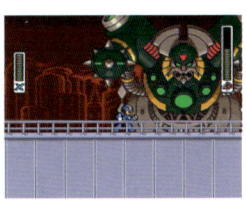

《洛克人X》系列的第三作，也是该系列在超任上的最终作。本作引入了"杰洛系统"，玩家可在关卡中随意切换艾克斯和杰洛两个角色。虽然杰洛更容易被击中，也无法在BOSS战中使用，但他的强大攻击力非常吸引人。

不思議のダンジョン2 風来のシレン

不可思议的迷宫2 风来之西林

●发售日期/1995年12月1日 ●售价/11800日元
●发行商/CHUNSOFT

这款游戏继承了《勇者斗恶龙4》的衍生作、热门游戏《特鲁尼克大冒险》的系统，作为《不可思议的迷宫》系列作品进行发行。游戏采用日式风格的世界观，除了进入地下城外，玩家还能在村子及野外进行活动，游戏范围变得更加广阔。

アメリカンバトルドーム

对战弹珠台

●发售日期/1995年12月8日 ●售价/9800日元
●发行商/TSUKUDA ORIGINAL

根据源自美国名为BATTLE DOME的弹珠台玩具改编的电子游戏。游戏规则很简单，只需不断地用弹簧板将落到场景中的无数小球弹回去即可。由于这原本是一款用来进行对战的玩具，所以对战玩法非常有趣。场景中还会出现一些障碍物。

クロックワークス
时钟职人

● 发售日期/1995年12月8日 ● 售价/7800日元
● 发行商/德间书店

　　以钟表结构为主题的解谜游戏，由《俄罗斯方块》的开发者阿列克谢·帕基特诺夫策划，他的照片会出现在标题画面中。这是一款过关类型的游戏，玩家需要顺时针或逆时针转动齿轮中心的轴来完成目标。游戏共有50个关卡。

スーパー桃太郎電鉄DX
超级桃太郎电铁DX

● 发售日期/1995年12月8日 ● 售价/9500日元
● 发行商/HUDSON

　　《桃太郎电铁》系列在超任上的第五作。如游戏标题中的"DX（豪华版）"所示，随着卡带容量的增大，游戏的视觉效果比前作更出色，房产及卡牌、事件等与游戏的核心玩法相关的内容也变得更加丰富。在本作中出现了该系列的第一张太空地图。

す～ぱ～ぷよぷよ通
超级噗哟噗哟通

● 发售日期/1995年12月8日 ● 售价/8800日元
● 发行商/COMPILE

　　下落式消除游戏《噗哟噗哟》的第二作，移植自街机。本作的独特之处是练习模式中的"简单噗哟噗哟"等内容。游戏共有32个可进行对战的电脑角色，通过多人游戏接口可进行四人对战，和朋友们一起体验游戏的乐趣。

美少女戦士セーラームーンSuperS ふわふわパニック
美少女战士SuperS 超级射泡泡

● 发售日期/1995年12月8日 ● 售价/7980日元
● 发行商/BANDAI

　　以美少女战士系列动画的第四部作品《美少女战士SuperS》的名称命名的解谜游戏。发射光束击碎气球，同色的气球连锁消除后，就会给对手送去干扰气球。游戏中存在力量的概念，力量槽积满后可以释放必杀技。

MASTERS New 遥かなるオーガスタ3

奥古斯塔高尔夫3

● 发售日期/1995年12月8日 ● 售价/11800日元
● 发行商/T&E SOFT

 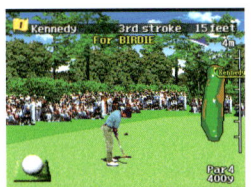

　作为真实3D模拟高尔夫游戏而为人所熟知的热门系列作。和前几作一样，都是与休闲类游戏的玩法截然不同的硬派作品。玩家在打球时需要考虑很多因素，比如风向、草地状态、果岭的坡度等。本作的画面和处理速度都有了很大提升。

GO GO ACKMAN3

冲 冲 恶魔君3

● 发售日期/1995年12月15日 ● 售价/9800日元
● 发行商/BANPRESTO

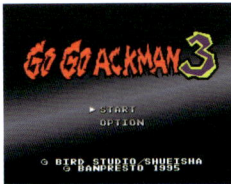 

　《冲 冲 恶魔君》系列的第三作。本作中玩家可以使用天使进行游戏。系统方面新增了储存道具的功能。在游戏的结尾处出现了下一作的预告，但遗憾的是，后来并没有发行续作。

ミッキーとドナルド マジカルアドベンチャー3

米老鼠与唐老鸭 魔法冒险3

● 发售日期/1995年12月8日 ● 售价/9800日元
● 发行商/CAPCOM

　《魔法冒险》系列的第三作。正如标题所示，在本作中玩家可以选择控制米老鼠或唐老鸭，踏上冒险的旅途。游戏保留了前作的变装系统，在身穿同样服装的情况下，米老鼠和唐老鸭的属性和动作会有所不同。

JBザ・スーパーバス

JB联盟巴斯钓鱼

● 发售日期/1995年12月15日 ● 售价/11800日元
● 发行商/NGP

　获得了JB和NBC两家鲈鱼垂钓协会的官方授权，由鲈鱼职业钓手河边裕和负责监制的钓鱼游戏。由于获得了现实中的渔具制造商和造船厂的赞助，所以游戏中的道具种类相当丰富。玩家还可以在资格考试模式中进行问答挑战。

実況おしゃべりパロディウス

实况Q版沙罗曼蛇

●发售日期/1995年12月15日 ●售价/9980日元
●发行商/KONAMI

　　《疯狂大射击》系列的第四作，与同公司的实况系列进行了结合。这款游戏不是移植版，而是一款原创作品。基本系统与系列其他作品相同。章鱼由八奈见乘儿配音，而它在游戏中一直不停地说话，令人印象深刻。

スーパーブラックバス3

超级黑巴斯3

●发售日期/1995年12月15日 ●售价/11800日元
●发行商/STARFISH DATA

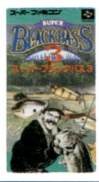

　　《黑巴斯》系列在超任上的第三作。游戏包含对鲈鱼垂钓的专业术语进行解释的辅助模式。游戏共有三种模式，分别是适合初学者的新手模式，适合中级玩家的竞技模式，及适合高级玩家的职业钓手模式，可根据是否有该系列的游戏经验以及是否了解钓鱼相关知识进行选择。

商人よ、大志を抱け!!

商人立志传

●发售日期/1995年12月15日 ●售价/9800日元
●发行商/BANDAI

　　由BANDAI发行的桌面游戏类贸易游戏。与经典游戏《富豪街》和《桃太郎电铁》不同，这款作品的特点是不能对土地和房地产等进行投资。为了增加资产，玩家需要到各个港口采购食物，并在食物过期前将它们卖掉。

聖獣魔伝ビースト&ブレイド

圣兽魔传

●发售日期/1995年12月15日 ●售价/11000日元
●发行商/BPS

　　根据曾在《电击超级任天堂》和《电击Adventures》两本杂志中连载的读者参与型角色扮演游戏改编而成的作品。这是一款模拟类角色扮演游戏，玩家控制一支由使用武器的人类和使用特殊攻击的野兽组成的小队进行战斗。游戏具有多种结局。

テーマパーク | Theme Park
主题公园

●发售日期/1995年12月15日 ●售价/11800日元
●发行商/EA VICTOR

　　这是一款沙盒类型的模拟游戏。玩家要对游乐园进行建造和管理，虽然超任版的内容与其他平台的版本相比略显简洁，但游戏的基本要素都得以保留，例如游乐设施和商店的布置、门票和食物内容的调整等。

ドラえもん4 のび太と月の王國
哆啦A梦4 大雄和月之王国

●发售日期/1995年12月15日 ●售价/9500日元
●发行商/EPOCH

　　EPOCH在超任上发行的第四款《哆啦A梦》作品。在游戏中，玩家从一开始就可以在六个角色中进行选择。支持双人同时游戏。双人模式中可进行合体攻击，攻击类型会随着哆啦A梦、哆啦美等角色的组合发生相应的变化。

ニチブツアーケードクラシックス2 平安京エイリアン
日本物产经典街机合辑2 平安京外星人

●发售日期/1995年12月15日 ●售价/5980日元
●发行商/日本物产

　　《日本物产经典街机合辑》系列第二作。前作收录了三款游戏，而本作只收录了《平安京外星人》一款游戏。这是一款在街机游戏早期十分流行的作品，玩家在地面上挖洞，并把异形埋入洞中。除街机原版外，卡带中还收录了经过改编的版本。

プリンセスメーカー Legend of Another World
美少女梦工厂 异世界传说

●发售日期/1995年12月15日 ●售价/9980日元
●发行商/TAKARA

　　这款模拟游戏是来自PC端的作品。玩家要把小女孩培养成出众的大小姐。本作虽然是备受好评的第二作的重制版，但在内容方面，包含角色设计在内，超任版都进行了大规模的修改，不属于带有序号的系列作品。

本家SANKYO FEVER 実機シミュレーション2

本家三共狂热 柏青哥实机模拟2

● 发售日期/1995年12月15日 ● 售价/10800日元
● 发行商/BOSS COMMUNICATIONS

　　对弹珠机制造商三共（SANKYO）出品的真实机型进行模拟的系列游戏第二作，收录了"CR FEVER银河""CR FEVER ONE GP""PACHIPACHI STADIUM""FRUITS CHANCE"四款机型。其中"FRUITS CHANCE"是该厂商的演示机，并未投入实际生产。

水木しげるの妖怪百鬼夜行

妖怪百鬼夜行

● 发售日期/1995年12月20日 ● 售价/11800日元
● 发行商/KSS

　　在这款桌面游戏中，玩家与日本各地的妖怪成为伙伴，收集灵力，最终成为妖怪首领。玩家可以从河童、唐伞小僧、独眼小僧、雪孩子中选择一个进行游戏。游戏有个有趣的规则：移动步数由老虎机决定，三个数字相同时角色可以连续移动，但连续两次三个数字相同则需要休息一个回合。

もってけOh!ドロボー

快乐人生

● 发售日期/1995年12月15日 ● 售价/9800日元
● 发行商/DATA EAST

　　这是一款双陆棋风格的桌面游戏。玩家扮演小偷，在躲避警察的同时，拿回被缺德的镇长夺走的物品。盗取物品、越狱等场景都以迷你游戏的形式展现，同时游戏中还有一些动作类的内容。

SDガンダムGNEXT

SD高达GNEXT

● 发售日期/1995年12月22日 ● 售价/12800日元
● 发行商/BANDAI

　　《SD高达》系列在超任上的第三作。本作的内容远比前作丰富，包含《高达W》中的机器人在内，游戏共有160多个单位，可选势力也增加至12个。这款作品与卫星接收器兼容，安装内存卡后，接收到的数据可在游戏中体现出来。

がんばれゴエモン きらきら道中 僕がダンサーになった理由
大盗五右卫门 闪烁的路上我成为舞者的理由

●发售日期/1995年12月22日 ●售价/9980日元
●发行商/KONAMI

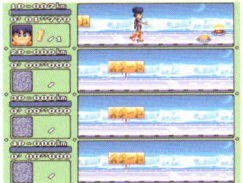

　　《大盗五右卫门》系列在超任上的第四作。与前作浓厚的冒险风格不同，本作又改成了与系列第二作类似的横向卷轴动作游戏。这个系列的作品风格原本就非常滑稽可爱，这一点在本作中体现得更加明显。另一方面，游戏中也有很多可导致瞬间死亡的陷阱，游戏难度很高。

黄龍の耳
黄龙之耳

●发售日期/1995年12月22日 ●售价/9980日元
●发行商/VAP

　　根据《YOUNG JUMP》上连载的同名漫画改编的清版动作游戏。除了拳打、脚踢这两个基本招式外，还有一些出自原作漫画的内容，比如当主人公的能量槽积累到一定程度便可以解除耳环的封印，令他的能力在一段时间得到增强。

月面のアヌビス
月面基地

●发售日期/1995年12月22日 ●售价/11800日元
●发行商/IMAGINEER

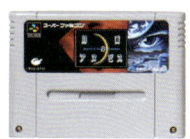

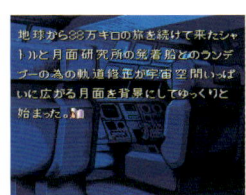

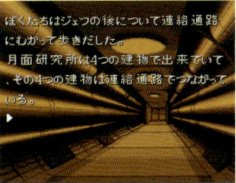
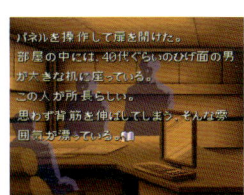

　　由IMAGINEER发行的有声小说类游戏。多数有声小说类游戏以恐怖故事为主，而这款游戏则讲述了一个以月球研究所为背景的科幻故事。玩家在序章中所选择的选项将决定主人公的性格，同时也会对故事的结局产生影响。

ザ・グレイトバトルV
SD英雄大战5

●发售日期/1995年12月22日 ●售价/9800日元
●发行商/BANPRESTO

　　汇集了出自不同作品的Q版英雄们的《SD英雄大战》系列的第五作，也是该系列在超任上的最终作。这是一款西部风格的作品。除了罗亚之外，玩家还可以操作神高达、假面骑士BLACK RX、奥特曼等，而各角色的能力有着很大差异。

ざくろの味

石榴之味

●发售日期/1995年12月22日 ●售价/11800日元
●发行商/IMAGINEER

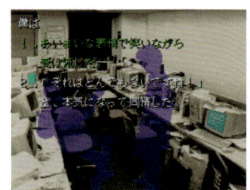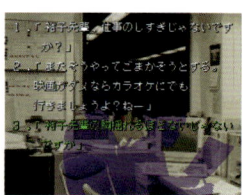

　　与《月面基地》同时发行的有声小说游戏。虽然这两款作品的故事没有任何联系，但标题画面都是在游戏的过程中出现的。这款作品的剧情比《月面》更加血腥和猎奇，比起科幻题材，更像是恐怖故事。

将棋三昧

将棋三昧

●发售日期/1995年12月22日 ●售价/9800日元
●发行商/VIRGIN INTERACTIVE ENTERTAINMENT

　　本作获得了全日本诘将棋联盟的官方授权，收录了大量诘将棋问题。除了普通的将棋对局和绕圈将棋外，甚至还收录了一款借鉴了将棋规则的射击游戏。从某种意义上来说，正如标题所言，这确实是一款"随心所欲"的游戏。（译注："三昧"一词在日语中也有"随心所欲"之意。）

3×3EYES ～獣魔奉還～

三只眼 兽魔奉还

●发售日期/1995年12月22日 ●售价/10800日元
●发行商/BANPRESTO

　　《三只眼》在超任上的第二部作品。前作是角色扮演游戏，本作则在动作冒险游戏的基础上结合了指令战斗的玩法。游戏的故事情节是原创的，具有多重结局，结局的分支取决于主角八云所做出的选择。

スーパーチャイニーズワールド3 ～超次元大作戦～

超级中国拳世界3 超次元大作战

●发售日期/1995年12月22日 ●售价/9800日元
●发行商/CULTURE BRAIN

　　《超级中国拳世界》系列第三作。游戏继承了前作的系统，同时在本作中玩家可以在动作式和指令选择式两种战斗方式间进行选择。而故事也会随所选择的战斗方式发生变化。在本作中，与银河军团之间的战争将暂时告一段落。

スーパーファイヤープロレスリングX
超级热血摔角世界X
●发售日期/1995年12月22日 ●售价/11900日元
●发行商/HUMAN

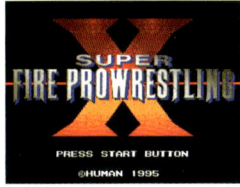 

　　《超级热血摔角世界》系列在超任上的最终作。除衍生作品外，这款游戏是该系列的第10部作品，这也是为什么游戏标题中有一个"X"。本作按照次世代作品的标准对画面进行了革新。为了体现运动员的旧伤，还新增了身体各部位的耐久度设定。

テクモスーパーボウルIII FINAL EDITION | Tecmo Super Bowl III: Final Edition
TECMO超级碗3 最终版
●发售日期/1995年12月22日 ●售价/12800日元
●发行商/TECMO

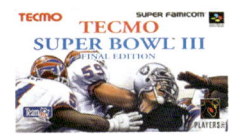 

 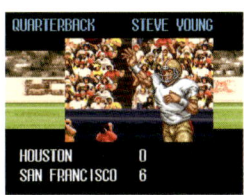

　　《TECMO超级碗》系列在超任上的第三作，NFL的球员以真实姓名登场。游戏的基本玩法不变，目标是赢得超级碗的冠军。球员数据中加入了1995年的内容，此外还新增了编辑功能和在赛季模式中进行交易的功能。

戦国の覇者 天下布武への道
战国霸者 天下布武
●发售日期/1995年12月22日 ●售价/12800日元
●发行商/BANPRESTO

　　作为Mega-CD游戏发行的战国模拟游戏《天下布武 英雄们的咆哮》的超任移植作。游戏的具体流程是：先选择进行全国版还是地方版，再从四个故事中任选一个，然后从列表中选定一位想要扮演的大名，以统一天下为目标开始游戏。

天外魔境ZERO
天外魔境ZERO
●发售日期/1995年12月22日 ●售价/9980日元
●发行商/HUDSON

　　PCE游戏《天外魔境》系列的外传作品。这款游戏不是移植作，而是完全原创的新作，同时也是该系列在超任上的唯一一款作品。本作的主要特色是引入了"PLG系统"，利用特殊芯片将现实时间和游戏中的时间连接起来，从而出现各种效果。

バトルサブマリン

战斗潜艇

●发售日期/1995年12月22日 ●售价/9800日元
●发行商/PACK-IN-VIDEO

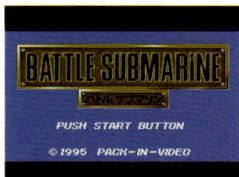

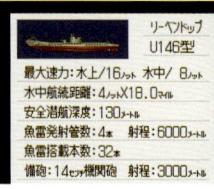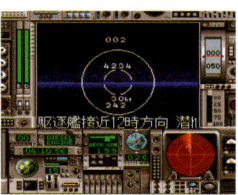

　　继《超级混战》后，第二款由PACK-IN-VIDEO出品的战争游戏。除本作外，市面上基本见不到其他以潜艇为主题的游戏。这是一款3D射击游戏，玩家使用机枪和鱼雷进行攻击，通过调整速度和潜水来躲避敌人的攻击，从而完成任务。

ファイナルファイト タフ | Final Fight 3

快打旋风3

●发售日期/1995年12月22日 ●售价/9980日元
●发行商/CAPCOM

　　风靡一时的清版动作游戏《快打旋风》系列的第三部作品。除了哈格和凯，本作还加入了露西亚和狄恩两个新角色。这款游戏在一个人玩的时候可以让电脑控制2P。另外还加入了超必杀技。

ファーランドストーリー2

剑士法兰多2

●发售日期/1995年12月22日 ●售价/12800日元
●发行商/BANPRESTO

　　最初在PC端发行的模拟角色扮演游戏系列《剑士法兰多》的超任版第二作。这部作品具有超任版独特的故事情节，游戏背景设定在前作20年之后。由于本作中的敌人能够躲避攻击，所以游戏难度有所增加。

ロードス島戦記

罗德斯岛战记

●发售日期/1995年12月22日 ●售价/10800日元
●发行商/角川书店

　　这款游戏根据水野良的原作小说改编，故事分为四个章节，主要讲述魔神战争终结之后的事情。这是一款经典的指令选择式角色扮演游戏。虽然系统方面还存在着不足，但本作也是能令原作的粉丝们感到非常满足的作品。

最強 高田延彦

最强 高田延彦

●发售日期/1995年12月27日 ●售价/10900日元
●发行商/HUDSON

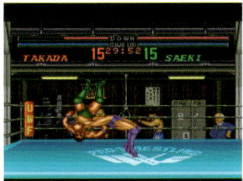 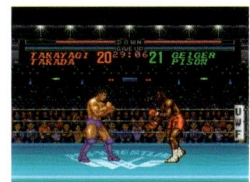

　　由高田延彦创立的UWF International负责监制的对战格斗型摔角游戏。游戏共有10个拥有不同能力的角色，除高田外，其他摔角手的名字都是虚构的。玩家可以在练习赛模式中进行训练，提高技术水平，然后向故事模式发起挑战。

三國志英傑伝

三国志英杰传

●发售日期/1995年12月28日 ●售价/12800日元
●发行商/KOEI

　　这款模拟游戏移植自PC平台。玩家扮演刘备，以统一中国为目标进行游戏。这款游戏具有多重结局，而结局根据通关所需的回合数决定。剧情发展并不一定跟史实一模一样。

イースV 失われた砂の都ケフィン

伊苏5 失落的砂之都凯芬

●发售日期/1995年12月29日 ●售价/12800日元
●发行商/日本FALCOM

　　由日本FALCOM出品，讲述亚特鲁·克利斯汀的冒险故事的热门动作角色扮演游戏系列的第五作。游戏系统基本上是全新的，增加了高度的概念以及跳跃动作。本作很注重动作方面的玩法，比如可以用盾牌进行防御。

スーパー将棋3 棋太平

超级将棋3 棋太平

●发售日期/1995年12月29日 ●售价/12800日元
●发行商/I'MAX

　　《超级将棋》系列第三作。卡带通过名为SA-1的特殊芯片缩短了电脑的思考时间。此外，游戏中还令人意外地加入美少女游戏要素：在棋士之星模式中，玩家扮演师父，对女棋士进行培养。在本作中玩家既可以下将棋，也可以和徒弟约会。

对局围棋 韦驮天

对局围棋 韦驮天

●发售日期/1995年12月29日 ●售价/14800日元
●发行商/BPS

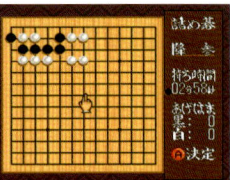

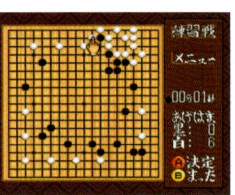

　　由热衷于业余围棋教学的白江治彦八段负责监制的围棋游戏。共有四种模式可供选择，分别是练习赛、一决胜负、诘围棋和研究模式。游戏中收录了400多道诘围棋问题，具有在练习赛中可以改变棋盘大小等丰富的功能，适合想要提高围棋水平的玩家。

Parlor!パーラー!IV CR パチンコ6社・CR実機シミュレーションゲーム

京乐三洋丰丸Parlor 4 CR

●发售日期/1995年12月29日 ●售价/11800日元
●发行商/NIPPON TELENET

　　与京乐、三洋、丰丸、奥村、大一、MARUHON这六家公司合作开发的柏青哥游戏。游戏中收录了在当时市场上占据主导地位的六款CR型弹珠机，完美地再现了实机的胜利画面等内容。此外，本作还加入了日记模式，可用来记录收入与支出等信息。

大爆笑!!人生劇場 ～ずっこけサラリーマン編～

大爆笑 人生剧场 波涛汹涌上班族篇

●发售日期/1995年12月29日 ●售价/9800日元
●发行商/TAITO

　　这是该系列在超任上的第三作，也是自红白机时代以来的第七作。作为经典的桌面游戏，这个系列牢牢地抓住了粉丝们的心。本作以上班族为主题，游戏中会发生各种各样的事件，非常有趣。游戏结束时，拥有钱数最多的玩家获得胜利。

UNDAKE30 鲛龟大作战 马力欧版

●发售日期/1995年 ●售价/非卖品
●发行商/HUDSON

　　这是在《鲛龟大作战》上市销售后作为活动奖品赠送的游戏。游戏中有五种方块，分别是马力欧、蘑菇、火之花、金币和蛋。这款作品起初是作为试玩版开发的，可以通过卫星接收器下载。

超级任天堂

1996年

超级马力欧RPG

●发售日期/1996年3月9日 ●售价/7500日元
●发行商/任天堂/SQUARE

由任天堂和SQUARE
共同打造的梦幻之作

　　由任天堂和SQUARE共同开发的传说级角色扮演游戏。这是马力欧系列的第一款角色扮演游戏，在发售前就吸引了很多人的关注。这款游戏依旧以马力欧为主角，桃花公主、酷霸王等很多大家熟悉的角色在游戏中登场。游戏场景采用斜45度视角，角色移动时可以做出跳跃等动作。熟悉马力欧系列以往作品的粉丝对这款游戏不会产生任何生疏的感觉。在战斗中，每个按键都对应着不同的指令。进行攻击时，在适当的时机按下按键还能给敌人造成额外的伤害。由于这款游戏采用了回合制的指令选择式系统，所以即使是不擅长动作游戏的角色扮演游戏爱好者也能充分享受到游戏的乐趣。

勇者斗恶龙3 接着迈向传说

●发售日期/1996年12月6日 ●售价/8700日元
●发行商/ENIX

即便玩过原版游戏
也能从头开始再次领略这款作品的乐趣

　　热门角色扮演游戏的复刻版，原版游戏曾在发售日当天引起排长队等现象级别的热潮。虽然基本系统和剧情都和原版相同，但也进行了很多细微的改进，增加了很多新要素和道具，所以即便是已经通关过红白机版的玩家，也能够在游戏的过程中体会到全新的感觉。

　　例如，本作中可以使用在《勇者斗恶龙5》中首次出现的便利按键进行快捷操作，《勇者斗恶龙3》中的性格要素以及可进行转职的系统也变得更加实用。此外，这款作品还加入了双六场这一新玩法，玩家可从中获得新道具，值得多次挑战，从而使游戏变得更加耐玩。

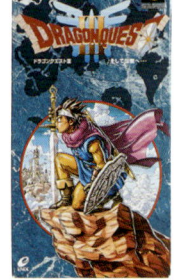

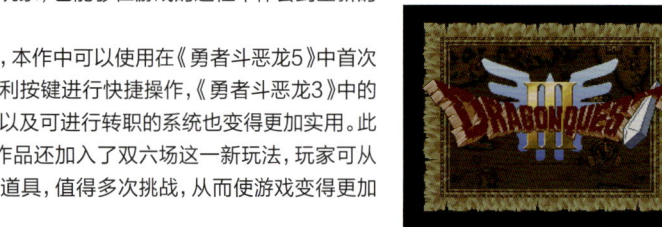

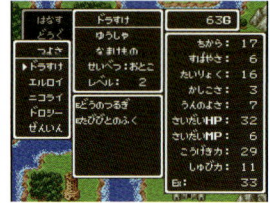

魔导物语 大幼稚园儿
魔導物語 はなまる大幼稚園児

●发售日期/1996年1月12日 ●售价/9900日元
●发行商/德间书店INTERMEDIA

　　以《噗哟噗哟》中的游戏人物阿露露为主角的地下城角色扮演游戏《魔导物语》的超任版。本作讲述了阿露露在读幼儿园时挑战毕业考试的故事。游戏并未采用3D地下城系统，画面为常见的2D俯视。战斗前播放的相声小段子等内容非常滑稽可爱。

的中竞马塾
的中競馬塾

●发售日期/1996年1月19日 ●售价/9980日元
●发行商/BANPRESTO

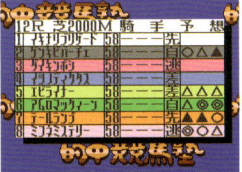

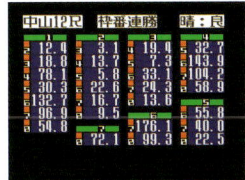

　　大多数赛马预测软件是由赛马关联厂商发行的，而这款软件则由BANPRESTO发行。除了可输入数据并进行不同范围的预测（如倍率最高的投注方式）外，游戏还包含可前往日本各地的赛马场进行下注的全国冠军模式，以及作为骑师挑战比赛的动作模式。

矶钓离岛篇
磯釣り 離島篇

●发售日期/1996年1月19日 ●售价/10800日元
●发行商/PACK-IN-VIDEO

　　在这款钓鱼游戏中，玩家将周游伊豆七岛，使用各种技巧去捕获岸边的大鱼。游戏中共有20种鱼。由于这款游戏和《钓太郎》系列都出自PACK-IN-VIDEO，因此水下场景有许多相同之处。如果没有掌握技巧，别说达成目标了，就连钓到一条鱼都非常困难。

京乐三洋丰丸Parlor 3
Parlor!パーラー!3 パチンコ5社・実機シミュレーションゲーム

●发售日期/1996年1月19日 ●售价/11800日元
●发行商/NIPPON TELENET

　　由NIPPON TELENET发行的柏青哥实机模拟游戏系列第三作。本作收录了三洋、京乐、丰丸、TAIYO ELEC、奥村这五家厂商发行的弹珠机。可玩的机型有"KOMAKOMA俱乐部2""冒险岛2""TANOKICHI KUN 2"等，从确变机到羽根式，种类十分丰富。

围棋俱乐部

囲碁倶楽部

● 发售日期/1996年1月26日 ● 售价/12800日元
● 发行商/HECTOR

　　曾发行过麻将和将棋游戏的《俱乐部》系列作品之一。在红白机游戏《围棋指南》系列的基础上进行开发，虽然在名局观战模式中可以观看现实中举办的头衔战，但数据是游戏发售三年前的内容。

SD高达方块

SDガンダム Power Formation Puzzle

● 发售日期/1996年1月26日 ● 售价/8800日元
● 发行商/BANDAI

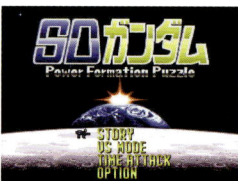
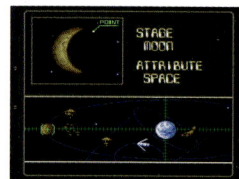

　　《SD高达》系列的下落式消除游戏。从初代高达到高达W的各代机动战士在游戏中登场。这款游戏的独特之处是，将方块堆叠起来不是进行消除，而是产生机动战士。出现的机动战士去攻击敌方战舰，当敌方战舰的生命为零时游戏胜利。

超级棒球道

スーパー野球道

● 发售日期/1996年1月26日 ● 售价/12800日元
● 发行商/BANPRESTO

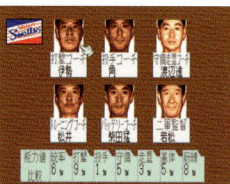

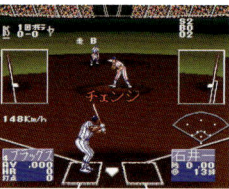

　　PC游戏《棒球道》的超任移植版。在这款模拟游戏中，玩家扮演职业棒球队的领队，带领球队参加锦标赛，目标是成为日本冠军。在游戏中，即便与胜利失之交臂，也可以通过募集新球员和举办训练营对球员进行强化。但如果比赛成绩太差，就会被开除。

信长之野望 天翔记

信長の野望 天翔記

● 发售日期/1996年1月26日 ● 售价/12800日元
● 发行商/KOEI

　　历史模拟游戏《信长之野望》系列的第六作。和系列前几作一样，PC版本被移植到多个平台，同时也发行了超任版。但超任版的剧本数少于其他版本，并且受卡带容量限制，大幅减少了城池、武将、大名的数量，在游戏内容上有着明显的差异。

平成军人将棋

平成軍人将棋

●发售日期/1996年1月26日 ●售价/9800日元
●发行商/CARROZZERIA JAPAN

　　以军人将棋为原型的游戏。游戏设定非常独特，玩家扮演公司老板，接管并占领其他公司。虽然本作具有军人将棋的要素，例如职务级别更高的一方获胜，棋子相遇前无法知道对方的职务级别，但也可以把这款游戏视为一款原创作品。

无人岛物语

無人島物語

●发售日期/1996年1月26日 ●售价/12800日元
●发行商/KSS

　　同名生存冒险游戏的移植版。主角在飞机失事后漂流到一个无人岛上，游戏目标是和同伴们一起顺利逃生。在移植时更改了探索范围，修改了事件标志，比PC版玩起来更简单，同时也对原作中的裸露、饮酒等内容进行了修改或删减。

摩陀罗 幼稚园战记

MADARA SAGA 幼稚園戦記まだら

●发售日期/1996年1月26日 ●售价/9800日元
●发行商/DATAM POLYSTAR

　　根据跨多种媒体推出的《魍魉战记MADARA》系列的漫画作品《摩陀罗 幼稚园战记》改编而成。在这款角色扮演游戏中，玩家使用光标点击各种地方，对主角进行引导。游戏剧情由四个章节构成。由猜拳来决定战斗的胜负。

RPG工具2

RPGツクール2

●发售日期/1996年1月31日 ●售价/12800日元
●发行商/ASCII

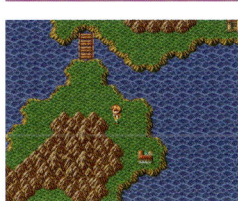

　　超任版《RPG工具》的第二作。内容自然是在前作的基础上进行升级，仅事件数量就达到了前作的2.5倍之多，并且在诸如人物尺寸大小等方面也进行了各种各样的改进。本作可以与卫星接收器连接，下载新素材。

幕末降临传ONI

●发售日期/1996年2月2日 ●售价/12800日元
●发行商/BANPRESTO

　　《ONI》系列在超任上的第二作，是《鬼神降临传ONI》的续作，而前作中的主角们也与本作的故事密切相关。虽然本作以幕府末期为背景，但故事会延伸至美国。此外，在本作中，玩家可使用带有经验值设定的武器"天下五剑"，武器本身会不断成长。

心跳回忆 传说之树下

●发售日期/1996年2月9日 ●售价/9980日元
●发行商/KONAMI

　　恋爱模拟游戏《心跳回忆》的超任版，以该系列的始祖PCE版为原型进行开发，在原版的基础上进行了诸如在约会中插入迷你游戏之类的改编。虽然受卡带容量限制，超任版去掉了角色配音，但玩家可通过字体的差异判断人物的情绪。

将棋最强2

●发售日期/1996年2月9日 ●售价/10800日元
●发行商/魔法

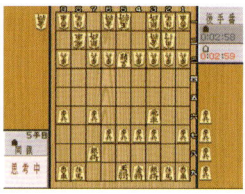 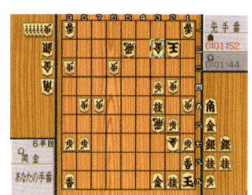

　　《将棋最强》的续作。这款游戏的玩法是在指定的棋局中进行将棋对局。随着等级的提高，棋局难度也会增加。由于电脑的实力和灵活性都得到了增强，只是随便玩玩的话无法获胜，因此这款游戏对初学者来说难度极大。

圣龙传说

●发售日期/1996年2月9日 ●售价/10400日元
●发行商/SQUARE

　　这款模拟角色扮演游戏的特色是由四个人类角色和战龙组成一个单位进行战斗。游戏采用了独特的系统，除战斗经验外，玩家还可以通过给龙喂食物品让其成长。剧本由30个章节构成。

プロ棋士人生シミュレーション 将棋の花道
职业棋士人生游戏 将棋花道
●发售日期/1996年2月16日 ●售价/12800日元
●发行商/ATLUS

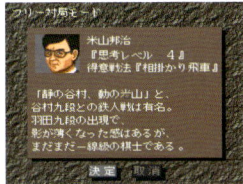

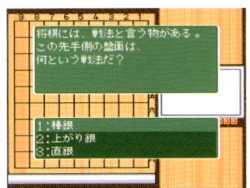

　　这是ATLUS发行的第一款将棋游戏。游戏具有故事情节，玩家成为棋士，目标是包揽七大头衔战的冠军。虽然只要将棋水平够高就能获得头衔，但某些特定的头衔有年限要求。

鬼神童子ZENKI 天地鳴動
鬼神童子 天地鸣动
●发售日期/1996年2月23日 ●售价/9980日元
●发行商/HUDSON

　　《鬼神童子ZENKI》系列的第三作。与系列前两个动作游戏不同，本作是桌面游戏类型。根据骰子的点数连接地图上的路径，前进并完成战斗。游戏共有21关，对战模式最多支持四个玩家同场对战。

バトルテック3050 | MechWarrior 3050
机甲争霸3050年
●发售日期/1996年2月23日 ●售价/9800日元
●发行商/ASK讲谈社

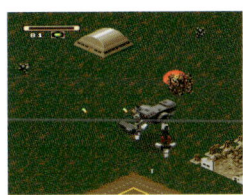

　　这款游戏的内容是操纵名为机甲的大型武器进行战斗，与1993年发行的《银河战记》是完全不同的作品。两款游戏的形式也各不相同，这是一款斜45度视角、以完成任务为主要内容的射击游戏。

フロントミッションシリーズ ガンハザード
前线任务外传 枪之危机
●发售日期/1996年2月23日 ●售价/11400日元
●发行商/SQUARE

　　该系列的第二作，游戏类型改为横向卷轴的动作角色扮演游戏。角色可以离开机甲，以普通士兵的形式参加战斗，而有时角色将不得不离开机甲独自战斗。此外，机甲和武器都有熟练度系统，玩家可通过锻炼来提高其耐久度，增加其威力。

実況パワフルプロ野球3

实况力量棒球3

●发售日期/1996年2月29日 ●售价/7500日元
●发行商/KONAMI

　　《实况力量棒球》系列的第三作。本作的亮点是在系列后续作品中也有出现的成功模式。从《心跳回忆》游戏中获得灵感，新增了原创球员培养系统，在棒球游戏的基础上增加了额外内容。棒球相关数据采用的是1995年的版本。

NFLクォーターバッククラブ'96 | NFL Quarterback Club 96

NFL四分卫俱乐部96

●发售日期/1996年3月1日 ●售价/11800日元
●发行商/ACCLAIM JAPAN

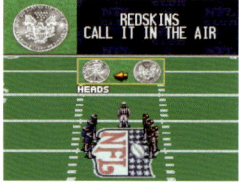

　　这款橄榄球游戏结合了实景，并把前作中的球员数据替换成最新版本。本作没有针对日本市场进行本地化，这种情况在ACCLAIM的作品中很常见。如果玩家不会英语，就完全搞不懂讲解员所做的评论，玩起来十分艰难。

スーパーファミスタ5

超级家庭棒球5

●发售日期/1996年2月29日 ●售价/6980日元
●发行商/NAMCO

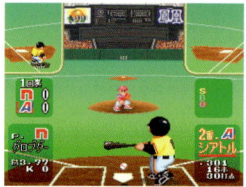

　　《超级家庭棒球》系列在超任上的最后一款作品。与前作相比，游戏模式更加丰富，在前作的基础上新增了四种模式，包括可用根据比赛成绩获得的资金聘用新球员的FA模式，对历代传奇发起挑战的OB模式等。游戏中有两支虚构球队，分别是NAMCO明星队和美国人队。

機動戦士Zガンダム AWAY TO THE NEWTYPE

机动战士高达Z

●发售日期/1996年3月1日 ●售价/11800日元
●发行商/BANDAI

　　继承《机动战士高达 CROSS DIMENSION 0079》游戏系统的作品。玩家可以体验《高达Z》的故事，并玩到模拟游戏、射击游戏及格斗游戏的内容。最终话的难度和结局的内容会根据玩家在第28话中所采取的行动发生变化。

鮫亀

鮫亀

- ●发售日期/1996年3月1日 ●售价/8980日元
- ●发行商/HUDSON

　　作为免费电脑游戏发布、以消除方块为主题的益智游戏移植了到超任上。这款游戏的独特之处是采用双卡带系统，将角色卡带插入内存卡连接处之后，游戏内容会发生相应的变化，例如HUDSON的角色会在游戏中登场。

晦つきこもり

晦

- ●发售日期/1996年3月1日 ●售价/7800日元
- ●发行商/BANPRESTO

　　BANPRESTO发行的有声小说类游戏。《学校怪谈》的创作团队"潘多拉盒子"参与了开发。游戏内容是讲鬼故事，玩家可以听到六个角色所讲的鬼故事，并且在第六个故事中作出的选择会改变第六个故事的内容。

DOOM | Doom

毁灭战士

- ●发售日期/1996年3月1日 ●售价/12800日元
- ●发行商/IMAGINEER

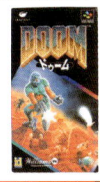
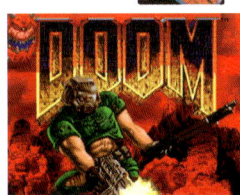

　　美国id Software公司制作的3D射击游戏的移植作。本作是让第一人称射击游戏走进大众视野的里程碑式的作品。游戏系统和之前发行的《德军总部3D》有共同之处，不仅是一款枪械射击游戏，还融入了冒险游戏的元素。

レッスルマニア ジ・アーケードゲーム | WWF WrestleMania: The Arcade Game

WWF疯狂摔角

- ●发售日期/1996年3月1日 ●售价/11800日元
- ●发行商/ACCLAIM JAPAN

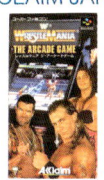
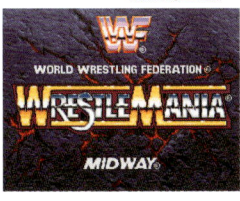

　　以美国规模最大的职业摔角组织为原型的摔角游戏，送葬者等六位个性鲜明的摔角手在游戏中登场。原本在美国街机版中登场的邦邦·彼格洛和横纲这两个角色在超任版中被删除了。

X革命

レボリューションX | Revolution X

●发售日期/1996年3月1日 ●售价/11800日元
●发行商/ACCLAIM JAPAN

在这款枪械射击游戏中，世界著名摇滚乐队空中铁匠以真人实拍的形式登场。游戏目标是救出被绑架的成员，打败邪恶的女王海尔加，角色使用机枪和数量有限的光碟对敌人进行攻击。关卡中的背景音乐全部来自空中铁匠的乐曲。

实战柏青哥必胜法2

実戦パチンコ必勝法!2

●发售日期/1996年3月8日 ●售价/7800日元
●发行商/SAMMY

与前作《柏青哥必胜法》不同，本作是单纯的实机模拟游戏。除了SAMMY自家的弹珠机"水果地"之外，还收录了NewGin的"魔法骆驼2A""兴奋女士2""7SHOCK"三款机器及SANKYO的"CRF NEPTUNE"。

银河战国群雄传

銀河戦國群雄伝ライ

●发售日期/1996年3月8日 ●售价/10800日元
●发行商/ANGEL

 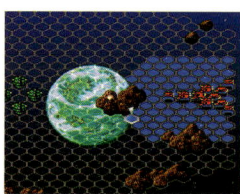

根据真锅让治的科幻漫画及相关动画改编的游戏。这是一款即时制的模拟类型游戏。抵达某个行星，击毁敌人的战舰和要塞达到统一行星的目的。在肉搏战中，击败敌方将军会出现三个选项，其中最有利的选项是处决，可以获得摧毁司令舰的经验值。

超级噗哟噗哟通 重制版

す～ぱ～ぷよぷよ通 リミックス

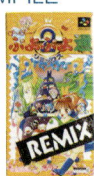 

●发售日期/1996年3月8日 ●售价/6800日元
●发行商/COMPILE

《超级噗哟噗哟通》的改进版。这个版本增加了"通模式"和"结束了哟噗哟噗哟通"等新内容。主要是将街机版和其他主机的版本中的一些要素进行改编后添加到超任版《超级噗哟噗哟通》中。

カオスシード～風水迴廊記～
风水回廊记

- ●发售日期/1996年3月15日 ●售价/9980日元
- ●发行商/TAITO

　　一款被称为洞穴养成模拟游戏的作品，以充满东方风情的中国古代世界为背景，融入了动作、冒险、角色扮演游戏元素。这款游戏的主要目标是挖掘洞穴，扩充设备，收集规定数量的能量。

峠・伝説 最速バトル
最速传说

- ●发售日期/1996年3月15日 ●售价/10800日元
- ●发行商/BPS

　　这是一款与面向飙车族发行的摩托车杂志合作开发的赛车游戏。在杂志中名声大振的赛车手们都以真实姓名登场，与玩家在赛场上一决胜负。不知道是不是有意为之，由于游戏中不能显示赛车场的整体地图等必要的信息，所以刚接触这款游戏时会觉得难度很大。

ダービースタリオン96
德比赛马96

- ●发售日期/1996年3月15日 ●售价/12800日元
- ●发行商/ASCII

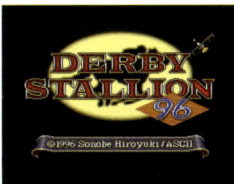

　　人气赛马模拟系列的第五作。在配种环节新增了"有趣配种"的玩法，为了培育出能赢得育马者杯的最强马匹，此环节必不可少。此外，本作还采用相应的对策防止玩家使用"存档读档大法"来养成赛马。这款游戏受欢迎的程度与前作相差无几。

ブランディッシュ2 エキスパート
星间游侠2 专家版

- ●发售日期/1996年3月15日 ●售价/8800日元
- ●发行商/KOEI

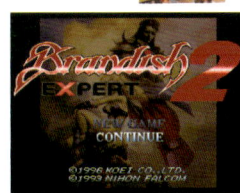

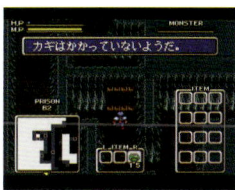

　　1995年发行的《星间游侠2》的局部修改版。游戏正篇的内容和原作相同，但正如标题中的"专家版"所示，在本作中可挑战更高难度的战斗，共有三种难度级别供玩家选择。通关正篇可以解锁BOSS战的时间竞速模式。

星之卡比 超级豪华版

星のカービィ スーパーデラックス｜Kirby Super Star

- 发售日期/1996年3月21日 ●售价/7500日元
- 发行商/任天堂

《卡比》系列在超任上的第二作。这是一款游戏合集，玩家可在六款游戏中任意选择。除了传统的动作游戏内容，还收录了赛车和迷你游戏。此外，游戏中还有隐藏模式，满足条件便可解锁。

伊苏5 强化版

イースV エキスパート

- 发售日期/1996年3月22日 ●售价/11800日元
- 发行商/KOEI

《伊苏5 失落的砂之都凯芬》的局部修改版，所有敌人都在普通版的基础上进行了强化。游戏中还新增了隐藏地下城和时间竞速模式。另外，原版中的一些BUG也得到了修复。

赌城放浪记

ギャンブル放浪記

- 发售日期/1996年3月22日 ●售价/8500日元
- 发行商/VAP

虽然这款游戏与阿佐田哲也的书同名，但两款作品之间并无联系，这是一款双陆棋类型的桌面游戏。游戏中共有三种地图和八位角色，玩家可挑战赛马、老虎机和各种卡牌游戏，从而积累更多的资金。最终拥有钱数最多的玩家获胜。

96全国高校足球选手权

96全國高校サッカー選手権

- 发售日期/1996年3月22日 ●售价/7800日元
- 发行商/魔法

与四次元发行的《全国高校足球》系列是不同的游戏。虽然在这两款作品中，玩家都可以在4000多所学校的球队中进行选择，但本作的内容是玩家扮演球队的队长，带领球队赢得全国冠军。此外，玩家还可以对游戏角色的外表进行装扮。

スーパーロボット大戦外伝 魔装機神 THE LORD OF ELEMENTAL

超级机器人大战外传 魔装机神

- ●发售日期/1996年3月22日 ●售价/7800日元
- ●发行商/BANPRESTO

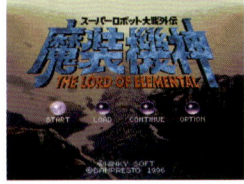

　　将《超级机器人大战》系列作品中登场的原创作品《魔装机神》单独进行游戏化，作为系列外传发行。游戏故事由DC战争系列的前传和后传两个章节构成。由于是独立作品，所以大家熟悉的版权角色不会在游戏中登场。

ステイブルスター～厩舎物語～

厩舎物语

- ●发售日期/1996年3月22日 ●售价/11800日元
- ●发行商/KONAMI

　　KONAMI的《实况》系列作品之一，是一款以赛马为题材的游戏。由于没有获得授权，所以人物和赛马都是虚构的，配音则由著名播音员杉本清负责，他曾在各大赛事中进行解说。游戏中玩家扮演驯马师，最终目标是使自己管理的马场在国外的比赛中获胜。

ドレミファンタジー ミロンのドキドキ大冒険

音乐幻想 米龙的心跳大冒险

- ●发售日期/1996年3月22日 ●售价/6800日元
- ●发行商/HUDSON

　　曾在红白机上风靡一时的动作游戏《迷宫组曲》的续作。游戏讲述的是，为解除传说乐器的封印，主角收集星形音符并打败魔人亚蒙。与前作不同的是，本作改为通关型的横向卷轴动作游戏。博蒙曼会在游戏中登场。

NEWヤッターマン 難題かんだいヤジロベエ

新小双侠

- ●发售日期/1996年3月22日 ●售价/8800日元
- ●发行商/YUTAKA

　　根据时间飞船系列的代表作《小双侠》改编的游戏。这款对战游戏分为小双侠和杜伦布贼党两个阵营，最先获得三种关键道具的一方获胜。游戏采用独特的分屏画面，便于玩家了解对手的动向。双方相遇后的对战格斗部分以迷你游戏的形式进行。

林海峰九段的围棋大道

林海峯九段の囲碁大道

●发售日期/1996年3月22日 ●售价/14800日元
●发行商/ASK讲谈社

由具有名誉天元称号的围棋棋士林海峰负责监制的围棋游戏。由于使用了名为"SA-1"的特殊芯片，所以电脑的思考时间比之前的围棋游戏要短。玩家要与织田信长、丰臣秀吉和德川家康三位"天下人"进行对战。游戏中还设置了适合初学者的入门模式。

安琪莉可 语音幻想

アンジェリーク ヴォイス・ファンタジー

●发售日期/1996年3月29日 ●售价/9800日元
●发行商/KOEI

此前发行的女性向恋爱模拟游戏《安琪莉可》的配音版。这个版本随游戏卡带附送了外设VOICE KUN和带有角色配音的CD。CD中储存的配音可以随游戏的进度同时播放。

SD高达GNEXT 机体&地图合集

SDガンダムGNEXT ユニット&マップコレクション

●发售日期/1996年3月29日 ●售价/3800日元
●发行商/BANDAI

包含《SD高达GNEXT》扩展数据的软件。卡带中收录了曾在卫星接收器上发布的地图，针对无法远程接收游戏数据的玩家发行。因此，单凭这个软件并不能玩游戏正篇的内容。除了地图之外，软件中还收录了玩家投稿的机动战士。

GT竞速赛车

GTレーシング

●发售日期/1996年3月29日 ●售价/10800日元
●发行商/IMAGINEER

对市面上销售的轿车进行改装并进行比赛的房车竞速游戏。游戏共有10种类型的车，每种都有不同特点。玩家可以驾驶令人怀念的日本车和欧美车。游戏中的赛车场以七处日本的赛车场为原型。如果在主模式的比赛中名列前茅，便会获得能够提升汽车性能的道具。

新機動戦記ガンダムW ENDLESS DUEL

新机动战记高达W 无尽的决斗

● 发售日期/1996年3月29日 ● 售价/7500日元
● 发行商/BANDAI

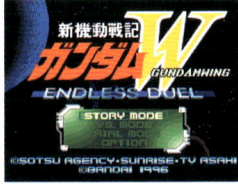

　　以《新机动战记高达W》为题材的对战型格斗游戏。玩家操纵在同一作品中登场的机动战士进行战斗，可选择的机动战士包含从飞翼高达到秘密机体在内的10种类型。游戏具有发电机能量槽的设定，可以使用所积累的能力值进行特殊攻击。

スーパーファイヤープロレスリングX プレミアム

超级热血摔角世界X 典藏版

● 发售日期/1996年3月29日 ● 售价/8000日元
● 发行商/HUMAN

　　在前作上市约三个月后发行的局部改动版。除了对游戏平衡度进行调整，改变了部分摔角手的招式外，还增加了可由玩家创建的摔角手的人数。游戏价格也便宜了不少。比前作更值得入手。

スーパーフォーメーションサッカー96 ワールドクラブエディション

超级阵形足球96

● 发售日期/1996年3月29日 ● 售价/7500日元
● 发行商/HUMAN

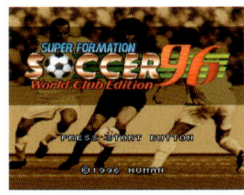

　　超任版《超级阵形足球》的最终作。虽然前作取得了意大利足球甲级联赛的官方授权，使用了真实的名称，但本作是以世界各国的俱乐部球队为主题，因此球队和球员都是虚构的。此外，游戏中还收录了来自日本的川崎绿茵队。

それ行けエビス丸 からくり迷路 消えたゴエモンの謎!!

上吧惠比寿丸 机关人偶迷宫与五右卫门失踪之谜

● 发售日期/1996年3月29日 ● 售价/5800日元
● 发行商/KONAMI

　　以《大盗五右卫门》系列中的配角惠比寿丸为主角的解谜游戏。在这款游戏中，玩家需要旋转散落在关卡中带有箭头的坐垫，引领惠比寿丸抵达终点。在BOSS关中，玩家可以通过让敌人踩到狗屎来对其造成伤害。

ドラゴンボールZ HYPER DIMENSION | Dragon Ball Z: Hyper Dimension

龙珠 超次元战记

● 发售日期/1996年3月29日　● 售价/7800日元
● 发行商/BANDAI

　　对战格斗游戏《龙珠Z 超武斗传》系列的重制版。本作加入了空中连击、3D攻击等新要素。游戏的视觉效果也得到加强，还加入了把对手打飞后背景自动切换的系统。故事模式主要讲述的是魔人布欧篇中的内容。

忍たま乱太郎2

忍者乱太郎2

● 发售日期/1996年3月29日　● 售价/7800日元
● 发行商/CULTURE BRAIN

　　根据NHK的长寿动画《忍者乱太郎》改编的第二款游戏。本作分为动作游戏和冒险游戏两个部分。除了以忍术学园中的忍者三人组为主角、由5话组成的故事模式外，还有可以只玩计时赛和迷你游戏的模式。

Parlor!パーラー!5 パチンコ3社・実機シミュレーションゲーム

京乐三洋丰丸Parlor 5

● 发售日期/1996年3月29日　● 售价/10800日元
● 发行商/NIPPON TELENET

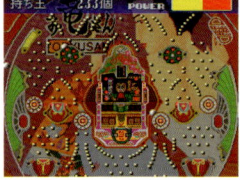

　　NIPPON TELENET的柏青哥实机模拟游戏系列第五作。本作收录了来自京乐、三洋和MARUHON这三家公司的机型，分别是来自京乐的"前进吧银平""CR神枪手""阿龙"三款机器，来自三洋的"GINGILA乐园"和MARUHON的"CR疯狂博士"。

美少女戦士セーラームーンSuperS 全員参加!! 主役争奪戦

美少女战士SuperS 全员参加 主角争夺战

● 发售日期/1996年3月29日　● 售价/7980日元
● 发行商/ANGEL

　　《美少女战士SuperS 场外乱斗 主角争夺战》的局部修改版，主要是对游戏画面进行了强化。除了水兵月以超级水兵月的形态登场外，随着新角色水兵土星的出场，故事模式中的最终BOSS也发生了变化。

美少女レスラー列伝 ブリザードYuki乱入!!
美少女摔角列传
- ●发售日期/1996年3月29日 ●售价/8000日元
- ●发行商/KSS

　　根据漫画改编的游戏，原作《暴风雪Yuki》曾与真实的职业摔角选手冠名合作。虽然这款作品以职业摔角为题材，但并不是动作游戏，而是通过训练锻炼运动员，使其赢得比赛的模拟养成游戏。玩家还可以选择《摔角天使》中的角色。

ルドラの秘宝
鲁多拉秘宝
- ●发售日期/1996年4月5日 ●售价/8000日元
- ●发行商/SQUARE

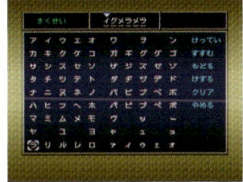

　　这款角色扮演游戏的系统非常特别。玩家要编写名为"言灵"的文字组合，在游戏中直接作为咒语使用。言灵具有属性和规则，为了创造出威力强大的咒语，玩家需要不断尝试。故事分为四个章节，每章的主角都不同。

実戦!パチスロ必勝法!山佐伝説
实战老虎机必胜法 山佐传说
- ●发售日期/1996年4月5日 ●售价/6900日元
- ●发行商/SAMMY

　　由老虎机制造商SAMMY发行的实机模拟游戏。游戏中收录的都是山佐的机器，除了"NEW PULSAR"等4号机外，还有"SUPER PLANETT"和"BIG PULSAR"等2号机和3号机。多款著名机器汇聚一堂，是非常适合老虎机游戏迷的作品。

音楽ツクールかなでーる
音乐编曲大师
- ●发售日期/1996年4月12日 ●售价/9980日元
- ●发行商/ASCII

　　ASCII的《制作大师》系列作品之一，可以用这款软件创作音乐。虽然作为一款消费级软件，这款作品看起来并不复杂，但没有新手指南等内容，使用者要有一定的作曲知识。此外，编好的曲子可以存在内存卡里，并应用在《RPG制作大师》等软件中。

魔法阵咕噜咕噜2

魔法陣グルグル2

●发售日期/1996年4月12日 ●售价/8000日元
●发行商/ENIX

　　前一年发行的《魔法阵咕噜咕噜》的续作。本作前半部分接续前作的故事情节，后半部分则是全新的剧情。前作以攻略地下城为主，是Roguelike类型的游戏，而本作则是俯视视角的动作角色扮演游戏。

蓬莱学园之冒险

蓬萊學園の冒険!

●发售日期/1996年4月19日 ●售价/7980日元
●发行商/J·WING

　　根据源自桌上角色扮演游戏、用互寄邮件的方式来玩的邮递型游戏《蓬莱学园之冒险》改编的作品。这是一款指令选择式的角色扮演游戏，玩家扮演校报社团的一员，对各种事件进行抢先报道。游戏的独特之处是加入俱乐部后可以学会新技能等系统。

一发逆转 赛马 自行车赛 竞艇

一発逆転 競馬 競輪 競艇

●发售日期/1996年4月26日 ●售价/9800日元
●发行商/POW

　　在这款博彩游戏中，为了让恋人的父亲同意两人的婚事，玩家需要发大财，于是在赛马、自行车竞赛和赛艇中下注。游戏目标是在一年的时间里赚取大量的金钱。游戏过程中还会出现一些看似危险的对手。根据设定，主人公是个公务员，除了赌博，他还可以做一些兼职。

J联赛热力足球96

Jリーグエキサイトステージ'96

●发售日期/1996年4月26日 ●售价/7980日元
●发行商/EPOCH

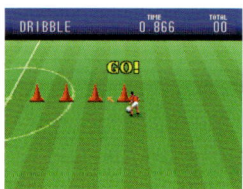

　　足球游戏《热力足球》系列的第三作。本作中的球队和球员都以真名登场，就连1996年刚加入J联赛的京都紫桑加队和福冈黄蜂队都被收录到游戏中，令人欣喜。本作新增了淘汰赛模式。

ジャンピンダービー
德比赛马王

●发售日期/1996年4月26日 ●售价/9800日元
●发行商/NAXAT

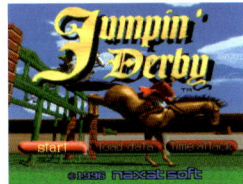

在赛马类的游戏中，这是一款罕见地以马术比赛中障碍赛马的养成为题材的游戏。游戏目标是在比赛中培养赛马的能力，最终赢得七个阶段的比赛。比赛的操作方式与《家庭赛马》类似，但本作中的马匹很敏感，与其他马匹相撞或跳跃失败就会出现一些毛病。

スーパーボンバーマン4
超级博蒙曼4

●发售日期/1996年4月26日 ●售价/7777日元
●发行商/HUDSON

包含解谜游戏在内，这是《博蒙曼》系列在超任上的第五部作品。本作的目标是打倒博蒙四天王。游戏中加入了一些新元素，比如获得某些道具后可将其他博蒙曼击飞的博蒙背投，可以用来推开敌人的博蒙推击等。

スーパー競艇2
超级赛艇2

●发售日期/1996年4月26日 ●售价/8500日元
●发行商/日本物产

《超级赛艇》的续作，玩家扮演赛艇运动员，目标是在六大SG竞速赛事中赢得冠军。赛艇游戏很罕见，因为这是一项需要专业知识的竞技项目，新手需要充分学习相关术语和基本知识。这款游戏获得了全国赛艇竞速会联合会的官方授权。

トイ・ストーリー | Toy Story
玩具总动员

●发售日期/1996年4月26日 ●售价/7500日元
●发行商/CAPCOM

根据迪士尼皮克斯工作室出品的电影《玩具总动员》改编的动作游戏。玩家主要通过跳跃和使用绳索来攻略各个横向卷轴式的关卡。游戏中也有一些可以乘坐遥控赛车进行比赛或在3D迷宫中进行探索的环节。

Parlor!Mini パチンコ実機シミュレーションゲーム
迷你柏青哥实机测试

● 发售日期/1996年4月26日 ● 售价/4900日元
● 发行商/NIPPON TELENET

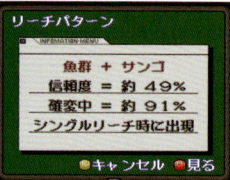

　　作为《京乐三洋丰丸Parlor！》的迷你版本发行的新系列作品。本作收录了三洋的"CR GINGILA乐园"和丰丸的"CR龙王传说Z"。这款游戏有两种模式,分别是可以对钢钉进行研究的攻略模式,以及带有剧情、以完成题目为主的故事模式。

HEIWAパチンコワールド3
平和柏青哥世界3

● 发售日期/1996年4月26日 ● 售价/77800日元
● 发行商/SHOUEI SYSTEM

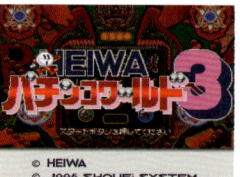

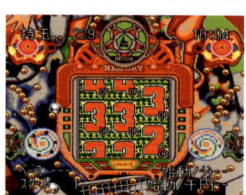

　　可以玩到由弹珠机制造商平和(HEIWA)生产的实机的《柏青哥世界》系列第三作。游戏中收录的机器比前作少了一款,四台机器分别是"CR龙神""横纲传说""BRAVO STRIKER""BRAVO GIRL2"。游戏有两种不同的模式。

ファイアーエムブレム 聖戦の系譜
炎之纹章 圣战系谱

● 发售日期/1996年5月14日 ● 售价/7500日元
● 发行商/任天堂

　　任天堂热门模拟角色扮演游戏《炎之纹章》系列的第四作。与前作相比,本作的内容发生了很大变化,加入了各种各样的新元素,如武器相克概念、多种技能机制、结婚系统等。地图也变得十分广阔,每个地图都有一个可进行压制的据点。

ごきんじょ冒険隊
近郊冒险队

● 发售日期/1996年5月24日 ● 售价/7980日元
● 发行商/PIONEER LDC

　　在这款十分可爱的角色扮演游戏中,还在上幼儿园的爱菜小朋友前去解决发生在近郊的事件。相关漫画也与这款游戏同期发行。游戏系统十分有趣,游戏中不存在经验值的概念。周一到周六对角色进行培养,周日出门冒险。

すーぱーぐっすんおよよ2
超级豆豆君2
- ●发售日期/1996年5月24日 ●售价/7800日元
- ●发行商/BANPRESTO

　　IREM制作的动作解谜游戏的续作。游戏的基本玩法与前作相同，使用砖块和炸弹引导角色前往目标点。本作中新增了"有限模式"。在有限模式中，玩家需要使用预设的数量有限的砖块让角色抵达目标点。

トレジャーハンターG
财宝猎人G
- ●发售日期/1996年5月24日 ●售价/7900日元
- ●发行商/SQUARE

　　SQUARE在超任上发行的最后一款作品。这是一款角色扮演游戏，故事围绕七种具有神秘力量的道具和文物展开。战斗中需要消耗行动点数采取行动，武器具有一定的攻击范围，这些是这款游戏的特色。此外，经验值的设定很独特，攻击同伴也能获得经验。

サウンドノベルツクール
音乐制造者
- ●发售日期/1996年5月31日 ●售价/8200日元
- ●发行商/ASCII

　　《制作大师》系列众多作品之一，玩家可使用这款软件来制作有声小说。和《RPG制作大师》一样，软件中收录了游戏样本。此外，还可以把使用《音乐编曲大师》创作的曲子导入进来。这款软件支持卫星接收器。

すぱぽーんDX
超立体打砖块DX
- ●发售日期/1996年5月31日 ●售价/5800日元
- ●发行商/YUTAKA

　　1995年发行的打砖块类益智游戏《超立体打砖块》的豪华版。故事模式没有太大的变化，只是增加了一些经过改编的关卡。此外，本作还新增了前作不具备的密码功能和可以分屏的对战功能。

ダークハーフ

隐逝的黑暗

●发售日期/1996年5月31日 ●售价/8000日元
●发行商/ENIX

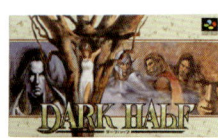

　　ENIX发行的风格独特的角色扮演游戏。在以往的作品中，胜利的一方通常是勇者，失败的是魔王，而在本作中玩家需要同时控制勇者和魔王两方，推动游戏进展。游戏系统也很独特，当名为魂力的能量耗尽时，游戏就会结束。

Jリーグ'96 ドリームスタジアム

J联赛梦幻足球96

●发售日期/1996年6月1日 ●售价/7980日元
●发行商/HUDSON

　　HUDSON此前在超任上发行的足球游戏都是《J联赛超级足球》系列的作品，而本作的名称与以往不同，比赛视角也改成斜45度视角。包括在赛季中战斗到最后的联赛模式在内，游戏共有四种模式。

フィッシング甲子園

钓鱼甲子园

●发售日期/1996年5月31日 ●售价/9800日元
●发行商/KING RECORDS

　　现在仍在东京电视台播出的钓鱼节目《THE钓鱼》曾经做过一次特别企划，本作据此改编而成。和那次特别企划一样，高中生们以三人一组的形式进行钓鱼比赛，目标是赢得比赛的胜利。

アラビアンナイト 砂漠の精霊王

阿拉伯奇遇 沙漠精灵王

●发售日期/1996年6月14日 ●售价/7800日元
●发行商/TAKARA

　　这款角色扮演游戏的目标是收集封存着精灵王之力的水晶。本作有固定的故事情节，但自由度很高，如果不知道接下来做什么，游戏中的日记功能便派上了用场。此外，在指令选择式的战斗中可以使用能够带来各种效果的结界卡，这个设定很有特色。

ベストショットプロゴルフ
职业一杆高尔夫球
- ●发售日期/1996年6月14日 ●售价/8200日元
- ●发行商/ASCII

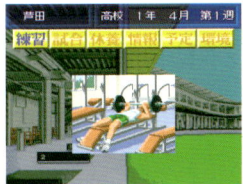

　　与其他ASCII的运动类游戏一样，日版标题中带有ベスト（BEST）字样，是一款由日本职业高尔夫协会监制的模拟养成游戏。玩家对年轻的种子选手进行培养，目标是使其成为奖金王。此外，游戏中也有现实和残酷的设定——天赋较差的球员即便进行训练也无法成才。

す〜ぱ〜なぞぷよ通 ルルーの鉄腕繁盛記
超级谜题噗哟通 露露的铁腕繁盛记
- ●发售日期/1996年6月28日 ●售价/9800日元
- ●发行商/COMPILE

　　《超级谜题噗哟 露露的面糊》的续作，同样是消除类型的解谜游戏。本作的主角变成了露露，阿露露则为配角。游戏中收录的噗哟噗哟解谜问题来自玩家投稿，共有300多道问题。

空想科學世界ガリバーボーイ
空想科学世界
- ●发售日期/1996年6月28日 ●售价/7800日元
- ●发行商/BANDAI

　　同名跨媒介项目的衍生游戏。此前的PCE版由HUDSON发行，超任版则由BANDAI发行。在这款动作角色扮演游戏中，玩家可操纵能力各异的三名角色，游戏剧情根据动画改编。

スーファミターボ専用 SDウルトラバトル ウルトラマン伝説
SUFAMI TURBO SD奥特曼之战 奥特曼传说
- ●发售日期/1996年6月28日 ●售价/3980日元
- ●发行商/BANDAI ※照片为限定套装版（6800日元）

　　HUDSON发行的周边配件SUFAMI TURBO的专属游戏之一。玩家可选择Q版的奥特曼、巴尔坦星人、雷德王这三名角色，每个角色对应的敌人出场方式各不相同，内容是由27场战斗组成的格斗游戏。游戏还支持双人对战。

スーファミターボ専用 SDウルトラバトル セブン伝説

SUFAMI TURBO SD奥特曼之战 赛文传说

- ●发售日期/1996年6月28日 ●售价3980/日元
- ●发行商/BANDAI

　　与《SUFAMI TURBO SD奥特曼之战 奥特曼传说》同时发行。这款作品中的可选角色是赛文奥特曼、金古桥和艾雷金刚。两个版本的内容基本相同，都是对战类的动作游戏。游戏具有淘汰赛和双人对战两种模式。

トラバース

飞跃星光草原

- ●发售日期/1996年6月28日 ●售价/7800日元
- ●发行商/BANPRESTO

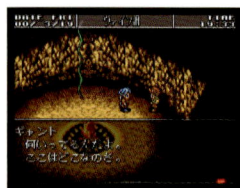
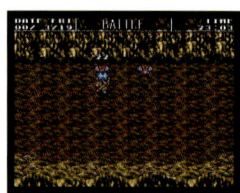

　　《灵魂与剑》的续作，在超任的角色扮演游戏中因首屈一指的高自由度而著称。游戏由约40段剧情构成，剧情无先后顺序，玩家可自由攻略。由于游戏没有给冒险设定目标，因此玩家可以按照自己的意愿推进游戏。游戏结束的条件是度过10年的时间或结婚。

スーファミターボ専用 ぽいぽい忍者ワールド

SUFAMI TURBO POIPOI忍者世界

- ●发售日期/1996年6月28日 ●售价/3980日元
- ●发行商/BANDAI

　　本作和《SUFAMI TURBO SD奥特曼之战》系列作品于同一天发行。这几款作品都采用SUFAMI TURBO和游戏捆绑销售的形式。这款动作游戏的目标是操纵拟人化的动物在忍术大赛中获胜。玩家一边从箱子中获取各种道具，一边与对手进行战斗。

西陣パチンコ物語2

西阵柏青哥物语2

- ●发售日期/1996年6月28日 ●售价/10800日元
- ●发行商/KSS

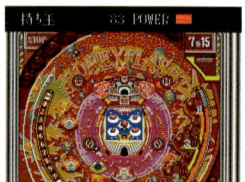

　　对西阵出品的弹珠机进行实机模拟的游戏系列第二作。在本作中可以玩到"CR击坠王""CR小鸡之梦R""CR王牌列车""HONEY FLASH7"四款机器。在故事模式中，因经济泡沫破裂而失去工作的主人公，要以10万日元为本金，作为柏青哥职业玩家生活下去。

Parlor!Mini2 パチンコ実機シミュレーションゲーム

迷你柏青哥实机测试2

●发售日期/1996年6月28日 ●售价/4900日元
●发行商/NIPPON TELENET

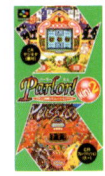

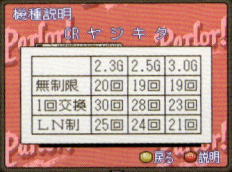

　　只收录了少量机器的柏青哥实机模拟游戏系列第二作。该系列作品选取的都是当时市场占有率高的热门机型，本作中收录了奥村游戏的"CR YAJIKITA"和大一商会的"CR FRUIT PASSION"两台机器。游戏模式分为攻略模式和实践模式。

海のぬし釣り

海钓太郎

●发售日期/1996年7月19日 ●售价/7800日元
●发行商/PACK-IN-VIDEO

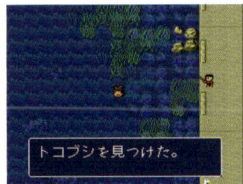

　　具有丰富的角色扮演游戏要素的钓鱼游戏《川钓太郎》系列衍生作。游戏系统与《川钓太郎2》基本相同，玩家从一家四口中选择一个角色，目标是根据剧情设定钓到目标种类的鱼。钓到所有种类的鱼后，便可以挑战隐藏剧情。

パズル 忍たま乱太郎 ～忍術學園パズル大會の段～

忍者乱太郎方块

●发售日期/1996年6月28日 ●售价/6980日元
●发行商/CULTURE BRAIN

　　CULTURE BRAIN出品的《忍者乱太郎》系列作品之一，是一款益智游戏。游戏为下落式的对战类型，将从画面上方落下的方块进行旋转、分离，制造连锁消除，从而获得能够对敌人发动攻击的特殊方块，最终战胜对手。

実況パワフルプロ野球'96開幕版

实况力量棒球96开幕版

●发售日期/1996年7月19日 ●售价/7500日元
●发行商/KONAMI

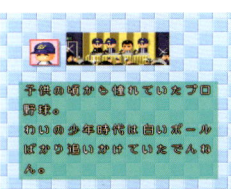

　　《实况力量棒球3》的局部修改版，后来发行的决定版正是以这款游戏为原型，并对游戏标题进行了调整。本作除了把球员数据改成1996年的数据之外，还对剧情模式的内容进行了更新。

スーパートランプコレクション2

超级游戏集锦2

●发售日期/1996年7月19日 ●售价/5800日元
●发行商/BOTTOM UP

　　以纸牌游戏和桌面游戏为核心、由BOTTOM UP开发的《超级游戏集锦》的升级版。游戏类型增加到10种，玩家可以体验经典的纸牌游戏。虽然这款游戏基本上只适合单人游戏，但某些项目也可以进行双人对战。

スターオーシャン

星之海洋

●发售日期/1996年7月19日 ●售价/8500日元
●发行商/ENIX

　　由tri-Ace开发、ENIX发行的动作角色扮演游戏。本作因科幻题材的故事和即时制的战斗而受到玩家们的喜爱。除等级外，还拥有丰富的技能系统，玩家可以自由地对角色进行培养。除此之外，游戏中还有炼金要素的道具合成系统。

スーファミターボ専用 ゲゲゲの鬼太郎 妖怪ドンジャラ

SUFAMI TURBO 鬼太郎

●发售日期/1996年7月19日 ●售价/3980日元
●发行商/BANDAI

　　这是一款SUFAMI TURBO专属游戏，是以《鬼太郎》中的人物为主角的桌面游戏碰将（Donjara），玩法类似简化版麻将。除了选择喜爱的角色，以获得胜利为目标进行比赛的淘汰赛模式外，还收录了一些迷你游戏。除了碰将外，玩家还可以挑战其他的项目。

アースライト ルナ・ストライク

太空模拟战2

●发售日期/1996年7月26日 ●售价/7980日元
●发行商/HUDSON

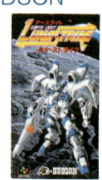

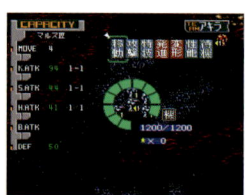

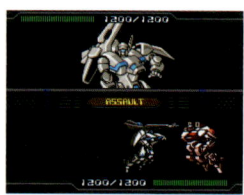

　　这款模拟角色扮演游戏和《太空模拟战》一样，都是工画堂工作室开发、HUDSON发行的作品。这款游戏继承了前作的风格，仍以科幻故事为核心。剧情由六个章节组成。战斗时能利用指挥官单位周围的附属格子带来协同作用的系统独具特色。

エナジーブレイカー
光能战士

●发售日期/1996年7月26日 ●售价/7980日元
●发行商/TAITO

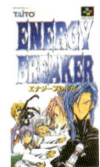

　　由于本作和《四狂神战记》是同一制作团队开发，因此两部作品的世界观相同，这点在游戏结局处可以明显地看出来。战斗采用模拟形式，地形具有高低差的概念，还设置了从背后攻击伤害增加等规则。

シムシティJr.
模拟城市Jr.

●发售日期/1996年7月26日 ●售价/8200日元
●发行商/IMAGINEER

　　令人感到熟悉的城市建造类模拟游戏，本作中的城市规模比《模拟城市》的要小。与之相对，本作的卖点之一是玩家可以对城市中所有居民的生活情况进行观察。另外，建设城市需要的不是金钱，而是资源。原版电脑游戏名称是《模拟小镇》。

スーファミターボ専用 SDガンダムジェネレーション 一年戦争記
SUFAMI TURBO SD高达世纪1

●发售日期/1996年7月26日 ●售价/3980日元
●发行商/BANDAI ※照片为限定套装版（6800日元）

　　本作是《SUFAMI TURBO SD高达世纪》系列作品的基础。这是一款SUFAMI TURBO专属、围绕初代高达和0083的故事展开的模拟游戏。利用SUFAMI TURBO的相关功能，与后续作品兼容，可以在对战模式中使用其他作品中的角色进行战斗。

スーファミターボ専用 SDガンダムジェネレーション グリプス戦記
SUFAMI TURBO SD高达世纪2

●发售日期/1996年7月26日 ●售价/3980日元
●发行商/BANDAI

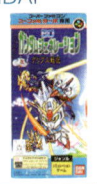

　　与同类型的《SUFAMI TURBO SD高达世纪1》同时发行，两款作品都是模拟类的游戏。本作以"Z高达"为主题，充分利用了SUFAMI TURBO的特点，支持角色数据的互换，玩家可以在这款游戏中使用其他游戏中的角色。

スプリガン・パワード

雷霆机器人

●发售日期/1996年7月26日 ●售价/9800日元
●发行商/NAXAT

　　PCE上的《精灵战士》游戏系列的第三作。虽然负责前两作开发工作的COMPILE并未参与这款游戏的制作，但本作剧情被设定为第一作的后续故事。这是一款动作流畅的横向卷轴射击游戏，通过精灵球进行强化的设定十分独特。

テーブルゲーム大集合!! 将棋・麻雀・花札・トゥーサイド

桌上游戏集锦 将棋・麻将・花札・双面棋

●发售日期/1996年7月26日 ●售价/6800日元
●发行商/VARIE

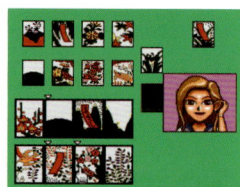

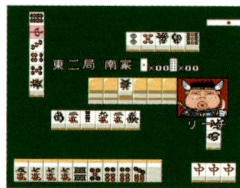

　　在这款桌面游戏合集中，可玩到标题中提到的四种类型的游戏。其中的"双面棋"指的是黑白棋，由于黑白棋是注册商标，所以在这里使用了双面棋这个名称。麻将和将棋则得到了《月刊职业麻将》的官方授权，以及日本职业麻将联盟和加藤一二三九段的推荐。

レナスII 封印の使徒

魔星迷踪2 封印的使徒

●发售日期/1996年7月26日 ●售价/9980日元
●发行商/ASMIK

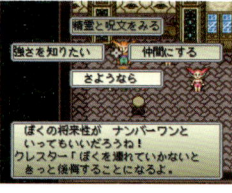

　　《魔星迷踪 古代机械的记忆》上市约四年后发行的续作。本作以名为Falus的少年为主角，同时前作的男女主角也会在游戏中登场。游戏系统继承了前作。在本作中，由于战斗之外也可以使用十字键进行指令操作，因此玩家可以用单手操作来玩游戏。

大貝獣物語II

大贝兽物语2

●发售日期/1996年8月2日 ●售价/8200日元
●发行商/HUDSON

　　从红白机上的《贝兽物语》开始算起，这是该系列的第三部作品。游戏中加入了更多额外内容和特殊玩法，比如收集印章、建设城镇等。同时还加入了《天外魔境ZERO》中同步现实和游戏时间的"个人实时联动游戏系统"，使游戏内容更加丰富。

牧場物語 | Harvest Moon

牧場物語

- ●发售日期/1996年8月6日 ●售价/7800日元
- ●发行商/PACK-IN-VIDEO

　　如今仍在不断推出系列作品的热门沙盒类模拟游戏。在《牧场物语》系列一贯的田园诗般的世界中种植农作物、养育动物、建造房屋的玩法和该系列的其他作品相同，同时本作还融入了季节的概念以及恋爱要素。

スーパーパワーリーグ4

超动力联盟棒球4

- ●发售日期/1996年8月9日 ●售价/7980日元
- ●发行商/HUDSON

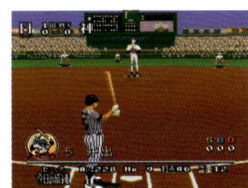

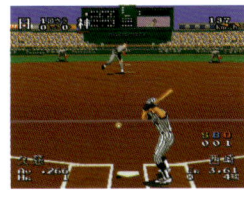
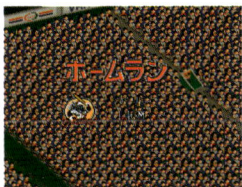

　　《动力联盟棒球》系列在超任上的最终作。通过使用特殊的芯片，游戏画面得到了极大的提升。解说方面，依然由播音员福井谦二负责实况解说，并新增了一名女播音员小岛奈津子。此外，节目名也由原来的虚构名称改成了"职业棒球新闻"。

赤ずきんチャチャ

小红帽恰恰

- ●发售日期/1996年8月9日 ●售价/7800日元
- ●发行商/TOMY

　　根据彩花珉在《Ribon》杂志上连载的少女漫画及相关动画改编的角色扮演游戏。人物交谈时的对话气泡为漫画风格，各个角色带来的协同效果令游戏的整体风格十分可爱。游戏中没有等级的概念，取而代之的是角色的心形生命值会增长。

忍たま乱太郎 すぺしゃる

忍者乱太郎 特别版

- ●发售日期/1996年8月9日 ●售价/8800日元
- ●发行商/CULTURE BRAIN

　　《忍者乱太郎》系列第四作，游戏类型从解谜游戏改回了动作游戏。本作以剧场版动画中的内容为题材。游戏模式分为故事模式和小游戏模式两种类型，而故事模式由冒险游戏和横向卷轴动作游戏两部分组成。

スーファミターボ専用 SDガンダムジェネレーション アクシズ戦記

SUFAMI TURBO SD高达世纪3

● 发售日期/1996年8月23日 ●售价/3980日元
● 发行商/BANDAI

 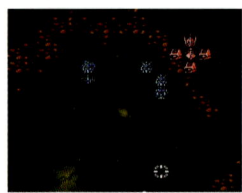

　　《SUFAMI TURBO SD高达世纪》战争模拟游戏系列的第三部作品。该系列的作品从初代高达开始依次发行，这一作轮到ZZ高达出场了。游戏玩法和前两作相同，故事比较短，一共只有五章。如果玩过前两作，玩这款游戏会十分顺手。

スーファミターボ専用 SDガンダムジェネレーション バビロニア建国戦記

SUFAMI TURBO SD高达世纪4

● 发售日期/1996年8月23日 ●售价/3980日元
● 发行商/BANDAI

　　《SUFAMI TURBO SD高达世纪》系列第四作。本作融合了两部剧场版动画《逆袭的夏亚》和《F91》的内容。虽然这是根据原作动画改编的作品，游戏系统和前几作相同，但本作将两部动画的内容结合了起来，因此实现了F91与ν高达之间梦幻般的对决。

スーファミターボ専用 激走戦隊カーレンジャー 全開! レーサー戦士

SUFAMI TURBO激走战队车连者

● 发售日期/1996年8月23日 ●售价/3980日元
● 发行商/BANDAI

　　根据1996年播出的超级战队系列特摄节目《激走战队车连者》改编而成的SUFAMI TURBO专属游戏。在这款横向卷轴动作游戏中，玩家需要一边收集零件一边前进。玩家可在五名车连者中进行选择，每个角色的能力各不相同，并且还有各自的专属武器。

古田敦也のシミュレーションプロ野球2

古田敦也棒球2

● 发售日期/1996年8月24日 ●售价/8000日元
● 发行商/HECTOR

 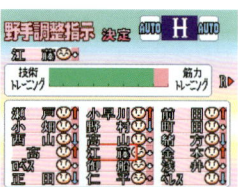

 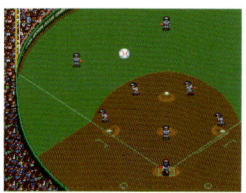

　　虽然1995年发行的《模拟职业棒球》也是由古田敦也监制的作品，但本作在标题中直接加上了古田敦也的名字，并作为该系列的第二作发行。玩家扮演领队指挥球队的玩法和前作相同，但随着球员数据的更新，球员的外形也改成了Q版。

大戦略エキスパートWWII
大战略2
- 发售日期/1996年8月30日 ●售价/9800日元
- 发行商/ASCII

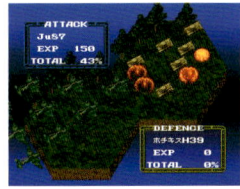

　著名战争模拟游戏《大战略》系列在超任上的第二作。在这款游戏中，玩家扮演二战期间的德军指挥官，与同盟国军队进行战斗。这款游戏使用了被应用在将棋、围棋等游戏中的SA-1芯片，虽然与前作相比，电脑思考时间有所缩短，但等待时间仍然很长。

ナンバーズパラダイス
猜数字大赛
- 发售日期/1996年8月30日 ●售价/8800日元
- 发行商/ACCLAIM JAPAN

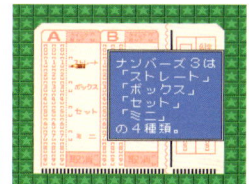

　这是一款可以自己选择号码的彩票预测软件。可对三位数和四位数的两种彩票进行预测，虽然看上去类似于彩票站里随机预测号码的终端，但由于这款软件能够参考之前的中奖号码来预测结果，所以也可以说这是一款注重数据分析的软件。

必殺パチンココレクション4
必杀柏青哥4
- 发售日期/1996年8月30日 ●售价9980/日元
- 发行商/SUNSOFT

　SUNSOFT的《必杀柏青哥》系列第四作。本作中的弹珠机全都是京乐出品的，共收录了"TANOKICHI KUN 2""阿龙""宝岛""FRUITS PARADISE""BIRD SHAKE""SUPER SHOT"这六款机型。和前作一样，本作举办过和NIFTY-Serve联动的比赛。

本家SANKYO FEVER 実機シミュレーション3
本家三共狂热 柏青哥实机模拟3
- 发售日期/1996年8月30日 ●售价/7480日元
- 发行商/BOSS COMMUNICATIONS

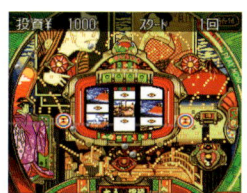

　本作收录了三共公司招牌的"CR FEVER QUEEN SP""FEVER MEGAPOLIS SP""CR FEVER彩"这三款滚筒式弹珠机。游戏模式有两种，分别是玩弹珠机的实践攻略模式，和对弹珠机进行研究的设定攻略模式。

実況パワープロレスリング'96 マックスボルテージ

实况职业摔角96

- ●发售日期/1996年9月13日 ●售价/7980日元
- ●发行商/KONAMI

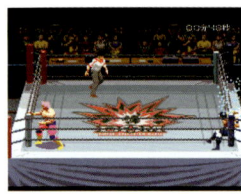
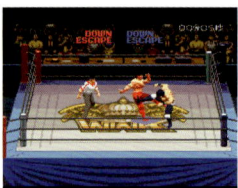

　　KONAMI实况运动系列的职业摔角游戏。由20世纪90年代在世界职业摔角中担任播音员的辻义就负责游戏中的实况解说。MAX VOLTAGE模式与《实况力量棒球》类似,玩家需要在五年时间内将年轻的摔角手培养成冠军。

ペブルビーチの波濤New トーナメント・エディション

圆石滩高尔夫 新锦标赛版

- ●发售日期/1996年9月13日 ●售价/8000日元
- ●发行商/T&E SOFT

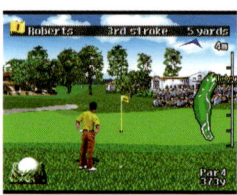

　　PC端3D高尔夫游戏《奥古斯塔高尔夫》的扩展光碟作为一款独立作品经改编移植到了超任上。球场以美国加利福尼亚州的圆石滩高尔夫球场为原型。由于是林克斯类型的场地,所以风特别大。

ウィザードリィ・外伝IV ～胎魔の鼓動～

巫术外传4 胎魔的鼓动

- ●发售日期/1996年9月20日 ●售价/8000日元
- ●发行商/ASCII

　　《巫术》的外传作品《巫术外传》在GB上发行后收获了极高评价,本作是这个系列的超任版。虽然原作中也有武士、忍者等日本风格的职业,但本作是以绯莲为背景、完全基于日式世界观建构而成的游戏。

マジカルドロップ2

魔法微量球2

- ●发售日期/1996年9月20日 ●售价/7800日元
- ●发行商/DATA EAST

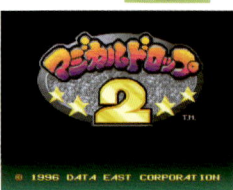

　　吸入微量球后再通过吐出的方式将其消除的益智游戏第二作。和前作一样,在街机上发行原版后,移植到包含超任在内的几个家用主机上。本作进行了多处改进,如增加了可以使用的角色人数、更容易进行连锁消除等,提高了游戏的爽快感。

スーパーニチブツマージャン4 基礎研究篇

超级日本物产麻将 基础研究篇

● 发售日期/1996年9月27日 ● 售价/7500日元
● 发行商/日本物产

　　《超级日本物产麻将》系列第四作，也是该系列的最终作。虽然同一厂商生产的街机麻将游戏中充满了性感元素，但在家用机游戏中不能这么做，本作也不例外。不过游戏中以女高中生的身份获得麻将大赛冠军的目标在当时看来非常别出心裁。

スーファミターボ専用 SDガンダムジェネレーション ザンスカール戦記

SUFAMI TURBO SD高达世纪 赞斯卡尔战记

● 发售日期/1996年9月27日 ● 售价/3980日元
● 发行商/BANDAI

 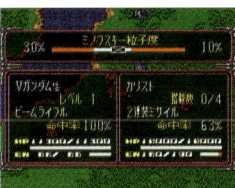

　　《SUFAMI TURBO SD高达世纪》系列的最终作，V高达在本作中登场。从时间上来看，G高达应该排在这一作之后，但由于两款作品于同一天发行，所以也可以说这两款作品合起来就是该系列的最终作了。此外，虽然曾预计推出以高达W为主题的下一部作品，但最终没有发行。

スーファミターボ専用 SDガンダムジェネレーション コロニー格闘記

SUFAMI TURBO SD高达世纪 殖民卫星格斗技

● 发售日期/1996年9月27日 ● 售价/3980日元
● 发行商/BANDAI

　　《SUFAMI TURBO SD高达世纪》系列的第五部作品，再现了高达系列最与众不同的一部作品《G高达》中的内容。在保留了《SD高达世纪》系列作品固有玩法的基础上，融入了《G高达》特有的元素，如狂暴系统、超级模式等。

スーファミターボ専用 クレヨンしんちゃん 長ぐつドボン!!

SUFAMI TURBO 蜡笔小新 长靴噗通

● 发售日期/1996年9月27日 ● 售价/3980日元
● 发行商/BANDAI

　　《蜡笔小新》主题的SUFAMI TURBO专属游戏。这是一款含有解谜要素的动作游戏，玩家控制角色在画面中的水坑上跳跃，并用溅起的水花将冒牌的小新打倒。在单人模式中，通关后便可得知冒充者的真实身份。

スーファミターボ専用 美少女戦士セーラームーン セーラースターズ ふわふわパニック2

SUFAMI TURBO 美少女战士 最后的星光

●发售日期/1996年9月27日 ●售价/3980日元
●发行商/BANDAI

　　《美少女战士SuperS 超级射泡泡》的续作，是一款SUFAMI TURBO的专属游戏。虽然和前作相同，都是以击碎气球为主题的益智游戏，但规则有区别，本作只有两个以上相同颜色的大气球相连才能击碎。另外还有一些细微的改动。难度比前作有所提高。

モンスタニア

怪物圣地

●发售日期/1996年9月27日 ●售价/7800日元
●发行商/PACK-IN-VIDEO

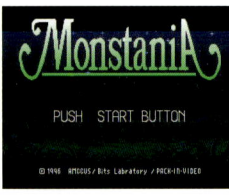

　　这款角色扮演游戏描绘了主角在名为怪物圣地的小岛展开的神奇冒险。虽然本作被归类为模拟角色扮演游戏，但游戏系统非常独特，行动采用回合制，战斗中己方采取行动后，敌人会随之行动。游戏中除了事件之外的所有场景都采用这种回合制。

Parlor!Mini3 パチンコ実機シミュレーションゲーム

迷你柏青哥实机测试3

●发售日期/1996年9月27日 ●售价/4900日元
●发行商/NIPPON TELENET

　　《迷你柏青哥》系列的第三作。本作以丰丸产业的人气机型为重点，收录了"CR赛马天国优骏篇5""7SY"两款机器。虽然游戏模式依旧有两种，但在本作的实践模式中，可将弹珠机设置成游戏厅营业模式，而该模式加入了换金比率高、钢钉状况不好等现实因素。

ウイニングポスト2 プログラム'96

赛马大亨2 96

●发售日期/1996年10月4日 ●售价/9800日元
●发行商/KOEI

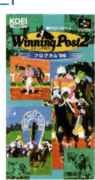

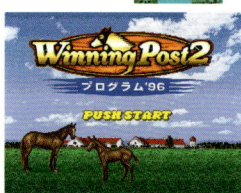

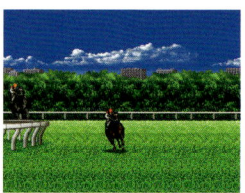

　　赛马模拟游戏《赛马大亨》系列在超任上的第三作。本作是《赛马大亨2》的局部修改版，收录了1996年的数据。同时，还在赛事部分加入了当年新设立的一级赛"NHK一哩杯"。

サラブレッドブリーダーIII
育马物语3
●发售日期/1996年10月18日 ●售价/8200日元
●发行商/HECTOR

　　《育马物语》系列的最终作。和与历代名马进行竞争的前作不同，本作中玩家可以在北美和欧洲建立基地，并以赢得欧美大型赛事为目标。这款游戏具有各种各样的结局条件，例如完成目标赛事、生产10匹获得10亿奖金的赛马等。

タワードリーム
梦幻之塔
●发售日期/1996年10月25日 ●售价/8000日元
●发行商/ASCII

　　这是一款大富翁类的桌面游戏，由樱玉吉负责角色设定。玩家在八名可选角色中进行选择，在空地上建立公司，与对手展开资产竞争。本作的最大特色是公司的吸收与合并，就像现实中的小公司被大公司兼并一样。

マーヴルスーパーヒーローズ ウォーオブザジェム | Marvel Super Heroes: War of the Gems
漫威超级英雄 宝石之战
●发售日期/1996年10月18日 ●售价/7800日元
●发行商/CAPCOM

　　以漫威的超级英雄为题材的横向卷轴动作游戏。玩家可以在蜘蛛侠、美国队长、钢铁侠、绿巨人和金刚狼中选择自己喜欢的角色。游戏目标是集齐六颗宝石，玩家要与会分身术的敌人展开战斗。

マーヴェラス ～もうひとつの宝島～
奇异 猴子们的宝岛
●发售日期/1996年10月26日 ●售价/6800日元
●发行商/任天堂

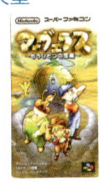

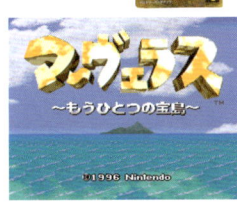

　　这款动作冒险游戏讲述了三个男孩暑假参加学校野营活动期间的冒险故事。游戏采用俯视视角，玩家可在三个能力各异的男孩间进行切换，利用各种道具解开谜团。虽然玩家只能对戴帽子的男孩进行单独操纵，但可以用一些指令让三个男孩合作行动。

SUPER FAMICOM

超级森喜刚3 神秘的克雷密斯岛
スーパードンキーコング3 謎のクレミス島｜Donkey Kong Country 3: Dixie Kong's Double Trouble!

● 发售日期/1996年11月23日 ● 售价/6800日元
● 发行商/任天堂

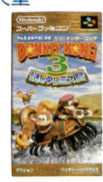
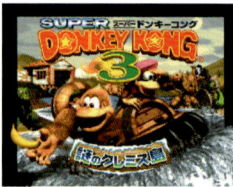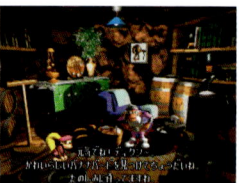

《超级森喜刚》系列第三作。前作中迪迪刚的伙伴蒂克丝刚与迪迪刚成了本作的主角，小婴儿汀奇刚作为搭档登场。本作在前作的基础上进行了一些改进，比如加入了可以把搭档投掷出去的组队动作，还增加了一些新动物伙伴等。

超级人生游戏3
super人生ゲーム3

● 发售日期/1996年11月29日 ● 售价/5980日元
● 发行商/TAKARA

电子游戏版《人生游戏》系列的第四作。本作是该系列在超任上的最终作，之后在其他平台继续推出系列作品。最多支持四人同时游戏，是一款适合在朋友聚会中炒热气氛的作品。玩完之后不需要像实体桌游那样进行麻烦的整理工作，非常省事。

日本物产游戏合集1
ニチブツコレクション1

● 发售日期/1996年11月29日 ● 售价/7980日元
● 发行商/日本物产

对日本物产之前发行的作品进行整合的《日本物产游戏合集1》。卡带中包含由街机花札游戏改编而成的家庭游戏《祇园花》，以及收录了老虎机、扑克等各种博彩游戏的《赌城大攻略》。

对战游戏大集合
VS.コレクション

● 发售日期/1996年11月29日 ● 售价/6980日元
● 发行商/BOTTOM UP

BOTTOM UP发行的包含四种类型游戏的合集作品。《鸟蛋方块》是以消除同种颜色的蛋为主题的解谜游戏。《雪球大战》是以团队的形式打雪仗的动作游戏。《心跳赛车》是道具干扰类的赛车游戏。《小鸟进攻》是乱斗类的动作游戏。

Parlor!Mini4 パチンコ実機シミュレーションゲーム
迷你柏青哥实机测试4

●发售日期/1996年11月29日 ●售价/5800日元
●发行商/NIPPON TELENET

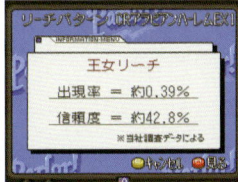

　　《迷你柏青哥》系列第四作，收录了三洋和京乐的两台机器，分别是"CR大力工头阿源君"和"CR ARABIAN HARLEM EX1"。其中"CR大力工头阿源君"是店内大受欢迎的机型，令热情的柏青哥粉丝感到欣喜。

すごろく銀河戦記
银河战记

●发售日期/1996年12月19日 ●售价/6980日元
●发行商/BOTTOM UP

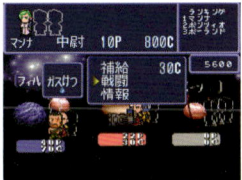

　　这是一款大富翁类型的桌面游戏，10个角色都有自己的独立剧情。在故事模式中，每个主角都有五章剧情，完成一个角色的全部剧情后，就可以进入下个角色的剧情。游戏中有一张共同基金卡，可以用来夺取他人的土地，而这张卡片就是一切动荡的根源。

桃太郎電鉄HAPPY
桃太郎电铁HAPPY

●发售日期/1996年12月6日 ●售价/8300日元
●发行商/HUDSON

　　《桃太郎电铁》系列在超任上的最后一部作品。本作基本沿用了前作《超级桃太郎电铁DX》的规则。由于卡带容量是前作的1.5倍，因此在视觉效果和游戏事件上进行了强化。另外，系列后续作品中常见的"BOMBILAS星"在本作中初次登场。

クオンパ
酷昂八

●发售日期/1996年12月20日 ●售价/6800日元
●发行商/T&E SOFT

　　以电脑游戏《Endorfun》为原型的解谜游戏。游戏规则是旋转六种颜色的立方体，消除颜色相同的地板块。PUZZLE模式是这款游戏最难的地方，玩法类似诘将棋，在这个模式中玩家对立方体进行旋转的次数是有限的。

G.O.D 目覚めよと呼ぶ声が聴こえ

G.O.D幻想世纪

●发售日期/1996年12月20日 ●售价/7980日元
●发行商/IMAGINEER

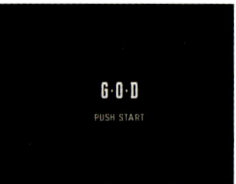

　　本作由鸿上尚史撰写剧本，江川达也负责角色设计，小暮阁下负责音乐监制，是制作阵容非常豪华的角色扮演游戏。玩家可以使用在战斗中获得的通灵石来提升角色的脉轮（力量、智力等属性）等级，然后学习新技能。游戏中可以自由选择重点强化某个脉轮。

ドナルドダックのマウイマラード | Maui Mallard in Cold Shadow

唐老鸭大冒险

●发售日期/1996年12月20日 ●售价/7500日元
●发行商/CAPCOM

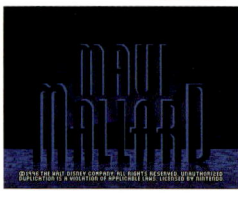

　　这是一款以唐老鸭为主角的动作游戏。游戏目标是操纵装扮成侦探的唐老鸭找回被偷走的沙姆布的雕像。随着游戏进行，唐老鸭还可以变身为忍者，并做出具有忍者特色的动作。在奖励关卡中玩家可以挑战迷你游戏，获胜就能得到接关密码。

ストリートファイターZERO2 | Street Fighter Alpha 2

街头霸王ZERO2

●发售日期/1996年12月20日 ●售价/7800日元
●发行商/CAPCOM

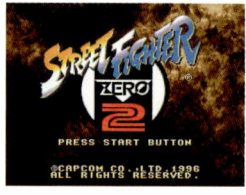

　　由于卡带容量的限制，游戏开始前要经过一段时间的加载，并且删减了角色的一些动作，这些缺点令人觉得有些遗憾，但本作的整体制作还是十分精良的。作为超任末期作品，与同平台的其他对战格斗游戏相比，本作也是一款高品质的游戏。

西陣パチンコ3

西阵柏青哥3

●发售日期/1996年12月20日 ●售价/7800日元
●发行商/KSS

　　在本作之前，该系列的游戏名称都是《西陣柏青哥物语》，而本作改成了《西陣柏青哥》，同时内容也发生了变化：删除了前作的故事模式，只保留了攻略研究模式。游戏收录了"CR YATTARUDEI"和"CR MAGICBOX"两款机型。

ピノキオ | Disney's Pinocchio

木偶奇遇记

●发售日期/1996年12月20日 ●售价/7500日元
●发行商/CAPCOM

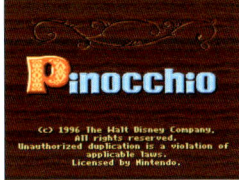

　　以迪士尼电影《木偶奇遇记》的故事为原型的闯关类动作游戏。作为超任后期的作品，游戏中的动画效果极其流畅，配合背景音乐，能够使玩家充分感受到电影原作的氛围。

ボンバーマンビーダマン

博蒙曼益智篇

●发售日期/1996年12月20日 ●售价/5980日元
●发行商/HUDSON

　　虽然标题中带有"博蒙曼"字样，但这并不是炸弹动作游戏，而是一款解谜游戏。这也是首款以人形玩具"弹珠警察"为原型的游戏。游戏规则非常简单，玩家需要控制弹珠警察一次性将关卡中设置的炸弹全部引爆。

ミニ四駆 シャイニングスコーピオン レッツ&ゴー!!

爆走兄弟 闪耀蝎子

●发售日期/1996年12月20日 ●售价/8800日元
●发行商/ASCII

　　根据《龙漫CORO-CORO》上连载的《爆走兄弟》改编的游戏。这款迷你四驱车模拟游戏的内容以原作的国内篇为原型，对剧情进行了改编，玩家可以体验激烈的比赛。在自由战斗模式中，玩家可以与同伴进行对战。

ドラゴンナイト4

龙骑士4

●发售日期/1996年12月27日 ●售价/7980日元
●发行商/BANPRESTO

　　由BANPRESTO发行的模拟角色扮演游戏。原作是ELF在电脑上发行的成人游戏，移植到超任时删掉了原作中的成人元素，对剧情进行了改编。此外，超任版增加了新地图与角色。游戏分为故事部分和战斗部分。

日本物产游戏合集2

ニチブツコレクション2

●发售日期/1996年12月27日 ●售价/7980日元
●发行商/日本物产

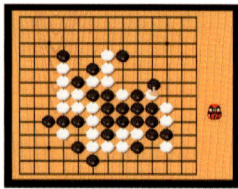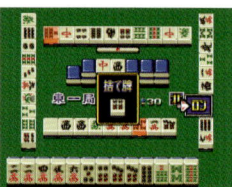

　　将日本物产此前在超任上推出的《超级五目将棋》和《麻将繁盛记》两款作品以合集的形式发行，是一款性价比很高的游戏。可以玩到将棋、五子棋、麻将三种棋牌游戏。此外，这款作品还加强了电脑的思考能力，使其比原版更厉害。

变相怪杰

マスク | The Mask

●发售日期/1996年12月27日 ●售价/9800日元
●发行商/VIRGIN INTERACTIVE ENTERTAINMENT

　　根据电影《变相怪杰》改编的横版动作游戏。角色使用拳击手套进行普通攻击，连续按下按键可使出上勾拳。此外，还能做出用锤子敲碎墙壁和地板，通过快速移动来躲避敌人，开枪胡乱射击等丰富的动作。每种动作看起来都很快乐。

超级任天堂主机的4000日元优惠券

　　在1995年《马力欧超级绘图方块》之后发行的每一款任天堂游戏中都放入了一张超任主机减价4000日元的优惠券。这是为对抗PS和SS等32位游戏机的低价竞争，旨在进一步推广超任的促销手段。当时，家用电子游戏市场蓬勃发展，PS和SS游戏机在发售半年内销量都超过了100万台。

　　这导致任天堂占主导地位的市场份额逐渐发生变化。虽然推出优惠券是为了尽可能在Nintendo 64这款64位主机发售之前尽量延长超任的寿命，但效果并不明显。1996年8月优惠券到期后，超任主机的价格由原来的13000日元左右降至9800日元。任天堂在此之前很少下调游戏机的价格，因此这是一项不寻常的措施。

　　1995年推出的卫星接收器的销量没有达到预期，VIRTUAL BOY主机也很快退出了市场，再加上其他公司的次世代游戏主机开始普及，对任天堂来说这是艰难的一年。

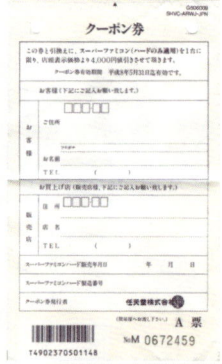

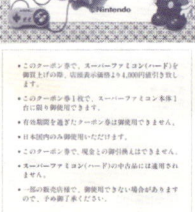

随特定游戏附送的超任优惠券

在《超级马力欧RPG》电视广告的最后对超任优惠券进行了介绍

附送优惠券的四款游戏，包装上写有相关信息

《超级马力欧RPG》

《超级森喜刚2
蒂克丝刚与迪迪刚》　《马力欧超级绘图方块》《星之卡比超级豪华版》

超级任天堂

1997年

Super Famicom

忍たま乱太郎3

忍者乱太郎3

●发售日期/1997年2月28日 ●售价/6980日元
●发行商/CULTURE BRAIN

　　《忍者乱太郎》系列第五作，游戏以忍术学院为背景。本作同样分为冒险游戏和动作游戏两部分。虽然玩法和前作没有太大的区别，但新增了跳跃动作和冲刺攻击。丰富的迷你游戏是本作的亮点。

パチスロ完全攻略 ユニバーサル新台入荷 volume1

老虎机完全攻略

●发售日期/1997年3月7日 ●售价/5980日元
●发行商/SYSCOM JAPAN

　　SYSCOM JAPAN发行的老虎机实机模拟游戏。游戏不具备任何攻略类的模式，玩家可根据自己的喜好对"CC ANGEL""DUNK SHOOT2"两款机器进行设置并进行游戏。虽然日文游戏标题中有"volume1"字样，但在任何游戏平台都未发行volume2。

アニマニアクス | Animaniacs

疯狂动画

●发售日期/1997年3月7日 ●售价/5800日元
●发行商/KONAMI

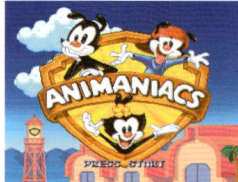

　　根据史蒂文·斯皮尔伯格担任执行制作人的同名动画改编而成的动作游戏。玩家操纵名为"华纳兄弟"的三位主角，使用各种动作通过布满机关的关卡。这款作品看起来很像欧美游戏，并且难度很高。

キャスパー

鬼马小精灵

●发售日期/1997年3月14日 ●售价/4980日元
●发行商/KSS

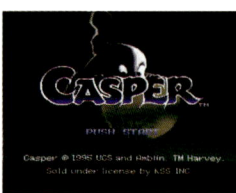

　　这款斜45度视角的动作冒险游戏以曾被改编成真人电影的美国动画《鬼马小精灵》为主题。本作讲述的是，为寻找父亲哈维博士，凯特在小精灵卡斯珀的帮助下在布满机关的房子里一边解谜一边探索的故事。

スーパーダブル役満II
超级双重爆番2

●发售日期/1997年3月14日 ●售价/7500日元
●发行商/VAP

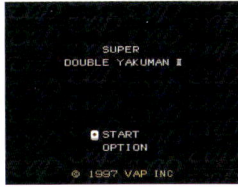

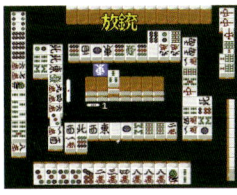

　　VAP出品的麻将游戏,在前作推出约三年后发售。本作取消了前作的道场闯关模式,只有对决模式和淘汰赛模式。和前作一样,本作要比其他麻将游戏更容易凑成高番数牌型,如果因此对现实中的麻将抱有期待,很可能会大失所望。

実況パワフルプロ野球3 '97春
实况力量棒球3 97春

●发售日期/1997年3月20日 ●售价/6800日元
●发行商/KONAMI

　　在《实况力量棒球3》的基础上,对数据进行更新推出"96开幕版"后,第二年又推出了这个"97春"。由于本作的发行时间和比赛的时间很接近,所以其实游戏中使用的是1996年赛季末的数据。当1997年游戏发售时,以FA(自由签约选手)身份转会的清原已经是巨人队的一员了。

実戦パチスロ必勝法!TWIN
实战柏青嫂必胜法 Twin

●发售日期/1997年3月15日 ●售价/5980日元
●发行商/SAMMY

　　老虎机实机模拟游戏。如标题中的"TWIN(成双)"所示,游戏中收录了两款机器,分别是UNIVERSAL的"CRANKY CONDOR"和山佐的"粉红豹",并未收录SAMMY自家生产的机型。游戏以折线图的方式对老虎机的相关数据进行展示,便于玩家分析数据。

ソリッドランナー
暗龙传说

●发售日期/1997年3月28日 ●售价/8000日元
●发行商/ASCII

　　在这款以近未来的地球为背景的角色扮演游戏中,电脑侦探"修"将前去解决各种各样的案件。虽然本作采用了正统的指令选择式玩法,但驾驶机器人战斗部分是本作的特色所在,需要使用复杂的按键操作。不同类型的攻击方式存在着相克的关系,并且玩家还可以与敌人进行交涉。

ダークロウ ～Meaning of Death～
黑暗法令
- ●发售日期/1997年3月28日 ●售价/8000日元
- ●发行商/ASCII

　　这款角色扮演游戏和《暗龙传说》于同一天发行。虽然两款游戏之间没有任何联系，但它们都是ASCII在超任上的最终作。这款游戏是继《黑暗统治者》《黑暗之王》后的系列作，是一款剧情通关型的模拟角色扮演游戏。

プロ麻雀 兵
职业麻将 兵
- ●发售日期/1997年4月18日 ●售价/6980日元
- ●发行商/CULTURE BRAIN

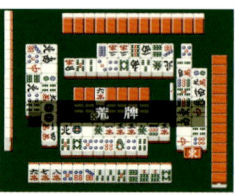

　　后续在多个平台发行了系列作品的麻将游戏。游戏共有16位真人职业雀士，玩家可以与他们进行比拼或学习麻将打法。除了大赛模式和麻将馆模式外，还有针对初学者的麻将指南模式，在该模式中可获得仙人所给出的建议。

Parlor!Mini5 パチンコ実機シミュレーションゲーム
迷你柏青哥实机测试5
- ●发售日期/1997年3月28日 ●售价/4900日元
- ●发行商/NIPPON TELENET

　　《迷你柏青哥》系列的第五作。本作收录了"CR咚隆隆忍者君5"和"CR BREAK CHANCE5"两台机器。这两台机器都是大一商会制造的。和系列其他作品一样，这款游戏有两种模式。在设置中增加了新功能，可将机器设置为一定会进入"立直（听牌）"状态等。

プロ野球熱闘ぱずるスタジアム
热斗棒球方块
- ●发售日期/1997年4月25日 ●售价/7800日元
- ●发行商/COCONUTS JAPAN

　　这是一款加入了棒球元素的下落式消除游戏，12支职业棒球队的吉祥物在游戏中登场。游戏内容以棒球比赛为原型，攻守两方将展开连锁消除的竞争，由第9回合时双方的累计得分来决定胜负。

加藤一二三九段 将棋倶楽部
加藤一二三九段 将棋俱乐部
●发售日期/1997年5月16日 ●售价/4980日元
●发行商/HECTOR

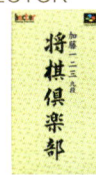 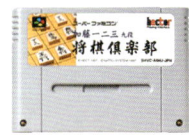

 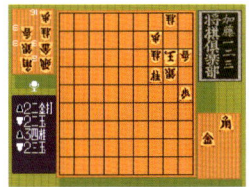

 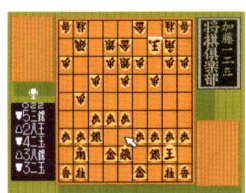

　　1995年发行过一款由加藤一二三九段监制、VARIE出品的将棋游戏，而本作则是由HECTOR发行的。正如加藤一二三"一分将棋之神"的称号一样，这款作品中电脑的思考能力也得到了强化。玩家还可以挑战加藤九段出的100道题，巩固将棋知识。

ふね太郎
船太郎
●发售日期/1997年8月1日 ●售价/7800日元
●发行商/VICTOR INTERACTIVE/PACK-IN SOFT

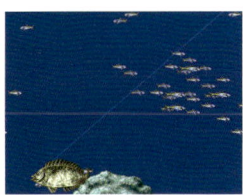

　　《钓太郎》系列的衍生作《钓鱼太郎》的海钓版。玩家前往日本的真实岛屿享受海钓的乐趣，美丽的风景也是这款游戏的亮点之一。虽然和《钓太郎》系列不同，游戏中没有角色扮演元素，但为了增加可以前往的岛屿数量，玩家也需要完成一定的目标。

Parlor!Mini6 パチンコ実機シミュレーションゲーム
迷你柏青哥实机测试6
●发售日期/1997年5月30日 ●售价/4980日元
●发行商/NIPPON TELENET

　　柏青哥实机模拟游戏《迷你柏青哥》系列第六作，收录了来自三洋和MASAMURA的机型。在本作中可以玩到来自三洋的权利机"NEW ROADSTER"和来自MASAMURA的时短机"MAGICAL CHASER3"。本作新增了音乐鉴赏功能。

Parlor!Mini7 パチンコ実機シミュレーションゲーム
迷你柏青哥实机测试7
●发售日期/1997年8月29日 ●售价/4900日元
●发行商/NIPPON TELENET

　　《迷你柏青哥》系列第七作。本作收录了丰丸产业的"CR七个小矮人5"和大一商会的"青蛙跳"。前一款是权利机，后一款是时短机。本作没有增加新功能，两种游戏模式也和系列以往作品相同。

实战柏青嫂必胜法 Twin 2

实戦パチスロ必勝法!Twin Vol.2

●发售日期/1997年9月12日 ●售价/5980日元
●发行商/SAMMY

　　《实战柏青嫂必胜法》的Twin系列的第二部作品。游戏收录了SAMMY自家机型"赛文奥特曼"和山佐的"WAIWAI PULSAR"。两款机器都是只用奖金来增加钢珠数的A型机。在爆裂模式中，玩家可以体验实机无法做到的超级连庄。

同级生2

同級生2

●发售日期/1997年12月1日 ●售价/3000日元
●发行商/BANPRESTO

覆盖写入专用

　　和《龙骑士4》一样，都是由BANPRESTO将ELF在电脑上发行的游戏进行了移植。这是一款冒险类型游戏，是任天堂力量的专属软件。由于原作是一款成人游戏，因此移植时对一些违反规则的地方进行了修改。随着角色的更换，游戏内容也做了相应删减。

平成新鬼岛 前篇

平成 新・鬼ヶ島 前編

●发售日期/1997年12月1日 ●售价/3000日元
●发行商/任天堂

※ROM版
发售日期/1998年
5月23日
售价/3800日元

　　《BS新鬼岛》是红白机磁碟机系统游戏《任天堂名作童话 新鬼岛》的外传，曾通过卫星接收器发布，这款作品则是它的重制版。起初是任天堂力量的专属软件，后来也发行了卡带版。前篇收录了第一话和第二话。通关后便可以玩磁碟版。

平成新鬼岛 后篇

平成 新・鬼ヶ島 後編

●发售日期/1997年12月1日 ●售价/3000日元
●发行商/任天堂

※ROM版
发售日期/1998年
5月23日
售价/3800日元

　　与前篇同时发行，后篇收录了以野鸡小花的故事为主的第三话，和对磁碟版的第8章及第9章进行改编、描绘了鬼岛上最终决战的第四话。和前篇一样，通关后便可以玩磁碟版。玩家无需通关前篇，可直接玩后篇故事。前后两篇后来都发行了卡带版。

爆球連発!!スーパービーダマン

弹珠超人

● 发售日期/1997年12月19日 ● 售价/4980日元
● 发行商/HUDSON

　　根据《龙漫CORO-CORO》上连载的热门同名漫画改编的射击解谜游戏。发射弹珠并引爆所有炸弹，即可过关。如果只用一发弹珠就完成了关卡，便可以获得金币，用来对弹珠超人进行改造。

意想不到的回归！
幻之作品《星际火狐2》

● 发售日期/2017年10月5日 ● 发行商/任天堂

无包装

　　曾作为《星际火狐》的续作开发但中途停止发行的梦幻作品。这款作品被收录在《任天堂经典迷你超级任天堂》（2017年）中。在前作的基础上进行了强化，游戏整体内容类似N64版。

超级任天堂通信调制解调器NDM24

　　超任有一个可以与电话线相连从而进行通信的周边设备，就是由NTT Data公司发售的NDM24——由通信调制解调器和专用数字键盘组成的套装。与这个设备兼容的软件《JRA-PAT》是诞生于红白机时代的一项服务，可以用这款软件来为赛马投票。

　　这项服务于1991年4月在红白机上诞生，后来先后更换到超任和DreamCast两个平台上，直到2015年7月服务结束，一共持续了24年。

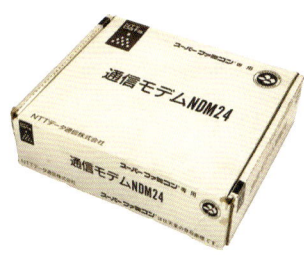

NDM24

《JRA PAT SHVC-TJBJ-JPN-U1》

《JRA PAT SHVC-TJAJ-JPN-S2》

《JRA PAT WIDE版》

《在家投票系统 SPAT4-WIDE》

广告传单一览

《超级森喜刚》

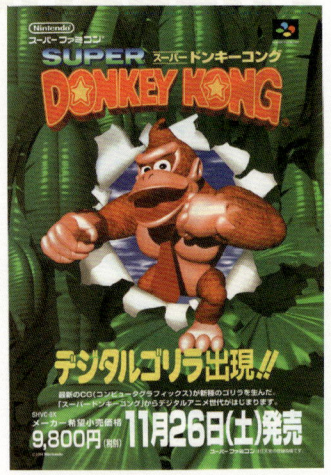

《超级马力欧合集》

《超级森喜刚2 蒂克丝刚与迪迪刚》

《超级卡比之星》

《超级森喜刚3》

《平成新鬼岛 前篇后篇》

超级任天堂

1998年

Super Famicom

拆屋工98

レッキングクルー'98

●发售日期/1998年1月1日 ●售价/3000日元
●发行商/任天堂

※卡带版
发售日期/1998年
5月23日
售价/3800日元

　　在著名动作游戏《拆屋工》的基础上进行改编的下落式消除游戏。玩家操纵主人公用锤子破坏或移动墙壁，使其消除。一次性消除四块以上或连锁消除后，便可对对手进行干扰。此外，游戏中还收录了原版《拆屋工》。后来还推出了卡带版。

卡比宝石星

カービィのきらきらきっず

●发售日期/1998年2月1日 ●售价/3000日元
●发行商/任天堂

※卡带版
发售日期/1999年
6月25日
售价/4500日元

　　GB上的下落式消除游戏的超任重制版。两个及以上相同的角色方块相连即可消除。当两个角色方块之间有星星方块时，星星方块也会一起消除。游戏共有五种模式。对战中玩家可通过连锁消除来妨碍对手。推出了卡带版。

8厘米柏青哥实战测试

HEIWA Parlor!Mini8 パチンコ実機シミュレーションゲーム

●发售日期/1998年1月30日 ●售价/5200日元
●发行商/NIPPON TELENET

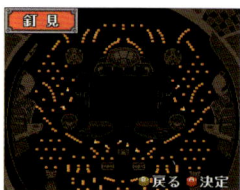

　　该系列的第八部作品，以著名弹珠机制造商HEIWA出品的机器为主题，收录了"CR SUCCESS STORY"和"HOOSUKE KUN DX"两台机器。在实践模式中，玩家要前往游戏中的柏青哥店，攒够100万金币才能通关。

超级家庭滑雪

スーパーファミリーゲレンデ

●发售日期/1998年2月1日 ●售价/3000日元
●发行商/NAMCO

无实体卡带

　　NAMCO《家庭》系列中唯一一款滑雪游戏，是任天堂力量专属的数字版游戏。共有四种模式，分别是滑雪场竞赛模式、时间竞速模式、故事模式和滑雪学校模式。在滑雪商店中可以购买滑雪板、靴子、滑雪服等。

スーパーパンチアウト!!｜Super Punch-Out!!

超级拳击热斗

●发售日期/1998年3月1日 ●售价/3000日元
●发行商/任天堂

无实体卡带

《拳击热斗》的续作。本作并未参考红白机版，而是在街机版的基础上改进游戏系统，并采用玩家角色背后视角。当画面下方的能量条充满后，角色便可释放必杀拳击。本作曾于1994年在海外发售。

実況パワフルプロ野球 Basic版'98

实况力量棒球 基础版98

●发售日期/1998年3月19日 ●售价/5800日元
●发行商/KONAMI

该系列在超任上的最终作。本作融合了《实况力量棒球3》的系统与最新的球员数据。共有六种游戏模式，去掉了此前备受玩家好评的成功模式。正如标题中的基础版所示，这是一部内容扎实、回归基础的作品。

星のカービィ3｜Kirby's Dream Land 3

星之卡比3

●发售日期/1998年3月27日 ●售价/4800日元
●发行商/任天堂

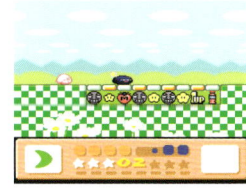

这是《星之卡比》系列的第五部作品，也是该系列在超任上的第二部作品。本作的画面风格与前作截然不同，以淡雅的色彩为主，充满了童话风格。系统方面则没有大的变化，继承了前作卡比能够吸入敌人和在空中飘浮的特点。

ファミコン探偵倶楽部PartII うしろに立つ少女

红白机侦探俱乐部 PART 2 站在身后的少女

●发售日期/1998年4月1日 ●售价/3000日元
●发行商/任天堂

无实体卡带

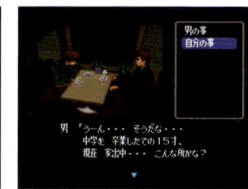

将曾经面向红白机磁碟机系统发行的指令选择式冒险游戏重制移植到了超任上。这是一款任天堂力量专属的数字版游戏。游戏剧本与原版相同，但对部分台词进行了修改，并新增了性格测试功能。

ロックマン&フォルテ
洛克人与佛鲁迪
●发售日期/1998年4月24日 ●售价/5800日元
●发行商/CAPCOM

　　《洛克人》系列在超任上的最后一款作品。在本作中，玩家可以操纵反派角色佛鲁迪，而关卡间插入的演示动画也与前作不同。虽然和系列以往作品一样，都采用了生命值系统，但敌人的攻击力很高，游戏难度非常高。可以说这是CAPCOM给超任玩家的最后一封战书。

幻獣旅団
幻兽旅团
●发售日期/1998年6月1日 ●售价/3000日元
●发行商/AXELA

无实体卡带

 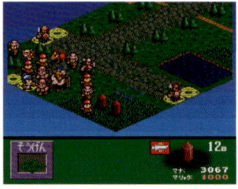

　　只发行了任天堂力量专属数字版的幻想类战略模拟游戏。玩家可以从占领的建筑处获得收入，并用这些钱召唤作战单位向敌人的大本营发起进攻。过关后会追加新的作战单位，而选择恰当的作战单位是取胜的关键。

スーパーファミコンウォーズ
超级任天堂战争
●发售日期/1998年5月1日 ●售价/3000日元
●发行商/任天堂

无实体卡带

　　曾在红白机上发行，将战略模拟游戏的乐趣带给孩子们的《任天堂战争》的升级版。本作只发行了任天堂力量专属的数字版。游戏的基本系统和玩法保持不变，主要对画面和电脑的思考速度进行了强化。

ドクターマリオ
马力欧医生
●发售日期/1998年6月1日 ●售价/3000日元
●发行商/任天堂

无实体卡带

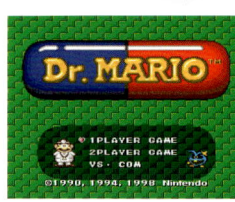 

　　将曾在红白机和GB上发行的下落式消除游戏移植到了超任的软件下载服务任天堂力量上。将屏幕上方落下的胶囊和相同颜色的病毒排列在一起，即可消除。级别越高，下落速度越快，病毒的数量也会增多。支持双人对战。

リングにかけろ
热斗神拳
●发售日期/1998年6月1日 ●售价/3000日元
●发行商/MASAYA

无实体卡带

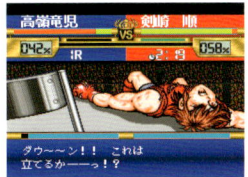 

这款游戏根据连载于《周刊少年JUMP》的具有划时代意义的拳击漫画改编而来，是任天堂力量专属的数字版游戏。本作采用名为"动作反应战斗"的系统，玩家无法直接使用大招，需要先用轻快的刺拳积累点数，然后才能使出威力更大的直拳等招式。

すってはっくん
抢救彩虹
●发售日期/1998年8月1日 ●售价/3000日元
●发行商/任天堂

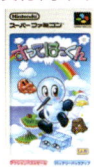 

※卡带版
发售日期/1999年
6月25日
售价/4200日元

这款动作解谜游戏曾通过卫星接收器发布，后来在任天堂力量上发行了数字版。游戏目标是收集彩虹碎片，玩家可通过吸入和吐出的方式来移动场景中的砖块。本作也推出了卡带版。

ZOOっと麻雀!
动物麻将
●发售日期/1998年7月1日 ●售价/3000日元
●发行商/任天堂

无实体卡带

这款麻将游戏只能通过任天堂力量下载数字版。游戏中的所有角色都是动物，对战时它们会说出各种台词。在任务模式中，为了打败麻将大王，玩家将作为村子的代表前去进行对战。玩家可通过游戏中记录的数据来创建与自己的麻将打法相同的角色。

ダービースタリオン98
德比赛马98
●发售日期/1998年9月1日 ●售价/2500日元
●发行商/任天堂

※记忆卡套装版
发售日期/1998年
8月25日
售价/6000日元

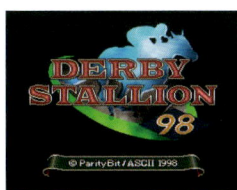 

《德比赛马》系列在超任上的最后一部作品，只能通过任天堂力量下载数字版。除了系统方面进行改进，比赛项目也进行了更新。此外，本作在设计时还考虑到多种游戏平台，可通过输入密码的方式将数据与PS版和SS版同步。

ミニ四駆 レッツ&ゴー!! POWER WGP2

四驱兄弟 WGP世界杯2

- ●发售日期/1998年10月1日 ●售价/2500日元
- ●发行商/任天堂

※卡带版
发售日期/1998年
12月4日
售价/3800日元

　　这款游戏先在任天堂力量上发行了数字版，随后推出卡带版。这是一款根据动画改编的角色扮演游戏，迷你四驱车比赛贯穿了整部作品。故事由10个章节构成。和现实中一样，玩家可以对赛车进行改装和设置。

重新复活的未发售游戏《恶梦毁灭者》

- ●发售日期/2014年 ●售价/85美元
- ●发行商/SUPER FIGHTER TEAM

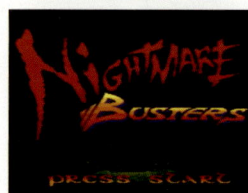

　　日本物产在1995年发布了游戏预告、后来停止发售的一款梦幻作品。2014年时，一家欧美开发公司发行了这款游戏的SNES版，不过该版本并未获得任天堂的官方授权。照片为停止发售的日本物产版。

广告传单一览

《拆屋工98》

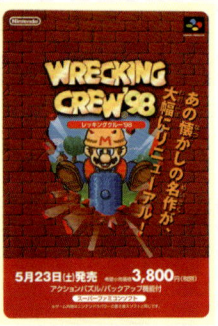

《马力欧绘图》

《卡比宝石星》

《超级光线枪》

《抢救彩虹》

《超级Game Boy》

超级任天堂

1999年

Super Famicom

POWER倉庫番

POWER仓库番

●发售日期/1999年1月1日 ●售价/2500日元
●发行商/任天堂

※卡带版
发售日期/1999年
6月25日
售价/4200日元

　　自1982年发售以来,被移植到各种平台的解谜游戏《仓库番》经改进后在任天堂力量发行了数字版。把箱子推到指定位置的玩法不变,在此基础上新增了动作要素,玩家可以用枪击倒敌人,并且还能冲刺。本作也推出了卡带版。

ピクロスNP Vol.1

绘图方块 NP Vol.1

●发售日期/1999年4月1日 ●售价/2000日元
●发行商/任天堂

无实体卡带

　　作为任天堂力量专属数字版发行的《绘图方块 NP》系列初代作。"PICROSS(绘图方块)"是"PICTURE CROSS"的合成词。把原本用纸和笔来玩的绘画逻辑游戏改成了主机游戏,玩起来比用纸笔方便了很多。

POWERロードランナー

POWER淘金者

●发售日期/1999年1月1日 ●售价/2500日元
●发行商/任天堂

无实体卡带

　　一款由BRODERBUND出品的在红白机上相当受欢迎的动作解谜游戏,任天堂力量版进行了一些改进,玩家可通过收集宝物使城镇不断发展,但游戏的基本规则没有变化,挖洞、使敌人掉落的玩法都与原作相同。

たまごっちタウン

宠物蛋之城

●发售日期/1999年5月1日 ●售价/2500日元
●发行商/BANDAI

无实体卡带

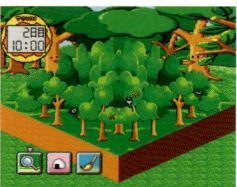

　　根据人气爆棚的掌机游戏《拓麻歌子》改编的主机版。这款游戏不是单独培育一只拓麻歌子,而是需要使它们繁殖,从而增加拓麻歌子的整体数量。游戏中一共有75种不同的拓麻歌子,想要集齐难度极大。

ウィザードリィI・II・III ～Story of Llylgamyn～
巫术1·2·3 利加敏的故事
●发售日期/1999年6月1日 ●售价/3000日元
●发行商/MEDIA FACTORY

无实体卡带

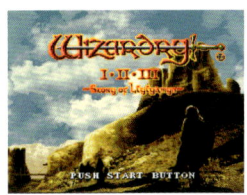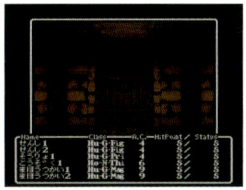

　　由经典角色扮演游戏《巫术》系列早期发行的三部作品组成的合集。这三部作品的基本系统相同，都是3D地下城类游戏。游戏中的解谜元素不多，也不用完成任务，玩家只需强化角色和收集道具就可以了。

ピクロスNP Vol.2
绘图方块 NP Vol.2
●发售日期/1999年6月1日 ●售价/2000日元
●发行商/任天堂

无实体卡带

　　《绘图方块 NP》系列的第二作。自1999年4月1日初代作品上市开始，以两个月一次的频率在当月的1号发售新作。第二作以绿野仙踪为主题，与故事相关的女巫等角色以谜题的形式收录在游戏中。此外，一些与马力欧相关的角色也被收录在本作中。

お絵かきロジック
逻辑绘图
●发售日期/1999年6月1日 ●售价/2000日元
●发行商/世界文化社

无实体卡带

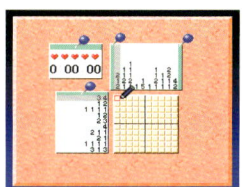
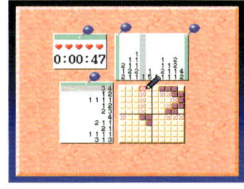

　　任天堂力量专属的数字版解谜游戏。解谜规则和《绘图方块 NP》系列完全相同，但由于《逻辑绘图》的商标归世界文化社所有，《绘图方块 NP》的商标归任天堂所有，因此出现了名字不同但内容相同的两款游戏。

ファミコン文庫 はじまりの森
红白文库 起始之森
●发售日期/1999年7月1日 ●售价/2500日元
●发行商/任天堂

无实体卡带

　　任天堂力量专属的数字版冒险游戏。和《平成新鬼岛》等游戏一样，采用了指令选择式的系统，部分场景有时间限制，此外还有一些迷你游戏和动作元素。这款游戏细腻柔和的画风能够唤起人们的怀旧情结。

コラムス
宝石方块
●发售日期/1999年8月1日 ●售价/2000日元
●发行商/MEDIA FACTORY

无实体卡带

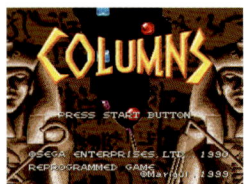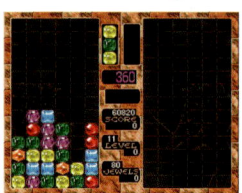

世嘉公司的街机下落式消除游戏的移植版本，作为任天堂力量专属的数字版游戏发行。改变从画面上方落下的三个一组的宝石的顺序，通过左右移动将它们堆积起来。三个以上相同颜色的宝石横向、竖向、斜向相连即可消除。这也是第一款实现了连锁消除的下落式消除游戏。

ファイアーエムブレム トラキア776
炎之纹章 多拉基亚776
●发售日期/1999年9月1日 ●售价/2500日元
●发行商/任天堂

※卡带版
发售日期/2000年
1月21日
售价/5200日元

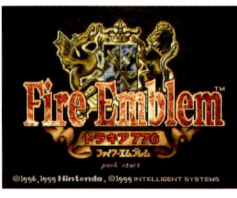

曾在超任上发行过两部作品的模拟角色扮演游戏。剧情方面，本作属于《圣战系谱》的外传，主人公利夫是莱恩斯特的王子。系统方面，新增了体格属性和"扛起"指令。本作后来也推出了卡带版。

ピクロスNP Vol.3
绘图方块 NP Vol.3
●发售日期/1999年8月1日 ●售价/2000日元
●发行商/任天堂

无实体卡带

在《绘图方块 NP》这款解谜游戏中，玩家需要破坏画面中的方块，从而按照谜题要求绘制出完整的画作。《绘图方块 NP》系列作品充分利用了主机游戏的特点，玩家能够以插图的形式察看曾经完成的画作。卡比作为谜题之一在第三作中登场。

ピクロスNP Vol.4
绘图方块 NP Vol.4
●发售日期/1999年10月1日 ●售价/2000日元
●发行商/任天堂

无实体卡带

在解决《绘图方块 NP》中的谜题时，可以参考标注在方块上方和左侧的数字。例如在10×10的棋盘中，格子左侧写有"8 1"字样，那么就需要先删掉这一排靠左的八个方块，间隔一个方块后，再删掉一个方块。数字之间的间隔代表两部分之间至少有一个不需要被删掉的方块。

お絵かきロジック2
逻辑绘图2

● 发售日期/1999年11月1日　● 售价/2000日元
● 发行商/世界文化社

ピクロスNP Vol.5
绘图方块 NP Vol.5

● 发售日期/1999年12月1日　● 售价/2000日元
● 发行商/任天堂

无实体卡带

无实体卡带

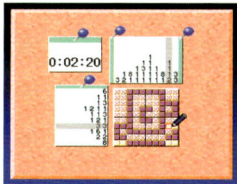

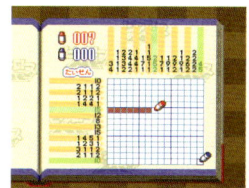

　　该系列的第二作。收录了20道读者所出的谜题，30道中级谜题和30道高级谜题，共80道题。读者所出的谜题中标注了投稿人的姓名和所在地。中级谜题的棋盘大小为15×15，高级谜题为20×20。即便画在错误的地方也不会受到惩罚。

　　第五作中的特辑以星座为主题，收录了与星座有关的12道谜题。在角色谜题部分，《塞尔达传说》中的角色在游戏中登场。本作还设置了奖品，特辑谜题的答案中含有关键字，玩家将关键字写在明信片上寄出，就能通过抽奖获得奖品。

对战联网匹配服务"XBAND"

● 发售日期/1996年4月1日　　● 售价/6800日元（XBAND卡/1600日元）　● 发行商/Catapult Entertainment

　　这可能是第一个在家用游戏主机上使用电话线进行的通信对战服务。最初发放了一批试用版（纯白色包装），于1996年4月1日开始提供服务。同年7月，开始在SEGA SATURN上提供服务。将储值卡插入"XBAND调制解调器"后，便可享受每场40日元的通信对战。

　　可使用这项服务的游戏有《超级街头霸王2》《超级马力欧卡丁车》《花仙子方块》《噗哟噗哟通 重制版》《超级家庭

棒球5》《黑白棋世界》等九款游戏。除对战服务外，还可以发邮件、聊天、编辑自我介绍、创建对手名单等。匹配对手的标准是两个人在同一城市，且市内区号也相同。用户可对使用时长进行设置，以避免出现服务费过高的情况。但由于网速很慢，只有2.4kbps，许多用户因网络延迟而苦恼。

　　由于用户增长迟缓，这项服务只推出了不到一年半就结束了。

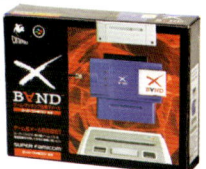

XBAND

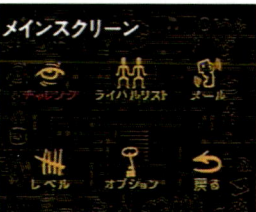

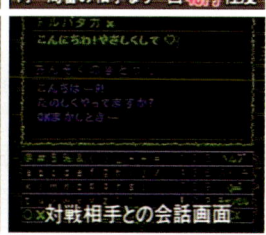

图片截自XBAND宣传视频"这就是XBAND——简单操作说明"。

广告传单一览

《马力欧和瓦利欧》

《卫星接收器》

《卡比滚球》

《BS勇者斗恶龙1》

《炎之纹章 多拉基亚776》

《美少女梦工厂》

超级任天堂

2000年

Super Famicom

ピクロスNP Vol.6
绘图方块 NP Vol.6
- ●发售日期/2000年2月1日 ●售价/2000日元
- ●发行商/任天堂

无实体卡带

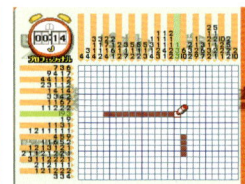

　《绘图方块 NP Vol.6》的特辑以意大利为主题。游戏收录了以披萨、罗马斗兽场等元素为答案的谜题。角色谜题部分的题目则以《超级马力欧》角色为主题。解开谜题后，可以见到桃花公主、酷霸王等熟悉的角色。

ピクロスNP Vol.7
绘图方块 NP Vol.7
- ●发售日期/2000年4月1日 ●售价/2000日元
- ●发行商/任天堂

无实体卡带

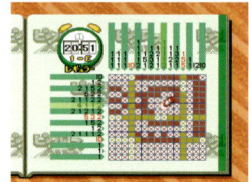

　《绘图方块 NP Vol.7》的特辑以濒危物种为主题，包含朱鹮、青鳉鱼等动物。《瓦力欧》系列的角色在角色谜题部分的题目中登场。此外，《绘图方块 NP》系列的作品中还有对战模式，两位玩家可以同时解谜，进行积分比拼。

ピクロスNP Vol.8
绘图方块 NP Vol.8
- ●发售日期/2000年6月1日 ●售价/2000日元
- ●发行商/任天堂

无实体卡带

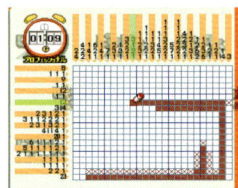

　从1999年4月到2000年6月的一年零两个月之间，一直在任天堂力量上推出新作的《绘图方块 NP》系列的最终作。最后一个特辑以奥运会为主题。《森喜刚》系列中的角色在人物模式中登场。

メタルスレイダーグローリー ディレクターズカット
金属荣耀 导演剪辑版
- ●发售日期/2000年11月29日 ●售价/2000日元
- ●发行商/任天堂

※记忆卡套装版
发售日期/2000年
11月29日
售价/5980日元

　超任的最后一款游戏，是红白机末期发行的冒险游戏《金属荣耀》的重制版。超任版加入了此前由于红白机卡带容量不足而删减的场景，画面和音质也得到了提升。上图中的包装和卡带（附带贴纸）是只能通过预购获得的记忆卡套装版。

超级任天堂

周边外设

Super Famicom

SUPER FAMICOM

单声道AV连接线

●发售日期/1990年11月21日 ●售价/1200日元
●发行商/任天堂

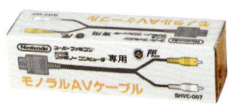

　　用于输出音频和视频的连接线。音频以单声道的形式输出。与同样使用AV线输出的红白机、N64和GC兼容。

S端子连接线

●发售日期/1990年11月21日 ●售价/2500日元
●发行商/任天堂

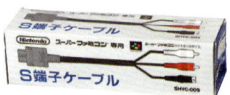

　　用于与带有S端子接口的电视相连的连接线。输出的视频画面比使用AV连接线更清晰。早期型号在电线接头处有一个盒子。虽然包装盒上写有"超任专用"字样，但实际上也可以用来连接N64或GC。

交流电适配器

●发售日期/1990年11月21日 ●售价/1500日元
●发行商/任天堂

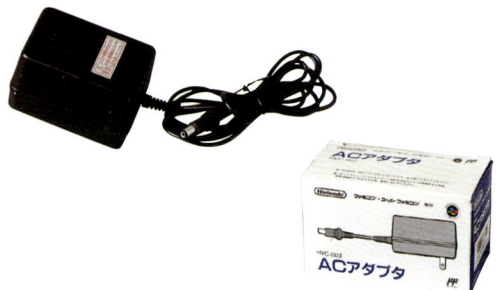

　　与红白机通用的交流电适配器，不随超任主机附送。在红白机时代没有外包装，超任上市后才配备了包装盒。

立体声AV连接线

●发售日期/1990年11月21日 ●售价/1500日元
●发行商/任天堂

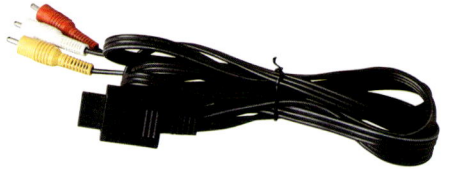

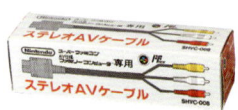

　　用于输出音频和视频的连接线。音频以立体声的形式输出。与同样使用AV线输出的红白机、N64和GC兼容。此连接线不随超任主机附送。

RGB连接线

●发售日期/1990年11月21日 ●售价/2500日元
●发行商/任天堂

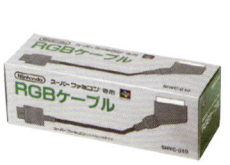

　　用于与带有21针RGB接口的电视相连的连接线。输出的视频画面比使用AV连接线和S端子连接线更清晰。

射频转换器

●发售日期/1990年11月21日 ●售价/1500日元
●发行商/任天堂

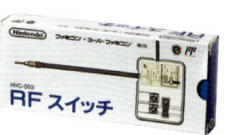

　　与红白机通用的射频转换器。与电视天线的输入端相连，通过设置频道来输出视频。不支持视频输入的电视只能通过射频开关和游戏主机相连。在红白机时代没有外包装，超任上市后才配备了包装盒。

游戏切换器

●发售日期/1990年 ●售价/9500日元
●发行商/KONAMI

　　最多可与四台游戏机相连，通过开关进行切换。机身有射频接口，可以与红白机相连。当同时与使用AV线输出的红白机、超任、红白机三台主机相连时，仅需要一个电源。

超级TURBO

●发售日期/1991年8月10日 ●售价/1980日元
●发行商/HORI电机

　　将该装置连接到原装手柄等不具备连击功能的超任手柄上，每个按键便具备了两挡连击功能。也可作为手柄延长线使用。

超级指挥官

●发售日期/1991年9月3日 ●售价/2480日元
●发行商/HORI电机

　　这款手柄具有可在五个挡位中进行切换的连击功能，以及可使按键一直保持按下状态的锁定功能。使用者可以通过指示灯确认连击的速度。

JB KING

●发售日期/1991年7月31日 ●售价/9800日元
●发行商/HAL研究所

　　超任的第一款摇杆控制器。六个按键都具备连击功能（每秒最多30下），同时还具有四挡慢动作功能。使用者可对A、B、X、Y按键模块进行旋转，调整到自己喜欢的位置。

超级卡片手柄

●发售日期/1991年8月23日 ●售价/2480日元
●发行商/HUDSON

　　流行于红白机平台的卡片手柄的超任版。A、B、X、Y这四个按键具有三挡连击功能（每秒最多16下）。尺寸比原装手柄大一些。包装分为普通版和超级博蒙曼版。

ASCII手柄

●发售日期/1991年9月20日 ●售价/2980日元
●发行商/ASCII

　　六个按键具备各自独立的连击功能（每秒20下）。还有可使按键一直保持按下状态的锁定功能，以及使暂停键一直处于连击状态的减速功能。尺寸比原装手柄大一些。

超级HORI指挥官

●发售日期/1992年4月25日 ●售价/2680日元
●发行商/HORI电机

　　六个按键具备各自独立的连击功能（每秒24下），可使按键一直保持按下状态的锁定功能，以及使暂停键一直处于连击状态的两挡减速功能。尺寸和原装手柄相同。

战斗摇杆

●发售日期/1992年7月31日 ●售价/6800日元
●发行商/HORI电机

　　街机式摇杆和按键式控制器的结合体。六个按键具备各自独立的连击功能（每秒24下），可以使按键一直保持按下状态的锁定功能，以及使暂停键一直处于连击状态的两挡减速功能。沉甸甸的金属外壳令人感到安心。

HYPERBEAM

●发售日期/1992年9月25日 ●售价/5800日元
●发行商/KONAMI

　　超任的第一款无线手柄。将一个像抛物面天线似的接收器连接到超任主机之后，便可以使用这个单人用的无线手柄了。尺寸和原装手柄基本一致，需要使用三节7号电池（连续使用时长约六小时）。与红白机兼容。

超级任天堂鼠标

●发售日期/1992年7月30日 ●售价/3000日元
●发行商/任天堂

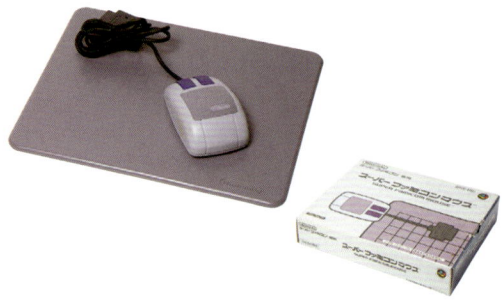

　　由超任专用鼠标和塑料鼠标垫组成的套装。鼠标可以直接与超任主机机身的控制器接口相连。最初只有和游戏《马力欧绘图》捆绑销售的套装版。

CAPCOM能量摇杆战士

●发售日期/1992年8月7日 ●售价/9800日元
●发行商/CAPCOM

　　街机式摇杆和按键式控制器的结合体。六个按键具备各自独立的三挡连击功能，同时还有锁定功能和减速功能。非常适合玩《街头霸王2》等CAPCOM出品的格斗游戏。无线适配器（7800日元）单独销售。

ASCII摇杆 超级L5

●发售日期/1992年9月25日 ●售价/2980日元
●发行商/ASCII

表

裏

　　圆形的手握版单手控制器。手柄正面是十字键和L、R键，面板可以旋转。连击功能和减速功能的开关设置在手柄正面的下方位置。手柄背面则是A、B、X、Y按键。

多人游戏接口

●发售日期/1992年11月13日 ●售价/2980日元
●发行商/HUDSON

　　超任的第一款多人游戏（最多五人）扩展接口。与主机机身的2P接口相连，可以通过开关切换玩家的人数。切断电源后仍会保留原有的人数设定。还有一个包装盒印有超级博蒙曼的版本。

战斗指挥官

●发售日期/1992年12月10日 ●售价/2680日元
●发行商/HORI电机

金色版

　　这款手柄的按键布局适合用来玩对战格斗游戏。六个按键具备各自独立的连击功能（每秒最多24下），同时还有锁定功能和两挡减速功能。1993年5月31日发售了金色版。

多人转接器 自动版

●发售日期/1992年12月24日 ●售价/2980日元
●发行商/YONEZAWA PR21

　　最多支持五人同时游戏的多人转接器。在三个方向设置了插口，体积小巧紧凑。可通过开关切换玩家人数，切断电源后会恢复到双人模式。

超级文件器适配器

●发售日期/1992年11月19日 ●售价/2500日元
●发行商/ASCII

　　用于连接红白机的"超级文件器"和"超级文件器2"的适配器。除了能够记录超任软件的数据外，还可以用来传输部分游戏软件的红白机版数据。

超级ASCII摇杆

●发售日期/1992年12月11日 ●售价/7150日元
●发行商/ASCII

　　街机式摇杆和按键式控制器的结合体。六个按键具备各自独立的连击功能（每秒8~30下），同时还具有锁定功能和减速功能。配色与超任相同。连接线长达1.8米。

TWIN TAP

●发售日期/1992年12月28日 ●售价/1850日元
●发行商/YONEZAWA PR21

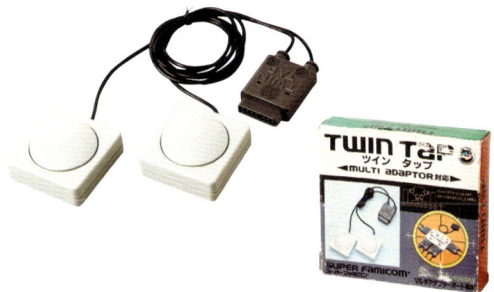

　　在问答游戏中使用的抢答按键。通过与多人游戏扩展接口组合，可实现最多八个玩家同时玩《史上最强问答王决定战》等游戏。

智能操纵杆XE-1 超任

●发售日期/1992年 ●售价/13200日元
●发行商/MICOMSOFT

　　这是一款带有液晶屏的多功能控制器。具有16挡连击功能、锁定功能、减速功能、按键动作的录制和回放、限制游戏时长、与电脑通讯等八种模式。控制器由超任主机供电。

超级光线枪

●发售日期/1993年6月21日 ●售价/9800日元
●发行商/任天堂

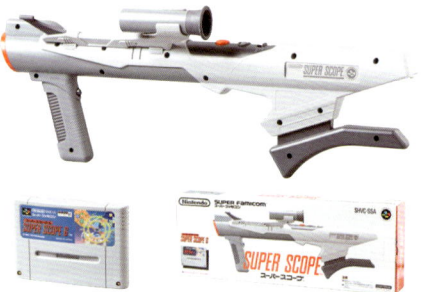

　　火箭弹发射器式红外无线控制器。把接收器摆放在电视机上方，然后把光线枪扛在肩上，用一只眼睛观察瞄准镜进行射击。此外设只支持五款游戏，在欧美小有人气。

IMAGINEER专业手柄

●发售日期/1993年8月27日 ●售价/3980日元
●发行商/IMAGINEER

　　去掉了IMAGINEER手柄的锁定功能，新增了指令设置功能。手柄带有液晶屏，可设置30多种《街头霸王2》和《饿狼传说》中的指令，一共可以存储六条指令。

S端子连接线盘

●发售日期/1993年3月20日 ●售价/2980日元
●发行商/HORI电机

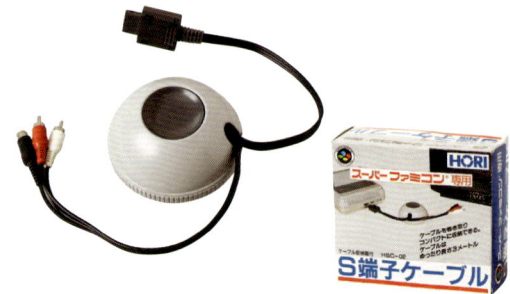

　　带有收纳盒的S端子连接线。把三米长的连接线卷起放在收纳盒内，可以随意调整连接线的长度。连接线（长款）也单独销售。

战士摇杆 特别版

●发售日期/1993年7月15日 ●售价/4980日元
●发行商/ASCII

　　可通过改变按键的位置来适配四个按键或六个按键的游戏。摇杆上的七个按键具有各自独立的连击功能，同时还有锁定功能和两挡减速功能。

战士摇杆

●发售日期/1993年9月10日 ●售价/3980日元
●发行商/ASCII

　　超级ASCII摇杆的廉价版。虽然二者功能相同，但这款控制器的按键布局更适合玩格斗游戏。此摇杆具备连击功能、锁定功能和减速功能。

IMAGINEER手柄

●发售日期/1993年9月20日 ●售价/1980日元
●发行商/IMAGINEER

采用透明外壳，外形十分漂亮的手柄。六个按键都具备连击功能（每秒30发），同时还有锁定功能和减速功能。按键的按压手感有些硬。

HORI多人游戏接口

●发售日期/1993年10月30日 ●售价/2480日元
●发行商/HORI电机

普通版

限定版

最多支持五人同时玩的多人转接器。插口位于转接器顶部，因此整体体积很小。两人或三人以上需要用开关进行切换，切断电源后仍会保留原有人数设定。还推出了红色的限量版。

DUAL TURBO

●发售日期/1993年12月8日 ●售价/6800日元
●发行商/ACCLAIM JAPAN

套装包含两个无线手柄。接收器要插在主机的1P、2P接口处。手柄上的六个按键具备各自独立的连击功能，同时还具有锁定功能和减速功能。使用四节5号电池供电。

必杀指令控制器

●发售日期/1993年9月29日 ●售价/3500日元
●发行商/KONAMI

六个按键具有各自独立的连击功能（每秒最多30发），同时还有指令记忆功能。指令的设置方式分为即时设置和通过程序设置，输出方式共三种。设置好指令之后，只需按一个按键便可执行。

饿狼传说2专用手柄

●发售日期/1993年11月26日 ●售价/2480日元
●发行商/HORI电机

具备可轻松释放《饿狼传说》（TAKARA/1993年）中八个角色必杀技的模式。使用开关切换可以作为普通手柄使用。不具备连击等功能。

无线多人手柄

●发售日期/1993年12月28日 ●售价/3280日元
●发行商/YONEZAWA PR21

具备三挡连击功能的无线手柄。手柄上有多人游戏开关，最多可以同时连接五位玩家。使用四节7号电池供电。必须和单独出售的接收器一起使用。

IMAGINEER手柄 增强版

●发售日期/1994年3月4日 ●售价/1980日元
●发行商/IMAGINEER

　　和IMAGINEER手柄一样，六个按键具备各自独立的连击功能（每秒最多40下），同时还有锁定功能和减速功能。外观设计和原装手柄基本一致。

多人游戏接口2

●发售日期/1994年4月28日 ●售价/2980日元
●发行商/HUDSON

　　功能与多人游戏接口相同，外形是可爱的博蒙曼的脸。可通过开关切换人数，切断电源后也能保留原有设定。

SGB控制器

●发售日期/1994年6月14日 ●售价/1980日元
●发行商/HORI电机

　　超级Game Boy专用控制器，可切换超任模式和GB模式，还具有改变颜色、打开和关闭窗口、打开和关闭声音的功能。能够改变游戏速度是这个控制器的主要卖点。

特警枪神 2P专用枪 MODEL510

●发售日期/1994年3月11日 ●售价/2480日元
●发行商/KONAMI

　　枪械射击游戏《特警枪神》（KONAMI/1994年）专用光线枪。2P使用的枪单独销售。无法在液晶电视上使用，也不能单独用2P专用枪进行游戏。

超级Game Boy

●发售日期/1994年6月14日 ●售价/6800日元
●发行商/任天堂

　　用来在超任上玩GB游戏的外设。可将GB游戏的4灰阶单色画面渲染成任意颜色，并输出到电视上。部分对应的游戏用它来玩时可以用一张卡带实现双人同时游戏，还能获得更好的音质和更多的颜色显示。

CAPCOM手柄 士兵

●发售日期/1994年6月17日 ●售价/1980日元
●发行商/CAPCOM

　　格斗游戏专用手柄。右手握住手柄，控制十字键。用左手的三个手指来按按键。与原装手柄相比，使用此手柄释放必杀技变得更加方便。

实战777控制器

●发售日期/1994年9月16日 ●售价/4980日元
●发行商/SAMMY

这是一款对真实老虎机进行模拟的控制器。对应超任的所有按键，因此除老虎机之外的游戏也可以使用这款控制器来玩。

必杀柏青哥控制器

●发售日期/1994年10月21日 ●售价/3990日元
●发行商/SUNSOFT

这款柏青哥游戏专用控制器与现实中的弹珠机使用的是同样的材质。与超任主机的2P接口相连即可使用。无法兼容1994年10月以前发售的柏青哥游戏。

IMAGINEER街机摇杆

●发售日期/1994年11月18日 ●售价/6980日元
●发行商/IMAGINEER

具有重量感的街机式控制器。六个按键具备各自独立的连击功能（每秒35下），同时还有锁定功能和减速功能。除超任外，还可与MD、NEO-GEO、PCE相连。

IMAGINEER手柄LC

●发售日期/1994年11月18日 ●售价/1280日元
●发行商/IMAGINEER

规格与原装手柄基本相同，但价格更便宜。不具备连击等功能。连接线长度为2.4米。

HORI手柄

●发售日期/1994年11月25日 ●售价/1180日元
●发行商/HORI电机

规格与原装手柄基本相同，市场上同类商品中最便宜的一款。不具备连击等功能。连接线长度为2.2米。

无线多人射击2

●发售日期/1994年12月2日 ●售价/5800日元
●发行商/OPTEC

最多支持连接五个无线控制器，由控制器和接收器所组成的套装。六个按键具备各自独立的三挡连击功能。

无线多人专用控制器

●发售日期/1994年12月2日 ●售价/3280日元
●发行商/OPTEC

　　无线多人射击2的补充控制器。可通过多人游戏开关来判断玩家人数。最多可连接五个控制器，没有接收器便无法使用。

超级文件器TWIN

●发售日期/1994年12月22日 ●售价/7500日元
●发行商/ASCII

　　超任专用外部存储设备，可将兼容软件的游戏数据与卡带的备份功能进行分别记录。各款软件可记录的数据量有所不同。

VOICE KUN

●●发售日期/1995年3月25日 ●售价/3980日元
●发行商/KOEI

　　这是一款使CD播放器与超任软件进行联动的适配器。它可以把CD播放器播放的音乐与游戏画面的变化进行同步。发售过英语教材《EMIT》和《安琪莉可》等游戏的套装版。

ASCII GRIP

●发售日期/1996年3月15日 ●售价/2480日元
●发行商/ASCII

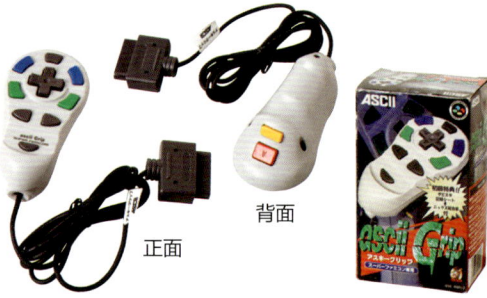

正面　　　　　背面

　　最适合用来玩《巫术》《德比赛马》等角色扮演游戏和模拟游戏的单手控制器。正面是十字键和X、Y、L、R按键，背面是A、B按键。第一批商品还附送了《德比赛马》的记录表等赠品。

SUFAMI TURBO

●发售日期/1996年6月28日 ●售价/3980日元
●发行商/BANDAI

　　通过把两张专用卡带组合起来，可以用两人的数据进行对战，或进行游戏间的联动。基本系统可在SUFAMI TURBO中进行设置，所以游戏软件的价格很便宜。共有13款对应的游戏。

SF记忆卡

●发售日期/1997年9月30日 ●售价/3980日元
●发行商/任天堂

　　游戏软件下载服务任天堂力量的专用记忆卡。内置容量为32Mb的闪存卡，可在商店内把游戏下载到卡带中。发售过在记忆卡中预先装好游戏数据的套装版。早期版的LOGO为英文，普通版的LOGO为日文片假名。

超级Game Boy2

●发售日期/1998年1月30日 ●售价/5800日元
●发行商/任天堂

这是带有联机装置和LED灯的超级Game Boy，可使用连接线进行联机游戏，或与口袋相机和口袋打印机等周边设备相连。这个版本解决了游戏速度变快的问题。

博蒙曼装饰人偶

●发售日期/1993年 ●售价/不明
●发行商/HUDSON

这款装饰人偶可以有效防止控制器的电线缠在一起。这是《博蒙曼94》角色命名大赛的奖品。

任天堂经典迷你超级任天堂

任天堂经典迷你红白机的后续产品，再现了超级任天堂主机。2016年发售后创造了超乎寻常的销量记录。内置21款游戏，甚至包含被雪藏多年的幻之游戏《星际火狐2》。光是这一个作品，就足以促使玩家购买这款主机了。从动作、射击、解谜，到对战格斗、角色扮演，各种类型的游戏应有尽有，且每一款都是榜上有名的大作。只需不到一万日元的价格就能玩到这些经典名作，非常值得购买。

此外，经常看见有人说迷你红白机的控制器太小了，玩起来不太方便，迷你超级任天堂将这个问题彻底解决——随主机附带了两个和原版的形状、大小都相同的控制器。相比之下，游戏主机的大小则和手掌差不多，把它当作装饰品装饰房间也很不错。

文字来源/复古游戏爱好会

●发售日期/2017年10月5日 ●发行商/任天堂 ●售价/7980日元

<规格>
机身尺寸/厚40.5mm×长133mm×宽110mm
控制器尺寸/厚25.7mm×长144mm×宽63.3mm
控制器连接线/约1.4m长
输入输出端口/HDMI端口、USB端口(Micro-B)。
视频输出/720p、480p
音频输出/HDMI端口输出线性PCM2ch

游戏名称	页码
超级马力欧世界	014
F-ZERO	014
大盗五右卫门 雪姬救出绘卷	025
超魔界村	021
塞尔达传说 众神的三角神力	021
超统构足球	029
魂斗罗精神	038
超级马力欧卡丁车	035
星际火狐	082
圣剑传说2	084
洛克人X	144
炎之纹章 纹章之谜	154
超级密特罗德	154
最终幻想6	155
超级街头霸王2	191
超级森喜刚	156
超级马力欧 耀西岛	303
花仙子方块	322
超级马力欧RPG	342
星之卡比超级豪华版	352
星际火狐2	389

超级任天堂 游戏软件检索

年代顺序

名称	发售日期	发行商	页码
1990年			
F-ZERO	1990年11月21日	任天堂	14
超级马力欧世界	1990年11月21日	任天堂	14
爆破精灵	1990年12月1日	KEMCO	16
雷莎出击	1990年12月16日	ENIX	15
上帝也疯狂	1990年12月16日	IMAGINEER	16
宇宙巡航机3	1990年12月21日	KONAMI	15
飞行俱乐部	1990年12月21日	任天堂	16
快打旋风	1990年12月21日	CAPCOM	16
SD英雄大战 新的挑战	1990年12月29日	BANPRESTO	17
1991年			
巨人尾崎高尔夫	1991年2月23日	HAL研究所	22
野外大赛车	1991年3月20日	JALECO	22
太空战斗机2	1991年3月29日	TAITO	22
奥古斯塔高尔夫	1991年4月5日	T&E SOFT	22
奥特曼	1991年4月6日	BANDAI	23
模拟城市	1991年4月26日	任天堂	20
超级职业棒球	1991年5月17日	JALECO	23
屠龙传记	1991年5月24日	KEMCO	23
太空小妖精	1991年5月28日	SETA	23
伊苏3 来自伊苏的冒险者	1991年6月21日	TONKIN HOUSE	24
超级棒球场	1991年7月2日	SETA	24
机动战士高达F91 方程式战记0122	1991年7月6日	BANDAI	24
超能力棒球	1991年7月12日	CULTURE BRAIN	24
超级异形战机	1991年7月13日	IREM	25
大盗五右卫门 雪姬救出绘卷	1991年7月19日	KONAMI	25
最终幻想4	1991年7月19日	SQUARE	20
SD战斗躲避球	1991年7月20日	BANPRESTO	25
战区88	1991年7月26日	CAPCOM	25
白热职业棒球 加油联盟	1991年8月9日	EPIC·索尼	26
初段森田将棋	1991年8月23日	SETA	26
超级网球巡回赛	1991年8月30日	TONKIN HOUSE	26
极速地带	1991年8月31日	HAL研究所	26
杰利小子	1991年9月13日	EPIC·索尼	27
超级三国志2	1991年9月15日	KOEI	27
职业足球	1991年9月20日	IMAGINEER	27
超魔界村	1991年10月4日	CAPCOM	21
超级地球防御军	1991年10月25日	JALECO	27
最终幻想4 简易版	1991年10月29日	SQUARE	28
超级恶魔城4	1991年10月31日	KONAMI	28
塞尔达传说 众神的三角神力	1991年11月21日	任天堂	21
雷电传说	1991年11月29日	东映动画	28
战斗原始人	1991年12月6日	DATA EAST	28
超统构足球	1991年12月13日	HUMAN	29
超级瓦强世界	1991年12月13日	NAMCO	29
樱桃小丸子 365天日记	1991年12月13日	EPOCH	29
礁湖传说	1991年12月13日	KEMCO	29
疯狂小旅鼠	1991年12月18日	SUNSOFT	30
超级热血摔角世界	1991年12月20日	HUMAN	30
地下城主	1991年12月20日	VICTOR ENTERTAINMENT	30
垂直作战	1991年12月20日	ASMIK	30
SD高达外传 骑士高达物语 伟大的遗产	1991年12月21日	ANGEL	31
信长之野望 武将风云录	1991年12月21日	KOEI	31
闪电出击	1991年12月27日	东芝EMI	31
反省猴吉洛君大冒险	1991年12月27日	NATSUME	31
超级中国拳世界	1991年12月28日	CULTURE BRAIN	32
模拟地球	1991年12月29日	IMAGINEER	32
SD指挥官 八武众修罗兵法	1991年12月29日	BANPRESTO	32
1992年			
高桥名人之大冒险岛	1992年1月11日	HUDSON	37
职业美式橄榄球	1992年1月17日	IMAGINEER	37
龙珠Z 超级赛亚人传说	1992年1月25日	BANDAI	37
浪漫沙加	1992年1月28日	SQUARE	34
创世封魔录	1992年1月31日	ENIX	37
屠龙魔导士 英雄传说	1992年2月14日	EPOCH	38
热爆赛车	1992年2月21日	SETA	38
魂斗罗精神	1992年2月28日	KONAMI	38
火箭手	1992年2月28日	IGS	38
超级博蒂高尔夫	1992年3月6日	DATA EAST	39
弟切草	1992年3月7日	CHUNSOFT	39
RPM赛车	1992年3月19日	VICTOR ENTERTAINMENT	39
超级伊忍道 打倒信长	1992年3月19日	KOEI	39
新世纪GPX高智能方程式赛车	1992年3月19日	TAKARA	40
超攻合神	1992年3月20日	ASMIK	40
快打旋风 凯	1992年3月20日	CAPCOM	40
重装战机S.T.G	1992年3月27日	ATHENA	40
魔幻精灵卡 里姆萨利亚的封印	1992年3月27日	HAL研究所	41
SD英雄大战2 最终战士Twin	1992年3月27日	BANPRESTO	41
超级梦幻战士 红月少女	1992年3月27日	NIPPON TELENET	41
超级家庭棒球	1992年3月27日	NAMCO	41
霹雳趣味大竞赛	1992年3月27日	ASCII	42
顶级赛车	1992年3月27日	KEMCO	42
帽子戏法足球英雄	1992年3月27日	TAITO	42
战斗GP赛车	1992年3月27日	NAXAT	42
快打刑事	1992年3月27日	JALECO	43
乱马1/2 町内激斗篇	1992年3月27日	MASAYA	43
幻影小魔星 魔法冒险	1992年3月28日	BANDAI	43
创世纪6 虚伪先知	1992年4月3日	PONY CANYON	43
航空霸业 赌向天空	1992年4月5日	KOEI	44
黑白棋世界	1992年4月5日	TSUKUDA ORIGINAL	44
圆石滩高尔夫	1992年4月10日	T&E SOFT	44

豪枪神雷传说 武者	1992年4月21日	DATAM POLYSTAR	44	初代热血硬派国夫君	1992年8月7日	TECNOS JAPAN	56
超级杯足球	1992年4月24日	JALECO	45	超级魔法气泡	1992年8月7日	CAPCOM	56
WWF超级摔角	1992年4月24日	ACCLAIM JAPAN	45	超级职业棒球2	1992年8月7日	JALECO	56
海格力斯的荣光3 众神的沉默	1992年4月24日	DATA EAST	45	超级桃太郎电铁2	1992年8月7日	HUDSON	56
摩诃摩诃	1992年4月24日	SIGMA	45	宇宙陀螺仪	1992年8月7日	ASCII	57
一级方程式GP大赛	1992年4月28日	VIDEO SYSTEM	46	疯狂水管	1992年8月7日	BPS	57
拳斗王世界冠军赛	1992年4月28日	SOFEL	46	银河战机	1992年8月7日	KEMCO	57
太空争霸	1992年4月28日	东宝	46	小鬼当家	1992年8月11日	ALTRON	57
超级上海 龙之眼	1992年4月28日	HOT·B	46	筋肉人 恶意挑战者	1992年8月21日	YUTAKA	58
刀锋究极战士	1992年5月1日	SAMMY	47	超级麻将	1992年8月22日	I'MAX	58
甲龙传说 消失的少女	1992年5月23日	BANDAI	47	超级马力欧卡丁车	1992年8月27日	任天堂	35
斩2	1992年5月29日	WOLFTEAM	47	超人棒球实名版	1992年8月28日	MICRO ACADEMY	58
魔剑	1992年5月29日	CAPCOM	47	CB世界	1992年8月28日	BANPRESTO	58
街头霸王2	1992年6月10日	CAPCOM	34	银河风暴	1992年9月11日	KONAMI	59
超级将棋	1992年6月19日	I'MAX	48	风云战机	1992年9月11日	TEICHIKU	59
超级射篮	1992年6月19日	HAL研究所	48	SD机动战士高达 V作战开始	1992年9月12日	ANGEL	59
360度滚珠	1992年6月26日	TAITO	48	超级麻将大会	1992年9月12日	KOEI	59
甲子园2	1992年6月26日	K.AMUSEMENT LEASING	48	超级扭蛋世界 SD高达X	1992年9月18日	YUTAKA	60
综合格斗技 终极之战	1992年6月26日	KING RECORDS	49	瓦乐奇迹高尔夫	1992年9月18日	T&E SOFT	60
横山光辉 三国志	1992年6月26日	ANGEL	49	提督的决断	1992年9月24日	KOEI	60
超级四轮巨无霸赛车	1992年7月3日	PACK-IN-VIDEO	49	自我中心派 麻将皇位战	1992年9月25日	PALSOFT	60
超级保龄球	1992年7月3日	ATHENA	49	银河英雄传说	1992年9月25日	德间书店 INTERMEDIA	61
Q版沙罗曼蛇 从神话变成笑话	1992年7月3日	KONAMI	50	音速超人	1992年9月25日	TAITO	61
PGA高尔夫公开赛	1992年7月3日	IMAGINEER	50	大战略专业版	1992年9月25日	ASCII	61
波斯王子	1992年7月3日	MASAYA	50	勇者斗恶龙5 天空的新娘	1992年9月27日	ENIX	36
光之传说	1992年7月3日	TONKIN HOUSE	50	飞行密令	1992年9月29日	NAMCO	61
北斗之拳5 天魔流星传	1992年7月10日	东映动画	51	蒙纳克皇族	1992年10月9日	EPOCH	62
悠悠问答GO!GO!	1992年7月10日	TAITO	51	双截龙归来	1992年10月16日	TECNOS JAPAN	62
马力欧绘图	1992年7月14日	任天堂	35	超级领国战役	1992年10月22日	KOEI	62
队长小翼3 皇帝的挑战	1992年7月17日	TECMO	51	亚当斯一家	1992年10月23日	MISAWA ENTERTAINMENT	62
铃木F1超级赛车	1992年7月17日	LOZC	51	超级F1竞技场 限定版	1992年10月23日	日本物产	63
恐龙王国大冒险	1992年7月17日	IREM	52	外星大眼小蜜蜂	1992年10月29日	NAMCO	63
柏青哥大作战	1992年7月17日	COCONUTS JAPAN	52	电子骑士	1992年10月30日	TONKIN HOUSE	63
虎克船长	1992年7月17日	EPIC·索尼	52	真·女神转生	1992年10月30日	ATLUS	63
仙卓大冒险 与女武神的相遇	1992年7月23日	NAMCO	52	超级太空足球	1992年11月6日	HIRO	64
太空模拟战	1992年7月24日	HUDSON	53	三国志3	1992年11月8日	KOEI	64
终极美式橄榄球	1992年7月24日	SAMMY	53	飞龙之拳S加强版	1992年11月11日	CULTURE BRAIN	64
黄金龙战记	1992年7月24日	东芝EMI	53	超级联合部队	1992年11月13日	COCONUTS JAPAN	64
超级F1竞技场	1992年7月24日	日本物产	53	魔星迷踪 古代机械的记忆	1992年11月13日	ASMIK	65
忍者神龟 时空之旅	1992年7月24日	KONAMI	54	横贯美国大猜谜	1992年11月20日	TOMY	65
究极合体战机	1992年7月24日	ATLUS	54	巫术5 灾涡的中心	1992年11月20日	ASCII	65
三只眼 圣魔降临传	1992年7月28日	YUTAKA	54	对决 黄金决战	1992年11月20日	LASERSOFT	65
机甲警察METAL JACK	1992年7月31日	ATLUS	54	英雄战记 奥林匹斯计划	1992年11月20日	BANPRESTO	66
万兽之王	1992年7月31日	TAKARA	55	休曼GP赛车	1992年11月20日	HUMAN	66
飞龙拳S 黄金战士	1992年7月31日	CULTURE BRAIN	55	北斗之拳6 激斗传承拳 霸王之道	1992年11月20日	东映动画	66
炎之斗球儿弹平	1992年7月31日	SUNSOFT	55	米老鼠的魔法冒险	1992年11月20日	CAPCOM	66
超级大航海时代	1992年8月5日	KOEI	55	卡通天蚕变	1992年11月21日	DATAM POLYSTAR	67

逃离异世界	1992年11月27日	VICTOR ENTERTAINMENT	67
明日之丈	1992年11月27日	K.AMUSEMENT LEASING	67
饿狼传说 宿命之战	1992年11月27日	TAKARA	67
战火惊魂	1992年11月27日	IREM	68
音乐大师	1992年11月27日	YANOMAN	68
巴巴罗萨	1992年11月27日	SAMMY	68
超级排球	1992年11月27日	TONKIN HOUSE	68
超能战士	1992年11月27日	KANEKO	69
皇家战士	1992年11月27日	JALECO	69
超级黑巴斯	1992年12月4日	HOT·B	69
芹泽信雄的高尔夫	1992年12月4日	东宝	69
神秘绕圈方块	1992年12月4日	K.AMUSEMENT LEASING	70
专业高尔夫	1992年12月4日	IREM	70
最终幻想5	1992年12月6日	SQUARE	36
大相扑魂	1992年12月11日	TAKARA	70
虚幻之梦	1992年12月11日	NIPPON TELENET	70
白热职业棒球联盟93	1992年12月11日	EPIC·索尼	71
柏青夫君 特别版	1992年12月11日	COCONUTS JAPAN	71
SD英雄足球 球场霸主	1992年12月11日	BANPRESTO	71
弁庆外传 沙之章	1992年12月11日	SUNSOFT	71
超钢战机 机动装甲	1992年12月14日	VIC东海	72
大卫克拉尼网球	1992年12月18日	PACK-IN-VIDEO	72
SD高达外传2 圆桌骑士	1992年12月18日	YUTAKA	72
重装机兵瓦尔肯	1992年12月18日	MASAYA	72
超级大相扑 热战大一番	1992年12月18日	NAMCO	73
超级星球大战	1992年12月18日	VICTOR ENTERTAINMENT	73
超级俄罗斯方块2+轰炸方块	1992年12月18日	BPS	73
超级日本物产麻将	1992年12月18日	日本物产	73
秘密行动	1992年12月18日	HECTOR	74
兔宝宝历险记	1992年12月18日	KONAMI	74
战斗原始人2	1992年12月18日	DATA EAST	74
中岛悟超级F1英雄	1992年12月18日	VARIE	74
邪鬼破坏弹珠台	1992年12月18日	NAXAT	75
飞行英雄	1992年12月18日	SOFEL	75
半熟英雄 啊啊世界变半熟	1992年12月19日	SQUARE	75
46亿年物语 遥远的伊甸	1992年12月21日	ENIX	75
奇奇怪界 谜之黑斗篷	1992年12月22日	NATSUME	76
少年阿贝 小芝麻的游乐园大冒险	1992年12月22日	TAKARA	76
快打刑事乱 复制都市	1992年12月22日	JALECO	76
乐一通 哔哔鸟VS威利狼	1992年12月22日	SUNSOFT	76
庞克勇士	1992年12月23日	TECNOS JAPAN	77
超级射门	1992年12月25日	MISAWA ENTERTAINMENT	77
超级排球2	1992年12月25日	VIDEO SYSTEM	77
超级热血摔角世界2	1992年12月25日	HUMAN	77
大爆笑 人生剧场	1992年12月25日	TAITO	78
TECMO超级NBA篮球	1992年12月25日	TECMO	78
麻将飞翔传 哭泣的龙	1992年12月25日	IGS	78
乱马1/2 爆裂乱斗篇	1992年12月25日	MASAYA	78
拉力赛车王 从巴黎到北京	1992年12月28日	MELDAC	79
超级史上最强问答王决定战	1992年12月28日	YONEZAWA	79
1993年			
未来勇者	1993年1月3日	HUDSON	86
异形大战铁血战士	1993年1月8日	IGS	86
光明八勇士	1993年1月14日	IGS	86
欧陆战线	1993年1月16日	KOEI	86
龙族地球	1993年1月22日	HUMAN	87
上帝也疯狂2	1993年1月22日	IMAGINEER	87
魔法门2 异世界之门	1993年1月22日	LOZC	87
魔剑道	1993年1月22日	DATAM POLYSTAR	87
潮与虎	1993年1月25日	YUTAKA	88
Q伯特3	1993年1月29日	VAP	88
辛普森一家 超级快乐屋	1993年1月29日	ACCLAIM JAPAN	88
信长公记	1993年1月29日	YANOMAN	88
超级仓库番	1993年1月29日	PACK-IN-VIDEO	89
超级比卡鲁超人	1993年1月29日	BEC	89
NAMCO高尔夫公开赛	1993年1月29日	NAMCO	89
世界级橄榄球赛	1993年1月29日	MISAWA ENTERTAINMENT	89
鬼太郎 天魔大王复活	1993年2月5日	BANDAI	90
职业美式橄榄球93	1993年2月12日	EA VICTOR	90
威利在哪里 绘本之国的大冒险	1993年2月19日	TOMY	90
喜国雅彦之雀斗士铜锣王	1993年2月19日	POW	90
钢铁之骑士	1993年2月19日	ASMIK	91
哆啦A梦 大雄与妖精王国	1993年2月19日	EPOCH	91
星际火狐	1993年2月21日	任天堂	82
NBA职业篮球赛 公牛VS开拓者	1993年2月26日	EA VICTOR	91
F1 GP赛车2	1993年2月26日	VIDEO SYSTEM	91
织田信长 霸王的军团	1993年2月26日	ANGEL	92
宇宙盗贼团 方块大战	1993年2月26日	NAMCO	92
沙克传说	1993年2月26日	SUNSOFT	92
模拟蚂蚁	1993年2月26日	IMAGINEER	92
辛普森一家 巴特的恶梦	1993年2月26日	ACCLAIM JAPAN	93
蝙蝠侠归来	1993年2月26日	KONAMI	93
银河战记	1993年2月26日	VICTOR ENTERTAINMENT	93
株式会社经营	1993年2月26日	KOEI	93
英雄圣战	1993年3月5日	SUNSOFT	94
童话物语	1993年3月5日	HECTOR	94
热爆赛车2 迈向F1赛车手	1993年3月5日	SETA	94
JOJO的奇妙冒险	1993年3月5日	COBRA TEAM	94
超级自由搏击	1993年3月5日	ELECTRO BRAIN JAPAN	95
魔鬼球场高尔夫	1993年3月5日	T&E SOFT	95
重装机兵2	1993年3月5日	DATA EAST	95
大富翁	1993年3月5日	TOMY	95

名称	日期	公司	编号
牙	1993年3月12日	MICRO WORLD	96
加州游戏2	1993年3月12日	HECTOR	96
超级家庭棒球2	1993年3月12日	NAMCO	96
皇家骑士团	1993年3月12日	QUEST	82
超级棒球2020	1993年3月12日	K.AMUSEMENT LEASING	96
丛林大战2 古代魔法阿提莫斯之谜	1993年3月19日	PONY CANYON	97
超魔界大战 德拉少爷	1993年3月19日	NAXAT	97
奈杰尔·曼塞尔F1挑战	1993年3月19日	INFOCOM	97
生化金属战机	1993年3月19日	ATHENA	97
美国冰上曲棍球	1993年3月19日	JALECO	98
龙珠Z 超武斗传	1993年3月20日	BANDAI	83
超级苍狼与白鹿 元朝秘史	1993年3月25日	KOEI	98
超级瓦强世界2	1993年3月25日	NAMCO	98
国际网球巡回赛	1993年3月26日	MICRO WORLD	98
赛文奥特曼	1993年3月26日	BANDAI	99
SD英雄大战3	1993年3月26日	BANPRESTO	99
心理游戏 恶魔的心理测验	1993年3月26日	VISIT	99
大相扑 立身出世篇	1993年3月26日	TECMO	99
沙漠突袭	1993年3月26日	EA VICTOR	100
死亡之舞	1993年3月26日	JALECO	100
大地勇士 海与风的鼓动	1993年3月26日	WOLFTEAM	100
开天辟地 魔将的谋略	1993年3月26日	IMAGINEER	100
布鲁斯兄弟	1993年3月26日	KEMCO	101
Pop'n兵蜂	1993年3月26日	KONAMI	101
航空霸业2 迈向航空王	1993年4月2日	KOEI	101
队长小翼4 职业足球的劲敌	1993年4月3日	TECMO	101
龙战士	1993年4月3日	CAPCOM	102
太阁立志传	1993年4月7日	KOEI	102
柏青夫君大进击	1993年4月9日	COCONUTS JAPAN	102
麻将斗牌传	1993年4月16日	VIDEO SYSTEM	102
圣灵珠传说	1993年4月16日	I'MAX	103
怒之要塞	1993年4月23日	JALECO	103
时空引导者	1993年4月23日	GAME PLAN 21	103
超级战斗坦克	1993年4月23日	PACK-IN-VIDEO	103
龙骑兵团	1993年4月23日	YUTAKA	104
超级灌篮之星	1993年4月28日	SAMMY	104
超级博蒙曼	1993年4月28日	HUDSON	104
对局围棋歌利亚	1993年5月14日	BPS	104
条码战记 超级战士出击	1993年5月14日	EPOCH	105
NBA全美明星挑战赛	1993年5月21日	ACCLAIM JAPAN	105
快打旋风2	1993年5月22日	CAPCOM	105
沉船危机	1993年5月28日	HUMAN	105
柏青哥物语 也有柏青嫂喔	1993年5月28日	KSS	106
屠龙魔导士 英雄传说2	1993年6月4日	EPOCH	106
外星特警2	1993年6月11日	日本物产	106
超级阵形足球2	1993年6月11日	HUMAN	106
职业麻将 极	1993年6月11日	ATHENA	107
神圣记	1993年6月18日	VIC东海	107
快棋手二段 森田将棋	1993年6月18日	SETA	107
超级光线枪6	1993年6月21日	任天堂	107
太空火箭炮	1993年6月21日	任天堂	108
四狂神战记	1993年6月25日	TAITO	108
激突弹丸自动车决战	1993年6月25日	SYSTEM SACOM	108
三国志正史 天舞精神	1993年6月25日	WOLFTEAM	108
GP-1重型机车赛	1993年6月25日	ATLUS	109
魔界佣兵2	1993年6月25日	SETA	109
超级家庭网球	1993年6月25日	NAMCO	109
汤姆与杰瑞	1993年6月25日	ALTRON	109
龙穴	1993年6月25日	KONAMI	110
魔神Z	1993年6月25日	BANDAI	110
第一武士	1993年7月2日	KEMCO	110
异形3	1993年7月9日	ACCLAIM JAPAN	110
假面骑士SD 出击 骑士机车	1993年7月9日	YUTAKA	111
超级冲撞美式橄榄球	1993年7月9日	ACCLAIM JAPAN	111
耀西的饼干	1993年7月9日	BPS	111
街头霸王2 加强版	1993年7月11日	CAPCOM	111
超级马力欧合集	1993年7月14日	任天堂	83
耀西的旅行	1993年7月14日	任天堂	112
三丽欧世界 爆裂斗球	1993年7月16日	CHARACTER SOFT	112
超级空中战斗员	1993年7月16日	ASMIK	112
全日本职业摔角	1993年7月16日	MASAYA	112
死亡摔角	1993年7月16日	I'MAX	113
魔术强森的超级灌篮	1993年7月16日	VIRGIN GAME	113
魍魉战记2	1993年7月16日	KONAMI	113
世界足球	1993年7月16日	COCONUTS JAPAN	113
银河飞将	1993年7月23日	ASCII	114
超级詹姆斯庞德2	1993年7月23日	VICTOR ENTERTAINMENT	114
回到未来2	1993年7月23日	东芝EMI	114
第3次超级机器人大战	1993年7月23日	BANPRESTO	114
WWF皇家摔角	1993年7月23日	ACCLAIM JAPAN	115
魔法世界	1993年7月23日	HOT·B	115
SD战斗躲避球2	1993年7月23日	BANPRESTO	115
诸神领地说 时空大战略	1993年7月23日	IMAGINEER	115
超级F1竞技场2	1993年7月29日	日本物产	116
宇宙骑士	1993年7月30日	BEC	116
蜡笔小新 幼稚园风云儿	1993年7月30日	BANDAI	116
铁鹰战士	1993年7月30日	VIDEO SYSTEM	116
大爆笑 人生剧场 脸红心跳青春篇	1993年7月30日	TAITO	117
阿飞的魔法头	1993年7月30日	IREM	117
点点君	1993年7月30日	VARIE	117
美少女雀士	1993年7月30日	JALECO	117
信长之野望 全国版	1993年8月5日	KOEI	118

游戏名	日期	发行商	页码	游戏名	日期	发行商	页码
大仁田厚硬派摔角	1993年8月6日	PONY CANYON	118	蕾莎出击2 沉默圣战	1993年10月29日	ENIX	129
国夫君的躲避球全员集合	1993年8月6日	TECNOS JAPAN	118	赛马之路	1993年10月29日	VICTOR ENTERTAINMENT	129
J联赛足球得分王	1993年8月6日	NAMCO	118	吉米康诺斯职业网球巡回赛	1993年10月29日	MISAWA ENTERTAINMENT	129
超动力联盟棒球	1993年8月6日	HUDSON	119	将棋 风林火山	1993年10月29日	PONY CANYON	129
圣剑传说2	1993年8月6日	SQUARE	84	超级中国拳世界2 宇宙第一武斗大会	1993年10月29日	CULTURE BRAIN	130
剑王之王	1993年8月6日	T&E SOFT	119	超级日本物产麻将2 称霸全国篇	1993年10月29日	日本物产	130
休曼棒球	1993年8月6日	HUMAN	119	装甲骑兵Votoms 战斗之路	1993年10月29日	TAKARA	130
超级赛马	1993年8月10日	I'MAX	119	超时空要塞 女武神紧急升空	1993年10月29日	BANPRESTO	130
世界英雄	1993年8月12日	SUNSOFT	120	畠山秀树的二创棒球新闻 实名版	1993年10月29日	EPOCH	131
超级冰上曲棍球	1993年8月20日	ALTRON	120	殖民星球	1993年10月29日	EPIC·索尼	131
X空间	1993年8月27日	KEMCO	120	龙虎之拳	1993年10月29日	K.AMUSEMENT LEASING	131
罗杰克莱门斯的MVP棒球	1993年8月27日	ACCLAIM JAPAN	120	超时空战士	1993年11月5日	TECMO	131
育马物语	1993年8月27日	HECTOR	121	最后一拳击倒	1993年11月5日	PACK-IN-VIDEO	132
树帝战记	1993年8月27日	ENIX	121	假面骑士	1993年11月12日	BANDAI	132
导弹毁灭者	1993年8月27日	BANDAI	121	超级优诺	1993年11月12日	TOMY	132
美少女战士	1993年8月27日	ANGEL	121	魔城奇兵2	1993年11月12日	EPIC·索尼	132
马力欧与瓦力欧	1993年8月27日	任天堂	122	最后冲刺	1993年11月12日	LOZC	133
超级战士	1993年9月3日	TONKIN HOUSE	122	若贵大相扑 梦幻兄弟对决	1993年11月12日	IMAGINEER	133
赛马大亨	1993年9月10日	KOEI	122	伊苏4 太阳的假面	1993年11月19日	TONKIN HOUSE	133
雷鸟神机队 国际救助队出击	1993年9月10日	COBRA TEAM	122	柏青嫂 爱的故事	1993年11月19日	COCONUTS JAPAN	133
最终幻想 神秘历险	1993年9月10日	SQUARE	123	格斗大师 究极之战士	1993年11月19日	东芝EMI	134
拉斯维加斯之梦	1993年9月10日	IMAGINEER	123	游人 雀兽学园	1993年11月19日	VARIE	134
新日本职业摔角 斗强导梦的超级战士	1993年9月14日	VARIE	123	瑞迪克拳击	1993年11月23日	MICRONET	134
NFL美式橄榄球	1993年9月17日	KONAMI	123	电脑战机	1993年11月26日	TOMY	134
课长岛耕作 超级商业冒险	1993年9月17日	YUTAKA	124	阿拉丁	1993年11月26日	CAPCOM	135
终极网球	1993年9月17日	FORUM	124	光脚阿迪	1993年11月26日	ASCII	135
战国传承	1993年9月19日	DATA EAST	124	阿蕾莎	1993年11月26日	YANOMAN	135
特鲁尼克大冒险 不可思议的迷宫	1993年9月19日	CHUNSOFT	84	ABC电视台周一橄榄球	1993年11月26日	DATA EAST	135
奥古斯塔高尔夫2 大师锦标赛	1993年9月22日	T&E SOFT	124	F-15猎鹰行动	1993年11月26日	ASMIK	136
SD机动战士高达2	1993年9月23日	ANGEL	125	鬼冢胜也 真斗拳王传说	1993年11月26日	SOFEL	136
GS美神 辣妹驱魔师	1993年9月23日	BANALEX	125	饿狼传说2	1993年11月26日	TAKARA	136
躲避球小子	1993年9月24日	PACK-IN-VIDEO	125	实战柏青嫂必胜法	1993年11月26日	SAMMY	136
太空战斗机	1993年9月24日	TAITO	125	超级追踪HQ 犯罪克星	1993年11月26日	TAITO	137
正统麻将 彻万	1993年9月24日	NAXAT	126	动感棒球	1993年11月26日	SAMMY	137
东尾修监修 超级职业棒球场	1993年9月30日	德间书店 INTERMEDIA	126	武田修宏之超级杯足球	1993年11月26日	JALECO	137
超级3D棒球	1993年10月1日	JALECO	126	TECMO超级碗	1993年11月26日	TECMO	137
三星幻界	1993年10月1日	YANOMAN	126	雅达蒙梦幻仙境	1993年11月26日	德间书店	138
猎杀红十月号	1993年10月1日	ALTRON	127	盖亚幻想记	1993年11月27日	ENIX	138
超旋风马仔	1993年10月8日	KING RECORDS	127	灵魂与剑	1993年11月30日	BANPRESTO	138
失落的维京人	1993年10月8日	T&E SOFT	127	超级麻将2 正统四人麻将	1993年12月2日	I'MAX	138
铃鹿八小时耐久赛	1993年10月15日	NAMCO	127	NBA职业篮球赛94 公牛VS太阳	1993年12月3日	EA VICTOR	139
超级赌场 恺撒宫	1993年10月21日	COCONUTS JAPAN	128	喜国雅彦之雀斗士铜锣王2	1993年12月3日	POW	139
亚克斯传说	1993年10月22日	SAMMY	128	超究极棒球	1993年12月3日	TAITO	139
淘气小魔女 友美和御影的神奇世界大冒险	1993年10月22日	TAKARA	128	忍者神龟 变种战士	1993年12月3日	KONAMI	139
乱马1/2 朱猫团的秘宝	1993年10月22日	东宝·小学馆 PRODUCTION	128	信长之野望 霸王传	1993年12月9日	KOEI	140
				异形战机3 第三闪电	1993年12月10日	IREM	140

酷小子	1993年12月10日	VIRGIN GAME	140		美少女战士R	1993年12月29日	BANDAI	150
多卡波王国4	1993年12月10日	ASMIK	140		横山光辉 三国志2	1993年12月29日	ANGEL	151
超级噗哟噗哟	1993年12月10日	BANPRESTO	141		**1994年**			
白热职业棒球94 加油联盟3	1993年12月10日	EPIC·索尼	141		瑜伽熊	1994年1月3日	MAGIFACT	157
普罗克大冒险	1993年12月10日	ACTIVISION JAPAN	141		摇滚赛车	1994年1月3日	NAMCO	157
马券买入术	1993年12月10日	MISAWA ENTERTAINMENT	141		兵蜂 彩虹铃铛大冒险	1994年1月7日	KONAMI	157
浪漫沙加2	1993年12月10日	SQUARE	85		忍者蛙 战斗狂热中	1994年1月7日	MASAYA	157
地底魔神	1993年12月17日	SQUARE	142		世界级橄榄球2 国内激斗篇93	1994年1月7日	MISAWA ENTERTAINMENT	158
超级星球大战 帝国反击战	1993年12月17日	VICTOR ENTERTAINMENT	142		面具后的弹珠台	1994年1月8日	MELDAC	158
热血棒球物语	1993年12月17日	TECNOS JAPAN	142		必胜777战士 柏青嫂龙宫传说	1994年1月14日	VAP	158
哆啦A梦2 大雄的玩具乐园大冒险	1993年12月17日	EPOCH	142		超级俄罗斯方块2+轰炸方块 限定版	1994年1月21日	BPS	158
龙珠Z 超武斗传2	1993年12月17日	BANDAI	143		炎之纹章 纹章之谜	1994年1月21日	任天堂	154
猫仔哥棒球	1993年12月17日	IMAGINEER ZOOM	143		盖亚战记 英雄最大之作战	1994年1月28日	BANPRESTO	159
柏青哥大战2	1993年12月17日	COCONUTS JAPAN	143		钢铁之骑士2	1994年1月28日	ASMIK	159
爆裂斗球	1993年12月17日	HECTOR	143		SD英雄大战外传2 庆典欢呼	1994年1月28日	BANPRESTO	159
如梦似幻	1993年12月17日	INTEC	144		忍者战士 归来	1994年1月28日	TAITO	159
快打刑事 修罗	1993年12月17日	JALECO	144		BASTARD 暗黑之破坏神	1994年1月28日	COBRA TEAM	160
洛克人X	1993年12月17日	CAPCOM	144		智慧王者	1994年1月28日	ENIX	160
炼金术士	1993年12月17日	ASCII	144		魔神转生	1994年1月28日	ATLUS	160
勇者斗恶龙1·2	1993年12月18日	ENIX	85		伊藤果六段的将棋道场	1994年2月4日	ASK讲谈社	160
网球甜心	1993年12月22日	NIPPON TELENET	145		动感拼图	1994年2月4日	ALTRON	161
大盗五右卫门2 奇天烈将军玛基斯	1993年12月22日	KONAMI	145		超级热血摔角世界3 简易版	1994年2月4日	HUMAN	161
加油吧 大力工头阿源君	1993年12月22日	IREM	145		德军总部3D	1994年2月10日	IMAGINEER	161
万兽之王2	1993年12月22日	TAKARA	145		超级自我中心麻将 负分城的邀请函	1994年2月11日	EA VICTOR	161
超哥斯拉	1993年12月22日	东宝	146		剑狂	1994年2月11日	东芝EMI	162
太空蚂蚁战士	1993年12月22日	EA VICTOR	146		顶尖上班族2	1994年2月11日	KOEI	162
顶级赛车2	1993年12月22日	KEMCO	146		剪草人	1994年2月11日	COCONUTS JAPAN	162
乐趣宾果岛	1993年12月22日	KSS	146		绯王传 魔物誓约	1994年2月11日	WOLFTEAM	162
闪回	1993年12月22日	SUNSOFT	147		迦楼罗王	1994年2月18日	EPIC·索尼	163
迷糊蛋魔法气泡大对决	1993年12月22日	SUNSOFT	147		德比赛马2	1994年2月18日	ASCII	163
幽游白书	1993年12月22日	NAMCO	147		战斗原始人3	1994年2月18日	DATA EAST	163
NFL职业美式橄榄球94	1993年12月24日	EA VICTOR	147		沙漠雄鹰	1994年2月18日	SETA	163
新桃太郎传说	1993年12月24日	HUDSON	148		铁臂阿童木	1994年2月18日	BANPRESTO	164
俄罗斯方块武斗外传	1993年12月24日	BPS	148		宇宙爆笑赛车	1994年2月25日	MELDAC	164
休曼GP赛车2	1993年12月24日	HUMAN	148		人造人009	1994年2月25日	BEC	164
北斗之拳7	1993年12月24日	东映动画	148		街头篮球天王	1994年2月25日	B-AI	164
真人快打	1993年12月24日	ACCLAIM JAPAN	149		综合格斗技2	1994年2月25日	KING RECORDS	165
怪物制造厂3 光之魔术师	1993年12月24日	SOFEL	149		大航海时代2	1994年2月25日	KOEI	165
小小魔法师	1993年12月24日	ALTRON	149		终结者2 街机版	1994年2月25日	ACCLAIM JAPAN	165
美神传说	1993年12月25日	MAGIFACT	149		柏青嫂乐园 许愿硬币传说	1994年2月25日	CARROZZERIA JAPAN	165
足球小子	1993年12月28日	YANOMAN	150		拉蒙斯的世界足球	1994年2月25日	PACK-IN-VIDEO	166
全日本职业摔角 世界最强搭档	1993年12月28日	MASAYA	150		创业人生2	1994年2月26日	ENIX	166
超级热血摔角世界3 最终之战	1993年12月28日	HUMAN	150		超级本命 G1制霸	1994年2月28日	日本物产	166
					歌舞妓洛克斯	1994年3月4日	ATLUS	166
					龙王战士	1994年3月4日	CAPCOM	167
					济科足球	1994年3月4日	EA VICTOR	167
					超级家庭棒球3	1994年3月4日	NAMCO	167

游戏	日期	厂商	页码	游戏	日期	厂商	页码
水管拼图	1994年3月4日	IMAGINEER	167	超级围棋 棋王	1994年4月8日	NAXAT	179
机动战士V高达	1994年3月11日	BANDAI	168	梦迷宫 人偶装大冒险	1994年4月15日	HECTOR	179
银河骑兵机器人	1994年3月11日	IMAGINEER	168	顽皮豹	1994年4月15日	ALTRON	179
斩3	1994年3月11日	WOLFTEAM	168	铁拳对钢拳 对决 东京四天王	1994年4月15日	BANDAI	180
实况力量棒球94	1994年3月11日	KONAMI	168	F1 GP赛车3	1994年4月22日	VIDEO SYSTEM	180
迷糊蛋格斗大战	1994年3月11日	SUNSOFT	169	机动警察	1994年4月22日	BEC	180
魔域传说 奥尔尼克战记	1994年3月11日	CULTURE BRAIN	169	棉花小魔女大冒险100%	1994年4月22日	DATAM POLYSTAR	180
特警枪神	1994年3月11日	KONAMI	169	超级柏青嫂麻将	1994年4月28日	日本物产	181
龙与地下城 魔眼杀机	1994年3月18日	CAPCOM	169	超级博蒙曼2	1994年4月28日	HUDSON	181
猫咪黑白棋	1994年3月18日	BANPRESTO	170	赌城大战	1994年4月28日	VIRGIN GAME	181
天目伊底亚之日	1994年3月18日	SHOUEI SYSTEM	170	命运传说	1994年4月28日	BANPRESTO	181
自我中心派2 勇者碰恶龙	1994年3月18日	PACK-IN-VIDEO	170	家有贱狗 杀球大战	1994年4月28日	TAKARA	182
娱乐金鱼眼 游戏学园	1994年3月18日	JALECO	170	乱马1/2 超技乱舞篇	1994年4月28日	东宝·小学馆 PRODUCTION	182
花式台球	1994年3月18日	DATA EAST	171	笑一笑又何妨 塔摩利大奖赛	1994年4月28日	ATHENA	182
J联赛超级足球	1994年3月18日	HUDSON	171	劲爆NBA篮球	1994年4月29日	ACCLAIM JAPAN	182
真女神转生2	1994年3月18日	ATLUS	171	新热血硬派 国夫的挽歌	1994年4月29日	TECNOS JAPAN	183
超级人生游戏	1994年3月18日	TAKARA	171	黑暗王国	1994年4月29日	NIPPON TELENET	183
超级魔法高尔夫	1994年3月18日	NAXAT	172	漂亮一杆	1994年4月29日	ASK讲谈社	183
音速超人2	1994年3月18日	TAITO	172	J联赛热力足球94	1994年5月1日	EPOCH	183
德比赛马 骑手王之道	1994年3月18日	ASMIK	172	伊达公子网球	1994年5月13日	B-AI	184
独立战争	1994年3月18日	KOEI	172	柏青君 特别版2	1994年5月20日	COCONUTS JAPAN	184
超级密特罗德	1994年3月19日	任天堂	154	SD高达GX	1994年5月27日	BANDAI	184
浣熊方块	1994年3月25日	MASAYA	173	马券炼金术	1994年5月27日	KSS	184
剑勇传说	1994年3月25日	BANPRESTO	173	热血食物方块	1994年5月27日	TECNOS JAPAN	185
蓝色水晶杖	1994年3月25日	NAMCO	173	蜡笔小新2 大魔王的逆袭	1994年5月27日	BANDAI	185
大眼蛙的冒险日记	1994年3月25日	CHARACTER SOFT	173	超级战斗坦克2	1994年5月27日	PACK-IN-VIDEO	185
暗影狂奔	1994年3月25日	DATA EAST	174	首都高赛车94	1994年5月27日	BPS	185
超级五目连珠	1994年3月25日	NAXAT	174	格斗烈传	1994年5月27日	DATA EAST	186
超级转转岛	1994年3月25日	KEMCO	174	特技立体赛车	1994年6月4日	任天堂	186
超级冰上曲棍球94	1994年3月25日	YONEZAWA	174	育马物语2	1994年6月8日	HECTOR	186
超真实麻将P4	1994年3月25日	SETA	175	圆桌骑士	1994年6月10日	CAPCOM	186
超级机器人大战EX	1994年3月25日	BANPRESTO	175	啵咕物语	1994年6月10日	日本FALCOM	187
太空入侵者	1994年3月25日	TAITO	175	幽游白书2 格斗之章	1994年6月10日	NAMCO	187
太空王牌	1994年3月25日	IMAGINEER	175	创世纪外传	1994年6月17日	EA VICTOR	187
世界级足球赛	1994年3月25日	ACCLAIM JAPAN	176	SD飞龙之拳	1994年6月17日	CULTURE BRAIN	187
南国少年 奇小邪	1994年3月25日	ENIX	176	奇奇怪界 月夜草子	1994年6月17日	NATSUME	188
美法兰传说	1994年3月25日	ASCII	176	超级将棋2	1994年6月17日	I'MAX	188
洛克人足球	1994年3月25日	CAPCOM	176	超级阵形足球94 世界杯版	1994年6月17日	HUMAN	188
灌篮高手 四强激突	1994年3月26日	BANDAI	177	超级四轮驱动赛车	1994年6月17日	日本物产	188
真·麻将	1994年3月30日	KONAMI	177	FIFA国际足球	1994年6月17日	VICTOR ENTERTAINMENT	189
摔角霸王	1994年3月30日	CAPCOM	177	山猫巴比斯大冒险	1994年6月17日	PACK-IN-VIDEO	189
阿加西网球	1994年3月31日	日本物产	177	世界杯足球	1994年6月17日	COCONUTS JAPAN	189
超级印地冠军赛车	1994年4月1日	FORUM	178	打砖块战士	1994年6月24日	DEN'Z	189
超级双重爆番	1994年4月1日	VAP	178				
最终幻想6	1994年4月2日	SQUARE	155				
项刘记	1994年4月6日	KOEI	178				
NHL职业冰上曲棍球	1994年4月8日	EA VICTOR	178				
逐刃者紫炎	1994年4月8日	DYNAMIC PLANNING	179				

侏罗纪公园	1994年6月24日	JALECO	190	超级高中棒球 一球入魂	1994年8月5日	I'MAX	201
超级混战	1994年6月24日	PACK-IN-VIDEO	190	超级忍者君	1994年8月5日	JALECO	202
超级台球锦标赛	1994年6月24日	IMAGINEER	190	超级花札	1994年8月5日	I'MAX	202
秀逗魔导士	1994年6月24日	BANPRESTO	190	旋风弹珠台	1994年8月5日	COCONUTS JAPAN	202
乐一通 兔八哥大冒险	1994年6月24日	SUNSOFT	191	魔法方块	1994年8月5日	TAKARA	202
超级街头霸王2	1994年6月25日	CAPCOM	191	福斯特石头族乐园大冒险	1994年8月12日	TAITO	203
SD全日本职业摔角	1994年6月25日	MASAYA	191	新日本职业摔角94 斗强导梦战场	1994年8月12日	VARIE	203
星间游侠	1994年6月25日	KOEI	191	超究极棒球2	1994年8月12日	TAITO	203
跆拳道	1994年6月28日	HUMAN	192	超级回合网球	1994年8月12日	HUMAN	203
游人女孩盘戏	1994年7月1日	POW	192	超级三国志	1994年8月12日	KOEI	204
世界英雄2	1994年7月1日	ZAURUS	192	大力水手 坏心眼魔女海哈格之卷	1994年8月12日	TECNOS JAPAN	204
育龙战记2	1994年7月15日	VICTOR ENTERTAINMENT	192	疯狂小旅鼠2	1994年8月12日	SUNSOFT	204
勇者机器人	1994年7月8日	ENIX	193	荒野之枪	1994年8月12日	NATSUME	204
钓鱼太郎	1994年7月8日	PACK-IN-VIDEO	193	必胜777战士2 柏青嫂机密情报	1994年8月19日	VAP	205
闪光俄罗斯方块	1994年7月8日	BPS	193	麻雀悟空 天竺	1994年8月19日	CHATNOIR	205
猫仔哥足球	1994年7月8日	IMAGINEER ZOOM	193	苹果核战记	1994年8月26日	VISIT	205
美女与野兽	1994年7月8日	HUDSON	194	押忍 空手部	1994年8月26日	CULTURE BRAIN	205
歌舞伎町麻雀 东风战	1994年7月15日	PONY CANYON	194	电子骑士2 世纪争霸的野心	1994年8月26日	TONKIN HOUSE	206
奇波方块	1994年7月15日	DATAM POLYSTAR	194	超级屠龙传记	1994年8月26日	KEMCO	206
丛林王子	1994年7月15日	VIRGIN GAME	194	哈喽 吃豆人	1994年8月26日	NAMCO	206
超级F1竞技场3	1994年7月15日	日本物产	195	松村邦洋传	1994年8月26日	SHOUEI SYSTEM	206
剑王之王2 古代巨人传说	1994年7月15日	T&E SOFT	195	横纲物语	1994年8月26日	KSS	207
柏青嫂研究	1994年7月15日	魔法	195	地球冒险2 基格的逆袭	1994年8月27日	任天堂	155
斗姬传	1994年7月15日	ASMIK	195	三丽鸥上海	1994年8月31日	CHARACTER SOFT	207
美少女战士S 方块大战	1994年7月15日	BANDAI	196	迷糊蛋美味益智赛	1994年8月31日	SUNSOFT	207
高飞狗海贼岛大冒险	1994年7月22日	CAPCOM	196	时空勇士	1994年9月2日	SQUARE	207
拼图对决	1994年7月22日	HORI	196	消防员	1994年9月9日	HUMAN	208
超原人	1994年7月22日	HUDSON	196	超级直升机3	1994年9月9日	VICTOR ENTERTAINMENT	208
房车大赛RR	1994年7月22日	MEDIA RINGS	197	上海3	1994年9月15日	SUNSOFT	208
火爆女子摔角	1994年7月22日	HUMAN	197	火箭骑士	1994年9月15日	KONAMI	208
职业麻将 极2	1994年7月22日	ATHENA	197	惊异之旅	1994年9月16日	ASMIK	209
超能力棒球2	1994年7月28日	CULTURE BRAIN	197	实战柏青嫂必胜法2	1994年9月16日	SAMMY	209
饿狼传说特别版	1994年7月29日	TAKARA	198	马场大亨	1994年9月16日	CARROZZERIA JAPAN	209
甲子园3	1994年7月29日	魔法	198	秀逗泰山 世界漫游大格斗之卷	1994年9月18日	BANDAI	209
超级日本物产麻将3 吉本剧场篇	1994年7月29日	日本物产	198	描绘卫门	1994年9月20日	ATHENA	210
超级柏青哥	1994年7月29日	I'MAX	198	卡比滚球	1994年9月21日	任天堂	210
真宝珠小子	1994年7月29日	INFOCOM	199	黑暗之王	1994年9月22日	ASCII	210
天使之诗 白翼的祈祷	1994年7月29日	NIPPON TELENET	199	侍魂	1994年9月22日	TAKARA	210
柏青嫂物语 通用特别版	1994年7月29日	KSS	199	超级阵形足球94 世界杯最终资料版	1994年9月22日	HUMAN	211
帽子戏法足球英雄2	1994年7月29日	TAITO	199	中岛悟F1英雄94	1994年9月22日	VARIE	211
淘金大冒险	1994年7月29日	T&E SOFT	200	本家花札	1994年9月22日	IMAGINEER	211
94美国世界杯足球	1994年7月29日	SUNSOFT	200	拉里超级黑巴斯钓鱼	1994年9月22日	KING RECORDS	211
超动力联盟棒球2	1994年8月3日	HUDSON	200	超级连一连	1994年9月22日	NAMCO	212
动态拼图	1994年8月5日	ALTRON	200	安琪莉可	1994年9月23日	KOEI	212
鬼神降临传ONI	1994年8月5日	BANPRESTO	201				
灭绝战记2	1994年8月5日	KEMCO	201				
J联赛足球得分王2	1994年8月5日	NAMCO	201				

电精	1994年9月23日	BANPRESTO	212
超级黑巴斯2	1994年9月23日	STARFISH DATA	212
所乔治麻将	1994年9月23日	VIC东海	213
麻将战国物语	1994年9月23日	四次元	213
龙珠Z 超武斗传3	1994年9月29日	BANDAI	213
不可思议之人偶	1994年9月30日	ACCLAIM JAPAN	213
兔宝宝历险记 古怪运动会	1994年9月30日	KONAMI	214
直到世界末日	1994年9月30日	ASCII	214
天龙源一郎职业摔角	1994年9月30日	JALECO	214
巴克利强力灌篮	1994年9月30日	DEN'Z	214
辛普森一家 巴特的幻想	1994年9月30日	ACCLAIM JAPAN	215
魂电单车	1994年9月30日	MASAYA	215
休曼GP赛车3	1994年9月30日	HUMAN	215
麻将大会2	1994年9月30日	KOEI	215
马券买入术2	1994年9月30日	IMAGINEER	216
文明	1994年10月7日	ASMIK	216
古城救美	1994年10月7日	SETA	216
松鼠大冒险	1994年10月7日	SOFEL	216
豪血寺一族	1994年10月14日	ATLUS	217
UFO假面战士	1994年10月14日	DEN'Z	217
柏青哥迷 胜利宣言	1994年10月15日	POW	217
巴斯钓鱼大会赛	1994年10月16日	NATSUME	217
恐龙抢蛋	1994年10月19日	魔法	218
凯伦的疯狂追逐	1994年10月21日	KEMCO	218
超级家庭赛车	1994年10月21日	NAMCO	218
超级橄榄球	1994年10月21日	TONKIN HOUSE	218
魔界村外传 纹章篇	1994年10月21日	CAPCOM	219
必杀柏青哥	1994年10月21日	SUNSOFT	219
船木诚胜 斗技传承	1994年10月21日	TECNOS JAPAN	219
海格力斯的荣光4 来自神的赠礼	1994年10月21日	DATA EAST	219
正统麻将 彻万2	1994年10月21日	NAXAT	220
超魔兽战记	1994年10月28日	JAPAN CLARY BUSINESS	220
哈利巨人屋探险	1994年10月28日	ALTRON	220
柏青哥狂热	1994年10月28日	NIPPON TELENET	220
忍者小子	1994年10月28日	SUNSOFT	221
真女神转生if	1994年10月28日	ATLUS	221
超级赌城2	1994年10月28日	COCONUTS JAPAN	221
卒业麻将	1994年10月28日	KSS	221
灌篮少年	1994年10月28日	YUTAKA	222
TECMO超级棒球	1994年10月28日	TECMO	222
猫仔哥方块94	1994年10月28日	IMAGINEER ZOOM	222
暴投 动物大混战	1994年10月28日	BPS	222
王者之师	1994年10月28日	YANOMAN	223
正统派围棋 棋圣	1994年10月28日	TAITO	223
多人排球	1994年10月28日	PACK-IN-VIDEO	223
小恐龙 刚刚君	1994年11月11日	BANDAI	223
实况世界足球 完美十一人	1994年11月11日	KONAMI	224
救火战士	1994年11月11日	JALECO	224
米奇与米妮的魔法冒险2	1994年11月11日	CAPCOM	224
真人快打2	1994年11月11日	ACCLAIM JAPAN	224
创世纪7 黑暗之门	1994年11月18日	PONY CANYON	225
GP-1 行云流水赛	1994年11月18日	ATLUS	225
超级五子棋和将棋 棋谱研究篇	1994年11月18日	日本物产	225
小小男子汉 对战魔法气泡	1994年11月18日	KONAMI	225
梦幻篮球赛	1994年11月18日	HUMAN	226
竞轮王	1994年11月18日	COCONUTS JAPAN	226
修罗战士 钢	1994年11月18日	HUDSON	226
柏青哥秘必胜法	1994年11月18日	VAP	226
北斗游侠 花之庆次	1994年11月18日	四次元	227
美少女抢救大作战	1994年11月18日	BANDAI	227
魔法与剑	1994年11月18日	ASK讲谈社	227
金属战队	1994年11月18日	NAMCO	227
怪物制造厂 儿童版	1994年11月18日	SOFEL	228
游人 雀兽学园2	1994年11月18日	VARIE	228
恐怖惊魂夜	1994年11月25日	CHUNSOFT	156
元祖日本第一柏青嫂	1994年11月25日	COCONUTS JAPAN	228
极上Q版沙罗曼蛇	1994年11月25日	KONAMI	228
超级麻将3 辣味	1994年11月25日	I'MAX	229
全国高校足球	1994年11月25日	四次元	229
大爆笑 人生剧场 大江户日记	1994年11月25日	TAITO	229
武田修宏之超级联盟足球	1994年11月25日	JALECO	229
勇者募集中	1994年11月25日	HUMAN	230
原来如此 世界问答比赛	1994年11月25日	TOMY	230
丹丹的生活日记 转转方块	1994年11月25日	VICTOR ENTERTAINMENT	230
SD足球2	1994年11月25日	BANPRESTO	230
超级森喜刚	1994年11月26日	任天堂	156
阿蕾莎2 艾丽耶露的奇幻旅程	1994年12月2日	YANOMAN	231
最后决战	1994年12月2日	TEICHIKU	231
街头赛车手	1994年12月2日	UBI SOFT	231
制服传说 美丽战士	1994年12月2日	IMAGINEER	231
多卡波王国3·2·1 风起云涌的友情	1994年12月2日	ASMIK	232
龙战士2 使命之子	1994年12月2日	CAPCOM	232
旋风机器人	1994年12月9日	PACK-IN-VIDEO	232
队长小翼5 霸者的冠冕头衔	1994年12月9日	TECMO	232
哥斯拉 怪兽大决战	1994年12月9日	东宝	233
三国志4	1994年12月9日	KOEI	233
超级桃太郎电铁3	1994年12月9日	HUDSON	233
双陆任务++	1994年12月9日	TECNOS JAPAN	233
牌砦	1994年12月9日	TAKARA	234
飞行机车赛	1994年12月9日	IMAGINEER	234
狮子王	1994年12月9日	VIRGIN GAME	234
神奇计划J 机械少年皮诺	1994年12月9日	ENIX	234
足球风云	1994年12月16日	KSS	235
海钓名人 海鲈鱼篇	1994年12月16日	EA VICTOR	235

名称	日期	发行商	页码	名称	日期	发行商	页码
NBA现场直播赛95	1994年12月16日	EA VICTOR	235	海腹川背	1994年12月23日	TNN	246
大盗五右卫门3 狮子重禄兵卫的诡计万字固	1994年12月16日	KONAMI	235	冲 冲 恶魔君	1994年12月23日	BANPRESTO	246
祇园花	1994年12月16日	日本物产	236	JWP女子摔角皇后	1994年12月23日	JALECO	246
超级蛇方块	1994年12月16日	四次元	236	超燃烧棒球	1994年12月23日	JALECO	246
超级诘将棋1000	1994年12月16日	BOTTOM UP	236	柏青嫂胜负师	1994年12月23日	日本物产	247
超级俄罗斯方块3	1994年12月16日	BPS	236	机动武斗传G高达	1994年12月27日	BANDAI	247
超级钓鱼 力战群鱼	1994年12月16日	NAXAT	237	鲁邦三世 传说的秘宝	1994年12月27日	EPOCH	247
超级摔角天使	1994年12月16日	IMAGINEER	237	圣灵珠传说2	1994年12月29日	I'MAX	247
滑雪天堂	1994年12月16日	PACK-IN-VIDEO	237	超级自我中心麻将2 没运战士明菜的珍藏	1994年12月30日	J·WING	248
岩石方块大战	1994年12月16日	I'MAX	237	**1995年**			
哆啦A梦3 大雄与时空宝珠	1994年12月16日	EPOCH	238	X战警	1995年1月3日	CAPCOM	254
纽曼哈斯印地赛车	1994年12月16日	ACCLAIM JAPAN	238	超级中国拳格斗	1995年1月3日	CULTURE BRAIN	254
花札王	1994年12月16日	COCONUTS JAPAN	238	高桥名人之大冒险岛2	1995年1月3日	HUDSON	254
美少女战士SuperS 场外乱斗 主角争夺战	1994年12月16日	ANGEL	238	吃豆人时空之旅	1995年1月3日	NAMCO	254
				邦克大进击	1995年1月3日	CAPCOM	255
大奖一发 柏青嫂大攻略	1994年12月16日	ASK讲谈社	239	银河大战	1995年1月13日	IMAGINEER	255
必胜柏青嫂爱好者	1994年12月16日	POW	239	实战 麻将指南	1995年1月13日	ASK讲谈社	255
动力十足大竞速	1994年12月16日	COCONUTS JAPAN	239	雀游记 悟空乱打	1995年1月13日	VIRGIN GAME	255
米老鼠东京迪斯尼乐园大冒险	1994年12月16日	TOMY	239	弹珠泡泡龙	1995年1月13日	TAITO	256
洛克人X2	1994年12月16日	CAPCOM	240	可爱滑雪大赛	1995年1月13日	HUMAN	256
超级瓦强大冒险	1994年12月16日	NAMCO	240	幻象女子摔角	1995年1月20日	VARIE	256
SD英雄大战4	1994年12月17日	BANPRESTO	240	德比赛马3	1995年1月20日	ASCII	250
TECMO超级碗1 特别版	1994年12月20日	TECMO	240	迈克尔·安德烈蒂的印地赛车挑战	1995年1月20日	BPS	256
冈本绫子高尔夫	1994年12月21日	TSUKUDA ORIGINAL	241	金刚狼	1995年1月27日	ACCLAIM JAPAN	257
龙虎之拳2	1994年12月21日	ZAURUS	241	奇天烈大百科大富翁	1995年1月27日	VIDEO SYSTEM	257
动物快打	1994年12月22日	KEMCO	241	钢铁之骑士3	1995年1月27日	ASMIK	257
英雄圣战2 邪神之胎动	1994年12月22日	SUNSOFT	241	柏青哥物语2	1995年1月27日	KSS	257
超人棒球实名版2	1994年12月22日	CULTURE BRAIN	242	神奇博彩天堂	1995年1月27日	CARROZZERIA JAPAN	258
元祖柏青哥王	1994年12月22日	COCONUTS JAPAN	242	放课后的美女学院	1995年2月3日	IMAGINEER	258
溪流王	1994年12月22日	IMAGINEER	242	钢铁战士	1995年2月10日	POPPO	258
超级城堡	1994年12月22日	VICTOR ENTERTAINMENT	242	机动战士高达 穿越次元0079	1995年2月10日	BANDAI	258
超级热血摔角世界 特别版	1994年12月22日	HUMAN	243	西原理惠子麻将流浪记	1995年2月10日	TAITO	259
大贝兽物语	1994年12月22日	HUDSON	243	心理游戏2 魔法之旅	1995年2月10日	VISIT	259
霸王大系 龙骑士	1994年12月22日	BANDAI	243	骰子方块	1995年2月10日	CARROZZERIA JAPAN	259
迷糊蛋大赛跑	1994年12月22日	SUNSOFT	243	达摩道场	1995年2月10日	DEN'Z	259
战斗赛马	1994年12月22日	VIRGIN GAME	244	柏木重孝顶尖钓客	1995年2月17日	VAP	260
魔兽使传说	1994年12月22日	MASAYA	244	银玉亲方实战柏青哥必胜法	1995年2月17日	SAMMY	260
叮当猫	1994年12月22日	东宝	244	时空战警	1995年2月17日	VICTOR ENTERTAINMENT	260
本格将棋 风云儿龙王	1994年12月22日	VIRGIN GAME	244	国际象棋大师	1995年2月17日	ALTRON	260
麻将俱乐部	1994年12月22日	HECTOR	245	提督的决断2	1995年2月17日	KOEI	261
幽游白书 特别篇	1994年12月22日	NAMCO	245	格斗烈传 沟口千钧一发	1995年2月17日	DATA EAST	261
横山光辉 三国志戏盘 双陆英雄记	1994年12月22日	ANGEL	245	亚蒙亚蒙世界	1995年2月17日	BANDAI	261
				魔神转生2	1995年2月19日	ATLUS	261
机器人的崛起	1994年12月22日	T&E SOFT	245	四狂神战记2	1995年2月24日	TAITO	262
				NFL四分卫俱乐部95	1995年2月24日	ACCLAIM JAPAN	262

劲爆NBA篮球 淘汰赛版	1995年2月24日	ACCLAIM JAPAN	262
赛马之道2	1995年2月24日	VICTOR ENTERTAINMENT	262
实况力量棒球2	1995年2月24日	KONAMI	263
将棋俱乐部	1995年2月24日	HECTOR	263
超级世界野外赛车	1995年2月24日	BISCO	263
赛马回忆	1995年2月24日	BEC	263
首都高赛车2 甩尾王土屋圭市与坂东正明	1995年2月24日	BPS	264
女子学园社团战记	1995年2月24日	VARIE	264
SD弹珠台	1995年2月24日	BANPRESTO	264
美少女战士S 消气泡大战 美少女战士	1995年2月24日	BANDAI	264
剑士法兰多	1995年2月24日	BANPRESTO	265
灌篮高手2	1995年2月24日	BANDAI	265
前线任务	1995年2月24日	SQUARE	265
平和柏青哥世界	1995年2月24日	SHOUEI SYSTEM	265
永远的菲蕾娜	1995年2月25日	德间书店 INTERMEDIA	266
轰炸忍者超人	1995年2月25日	INTEC	266
超级博蒙曼方块	1995年3月1日	HUDSON	266
暴力刑警	1995年3月3日	VARIE	266
超级空中战斗员2	1995年3月3日	ASMIK	267
超级家庭棒球4	1995年3月3日	NAMCO	267
超级疯狂机车赛	1995年3月4日	TSUKUDA ORIGINAL	267
最后的圣经3	1995年3月4日	ATLUS	267
魔法大进击	1995年3月10日	PACK-IN-VIDEO	268
超时空之轮	1995年3月11日	SQUARE	250
明治农村农耕对抗赛	1995年3月17日	VIC东海	268
名将	1995年3月17日	CAPCOM	268
J联赛超级足球95 实况足球场	1995年3月17日	HUDSON	268
超级雀豪	1995年3月17日	VICTOR ENTERTAINMENT	269
超级弹珠台2 神奇奥德赛	1995年3月17日	MELDAC	269
超级爆炸方块	1995年3月17日	BPS	269
蜘蛛侠 致命敌人	1995年3月17日	EPOCH	269
自行车物语	1995年3月17日	VAP	270
第4次超级机器人大战	1995年3月17日	BANPRESTO	270
热血大陆 燃烧英雄	1995年3月17日	ENIX	270
SD英雄赛车	1995年3月17日	BANPRESTO	270
可别输了 魔剑道2 决定 妖怪总理大臣	1995年3月17日	DATAM POLYSTAR	271
恋爱日记	1995年3月17日	德间书店 INTERMEDIA	271
赛马大亨2	1995年3月18日	KOEI	271
赛马英雄	1995年3月21日	TECMO	271
高速思考 将棋皇	1995年3月24日	IMAGINEER	272
佛罗伦斯航海者	1995年3月24日	PACK-IN-VIDEO	272
超级马券王95	1995年3月24日	TEICHIKU	272
龙珠Z 超悟空传 突激篇	1995年3月24日	BANDAI	272
必杀柏青哥2	1995年3月24日	SUNSOFT	273
幽游白书 魔界最强列传	1995年3月24日	NAMCO	273
洛克人7 宿命的对决	1995年3月24日	CAPCOM	273
EMIT Vol.1 时空迷途者	1995年3月25日	KOEI	273
EMIT Vol.2 赌命之徒	1995年3月25日	KOEI	274
EMIT Vol.3 向我说再见	1995年3月25日	KOEI	274
京乐三洋丰丸Parlor	1995年3月30日	NIPPON TELENET	274
RPG工具 超级但丁	1995年3月31日	ASCII	274
异次元来访者	1995年3月31日	TOMY	275
旧约女神转生	1995年3月31日	ATLUS	275
近代麻将特别版	1995年3月31日	IMAGINEER	275
大富翁2	1995年3月31日	TOMY	275
史上最强足球联盟 王牌射手	1995年3月31日	TNN	276
最高速思考 将棋 麻将	1995年3月31日	VARIE	276
超级阵形足球95	1995年3月31日	HUMAN	276
白痴殿下总动员	1995年3月31日	SUNSOFT	276
羽生名人之趣味将棋	1995年3月31日	TOMY	277
疯狂米老鼠	1995年3月31日	CAPCOM	277
秘境魔宝美少女篇 来自过去的挑战	1995年4月1日	TAITO	277
全日本职业摔角2 3月4日武道馆	1995年4月7日	MASAYA	277
占卜迷宫	1995年4月14日	COCONUTS JAPAN	278
欢乐推方块	1995年4月14日	日本物产	278
新SD战国传 大将军列传	1995年4月21日	BEC	278
超级游戏集锦	1995年4月21日	BOTTOM UP	278
超真实麻将P5 天堂	1995年4月21日	SETA	279
策略足球	1995年4月21日	EA VICTOR	279
空手女神龙	1995年4月21日	ANGEL	279
魔法阵咕噜咕噜	1995年4月21日	ENIX	279
橘子酱男孩	1995年4月21日	BANDAI	280
宫路社长的柏青哥迷 胜利宣言2	1995年4月21日	POW	280
真圣刻	1995年4月21日	YUTAKA	280
阿蕾莎外传	1995年4月21日	YANOMAN	280
川切太郎2	1995年4月28日	PACK-IN-VIDEO	281
3次元格斗	1995年4月28日	MEDIA RINGS	281
J联赛热力足球95	1995年4月28日	EPOCH	281
古田敦也棒球	1995年4月28日	HECTOR	281
初段麻将段位认定	1995年4月28日	GAPS	282
SD英雄超级柏青哥大战	1995年4月28日	BANPRESTO	282
超级博蒙曼3	1995年4月28日	HUDSON	282
石头保护者	1995年4月28日	KEMCO	282
神秘塔罗牌	1995年4月28日	VISIT	283
真实的谎言	1995年4月28日	ACCLAIM JAPAN	283
牌势麻将 凌驾	1995年4月28日	ASCII	283
行星杯赛车3000	1995年4月28日	KEMCO	283
暴力辛迪加	1995年5月19日	EA VICTOR	284
超级赛马2	1995年5月19日	I'MAX	284
史奴比音乐会	1995年5月19日	三井不动产/电通	284
闪电斗士	1995年5月19日	RIGHT STUFF	284

邪恶术士	1995年5月26日	ACCLAIM JAPAN	285	赌城大攻略	1995年7月14日	日本物产	296
鬼屋历险	1995年5月26日	VICTOR ENTERTAINMENT	285	超级自行车赛	1995年7月14日	I'MAX	296
电脑解析 终极马券	1995年5月26日	CULTURE BRAIN	285	陷阱 玛雅冒险	1995年7月14日	PONY CANYON	296
模拟城市2000	1995年5月26日	IMAGINEER	285	神秘的约柜	1995年7月14日	ENIX	296
超级谜题噗哟 露露的面糊	1995年5月26日	BANPRESTO	286	四人将棋	1995年7月14日	POW	297
星际之门	1995年5月26日	ACCLAIM JAPAN	286	拉普拉斯之魔	1995年7月14日	VIC东海	297
轰炸汽车	1995年5月26日	DEN'Z	286	恶魔城XX	1995年7月21日	KONAMI	297
日本物产经典街机合辑	1995年5月26日	日本物产	286	冲 冲 恶魔君2	1995年7月21日	BANPRESTO	297
柏青哥 连庄天国	1995年5月26日	VAP	287	将棋最强	1995年7月21日	魔法	298
快棋手二段 森田将棋2	1995年5月26日	SETA	287	姬武神传说	1995年7月21日	TGL	298
真髓对局围棋 围棋仙人	1995年6月2日	J·WING	287	武丰 G1赛马	1995年7月21日	NGP	298
未来勇者2	1995年6月9日	HUDSON	287	魔神封印传说	1995年7月21日	TECNOS JAPAN	298
妖怪克星 露卡大冒险	1995年6月9日	角川书店	288	大奖一发 柏青嫂大攻略2	1995年7月21日	ASK讲谈社	299
本家三共狂热 柏青哥实机模拟	1995年6月10日	DEN'Z	288	乱马1/2 奥义邪暗拳	1995年7月21日	东宝·小学馆 PRODUCTION	299
夜光虫	1995年6月16日	ATHENA	288	夺宝奇兵	1995年7月28日	VICTOR ENTERTAINMENT	299
蚯蚓吉姆	1995年6月23日	TAKARA	288	创世纪恐龙帝国	1995年7月28日	PONY CANYON	299
实战赛艇	1995年6月23日	IMAGINEER	289	奥特曼联盟 足球大战	1995年7月28日	YUTAKA	300
超级星球大战 绝地归来	1995年6月23日	VICTOR ENTERTAINMENT	289	翡翠龙	1995年7月28日	MEDIAWORKS	300
扑克之岛	1995年6月23日	PACK-IN-VIDEO	289	神风特攻队	1995年7月28日	U-MEDIA	300
西阵柏青哥物语	1995年6月23日	KSS	289	就职游戏	1995年7月28日	IMAGINEER	300
原始人	1995年6月23日	KEMCO	290	超原人2	1995年7月28日	HUDSON	301
公主战士	1995年6月23日	VIC东海	290	忍者乱太郎	1995年7月28日	CULTURE BRAIN	301
度 先生	1995年6月23日	IMAGINEER	290	巴斯钓鱼大师教室	1995年7月28日	ALTRON	301
毁灭武器	1995年6月23日	BANDAI	290	迷糊蛋益智魔法气泡	1995年7月28日	SUNSOFT	301
大物黑巴斯钓鱼 人工湖篇	1995年6月30日	ACCLAIM JAPAN	291	麻将繁盛记	1995年7月28日	日本物产	302
飞天神龟 卡美拉	1995年6月30日	SAMMY	291	闪电海滩排球	1995年8月4日	VIRGIN INTERACTIVE ENTERTAINMENT	302
幻史世界记	1995年6月30日	BANPRESTO	291	鬼神童子 烈斗雷传	1995年8月4日	HUDSON	302
美国巡回赛车	1995年6月30日	VIRGIN INTERACTIVE ENTERTAINMENT	291	J联赛足球得分王3	1995年8月4日	NAMCO	302
新日本职业摔角95 斗强导梦七战	1995年6月30日	VARIE	292	超魔法大陆 沃兹	1995年8月4日	BPS	303
超级赛艇	1995年6月30日	日本物产	292	学校怪谈	1995年8月4日	BANPRESTO	303
超级热血摔角世界 女王特别版	1995年6月30日	HUMAN	292	超级马力欧 耀西岛	1995年8月5日	任天堂	303
梦幻模拟战2	1995年6月30日	MASAYA	292	超动力联盟棒球3	1995年8月10日	HUDSON	303
幸运超人	1995年6月30日	BANDAI	293	游戏达人	1995年8月11日	SUNSOFT	304
职业麻将 极3	1995年6月30日	ATHENA	293	超级豆豆君	1995年8月11日	BANPRESTO	304
魔兽大战 虹色的魔石	1995年6月30日	德间书店 INTERMEDIA	293	武宫正树九段围棋大将	1995年8月11日	KSS	304
大篷车射击游戏合辑	1995年7月7日	HUDSON	293	吞食天地 三国志群雄传	1995年8月11日	CAPCOM	304
史记英雄传	1995年7月7日	OUTRIGGER	294	唐老鸭的魔法帽	1995年8月11日	EPOCH	305
实战柏青嫂必胜法经典版	1995年7月7日	SAMMY	294	忍者龙剑传 巴	1995年8月11日	TECMO	305
真 一获千金	1995年7月7日	VAP	294	战斗棒球	1995年8月11日	COCONUTS JAPAN	305
超级F1竞技场外传	1995年7月7日	日本物产	294	黑暗之鹰	1995年8月11日	KEMCO	305
美少女高校经营	1995年7月7日	BPS	295	星间游侠2	1995年8月11日	KOEI	306
柏青哥挑战者	1995年7月7日	CARROZZERIA JAPAN	295	可龙岛	1995年8月25日	U-MEDIA	306
车神大赛	1995年7月14日	ATLUS	295	心理游戏3	1995年8月25日	VISIT	306
甲子园4	1995年7月14日	魔法	295	实战巴斯钓鱼必胜法	1995年8月25日	SAMMY	306
				京乐三洋丰丸Parlor 2	1995年8月25日	NIPPON TELENET	307

休曼GP赛车4	1995年8月25日	HUMAN	307	天地创造	1995年10月20日	ENIX	252
魔兽王	1995年8月25日	KSS	307	魔法微量球	1995年10月20日	DATA EAST	319
松方弘树的超级钓鱼	1995年8月25日	TONKIN HOUSE	307	超人棒球实名版3	1995年10月27日	CULTURE BRAIN	319
柿木将棋	1995年9月1日	ASCII	308	SD F-1 GP赛车	1995年10月27日	VIDEO SYSTEM	319
战斗机器人烈传	1995年9月1日	BANPRESTO	308	魔法气泡闯通关	1995年10月27日	MAGIFACT	320
超级人生游戏2	1995年9月8日	TAKARA	308	晶沙之城堡探险	1995年10月27日	HUDSON	320
赏金剑客	1995年9月8日	PIONEER LDC	308	正义超人大对决	1995年10月27日	ACCLAIM JAPAN	320
钟楼惊魂	1995年9月14日	HUMAN	309	特警判官	1995年10月27日	ACCLAIM JAPAN	320
樱井章一雀鬼流 麻将必胜法	1995年9月14日	SAMMY	309	女子摔角 闪耀之星传说	1995年10月27日	PONY CANYON	321
马力欧超级绘图方块	1995年9月14日	任天堂	309	天地无用 游戏篇	1995年10月27日	BANPRESTO	321
爱丽丝梦游仙境	1995年9月15日	EPOCH	309	柏青嫂物语 帕尔工业特别篇	1995年10月27日	KSS	321
超级铁球大战	1995年9月15日	BANPRESTO	310	永远的蝙蝠侠	1995年10月27日	ACCLAIM JAPAN	321
安德鲁的荣光高尔夫	1995年9月15日	EPOCH	310	花仙子方块	1995年10月27日	任天堂	322
必胜777战士3 黑龙王的复活	1995年9月15日	VAP	310	真实拳击	1995年10月27日	ACCLAIM JAPAN	322
加藤一二三九段将棋 心技流	1995年9月22日	VARIE	310	SD灌篮高手	1995年10月27日	BANDAI	322
四柱推命学入门 真桃源乡	1995年9月22日	BANPRESTO	311	麻将飞翔传 真 哭泣的龙	1995年10月27日	BEC	322
实况世界足球2 战斗十一人	1995年9月22日	KONAMI	311	魔天传说	1995年10月27日	TAKARA	323
丛林激战直升机	1995年9月22日	EA VICTOR	311	光之传说2	1995年10月27日	TONKIN HOUSE	323
新·将棋俱乐部	1995年9月22日	HECTOR	311	绀碧舰队	1995年11月2日	ANGEL	323
超兄贵 爆裂乱斗篇	1995年9月22日	MASAYA	312	必杀柏青哥3	1995年11月2日	SUNSOFT	323
陈牌	1995年9月22日	BANPRESTO	312	纵横全国终极心理游戏	1995年11月10日	VISIT	324
龙珠Z 超悟空传 觉醒篇	1995年9月22日	BANDAI	312	浪漫沙加3	1995年11月11日	SQUARE	252
美少女战士 另一个故事	1995年9月22日	ANGEL	312	队长小翼J 迈向世界杯	1995年11月17日	BANDAI	324
巫术6 禁断的魔笔	1995年9月29日	ASCII	313	上海 万里长城	1995年11月17日	SUNSOFT	324
爱天使传说	1995年9月29日	KSS	313	拼字方块	1995年11月17日	YUTAKA	324
科学岛大冒险	1995年9月29日	BANPRESTO	313	新星际迷航 追寻伟大遗产IFD之谜	1995年11月17日	德间书店	325
A列车行进3 超级版	1995年9月29日	PACK-IN-VIDEO	313	全国高校足球2	1995年11月17日	四次元	325
NBA实况 胜利雄篮	1995年9月29日	KONAMI	314	究极打砖块	1995年11月17日	POW	325
美食战队 蔷薇野郎	1995年9月29日	VIRGIN INTERACTIVE ENTERTAINMENT	314	未来骑警R2	1995年11月17日	VIRGIN INTERACTIVE ENTERTAINMENT	325
勇者无惧	1995年9月29日	ASCII	314	超级森喜刚2 蒂克丝刚与迪迪刚	1995年11月21日	任天堂	326
常胜麻雀 天牌	1995年9月29日	ENIX	314	赤川次郎 沉睡的魔女	1995年11月24日	PACK-IN-VIDEO	326
全日本GT选手权	1995年9月29日	KANEKO	315	鬼神童子 电影雷舞	1995年11月24日	HUDSON	326
德比赛马2	1995年9月29日	ASMIK	315	超级亿万长者游戏	1995年11月24日	TAKARA	326
爆牌党 史上最强麻将手	1995年9月29日	ANGEL	315	恐龙战队	1995年11月24日	BANDAI	327
魔法提琴手	1995年9月29日	ENIX	315	马场大亨2	1995年11月24日	CARROZZERIA JAPAN	327
火之皇子 大和战神	1995年9月29日	东宝	316	房车大赛RR-Z	1995年11月25日	DOUBLE RING	327
平安风云传	1995年9月29日	KSS	316	SUNSOFT逻辑绘图	1995年12月1日	SUNSOFT	327
平和柏青哥世界2	1995年9月29日	SHOUEI SYSTEM	316	樱桃小丸子 南国岛游乐	1995年12月1日	KONAMI	328
光伞传说	1995年9月29日	NAXAT	316	多卡波王国外传 火焰选秀会	1995年12月1日	ASMIK	328
魔法骑士 雷阿斯	1995年9月29日	TOMY	317	柏青夫君 特别版3	1995年12月1日	COCONUTS JAPAN	328
重装机兵 回归	1995年9月29日	DATA EAST	317	BB枪大作战	1995年12月1日	I'MAX	328
圣剑传说3	1995年9月30日	SQUARE	251	法兰克汤姆斯棒球	1995年12月1日	ACCLAIM JAPAN	329
激斗火焰摔角	1995年10月6日	BPS	317				
神圣记2	1995年10月6日	VIC东海	317				
超立体打砖块	1995年10月6日	YUTAKA	318				
皇家骑士团2	1995年10月6日	QUEST	251				
游戏铁人 上海篇	1995年10月13日	SUNSOFT	318				
超级伊莉雅	1995年10月13日	BANPRESTO	318				
超级花札2	1995年10月20日	I'MAX	318				
综合格斗技3	1995年10月20日	KING RECORDS	319				

不可思议的迷宫2 风来之西林	1995年12月1日	CHUNSOFT	329
洛克人X3	1995年12月1日	CAPCOM	329
对战弹珠台	1995年12月8日	TSUKUDA ORIGINAL	329
时钟职人	1995年12月8日	德间书店	330
超级噗哟噗哟通	1995年12月8日	COMPILE	330
超级桃太郎电铁DX	1995年12月8日	HUDSON	330
美少女战士SuperS 超级射泡泡	1995年12月8日	BANDAI	330
奥古斯塔高尔夫3	1995年12月8日	T&E SOFT	331
米老鼠与唐老鸭 魔法冒险3	1995年12月8日	CAPCOM	331
勇者斗恶龙6 幻之大地	1995年12月9日	ENIX	253
冲 冲 恶魔君3	1995年12月15日	BANPRESTO	331
JB联盟巴斯钓鱼	1995年12月15日	NGP	331
实况Q版沙罗曼蛇	1995年12月15日	KONAMI	332
商人立志传	1995年12月15日	BANDAI	332
超级黑巴斯3	1995年12月15日	STARFISH DATA	332
圣兽魔传	1995年12月15日	BPS	332
幻想传说	1995年12月15日	NAMCO	253
主题公园	1995年12月15日	EA VICTOR	333
哆啦A梦4 大雄和月之王国	1995年12月15日	EPOCH	333
日本物产经典街机合辑2 平安京外星人	1995年12月15日	日本物产	333
美少女梦工厂 异世界传说	1995年12月15日	TAKARA	333
本家三共狂热 柏青哥实机模拟2	1995年12月15日	BOSS COMMUNICATIONS	334
快乐人生	1995年12月15日	DATA EAST	334
妖怪百鬼夜行	1995年12月20日	KSS	334
SD高达GNEXT	1995年12月22日	BANDAI	334
大盗五右卫门 闪烁的路上我成为舞者的理由	1995年12月22日	KONAMI	335
月面基地	1995年12月22日	IMAGINEER	335
黄龙之耳	1995年12月22日	VAP	335
SD英雄大战5	1995年12月22日	BANPRESTO	335
石榴之味	1995年12月22日	IMAGINEER	336
三只眼 兽魔奉还	1995年12月22日	BANPRESTO	336
将棋三昧	1995年12月22日	VIRGIN INTERACTIVE ENTERTAINMENT	336
超级中国拳世界3 超次元大作战	1995年12月22日	CULTURE BRAIN	336
超级热血摔角世界X	1995年12月22日	HUMAN	337
战国霸者 天下布武	1995年12月22日	BANPRESTO	337
TECMO超级碗3 最终版	1995年12月22日	TECMO	337
天外魔境ZERO	1995年12月22日	HUDSON	337
战斗潜艇	1995年12月22日	PACK-IN-VIDEO	338
剑士法兰多2	1995年12月22日	BANPRESTO	338
快打旋风3	1995年12月22日	CAPCOM	338
罗德斯岛战记	1995年12月22日	角川书店	338
最强 高田延彦	1995年12月27日	HUDSON	339
三国志英杰传	1995年12月28日	KOEI	339
伊苏5 失落的砂之都凯芬	1995年12月29日	日本FALCOM	339
超级将棋3 棋太平	1995年12月29日	I'MAX	339
对局围棋 韦驮天	1995年12月29日	BPS	340

大爆笑 人生剧场 波涛汹涌上班族篇	1995年12月29日	TAITO	340
京乐三洋丰丸Parlor 4 CR	1995年12月29日	NIPPON TELENET	340
1996年			
魔导物语 大幼稚园儿	1996年1月12日	德间书店 INTERMEDIA	343
矶钓离岛篇	1996年1月19日	PACK-IN-VIDEO	343
的中竞马塾	1996年1月19日	BANPRESTO	343
京乐三洋丰丸Parlor 3	1996年1月19日	NIPPON TELENET	343
围棋俱乐部	1996年1月26日	HECTOR	344
SD高达方块	1996年1月26日	BANDAI	344
超级棒球道	1996年1月26日	BANPRESTO	344
信长之野望 天翔记	1996年1月26日	KOEI	344
平成军人将棋	1996年1月26日	CARROZZERIA JAPAN	345
摩陀罗 幼稚园战记	1996年1月26日	DATAM POLYSTAR	345
无人岛物语	1996年1月26日	KSS	345
RPG工具2	1996年1月31日	ASCII	345
幕末降临传ONI	1996年2月2日	BANPRESTO	346
将棋最强2	1996年2月9日	魔法	346
心跳回忆 传说之树下	1996年2月9日	KONAMI	346
圣龙传说	1996年2月9日	SQUARE	346
职业棋士人生游戏 将棋花道	1996年2月16日	ATLUS	347
鬼神童子 天地鸣动	1996年2月23日	HUDSON	347
机甲争霸3050年	1996年2月23日	ASK讲谈社	347
前线任务外传 枪之危机	1996年2月23日	SQUARE	347
实况力量棒球3	1996年2月29日	KONAMI	348
超级家庭棒球5	1996年2月29日	NAMCO	348
NFL四分卫俱乐部96	1996年3月1日	ACCLAIM JAPAN	348
机动战士高达Z	1996年3月1日	BANDAI	348
鲛龟	1996年3月1日	HUDSON	349
晦	1996年3月1日	BANPRESTO	349
毁灭战士	1996年3月1日	IMAGINEER	349
WWF疯狂摔角	1996年3月1日	ACCLAIM JAPAN	349
X革命	1996年3月1日	ACCLAIM JAPAN	350
银河战国群雄传	1996年3月8日	ANGEL	350
实战柏青哥必胜法2	1996年3月8日	SAMMY	350
超级噗哟噗哟通 重制版	1996年3月8日	COMPILE	350
超级马力欧RPG	1996年3月9日	任天堂/ SQUARE	342
风水回廊记	1996年3月15日	TAITO	351
德比赛马96	1996年3月15日	ASCII	351
最速传说	1996年3月15日	BPS	351
星间游侠2 专家版	1996年3月15日	KOEI	351
星之卡比 超级豪华版	1996年3月21日	任天堂	352
伊苏5 强化版	1996年3月22日	KOEI	352
赌城放浪记	1996年3月22日	VAP	352
96全国高校足球选手权	1996年3月22日	魔法	352

游戏名	日期	厂商	页码
超级机器人大战外传 魔装机神	1996年3月22日	BANPRESTO	353
厩舍物语	1996年3月22日	KONAMI	353
音乐幻想 米龙的心跳大冒险	1996年3月22日	HUDSON	353
新小双侠	1996年3月22日	YUTAKA	353
林海峰九段的围棋大道	1996年3月22日	ASK讲谈社	354
安琪莉可 语音幻想	1996年3月29日	KOEI	354
SD高达GNEXT 机体&地图合集	1996年3月29日	BANDAI	354
GT竞速赛车	1996年3月29日	IMAGINEER	354
新机动战记高达W 无尽的决斗	1996年3月29日	BANDAI	355
超级热血摔角世界X 典藏版	1996年3月29日	HUMAN	355
超级阵形足球96	1996年3月29日	HUMAN	355
上吧惠比寿丸 机关人偶迷宫 与五右卫门失踪之谜	1996年3月29日	KONAMI	355
龙珠 超次元战记	1996年3月29日	BANDAI	356
忍者乱太郎2	1996年3月29日	CULTURE BRAIN	356
京乐三洋丰丸Parlor 5	1996年3月29日	NIPPON TELENET	356
美少女战士SuperS 全员参加 主角争夺战	1996年3月29日	ANGEL	356
美少女摔角列传	1996年3月29日	KSS	357
实战老虎机必胜法 山佐传说	1996年4月5日	SAMMY	357
鲁多拉秘宝	1996年4月5日	SQUARE	357
音乐编曲大师	1996年4月12日	ASCII	357
魔法阵咕噜咕噜2	1996年4月12日	ENIX	358
蓬莱学园之冒险	1996年4月19日	J·WING	358
一发逆转 赛马 自行车赛 竞艇	1996年4月26日	POW	358
J联赛热力足球96	1996年4月26日	EPOCH	358
德比赛马王	1996年4月26日	NAXAT	359
超级赛艇2	1996年4月26日	日本物产	359
超级博蒙曼4	1996年4月26日	HUDSON	359
玩具总动员	1996年4月26日	CAPCOM	359
迷你柏青哥实机测试	1996年4月26日	NIPPON TELENET	360
平和柏青哥世界3	1996年4月26日	SHOUEI SYSTEM	360
炎之纹章 圣战系谱	1996年5月14日	任天堂	360
近郊冒险队	1996年5月24日	PIONEER LDC	360
超级豆豆君2	1996年5月24日	BANPRESTO	361
财宝猎人G	1996年5月24日	SQUARE	361
音乐制造者	1996年5月31日	ASCII	361
超立体打砖块DX	1996年5月31日	YUTAKA	361
隐逝的黑暗	1996年5月31日	ENIX	362
钓鱼甲子园	1996年5月31日	KING RECORDS	362
J联赛梦幻足球96	1996年6月1日	HUDSON	362
阿拉伯奇遇 沙漠精灵王	1996年6月14日	TAKARA	362
职业一杆高尔夫球	1996年6月14日	ASCII	363
空想科学世界	1996年6月28日	BANDAI	363
超级谜题噗哟通 露露的铁腕繁盛记	1996年6月28日	COMPILE	363
SUFAMI TURBO SD奥特曼之战 奥特曼传说	1996年6月28日	BANDAI	363
SUFAMI TURBO SD奥特曼之战 赛文传说	1996年6月28日	BANDAI	364
SUFAMI TURBO POIPOI 忍者世界	1996年6月28日	BANDAI	364
飞跃星光草原	1996年6月28日	BANPRESTO	364
西阵柏青哥物语2	1996年6月28日	KSS	364
迷你柏青哥实机测试2	1996年6月28日	NIPPON TELENET	365
忍者乱太郎方块	1996年6月28日	CULTURE BRAIN	365
海钓太郎	1996年7月19日	PACK-IN-VIDEO	365
实况力量棒球96开幕版	1996年7月19日	KONAMI	365
超级游戏集锦2	1996年7月19日	BOTTOM UP	366
SUFAMI TURBO 鬼太郎	1996年7月19日	BANDAI	366
星之海洋	1996年7月19日	ENIX	366
太空模拟战2	1996年7月26日	HUDSON	366
光能战士	1996年7月26日	TAITO	367
模拟城市Jr.	1996年7月26日	IMAGINEER	367
SUFAMI TURBO SD高达世纪1	1996年7月26日	BANDAI	367
SUFAMI TURBO SD高达世纪2	1996年7月26日	BANDAI	367
雷霆机器人	1996年7月26日	NAXAT	368
桌上游戏集锦 将棋·麻将·花札·双面棋	1996年7月26日	VARIE	368
魔星迷踪2 封印的使徒	1996年7月26日	ASMIK	368
大贝兽物语2	1996年8月2日	HUDSON	368
牧场物语	1996年8月9日	PACK-IN-VIDEO	369
小红帽恰恰	1996年8月9日	TOMY	369
超动力联盟棒球4	1996年8月9日	HUDSON	369
忍者乱太郎 特别版	1996年8月9日	CULTURE BRAIN	369
SUFAMI TURBO SD高达世纪3	1996年8月23日	BANDAI	370
SUFAMI TURBO SD高达世纪4	1996年8月23日	BANDAI	370
SUFAMI TURBO 激走战队卡连者	1996年8月23日	BANDAI	370
古田敦也棒球2	1996年8月24日	HECTOR	370
大战略2	1996年8月30日	ASCII	371
猜数字大赛	1996年8月30日	ACCLAIM JAPAN	371
必杀柏青哥4	1996年8月30日	SUNSOFT	371
本家三共狂热 柏青哥实机模拟3	1996年8月30日	BOSS COMMUNICATIONS	371
实况职业摔角96	1996年9月13日	KONAMI	372
圆石滩高尔夫 新锦标赛版	1996年9月13日	T&E SOFT	372
巫术外传4 胎魔的鼓动	1996年9月20日	ASCII	372
魔法微量球2	1996年9月20日	DATA EAST	372
超级日本物产麻将 基础研究篇	1996年9月27日	日本物产	373
SUFAMI TURBO SD高达世纪 殖民卫星格斗技	1996年9月27日	BANDAI	373
SUFAMI TURBO SD高达世纪 赞斯卡尔战记	1996年9月27日	BANDAI	373
SUFAMI TURBO 蜡笔小新 长靴噗通	1996年9月27日	BANDAI	373
SUFAMI TURBO 美少女战士 最后的星光	1996年9月27日	BANDAI	374

迷你柏青哥实机测试3	1996年9月27日	NIPPON TELENET	374
怪物圣地	1996年9月27日	PACK-IN-VIDEO	374
赛马大亨2 96	1996年10月4日	KOEI	374
育马物语3	1996年10月18日	HECTOR	375
漫威超级英雄 宝石之战	1996年10月18日	CAPCOM	375
梦幻之塔	1996年10月25日	ASCII	375
奇异 猴子们的宝岛	1996年10月26日	任天堂	375
超级森喜刚3 神秘的克雷密斯岛	1996年11月23日	任天堂	376
超级人生游戏3	1996年11月29日	TAKARA	376
日本物产游戏合集1	1996年11月29日	日本物产	376
对战游戏大集合	1996年11月29日	BOTTOM UP	376
迷你柏青哥实机测试4	1996年11月29日	NIPPON TELENET	377
勇者斗恶龙3 接着迈向传说	1996年12月6日	ENIX	342
桃太郎电铁HAPPY	1996年12月6日	HUDSON	377
银河战记	1996年12月19日	BOTTOM UP	377
酷昂八	1996年12月20日	T&E SOFT	377
G.O.D幻想世纪	1996年12月20日	IMAGINEER	378
街头霸王ZERO2	1996年12月20日	CAPCOM	378
唐老鸭大冒险	1996年12月20日	CAPCOM	378
西阵柏青哥3	1996年12月20日	KSS	378
木偶奇遇记	1996年12月20日	CAPCOM	379
博蒙曼益智篇	1996年12月20日	HUDSON	379
爆走兄弟 闪耀蝎子	1996年12月20日	ASCII	379
龙骑士4	1996年12月27日	BANPRESTO	379
日本物产游戏合集2	1996年12月27日	日本物产	380
变相怪杰	1996年12月27日	VIRGIN INTERACTIVE ENTERTAINMENT	380

1997年

快打砖块 DOH归来	1997年1月15日	TAITO	382
青龙传	1997年1月17日	T&E SOFT	382
棒球之星	1997年1月17日	CULTURE BRAIN	382
枪手的考验	1997年1月31日	ASCII	382
企鹅方块	1997年1月31日	ASCII	383
米兰达拉传说	1997年1月31日	ASCII	383
系井重里的垂钓巴斯No.1	1997年2月21日	任天堂	383
超级博蒙曼5	1997年2月28日	HUDSON	383
忍者乱太郎3	1997年2月28日	CULTURE BRAIN	384
疯狂动画	1997年3月7日	KONAMI	384
老虎机完全攻略	1997年3月7日	SYSCOM JAPAN	384
鬼马小精灵	1997年3月14日	KSS	384
超级双重爆弹2	1997年3月14日	VAP	385
实战柏青嫂必胜法 Twin	1997年3月15日	SAMMY	385
实况力量棒球3 97春	1997年3月20日	KONAMI	385
暗龙传说	1997年3月28日	ASCII	385
黑暗法令	1997年3月28日	ASCII	386
迷你柏青哥实机测试5	1997年3月28日	NIPPON TELENET	386
职业麻将 兵	1997年4月18日	CULTURE BRAIN	386

热斗棒球方块	1997年4月25日	COCONUTS JAPAN	386
加藤一二三九段 将棋俱乐部	1997年5月16日	HECTOR	387
迷你柏青哥实机测试6	1997年5月30日	NIPPON TELENET	387
船太郎	1997年8月1日	VICTOR INTERACTIVE/ PACK-IN SOFT	387
迷你柏青哥实机测试7	1997年8月29日	NIPPON TELENET	387
实战柏青嫂必胜法 Twin 2	1997年9月12日	SAMMY	388
同级生2	1997年12月1日	BANPRESTO	388
平成新鬼岛 前篇	1997年12月1日	任天堂	388
平成新鬼岛 后篇	1997年12月1日	任天堂	388
弹珠超人	1997年12月19日	HUDSON	389

1998年

拆屋工98	1998年1月1日	任天堂	392
8厘米柏青哥实战测试	1998年1月30日	NIPPON TELENET	392
卡比宝石星	1998年2月1日	任天堂	392
超级家庭滑雪	1998年2月1日	NAMCO	392
超级拳击热斗	1998年3月1日	任天堂	393
实况力量棒球 基础版98	1998年3月19日	KONAMI	393
星之卡比3	1998年3月27日	任天堂	393
红白机侦探俱乐部 PART 2 站在身后的少女	1998年4月1日	任天堂	393
洛克人与佛鲁迪	1998年4月24日	CAPCOM	394
超级任天堂战争	1998年5月1日	任天堂	394
幻兽旅团	1998年6月1日	AXELA	394
马力欧医生	1998年6月1日	任天堂	394
热斗神拳	1998年6月1日	MASAYA	395
动物麻将	1998年7月1日	任天堂	395
抢救彩虹	1998年8月1日	任天堂	395
德比赛马98	1998年9月1日	任天堂	395
四驱兄弟 WGP世界杯2	1998年10月1日	任天堂	396

1999年

POWER仓库番	1999年1月1日	任天堂	398
POWER淘金者	1999年1月1日	任天堂	398
绘图方块 NP Vol.1	1999年4月1日	任天堂	398
宠物蛋之城	1999年5月1日	BANDAI	398
巫术1·2·3 利加敏的故事	1999年6月1日	MEDIA FACTORY	399
逻辑绘图	1999年6月1日	世界文化社	399
绘图方块 NP Vol.2	1999年6月1日	任天堂	399
红白文库 起始之森	1999年7月1日	任天堂	399
宝石方块	1999年8月1日	MEDIA FACTORY	400
绘图方块 NP Vol.3	1999年8月1日	任天堂	400
炎之纹章 多拉基亚776	1999年9月1日	任天堂	400
绘图方块 NP Vol.4	1999年10月1日	任天堂	400
逻辑绘图2	1999年11月1日	世界文化社	401
绘图方块 NP Vol.5	1999年12月1日	任天堂	401

2000年

绘图方块 NP Vol.6	2000年2月1日	任天堂	404
绘图方块 NP Vol.7	2000年4月1日	任天堂	404
绘图方块 NP Vol.8	2000年6月1日	任天堂	404
金属荣耀 导演剪辑版	2000年11月29日	任天堂	404

拼音顺序

名称	发售日期	发行商	页码
数字和字母			
360度滚珠	1992年6月26日	TAITO	48
3次元格斗	1995年4月28日	MEDIA RINGS	281
46亿年物语 遥远的伊甸	1992年12月21日	ENIX	75
8厘米柏青哥实战测试	1998年1月30日	NIPPON TELENET	392
94美国世界杯足球	1994年7月29日	SUNSOFT	200
96全国高校足球选手权	1996年3月22日	魔法	352
ABC电视台周一橄榄球	1993年11月26日	DATA EAST	135
A列车行进3 超级版	1995年9月29日	PACK-IN-VIDEO	313
BASTARD 暗黑之破坏神	1994年1月28日	COBRA TEAM	160
BB枪大作战	1995年12月1日	I'MAX	328
CB世界	1992年8月28日	BANPRESTO	58
EMIT Vol.1 时空迷途者	1995年3月25日	KOEI	273
EMIT Vol.2 赌命之徒	1995年3月25日	KOEI	274
EMIT Vol.3 向我说再见	1995年3月25日	KOEI	274
F1 GP赛车2	1993年2月26日	VIDEO SYSTEM	91
F1 GP赛车3	1994年4月22日	VIDEO SYSTEM	180
F-15猎鹰行动	1993年11月26日	ASMIK	136
FIFA国际足球	1994年6月17日	VICTOR ENTERTAINMENT	189
F-ZERO	1990年11月21日	任天堂	14
G.O.D幻想世纪	1996年12月20日	IMAGINEER	378
GP-1 行云流水赛	1994年11月18日	ATLUS	225
GP-1重型机车赛	1993年6月25日	ATLUS	109
GS美神 辣妹驱魔师	1993年9月23日	BANALEX	125
GT竞速赛车	1996年3月29日	IMAGINEER	354
JB联盟巴斯钓鱼	1995年12月15日	NGP	331
JOJO的奇妙冒险	1993年3月5日	COBRA TEAM	94
JWP女子摔角皇后	1994年12月23日	JALECO	246
J联赛超级足球	1994年3月18日	HUDSON	171
J联赛超级足球95 实况足球场	1995年3月17日	HUDSON	268
J联赛梦幻足球96	1996年6月1日	HUDSON	362
J联赛热力足球94	1994年5月1日	EPOCH	183
J联赛热力足球95	1995年4月28日	EPOCH	281
J联赛热力足球96	1996年4月26日	EPOCH	358
J联赛足球得分王	1993年8月6日	NAMCO	118
J联赛足球得分王2	1994年8月5日	NAMCO	201
J联赛足球得分王3	1995年8月4日	NAMCO	302
NAMCO高尔夫公开赛	1993年1月29日	NAMCO	89
NBA全美明星挑战赛	1993年5月21日	ACCLAIM JAPAN	105
NBA实况 胜利灌篮	1995年9月29日	KONAMI	314
NBA现场直播赛95	1994年12月16日	EA VICTOR	235
NBA职业篮球赛 公牛VS开拓者	1993年2月26日	EA VICTOR	91
NBA职业篮球赛94 公牛VS太阳	1993年12月3日	EA VICTOR	139
NFL美式橄榄球	1993年9月17日	KONAMI	123
NFL四分卫俱乐部95	1995年2月24日	ACCLAIM JAPAN	262
NFL四分卫俱乐部96	1996年3月1日	ACCLAIM JAPAN	348
NFL职业美式橄榄球94	1993年12月24日	EA VICTOR	147
NHL职业冰上曲棍球	1994年4月8日	EA VICTOR	178
PGA高尔夫公开赛	1992年7月3日	IMAGINEER	50
Pop'n兵蜂	1993年3月26日	KONAMI	101
POWER仓库番	1999年1月1日	任天堂	398
POWER淘金者	1999年1月1日	任天堂	398
Q版沙罗曼蛇 从神话变成笑话	1992年7月3日	KONAMI	50
Q伯特3	1993年1月29日	VAP	88
RPG工具 超级但丁	1995年3月31日	ASCII	274
RPG工具2	1996年1月31日	ASCII	345
RPM赛车	1992年3月19日	VICTOR ENTERTAINMENT	39
SD F-1 GP赛车	1995年10月27日	VIDEO SYSTEM	319
SD弹珠台	1995年2月24日	BANPRESTO	264
SD飞龙之拳	1994年6月17日	CULTURE BRAIN	187
SD高达GNEXT	1995年12月22日	BANDAI	334
SD高达GNEXT 机体&地图合集	1996年3月29日	BANDAI	354
SD高达GX	1994年5月27日	BANDAI	184
SD高达方块	1996年1月26日	BANDAI	344
SD高达外传 骑士高达物语 伟大的遗产	1991年12月21日	ANGEL	31
SD高达外传2 圆桌骑士	1992年12月18日	YUTAKA	72
SD灌篮高手	1995年10月27日	BANDAI	322
SD机动战士高达 V作战开始	1992年9月12日	ANGEL	59
SD机动战士高达2	1993年9月23日	ANGEL	125
SD全日本职业摔角	1994年6月25日	MASAYA	191
SD英雄超级柏青哥大战	1995年4月28日	BANPRESTO	282
SD英雄大战 新的挑战	1990年12月29日	BANPRESTO	17
SD英雄大战2 最终战士Twin	1992年3月27日	BANPRESTO	41
SD英雄大战3	1993年3月26日	BANPRESTO	99
SD英雄大战4	1994年12月17日	BANPRESTO	240
SD英雄大战5	1995年12月22日	BANPRESTO	335
SD英雄大战外传2 庆典欢呼	1994年1月28日	BANPRESTO	159
SD英雄赛车	1995年3月17日	BANPRESTO	270
SD英雄足球 球场霸主	1992年12月11日	BANPRESTO	71
SD战斗躲避球	1991年7月20日	BANPRESTO	25
SD战斗躲避球2	1993年7月23日	BANPRESTO	115
SD指挥官 八武众修罗兵法	1991年12月29日	BANPRESTO	32
SD足球2	1994年11月25日	BANPRESTO	230
SUFAMI TURBO POIPOI 忍者世界	1996年6月28日	BANDAI	364
SUFAMI TURBO SD奥特曼之战 奥特曼传说	1996年6月28日	BANDAI	363
SUFAMI TURBO SD奥特曼之战 赛文传说	1996年6月28日	BANDAI	364
SUFAMI TURBO SD高达世纪 赞斯卡尔战记	1996年9月27日	BANDAI	373
SUFAMI TURBO SD高达世纪 殖民卫星格斗技	1996年9月27日	BANDAI	373
SUFAMI TURBO SD高达世纪1	1996年7月26日	BANDAI	367

SUFAMI TURBO SD高达世纪2	1996年7月26日	BANDAI	367
SUFAMI TURBO SD高达世纪3	1996年8月23日	BANDAI	370
SUFAMI TURBO SD高达世纪4	1996年8月23日	BANDAI	370
SUFAMI TURBO 鬼太郎	1996年7月19日	BANDAI	366
SUFAMI TURBO 激走战队车连者	1996年8月23日	BANDAI	370
SUFAMI TURBO 蜡笔小新 长靴噗通	1996年9月27日	BANDAI	373
SUFAMI TURBO 美少女战士 最后的星光	1996年9月27日	BANDAI	374
SUNSOFT逻辑绘图	1995年12月1日	SUNSOFT	327
TECMO超级NBA篮球	1992年12月25日	TECMO	78
TECMO超级棒球	1994年10月28日	TECMO	222
TECMO超级碗	1993年11月26日	TECMO	137
TECMO超级碗2 特别版	1994年12月20日	TECMO	240
TECMO超级碗3 最终版	1995年12月22日	TECMO	337
UFO假面战士	1994年10月14日	DEN'Z	217
WWF超级摔角	1992年4月24日	ACCLAIM JAPAN	45
WWF疯狂摔角	1996年3月1日	ACCLAIM JAPAN	349
WWF皇家摔角	1993年7月23日	ACCLAIM JAPAN	115
X革命	1996年3月1日	ACCLAIM JAPAN	350
X空间	1993年8月27日	KEMCO	120
X战警	1995年1月3日	CAPCOM	254
A			
阿飞的魔法头	1993年7月30日	IREM	117
阿格西网球	1994年3月31日	日本物产	177
阿拉伯奇遇 沙漠精灵王	1996年6月14日	TAKARA	362
阿拉丁	1993年11月26日	CAPCOM	135
阿蕾莎	1993年11月26日	YANOMAN	135
阿蕾莎2 艾丽耶露的奇幻旅程	1994年12月2日	YANOMAN	231
阿蕾莎外传	1995年4月21日	YANOMAN	280
爱丽丝梦游仙境	1995年9月15日	EPOCH	309
爱天使传说	1995年9月29日	KSS	313
安德鲁的荣光高尔夫	1995年9月15日	EPOCH	310
安琪莉可	1994年9月23日	KOEI	212
安琪莉可 语音幻想	1996年3月29日	KOEI	354
暗龙传说	1997年3月28日	ASCII	385
暗影狂奔	1994年3月25日	DATA EAST	174
奥古斯塔高尔夫	1991年4月5日	T&E SOFT	22
奥古斯塔高尔夫2 大师锦标赛	1993年9月22日	T&E SOFT	124
奥古斯塔高尔夫3	1995年12月8日	T&E SOFT	331
奥特曼	1991年4月6日	BANDAI	23
奥特曼联盟 足球大战	1995年7月28日	YUTAKA	300
B			
巴巴罗萨	1992年11月27日	SAMMY	68
巴克利强力灌篮	1994年9月30日	DEN'Z	214
巴斯钓鱼大会赛	1994年10月16日	NATSUME	217
巴斯钓鱼大师教室	1995年7月28日	ALTRON	301
霸王大系 龙骑士	1994年12月22日	BANDAI	243

白痴殿下总动员	1995年3月31日	SUNSOFT	276
白热职业棒球 加油联盟	1991年8月9日	EPIC·索尼	26
白热职业棒球94 加油联盟3	1993年12月10日	EPIC·索尼	141
白热职业棒球联盟93	1992年12月11日	EPIC·索尼	71
柏木重孝顶尖钓客	1995年2月17日	VAP	260
柏青夫君 特别版	1992年12月11日	COCONUTS JAPAN	71
柏青夫君 特别版2	1994年5月20日	COCONUTS JAPAN	184
柏青夫君 特别版3	1995年12月1日	COCONUTS JAPAN	328
柏青夫君大进击	1993年4月9日	COCONUTS JAPAN	102
柏青哥 连庄天国	1995年5月26日	VAP	287
柏青哥大战2	1993年12月17日	COCONUTS JAPAN	143
柏青哥大作战	1992年7月17日	COCONUTS JAPAN	52
柏青哥狂热	1994年10月28日	NIPPON TELENET	220
柏青哥迷 胜利宣言	1994年10月15日	POW	217
柏青哥秘必胜法	1994年11月18日	VAP	226
柏青哥挑战者	1995年7月7日	CARROZZERIA JAPAN	295
柏青哥物语 也有柏青嫂喔	1993年5月28日	KSS	106
柏青哥物语2	1995年1月27日	KSS	257
柏青嫂 爱的故事	1993年11月19日	COCONUTS JAPAN	133
柏青嫂乐园 许愿硬币传说	1994年2月25日	CARROZZERIA JAPAN	165
柏青嫂胜负师	1994年12月23日	日本物产	247
柏青嫂物语 帕尔工业特别篇	1995年10月27日	KSS	321
柏青嫂物语 通用特别版	1994年7月29日	KSS	199
柏青嫂研究	1994年7月15日	魔法	195
半熟英雄 啊啊世界变半熟	1992年12月19日	SQUARE	75
邦克大进击	1995年1月3日	CAPCOM	255
棒球之星	1997年1月17日	CULTURE BRAIN	382
宝石方块	1999年8月1日	MEDIA FACTORY	400
暴力辛迪加	1995年5月19日	EA VICTOR	284
暴力刑警	1995年3月3日	VARIE	266
暴投 动物大混战	1994年10月28日	BPS	222
爆裂斗球	1993年12月17日	HECTOR	143
爆牌党 史上最强麻将手	1995年9月29日	ANGEL	315
爆破精灵	1990年12月1日	KEMCO	16
爆走兄弟 闪耀蝎子	1996年12月20日	ASCII	379
北斗游侠 花之庆次	1994年11月18日	四次元	227
北斗之拳5 天魔流星传	1992年7月10日	东映动画	51
北斗之拳6 激斗传承拳 霸王之道	1992年11月20日	东映动画	66
北斗之拳7	1993年12月24日	东映动画	148

游戏名	日期	发行商	页
本格将棋 风云儿龙王	1994年12月22日	VIRGIN GAME	244
本家花札	1994年9月22日	IMAGINEER	211
本家三共狂热 柏青哥实机模拟	1995年6月10日	DEN'Z	288
本家三共狂热 柏青哥实机模拟2	1995年12月15日	BOSS COMMUNICATIONS	334
本家三共狂热 柏青哥实机模拟3	1996年8月30日	BOSS COMMUNICATIONS	371
必杀柏青哥	1994年10月21日	SUNSOFT	219
必杀柏青哥2	1995年3月24日	SUNSOFT	273
必杀柏青哥3	1995年11月2日	SUNSOFT	323
必杀柏青哥4	1996年8月30日	SUNSOFT	371
必胜777战士 柏青嫂龙宫传说	1994年1月14日	VAP	158
必胜777战士2 柏青嫂机密情报	1994年8月19日	VAP	205
必胜777战士3 黑龙王的复活	1995年9月15日	VAP	310
必胜柏青嫂爱好者	1994年12月16日	POW	239
蝙蝠侠归来	1993年2月26日	KONAMI	93
弁庆外传 沙之章	1992年12月11日	SUNSOFT	71
变相怪杰	1996年12月27日	VIRGIN INTERACTIVE ENTERTAINMENT	380
兵蜂 彩虹铃铛大冒险	1994年1月7日	KONAMI	157
波斯王子	1992年7月3日	MASAYA	50
博蒙曼益智篇	1996年12月20日	HUDSON	379
啵咕物语	1994年6月10日	日本FALCOM	187
不可思议的迷宫2 风来之西林	1995年12月1日	CHUNSOFT	329
不可思议之人偶	1994年9月30日	ACCLAIM JAPAN	213
布鲁斯兄弟	1993年3月26日	KEMCO	101

C

游戏名	日期	发行商	页
猜数字大赛	1996年8月30日	ACCLAIM JAPAN	371
财宝猎人G	1996年5月24日	SQUARE	361
策略足球	1995年4月21日	EA VICTOR	279
拆屋工98	1998年1月1日	任天堂	392
常胜麻雀 天牌	1995年9月29日	ENIX	314
超动力联盟棒球	1993年8月6日	HUDSON	119
超动力联盟棒球2	1994年8月3日	HUDSON	200
超动力联盟棒球3	1995年8月10日	HUDSON	303
超动力联盟棒球4	1996年8月9日	HUDSON	369
超钢战机 机动装甲	1992年12月14日	VIC东海	72
超哥斯拉	1993年12月22日	东宝	146
超攻合神	1992年3月20日	ASMIK	40
超级3D棒球	1993年10月1日	JALECO	126
超级F1竞技场	1992年7月24日	日本物产	53
超级F1竞技场 限定版	1992年10月23日	日本物产	63
超级F1竞技场2	1993年7月29日	日本物产	116
超级F1竞技场3	1994年7月15日	日本物产	195
超级F1竞技场外传	1995年7月7日	日本物产	294
超级柏青哥	1994年7月29日	I'MAX	198
超级柏青嫂麻将	1994年4月28日	日本物产	181
超级棒球2020	1993年3月12日	K.AMUSEMENT LEASING	96

游戏名	日期	发行商	页
超级棒球场	1991年7月2日	SETA	24
超级棒球道	1996年1月26日	BANPRESTO	344
超级保龄球	1992年7月3日	ATHENA	49
超级爆炸方块	1995年3月17日	BPS	269
超级杯足球	1992年4月24日	JALECO	45
超级本命 G1制霸	1994年2月28日	日本物产	166
超级比卡鲁超人	1993年1月29日	BEC	89
超级冰上曲棍球	1993年8月20日	ALTRON	120
超级冰上曲棍球94	1994年3月25日	YONEZAWA	174
超级博蒂高尔夫	1992年3月6日	DATA EAST	39
超级博蒙曼	1993年4月28日	HUDSON	104
超级博蒙曼2	1994年4月28日	HUDSON	181
超级博蒙曼3	1995年4月28日	HUDSON	282
超级博蒙曼4	1996年4月26日	HUDSON	359
超级博蒙曼5	1997年2月28日	HUDSON	383
超级博蒙曼方块	1995年3月1日	HUDSON	266
超级仓库番	1993年1月29日	PACK-IN-VIDEO	89
超级苍狼与白鹿 元朝秘史	1993年3月25日	KOEI	98
超级城堡	1994年12月22日	VICTOR ENTERTAINMENT	242
超级冲撞美式橄榄球	1993年7月9日	ACCLAIM JAPAN	111
超级大航海时代	1992年8月5日	KOEI	55
超级大相扑 热战大一番	1992年12月18日	NAMCO	73
超级弹珠台2 神奇奥德赛	1995年3月17日	MELDAC	269
超级地球防御军	1991年10月25日	JALECO	27
超级钓鱼 力战群鱼	1994年12月16日	NAXAT	237
超级豆豆君	1995年8月11日	BANPRESTO	304
超级豆豆君2	1996年5月24日	BANPRESTO	361
超级赌场 恺撒宫	1993年10月21日	COCONUTS JAPAN	128
超级赌城2	1994年10月28日	COCONUTS JAPAN	221
超级俄罗斯方块2+轰炸方块	1992年12月18日	BPS	73
超级俄罗斯方块2+轰炸方块 限定版	1994年1月21日	BPS	158
超级俄罗斯方块3	1994年12月16日	BPS	236
超级恶魔城4	1991年10月31日	KONAMI	28
超级疯狂机车赛	1995年3月4日	TSUKUDA ORIGINAL	267
超级橄榄球	1994年10月21日	TONKIN HOUSE	218
超级高中棒球 一球入魂	1994年8月5日	I'MAX	201
超级灌篮之星	1993年4月28日	SAMMY	104
超级光线枪6	1993年6月21日	任天堂	107
超级黑巴斯	1992年12月4日	HOT·B	69
超级黑巴斯2	1994年9月23日	STARFISH DATA	212
超级黑巴斯3	1995年12月15日	STARFISH DATA	332
超级花札	1994年8月5日	I'MAX	202
超级花札2	1995年10月20日	I'MAX	318
超级回合网球	1994年8月12日	HUMAN	203
超级混战	1994年6月24日	PACK-IN-VIDEO	190
超级机器人大战EX	1994年3月25日	BANPRESTO	175

超级机器人大战外传 魔装机神	1996年3月22日	BANPRESTO	353	超级热血摔角世界3 最终之战	1993年12月28日	HUMAN	150
超级家庭棒球	1992年3月27日	NAMCO	41	超级热血摔角世界X	1995年12月22日	HUMAN	337
超级家庭棒球2	1993年3月12日	NAMCO	96	超级热血摔角世界X 典藏版	1996年3月29日	HUMAN	355
超级家庭棒球3	1994年3月4日	NAMCO	167	超级人生游戏	1994年3月18日	TAKARA	171
超级家庭棒球4	1995年3月3日	NAMCO	267	超级人生游戏2	1995年9月8日	TAKARA	308
超级家庭棒球5	1996年2月29日	NAMCO	348	超级人生游戏3	1996年11月29日	TAKARA	376
超级家庭滑雪	1998年2月1日	NAMCO	392	超级忍者君	1994年8月5日	JALECO	202
超级家庭赛车	1994年10月21日	NAMCO	218	超级任天堂战争	1998年5月1日	任天堂	394
超级家庭网球	1993年6月25日	NAMCO	109	超级日本物产麻将	1992年12月18日	日本物产	73
超级将棋	1992年6月19日	I'MAX	48	超级日本物产麻将 基础研究篇	1996年9月27日	日本物产	373
超级将棋2	1994年6月17日	I'MAX	188				
超级将棋3 棋太平	1995年12月29日	I'MAX	339	超级日本物产麻将2 称霸全国篇	1993年10月29日	日本物产	130
超级街头霸王2	1994年6月25日	CAPCOM	191				
超级诘将棋1000	1994年12月16日	BOTTOM UP	236	超级日本物产麻将3 吉本剧场篇	1994年7月29日	日本物产	198
超级空中战斗员	1993年7月16日	ASMIK	112				
超级空中战斗员2	1995年3月3日	ASMIK	267	超级赛马	1993年8月10日	I'MAX	119
超级连一连	1994年9月22日	NAMCO	212	超级赛马2	1995年5月19日	I'MAX	284
超级联合部队	1992年11月13日	COCONUTS JAPAN	64	超级赛艇	1995年6月30日	日本物产	292
				超级赛艇2	1996年4月26日	日本物产	359
超级领国战役	1992年10月22日	KOEI	62	超级三国志	1994年8月12日	KOEI	204
超级麻将	1992年8月22日	I'MAX	58	超级三国志2	1991年9月15日	KOEI	27
超级麻将2 正统四人麻将	1993年12月2日	I'MAX	138	超级森喜刚	1994年11月26日	任天堂	156
超级麻将3 辣味	1994年11月25日	I'MAX	229	超级森喜刚2 蒂克丝刚与迪迪刚	1995年11月21日	任天堂	326
超级麻将大会	1992年9月12日	KOEI	59				
超级马力欧 耀西岛	1995年8月5日	任天堂	303	超级森喜刚3 神秘的克雷密斯岛	1996年11月23日	任天堂	376
超级马力欧RPG	1996年3月9日	任天堂/ SQUARE	342				
				超级上海 龙之眼	1992年4月28日	HOT·B	46
超级马力欧合集	1993年7月14日	任天堂	83	超级蛇方块	1994年12月16日	四次元	236
超级马力欧卡丁车	1992年8月27日	任天堂	35	超级射篮	1992年6月19日	HAL研究所	48
超级马力欧世界	1990年11月21日	任天堂	14	超级射门	1992年12月25日	MISAWA ENTERTAINMENT	77
超级马券王95	1995年3月24日	TEICHIKU	272				
超级梦幻战士 红月少女	1992年3月27日	NIPPON TELENET	41	超级史上最强问答王决定战	1992年12月28日	YONEZAWA	79
				超级世界野外赛车	1995年2月24日	BISCO	263
超级谜题噗哟 露露的面糊	1995年5月26日	BANPRESTO	286	超级摔角天使	1994年12月16日	IMAGINEER	237
超级谜题噗哟通 露露的铁腕繁盛记	1996年6月28日	COMPILE	363	超级双重爆番	1994年4月1日	VAP	178
				超级双重爆番2	1997年3月14日	VAP	385
超级密特罗德	1994年3月19日	任天堂	154	超级四轮巨无霸赛车	1992年7月3日	PACK-IN-VIDEO	49
超级魔法高尔夫	1994年3月18日	NAXAT	172	超级四轮驱动赛车	1994年6月17日	日本物产	188
超级魔法气泡	1992年8月7日	CAPCOM	56	超级台球锦标赛	1994年6月24日	IMAGINEER	190
超级扭蛋世界 SD高达X	1992年9月18日	YUTAKA	60	超级太空足球	1992年11月6日	HIRO	64
超级排球	1992年11月27日	TONKIN HOUSE	68	超级桃太郎电铁2	1992年8月7日	HUDSON	56
超级排球2	1992年12月25日	VIDEO SYSTEM	77	超级桃太郎电铁3	1994年12月9日	HUDSON	233
超级噗哟噗哟	1993年12月10日	BANPRESTO	141	超级桃太郎电铁DX	1995年12月8日	HUDSON	330
超级噗哟噗哟通	1995年12月8日	COMPILE	330	超级铁球大战	1995年9月15日	BANPRESTO	310
超级噗哟噗哟通 重制版	1996年3月8日	COMPILE	350	超级屠龙传记	1994年8月26日	KEMCO	206
超级拳击热斗	1998年3月1日	任天堂	393	超级瓦强大冒险	1994年12月16日	NAMCO	240
超级雀豪	1995年3月17日	VICTOR ENTERTAINMENT	269	超级瓦强世界	1991年12月13日	NAMCO	29
				超级瓦强世界2	1993年3月25日	NAMCO	98
超级热血摔角世界	1991年12月20日	HUMAN	30	超级网球巡回赛	1991年8月30日	TONKIN HOUSE	26
超级热血摔角世界 女王特别版	1995年6月30日	HUMAN	292	超级围棋 棋王	1994年4月8日	NAXAT	179
超级热血摔角世界 特别版	1994年12月22日	HUMAN	243	超级五目连珠	1994年3月25日	NAXAT	174
超级热血摔角世界2	1992年12月25日	HUMAN	77	超级五子棋和将棋 棋谱研究篇	1994年11月18日	日本物产	225
超级热血摔角世界3 简易版	1994年2月4日	HUMAN	161				

超级星球大战	1992年12月18日	VICTOR ENTERTAINMENT	73	超魔兽战记	1994年10月28日	JAPAN CLARY BUSINESS	220
超级星球大战 帝国反击战	1993年12月17日	VICTOR ENTERTAINMENT	142	超能力棒球	1991年7月12日	CULTURE BRAIN	24
超级星球大战 绝地归来	1995年6月23日	VICTOR ENTERTAINMENT	289	超能力棒球2	1994年7月28日	CULTURE BRAIN	197
超级伊莉雅	1995年10月13日	BANPRESTO	318	超能战士	1992年11月27日	KANEKO	69
超级伊忍道 打倒信长	1992年3月19日	KOEI	39	超燃烧棒球	1994年12月23日	JALECO	246
超级亿万长者游戏	1995年11月24日	TAKARA	326	超人棒球实名版	1992年8月28日	MICRO ACADEMY	58
超级异形战机	1991年7月13日	IREM	25				
超级印地冠军赛车	1994年4月1日	FORUM	178	超人棒球实名版2	1994年12月22日	CULTURE BRAIN	242
超级优诺	1993年11月12日	TOMY	132				
超级游戏集锦	1995年4月21日	BOTTOM UP	278	超人棒球实名版3	1995年10月27日	CULTURE BRAIN	319
超级游戏集锦2	1996年7月19日	BOTTOM UP	366				
超级詹姆斯庞德2	1993年7月23日	VICTOR ENTERTAINMENT	114	超时空要塞 女武神紧急升空	1993年10月29日	BANPRESTO	130
超级战斗坦克	1993年4月23日	PACK-IN-VIDEO	103	超时空战士	1993年11月5日	TECMO	131
超级战斗坦克2	1994年5月27日	PACK-IN-VIDEO	185	超时空之轮	1995年3月11日	SQUARE	250
超级战士	1993年9月3日	TONKIN HOUSE	122	超兄贵 爆裂乱斗篇	1995年9月22日	MASAYA	312
超级阵形足球	1991年12月13日	HUMAN	29	超旋风马仔	1993年10月8日	KING RECORDS	127
超级阵形足球2	1993年6月11日	HUMAN	106	超原人	1994年7月22日	HUDSON	196
超级阵形足球94 世界杯版	1994年6月17日	HUMAN	188	超原人2	1995年7月28日	HUDSON	301
超级阵形足球94 世界杯最终资料版	1994年9月22日	HUMAN	211	超真实麻将P4	1994年3月25日	SETA	175
				超真实麻将P5 天堂	1995年4月21日	SETA	279
超级阵形足球95	1995年3月31日	HUMAN	276	潮与虎	1993年1月25日	YUTAKA	88
超级阵形足球96	1996年3月29日	HUMAN	355	车神大赛	1995年7月14日	ATLUS	295
超级直升机3	1994年9月9日	VICTOR ENTERTAINMENT	208	沉船危机	1993年5月28日	HUMAN	105
				陈牌	1995年9月22日	BANPRESTO	312
超级职业棒球	1991年5月17日	JALECO	23	吃豆人时空之旅	1995年1月3日	NAMCO	254
超级职业棒球2	1992年8月7日	JALECO	56	赤川次郎 沉睡的魔女	1995年11月24日	PACK-IN-VIDEO	326
超级中国拳格斗	1995年1月3日	CULTURE BRAIN	254	冲 冲 恶魔君	1994年12月23日	BANPRESTO	246
				冲 冲 恶魔君2	1995年7月21日	BANPRESTO	297
超级中国拳世界	1991年12月28日	CULTURE BRAIN	32	冲 冲 恶魔君3	1995年12月15日	BANPRESTO	331
				宠物蛋之城	1999年5月1日	BANDAI	398
超级中国拳世界2 宇宙第一武斗大会	1993年10月29日	CULTURE BRAIN	130	初代热血硬派国夫君	1992年8月7日	TECNOS JAPAN	56
				初段麻将段位认定	1995年4月28日	GAPS	282
超级中国拳世界3 超次元大作战	1995年12月22日	CULTURE BRAIN	336	初段森田将棋	1991年8月23日	SETA	26
				川钓太郎2	1995年4月28日	PACK-IN-VIDEO	281
超级转转岛	1994年3月25日	KEMCO	174	船木诚胜 斗技传承	1994年10月21日	TECNOS JAPAN	219
超级追踪HQ 犯罪克星	1993年11月26日	TAITO	137	船太郎	1997年8月1日	VICTOR INTERACTIVE/ PACK-IN SOFT	387
超级自我中心麻将 负分城的邀请函	1994年2月11日	EA VICTOR	161				
				创世封魔录	1992年1月31日	ENIX	37
超级自我中心麻将2 没运战士明菜的珍藏	1994年12月30日	J·WING	248	创世纪6 虚伪先知	1992年4月3日	PONY CANYON	43
超级自行车赛	1995年7月14日	I'MAX	296	创世纪7 黑暗之门	1994年11月18日	PONY CANYON	225
超级自由搏击	1993年3月5日	ELECTRO BRAIN JAPAN	95				
				创世纪恐龙帝国	1995年7月28日	PONY CANYON	299
超究极棒球	1993年12月3日	TAITO	139	创世纪外传	1994年6月17日	EA VICTOR	187
超究极棒球2	1994年8月12日	TAITO	203	创业人生2	1994年2月26日	ENIX	166
超立体打砖块	1995年10月6日	YUTAKA	318	垂直作战	1991年12月20日	ASMIK	30
超立体打砖块DX	1996年5月31日	YUTAKA	361	丛林大战2 古代魔法阿提莫斯之谜	1993年3月19日	PONY CANYON	97
超魔法大陆 沃兹	1995年8月4日	BPS	303				
超魔界村	1991年10月4日	CAPCOM	21				
超魔界大战 德拉少爷	1993年3月19日	NAXAT	97	丛林激战直升机	1995年9月22日	EA VICTOR	311

丛林王子	1994年7月15日	VIRGIN GAME	194

D

达摩道场	1995年2月10日	DEN'Z	259
打砖块战士	1994年6月24日	DEN'Z	189
大爆笑 人生剧场	1992年12月25日	TAITO	78
大爆笑 人生剧场 波涛汹涌上班族篇	1995年12月29日	TAITO	340
大爆笑 人生剧场 大江户日记	1994年11月25日	TAITO	229
大爆笑 人生剧场 脸红心跳青春篇	1993年7月30日	TAITO	117
大贝兽物语	1994年12月22日	HUDSON	243
大贝兽物语2	1996年8月2日	HUDSON	368
大盗五右卫门 闪烁的路上我成为舞者的理由	1995年12月22日	KONAMI	335
大盗五右卫门 雪姬救出绘卷	1991年7月19日	KONAMI	25
大盗五右卫门2 奇天烈将军玛基斯	1993年12月22日	KONAMI	145
大盗五右卫门3 狮子重禄兵卫的诡计万字固	1994年12月16日	KONAMI	235
大地勇士 海与风的鼓动	1993年3月26日	WOLFTEAM	100
大富翁	1993年3月5日	TOMY	95
大富翁2	1995年3月31日	TOMY	275
大航海时代2	1994年2月25日	KOEI	165
大奖一发 柏青嫂大攻略	1994年12月16日	ASK讲谈社	239
大奖一发 柏青嫂大攻略2	1995年7月21日	ASK讲谈社	299
大力水手 坏心眼魔女海哈格之卷	1994年8月12日	TECNOS JAPAN	204
大篷车射击游戏合辑	1995年7月7日	HUDSON	293
大仁田厚硬派摔角	1993年8月6日	PONY CANYON	118
大卫克拉尼网球	1992年12月18日	PACK-IN-VIDEO	72
大物黑巴斯钓鱼 人工湖篇	1995年6月30日	ACCLAIM JAPAN	291
大相扑 立身出世篇	1993年3月26日	TECMO	99
大相扑魂	1992年12月11日	TAKARA	70
大眼蛙的冒险日记	1994年3月25日	CHARACTER SOFT	173
大战略2	1996年8月30日	ASCII	371
大战略专业版	1992年9月25日	ASCII	61
丹丹的生活日记 转转方块	1994年11月25日	VICTOR ENTERTAINMENT	230
弹珠超人	1997年12月19日	HUDSON	389
弹珠泡泡龙	1995年1月13日	TAITO	256
刀锋究极战士	1992年5月1日	SAMMY	47
导弹毁灭者	1993年8月27日	BANDAI	121
德比赛马 骑手王之道	1994年3月18日	ASMIK	172
德比赛马2	1994年2月18日	ASCII	163
德比赛马2	1995年9月29日	ASMIK	315
德比赛马3	1995年1月20日	ASCII	250
德比赛马96	1996年3月15日	ASCII	351
德比赛马98	1998年9月1日	任天堂	395
德比赛马王	1996年4月26日	NAXAT	359
德军总部3D	1994年2月10日	IMAGINEER	161
地底魔神	1993年12月17日	SQUARE	142

地球冒险2 基格的逆袭	1994年8月27日	任天堂	155
地下城主	1991年12月20日	VICTOR ENTERTAINMENT	30
的中竞马塾	1996年1月19日	BANPRESTO	343
弟切草	1992年3月7日	CHUNSOFT	39
第3次超级机器人大战	1993年7月23日	BANPRESTO	114
第4次超级机器人大战	1995年3月17日	BANPRESTO	270
第一武士	1993年7月2日	KEMCO	110
点点君	1993年7月30日	VARIE	117
电精	1994年9月23日	BANPRESTO	212
电脑解析 终极马券	1995年5月26日	CULTURE BRAIN	285
电脑战机	1993年11月26日	TOMY	134
电子骑士	1992年10月30日	TONKIN HOUSE	63
电子骑士2 世纪争霸的野心	1994年8月26日	TONKIN HOUSE	206
钓鱼甲子园	1996年5月31日	KING RECORDS	362
钓鱼太郎	1994年7月8日	PACK-IN-VIDEO	193
叮当猫	1994年12月22日	东宝	244
顶级赛车	1992年3月27日	KEMCO	42
顶级赛车2	1993年12月22日	KEMCO	146
顶尖上班族2	1994年2月11日	KOEI	162
东尾修监修 超级职业棒球场	1993年9月30日	德间书店 INTERMEDIA	126
动感棒球	1993年11月26日	SAMMY	137
动感拼图	1994年2月4日	ALTRON	161
动力十足大竞速	1994年12月16日	COCONUTS JAPAN	239
动态拼图	1994年8月5日	ALTRON	200
动物快打	1994年12月22日	KEMCO	241
动物麻将	1998年7月1日	任天堂	395
斗姬传	1994年7月15日	ASMIK	195
独立战争	1994年3月18日	KOEI	172
赌城大攻略	1995年7月14日	日本物产	296
赌城大战	1994年4月28日	VIRGIN GAME	181
赌城放浪记	1996年3月22日	VAP	352
度 先生	1995年6月23日	IMAGINEER	290
队长小翼3 皇帝的挑战	1992年7月17日	TECMO	51
队长小翼4 职业足球的劲敌	1993年4月3日	TECMO	101
队长小翼5 霸者的冠军头衔	1994年12月9日	TECMO	232
队长小翼J 迈向世界杯	1995年11月17日	BANDAI	324
对局围棋 韦驮天	1995年12月29日	BPS	340
对局围棋歌利亚	1993年5月14日	BPS	104
对决 黄金决战	1992年11月20日	LASERSOFT	65
对战弹珠台	1995年12月8日	TSUKUDA ORIGINAL	329
对战游戏大集合	1996年11月29日	BOTTOM UP	376
多卡波王国3·2·1 风起云涌的友情	1994年12月2日	ASMIK	232
多卡波王国4	1993年12月10日	ASMIK	140
多卡波王国外传 火焰选秀会	1995年12月1日	ASMIK	328
多人排球	1994年10月28日	PACK-IN-VIDEO	223
哆啦A梦 大雄与妖精王国	1993年2月19日	EPOCH	91
哆啦A梦2 大雄的玩具乐园大冒险	1993年12月17日	EPOCH	142

哆啦A梦3 大雄与时空宝珠	1994年12月16日	EPOCH	238
哆啦A梦4 大雄和月之王国	1995年12月15日	EPOCH	333
夺宝奇兵	1995年7月28日	VICTOR ENTERTAINMENT	299
躲避球小子	1993年9月24日	PACK-IN-VIDEO	125
E			
俄罗斯方块武斗外传	1993年12月24日	BPS	148
恶魔城XX	1995年7月21日	KONAMI	297
饿狼传说 宿命之战	1992年11月27日	TAKARA	67
饿狼传说2	1993年11月26日	TAKARA	136
饿狼传说特别版	1994年7月29日	TAKARA	198
F			
法兰克汤姆斯棒球	1995年12月1日	ACCLAIM JAPAN	329
反省猴吉洛君大冒险	1991年12月27日	NATSUME	31
房车大赛RR	1994年7月22日	MEDIA RINGS	197
房车大赛RR-Z	1995年11月25日	DOUBLE RING	327
放课后的美女学院	1995年2月3日	IMAGINEER	258
飞龙拳S 黄金战士	1992年7月31日	CULTURE BRAIN	55
飞龙之拳S加强版	1992年11月11日	CULTURE BRAIN	64
飞天神龟 卡美拉	1995年6月30日	SAMMY	291
飞行机车赛	1994年12月9日	IMAGINEER	234
飞行俱乐部	1990年12月21日	任天堂	16
飞行密令	1992年9月29日	NAMCO	61
飞行英雄	1992年12月18日	SOFEL	75
飞跃星光草原	1996年6月28日	BANPRESTO	364
绯王传 魔物誓约	1994年2月11日	WOLFTEAM	162
翡翠龙	1995年7月28日	MEDIAWORKS	300
风水回廊记	1996年3月15日	TAITO	351
风云战机	1992年9月11日	TEICHIKU	59
疯狂动画	1997年3月7日	KONAMI	384
疯狂米老鼠	1995年3月31日	CAPCOM	277
疯狂水管	1992年8月7日	BPS	57
疯狂小旅鼠	1991年12月18日	SUNSOFT	30
疯狂小旅鼠2	1994年8月12日	SUNSOFT	204
佛罗伦斯航海者	1995年3月24日	PACK-IN-VIDEO	272
福斯特石头族乐园大冒险	1994年8月12日	TAITO	203
G			
盖亚幻想记	1993年11月27日	ENIX	138
盖亚战记 英雄最大之作战	1994年1月28日	BANPRESTO	159
绀碧舰队	1995年11月2日	ANGEL	323
冈本绫子高尔夫	1994年12月21日	TSUKUDA ORIGINAL	241
钢铁战士	1995年2月10日	POPPO	258
钢铁之骑士	1993年2月19日	ASMIK	91
钢铁之骑士2	1994年1月28日	ASMIK	159
钢铁之骑士3	1995年1月27日	ASMIK	257
高飞狗海贼岛大冒险	1994年7月22日	CAPCOM	196
高桥名人之大冒险岛	1992年1月11日	HUDSON	37
高桥名人之大冒险岛2	1995年1月3日	HUDSON	254
高速思考 将棋皇	1995年3月24日	IMAGINEER	272
哥斯拉 怪兽大决战	1994年12月9日	东宝	233

歌舞伎町麻雀 东风战	1994年7月15日	PONY CANYON	194
歌舞妓洛克斯	1994年3月4日	ATLUS	166
格斗大师 究极之战士	1993年11月19日	东芝EMI	134
格斗烈传	1994年5月27日	DATA EAST	186
格斗烈传 沟口千钧一发	1995年2月17日	DATA EAST	261
公主战士	1995年6月23日	VIC东海	290
宫路社长的柏青哥迷 胜利宣言2	1995年4月21日	POW	280
古城救美	1994年10月7日	SETA	216
古田敦也棒球	1995年4月28日	HECTOR	281
古田敦也棒球2	1996年8月24日	HECTOR	370
怪物圣地	1996年9月27日	PACK-IN-VIDEO	374
怪物制造厂 儿童版	1994年11月18日	SOFEL	228
怪物制造厂3 光之魔术师	1993年12月24日	SOFEL	149
灌篮高手 四强激突	1994年3月26日	BANDAI	177
灌篮高手2	1995年2月24日	BANDAI	265
灌篮少年	1994年10月28日	YUTAKA	222
光脚阿迪	1993年11月26日	ASCII	135
光明八勇士	1993年1月14日	IGS	86
光能战士	1996年7月26日	TAITO	367
光伞传说	1995年9月29日	NAXAT	316
光之传说	1992年7月3日	TONKIN HOUSE	50
光之传说2	1995年10月27日	TONKIN HOUSE	323
鬼马小精灵	1997年3月14日	KSS	384
鬼神降临传ONI	1994年8月5日	BANPRESTO	201
鬼神童子 电影雷舞	1995年11月24日	HUDSON	326
鬼神童子 烈斗雷传	1995年8月4日	HUDSON	302
鬼神童子 天地鸣动	1996年2月23日	HUDSON	347
鬼太郎 天魔大王复活	1993年2月5日	BANDAI	90
鬼屋历险	1995年5月26日	VICTOR ENTERTAINMENT	285
鬼家胜也 真斗拳王传说	1993年11月26日	SOFEL	136
国夫君的躲避球全员集合	1993年8月6日	TECNOS JAPAN	118
国际网球巡回赛	1993年3月26日	MICRO WORLD	98
国际象棋大师	1995年2月17日	ALTRON	260
H			
哈利巨人屋探险	1994年10月28日	ALTRON	220
哈喽 吃豆人	1994年8月26日	NAMCO	206
海钓名人 海鲈鱼篇	1994年12月16日	EA VICTOR	235
海钓太郎	1996年7月19日	PACK-IN-VIDEO	365
海腹川背	1994年12月23日	TNN	246
海格力斯的荣光3 众神的沉默	1992年4月24日	DATA EAST	45
海格力斯的荣光4 来自神的赠礼	1994年10月21日	DATA EAST	219
航空霸业 赌向天空	1992年4月5日	KOEI	44
航空霸业2 迈向航空王	1993年4月2日	KOEI	101
豪枪神雷传说 武者	1992年4月21日	DATAM POLYSTAR	44
豪血寺一族	1994年10月14日	ATLUS	217
黑暗法令	1997年3月28日	ASCII	386
黑暗王国	1994年4月29日	NIPPON TELENET	183

黑暗之王	1994年9月22日	ASCII	210		机动武斗传G高达	1994年12月27日	BANDAI	247
黑暗之鹰	1995年8月11日	KEMCO	305		机动战士V高达	1994年3月11日	BANDAI	168
黑白棋世界	1992年4月5日	TSUKUDA ORIGINAL	44		机动战士高达 穿越次元0079	1995年2月10日	BANDAI	258
横纲物语	1994年8月26日	KSS	207		机动战士高达F91 方程式战记0122	1991年7月6日	BANDAI	24
横贯美国大猜谜	1992年11月20日	TOMY	65					
横山光辉 三国志	1992年6月26日	ANGEL	49		机动战士高达Z	1996年3月1日	BANDAI	348
横山光辉 三国志2	1993年12月29日	ANGEL	151		机甲警察METAL JACK	1992年7月31日	ATLUS	54
横山光辉 三国志戏盘 双陆英雄记	1994年12月22日	ANGEL	245		机甲争霸3050年	1996年2月23日	ASK讲谈社	347
					机器人的崛起	1994年12月22日	T&E SOFT	245
轰炸汽车	1995年5月26日	DEN'Z	286		矶钓离岛篇	1996年1月19日	PACK-IN-VIDEO	343
轰炸忍者超人	1995年2月25日	INTEC	266		姬武神传说	1995年7月21日	TGL	298
红白机侦探俱乐部 PART 2 站在身后的少女	1998年4月1日	任天堂	393		激斗火焰摔角	1995年10月6日	BPS	317
红白文库 起始之森	1999年7月1日	任天堂	399		激突弹丸自动车决战	1993年6月25日	SYSTEM SACOM	108
虎克船长	1992年7月17日	EPIC·索尼	52					
花式台球	1994年3月18日	DATA EAST	171		吉米康诺斯职业网球巡回赛	1993年10月29日	MISAWA ENTERTAINMENT	129
花仙子方块	1995年10月27日	任天堂	322		极上Q版沙罗曼蛇	1994年11月25日	KONAMI	228
花札王	1994年12月16日	COCONUTS JAPAN	238		极速地带	1991年8月31日	HAL研究所	26
					济科足球	1994年3月4日	EA VICTOR	167
滑雪天堂	1994年12月16日	PACK-IN-VIDEO	237		加藤一二三九段 将棋俱乐部	1997年5月16日	HECTOR	387
欢乐推方块	1995年4月14日	日本物产	278		加藤一二三九段 将棋 心技流	1995年9月22日	VARIE	310
幻法小魔星 魔法冒险	1992年3月28日	BANDAI	43		加油吧 大力工头阿源君	1993年12月22日	IREM	145
幻史世界记	1995年6月30日	BANPRESTO	291		加州游戏2	1993年3月12日	HECTOR	96
幻兽旅团	1998年6月1日	AXELA	394		迦楼罗王	1994年2月18日	EPIC·索尼	163
幻想传说	1995年12月15日	NAMCO	253		家有贱狗 杀球大战	1994年4月28日	TAKARA	182
幻象女子摔角	1995年1月20日	VARIE	256		甲龙传说 消失的少女	1992年5月23日	BANDAI	47
浣熊方块	1994年3月25日	MASAYA	173		甲子园2	1992年6月26日	K.AMUSEMENT LEASING	48
荒野之枪	1994年8月12日	NATSUME	204					
皇家骑士团	1993年3月12日	QUEST	82		甲子园3	1994年7月29日	魔法	198
皇家骑士团2	1995年10月6日	QUEST	251		甲子园4	1995年7月14日	魔法	295
皇家战士	1992年11月27日	JALECO	69		假面骑士	1993年11月12日	BANDAI	132
黄金龙战记	1992年7月24日	东芝EMI	53		假面骑士SD 出击 骑士机车	1993年7月9日	YUTAKA	111
黄龙之耳	1995年12月22日	VAP	335		剪草人	1994年2月11日	COCONUTS JAPAN	162
回到未来2	1993年7月23日	东芝EMI	114					
毁灭武器	1995年6月23日	BANDAI	290		剑狂	1994年2月11日	东芝EMI	162
毁灭战士	1996年3月1日	IMAGINEER	349		剑士法兰多	1995年2月24日	BANPRESTO	265
绘图方块 NP Vol.1	1999年4月1日	任天堂	398		剑士法兰多2	1995年12月22日	BANPRESTO	338
绘图方块 NP Vol.2	1999年6月1日	任天堂	399		剑王之王	1993年8月6日	T&E SOFT	119
绘图方块 NP Vol.3	1999年8月1日	任天堂	400		剑王之王2 古代巨人传说	1994年7月15日	T&E SOFT	195
绘图方块 NP Vol.4	1999年10月1日	任天堂	400		剑勇传说	1994年3月25日	BANPRESTO	173
绘图方块 NP Vol.5	1999年12月1日	任天堂	401		将棋 风林火山	1993年10月29日	PONY CANYON	129
绘图方块 NP Vol.6	2000年2月1日	任天堂	404					
绘图方块 NP Vol.7	2000年4月1日	任天堂	404		将棋俱乐部	1995年2月24日	HECTOR	263
绘图方块 NP Vol.8	2000年6月1日	任天堂	404		将棋三昧	1995年12月22日	VIRGIN INTERACTIVE ENTERTAINMENT	336
晦	1996年3月1日	BANPRESTO	349					
魂电单车	1994年9月30日	MASAYA	215		将棋最强	1995年7月21日	魔法	298
魂斗罗精神	1992年2月28日	KONAMI	38		将棋最强2	1996年2月9日	魔法	346
火爆女子摔角	1994年7月22日	HUMAN	197		鲛龟	1996年3月1日	HUDSON	349
火箭骑士	1994年9月15日	KONAMI	208		礁湖传说	1991年12月13日	KEMCO	29
火箭手	1992年2月28日	IGS	38		街头霸王2	1992年6月10日	CAPCOM	34
火之皇子 大和战神	1995年9月29日	东宝	316		街头霸王2 加强版	1993年7月11日	CAPCOM	111
J					街头霸王ZERO2	1996年12月20日	CAPCOM	378
机动警察	1994年4月22日	BEC	180		街头篮球天王	1994年2月25日	B-AI	164

街头赛车手	1994年12月2日	UBI SOFT	231		快打刑事	1992年3月27日	JALECO	43
杰利小子	1991年9月13日	EPIC·索尼	27		快打刑事 修罗	1993年12月17日	JALECO	144
金刚狼	1995年1月27日	ACCLAIM JAPAN	257		快打刑事乱 复制都市	1992年12月22日	JALECO	76
金属荣耀 导演剪辑版	2000年11月29日	任天堂	404		快打旋风	1990年12月21日	CAPCOM	16
金属战队	1994年11月18日	NAMCO	227		快打旋风 凯	1992年3月20日	CAPCOM	40
筋肉人 恶意挑战者	1992年8月21日	YUTAKA	58		快打旋风2	1993年5月22日	CAPCOM	105
近代麻将特别版	1995年3月31日	IMAGINEER	275		快打旋风3	1995年12月22日	CAPCOM	338
近郊冒险队	1996年5月24日	PIONEER LDC	360		快打砖块 DOH归来	1997年1月15日	TAITO	382
劲爆NBA篮球	1994年4月29日	ACCLAIM JAPAN	182		快乐人生	1995年12月15日	DATA EAST	334
劲爆NBA篮球 淘汰赛版	1995年2月24日	ACCLAIM JAPAN	262		快棋手二段 森田将棋	1993年6月18日	SETA	107
京乐三洋丰丸Parlor	1995年3月30日	NIPPON TELENET	274		快棋手二段 森田将棋2	1995年5月26日	SETA	287
京乐三洋丰丸Parlor 2	1995年8月25日	NIPPON TELENET	307		**L**			
京乐三洋丰丸Parlor 3	1996年1月19日	NIPPON TELENET	343		拉里超级黑巴斯钓鱼	1994年9月22日	KING RECORDS	211
京乐三洋丰丸Parlor 4 CR	1995年12月29日	NIPPON TELENET	340		拉力赛车王 从巴黎到北京	1992年12月28日	MELDAC	79
京乐三洋丰丸Parlor 5	1996年3月29日	NIPPON TELENET	356		拉蒙斯的世界足球	1994年2月25日	PACK-IN-VIDEO	166
惊异之旅	1994年9月16日	ASMIK	209		拉普拉斯之魔	1995年7月14日	VIC东海	297
晶沙之城堡探险	1995年10月27日	HUDSON	320		拉斯维加斯之梦	1993年9月10日	IMAGINEER	123
竞轮王	1994年11月18日	COCONUTS JAPAN	226		蜡笔小新 幼稚园风云儿	1993年7月30日	BANDAI	116
究极打砖块	1995年11月17日	POW	325		蜡笔小新2 大魔王的逆袭	1994年5月27日	BANDAI	185
究极合体战机	1992年7月24日	ATLUS	54		蓝色水晶杖	1994年3月25日	NAMCO	173
旧约女神转生	1995年3月31日	ATLUS	275		浪漫沙加	1992年1月28日	SQUARE	34
救火战士	1994年11月11日	JALECO	224		浪漫沙加2	1993年12月10日	SQUARE	85
厩舍物语	1996年3月22日	KONAMI	353		浪漫沙加3	1995年11月11日	SQUARE	252
就职游戏	1995年7月28日	IMAGINEER	300		老虎机完全攻略	1997年3月7日	SYSCOM JAPAN	384
橘子酱男孩	1995年4月21日	BANDAI	280		乐趣宾果岛	1993年12月22日	KSS	146
巨人尾崎高尔夫	1991年2月23日	HAL研究所	22		乐一通 哔哔鸟VS威利狼	1992年12月22日	SUNSOFT	76
K					乐一通 兔八哥大冒险	1994年6月24日	SUNSOFT	191
卡比宝石星	1998年2月1日	任天堂	392		雷电传说	1991年11月29日	东映动画	28
卡比滚球	1994年9月21日	任天堂	210		雷鸟神机队 国际救助队出击	1993年9月10日	COBRA TEAM	122
卡通天蚕变	1992年11月21日	DATAM POLYSTAR	67		雷莎出击	1990年12月16日	ENIX	15
开天辟地 魔将的谋略	1993年3月26日	IMAGINEER	100		雷霆机器人	1996年7月26日	NAXAT	368
凯伦的疯狂追逐	1994年10月21日	KEMCO	218		蕾莎出击2 沉默圣战	1993年10月29日	ENIX	129
科学岛大冒险	1995年9月29日	BANPRESTO	313		炼金术士	1993年12月17日	ASCII	144
可爱滑雪大赛	1995年1月13日	HUMAN	256		恋爱日记	1995年3月17日	德间书店 INTERMEDIA	271
可别输了 魔剑道2 决定妖怪总理大臣	1995年3月17日	DATAM POLYSTAR	271		猎杀红十月号	1993年10月1日	ALTRON	127
可龙岛	1995年8月25日	U-MEDIA	306		林海峰九段的围棋大道	1996年3月22日	ASK讲谈社	354
课长岛耕作 超级商业冒险	1993年9月17日	YUTAKA	124		灵魂与剑	1993年11月30日	BANPRESTO	138
空手女神龙	1995年4月21日	ANGEL	279		铃鹿八小时耐久赛	1993年10月15日	NAMCO	127
空想科学世界	1996年6月28日	BANDAI	363		铃木F1超级赛车	1992年7月17日	LOZC	51
恐怖惊魂夜	1994年11月25日	CHUNSOFT	156		龙虎之拳	1993年10月29日	K.AMUSEMENT LEASING	131
恐龙抢蛋	1994年10月19日	魔法	218		龙虎之拳2	1994年12月21日	ZAURUS	241
恐龙王国大冒险	1992年7月17日	IREM	52		龙骑兵团	1993年4月23日	YUTAKA	104
恐龙战队	1995年11月24日	BANDAI	327		龙骑士4	1996年12月27日	BANPRESTO	379
酷昂八	1996年12月20日	T&E SOFT	377		龙王战士	1994年3月4日	CAPCOM	167
酷小子	1993年12月10日	VIRGIN GAME	140		龙穴	1993年6月25日	KONAMI	110
					龙与地下城 魔眼杀机	1994年3月18日	CAPCOM	169
					龙战士	1993年4月3日	CAPCOM	102
					龙战士2 使命之子	1994年12月2日	CAPCOM	232
					龙珠 超次元战记	1996年3月29日	BANDAI	356
					龙珠Z 超级赛亚人传说	1992年1月25日	BANDAI	37

龙珠Z 超武斗传	1993年3月20日	BANDAI	83
龙珠Z 超武斗传2	1993年12月17日	BANDAI	143
龙珠Z 超武斗传3	1994年9月29日	BANDAI	213
龙珠Z 超悟空传 觉醒篇	1995年9月22日	BANDAI	312
龙珠Z 超悟空传 突激篇	1995年3月24日	BANDAI	272
龙族地球	1993年1月22日	HUMAN	87
鲁邦三世 传说的秘宝	1994年12月27日	EPOCH	247
鲁多拉秘宝	1996年4月5日	SQUARE	357
乱马1/2 奥义邪暗拳	1995年7月21日	东宝·小学馆 PRODUCTION	299
乱马1/2 爆裂乱斗篇	1992年12月25日	MASAYA	78
乱马1/2 超技乱舞篇	1994年4月28日	东宝·小学馆 PRODUCTION	182
乱马1/2 町内激斗篇	1992年3月27日	MASAYA	43
乱马1/2 朱猫团的秘宝	1993年10月22日	东宝·小学馆 PRODUCTION	128
罗德斯岛战记	1995年12月22日	角川书店	338
罗杰克莱门斯的MVP棒球	1993年8月27日	ACCLAIM JAPAN	120
逻辑绘图	1999年6月1日	世界文化社	399
逻辑绘图2	1999年11月1日	世界文化社	401
洛克人7 宿命的对决	1995年3月24日	CAPCOM	273
洛克人X	1993年12月17日	CAPCOM	144
洛克人X2	1994年12月16日	CAPCOM	240
洛克人X3	1995年12月1日	CAPCOM	329
洛克人与佛鲁迪	1998年4月24日	CAPCOM	394
洛克人足球	1994年3月25日	CAPCOM	176

M

麻将大会2	1994年9月30日	KOEI	215
麻将斗牌传	1993年4月16日	VIDEO SYSTEM	102
麻将繁盛记	1995年7月28日	日本物产	302
麻将飞翔传 哭泣的龙	1992年12月25日	IGS	78
麻将飞翔传 真 哭泣的龙	1995年10月27日	BEC	322
麻将俱乐部	1994年12月22日	HECTOR	245
麻将战国物语	1994年9月23日	四次元	213
麻雀悟空 天竺	1994年8月19日	CHATNOIR	205
马场大亨	1994年9月16日	CARROZZERIA JAPAN	209
马场大亨2	1995年11月24日	CARROZZERIA JAPAN	327
马力欧超级绘图方块	1995年9月14日	任天堂	309
马力欧绘图	1992年7月14日	任天堂	35
马力欧医生	1998年6月1日	任天堂	394
马力欧与瓦力欧	1993年8月27日	任天堂	122
马券炼金术	1994年5月27日	KSS	184
马券买入术	1993年12月10日	MISAWA ENTERTAINMENT	141
马券买入术2	1994年9月30日	IMAGINEER	216
迈克尔·安德烈蒂的印地赛车挑战	1995年1月20日	BPS	256
漫威超级英雄 宝石之战	1996年10月18日	CAPCOM	375
猫咪黑白棋	1994年3月18日	BANPRESTO	170
猫仔哥棒球	1993年12月17日	IMAGINEER ZOOM	143
猫仔哥方块94	1994年10月28日	IMAGINEER ZOOM	222

猫仔哥足球	1994年7月8日	IMAGINEER ZOOM	193
帽子戏法足球英雄	1992年3月27日	TAITO	42
帽子戏法足球英雄2	1994年7月29日	TAITO	199
美法兰传说	1994年3月25日	ASCII	176
美国冰上曲棍球	1993年3月19日	JALECO	98
美国巡回赛车	1995年6月30日	VIRGIN INTERACTIVE ENTERTAINMENT	291
美女与野兽	1994年7月8日	HUDSON	194
美少女高校经营	1995年7月7日	BPS	295
美少女梦工厂 异世界传说	1995年12月15日	TAKARA	333
美少女抢救大作战	1994年11月18日	BANDAI	227
美少女雀士	1993年7月30日	JALECO	117
美少女摔角列传	1996年3月29日	KSS	357
美少女战士	1993年8月27日	ANGEL	121
美少女战士 另一个故事	1995年9月22日	ANGEL	312
美少女战士R	1993年12月29日	BANDAI	150
美少女战士S 方块大战	1994年7月15日	BANDAI	196
美少女战士S 消气泡大战 美少女战士	1995年2月24日	BANDAI	264
美少女战士SuperS 场外乱斗 主角争夺战	1994年12月16日	ANGEL	238
美少女战士SuperS 超级射泡泡	1995年12月8日	BANDAI	330
美少女战士SuperS 全员参加主角争夺战	1996年3月29日	ANGEL	356
美神传说	1993年12月25日	MAGIFACT	149
美食战队 蔷薇野郎	1995年9月29日	VIRGIN INTERACTIVE ENTERTAINMENT	314
蒙纳克皇族	1992年10月9日	EPOCH	62
梦幻篮球赛	1994年11月18日	HUMAN	226
梦幻模拟战2	1995年6月30日	MASAYA	292
梦幻之塔	1996年10月25日	ASCII	375
梦迷宫 人偶装大冒险	1994年4月15日	HECTOR	179
迷糊蛋大赛跑	1994年12月22日	SUNSOFT	243
迷糊蛋格斗大战	1994年3月11日	SUNSOFT	169
迷糊蛋美味益智赛	1994年8月31日	SUNSOFT	207
迷糊蛋魔法气泡大对决	1993年12月22日	SUNSOFT	147
迷糊蛋益智魔法气泡	1995年7月28日	SUNSOFT	301
迷你柏青哥实机测试	1996年4月26日	NIPPON TELENET	360
迷你柏青哥实机测试2	1996年6月28日	NIPPON TELENET	365
迷你柏青哥实机测试3	1996年9月27日	NIPPON TELENET	374
迷你柏青哥实机测试4	1996年11月29日	NIPPON TELENET	377
迷你柏青哥实机测试5	1997年3月28日	NIPPON TELENET	386
迷你柏青哥实机测试6	1997年5月30日	NIPPON TELENET	387
迷你柏青哥实机测试7	1997年8月29日	NIPPON TELENET	387
米兰达拉传说	1997年1月31日	ASCII	383

名称	日期	厂商	页码	名称	日期	厂商	页码
米老鼠的魔法冒险	1992年11月20日	CAPCOM	66	魔兽使传说	1994年12月22日	MASAYA	244
米老鼠东京迪斯尼乐园大冒险	1994年12月16日	TOMY	239	魔兽王	1995年8月25日	KSS	307
米老鼠与唐老鸭 魔法冒险3	1995年12月8日	CAPCOM	331	魔术强森的超级灌篮	1993年7月16日	VIRGIN GAME	113
米奇与米妮的魔法冒险2	1994年11月11日	CAPCOM	224	魔天传说	1995年10月27日	TAKARA	323
秘境魔宝美少女篇 来自过去的挑战	1995年4月1日	TAITO	277	魔星迷踪 古代机械的记忆	1992年11月13日	ASMIK	65
秘密行动	1992年12月18日	HECTOR	74	魔星迷踪2 封印的使徒	1996年7月26日	ASMIK	368
棉花小魔女大冒险100%	1994年4月22日	DATAM POLYSTAR	180	魔域传说 奥尔尼克战记	1994年3月11日	CULTURE BRAIN	169
面具后的弹珠台	1994年1月8日	MELDAC	158	木偶奇遇记	1996年12月20日	CAPCOM	379
描绘卫门	1994年9月20日	ATHENA	210	牧场物语	1996年8月9日	PACK-IN-VIDEO	369
灭绝战记2	1994年8月5日	KEMCO	201	幕末降临传ONI	1996年2月2日	BANPRESTO	346
名将	1995年3月17日	CAPCOM	268	**N**			
明日之丈	1992年11月27日	K.AMUSEMENT LEASING	67	奈杰尔·曼塞尔F1挑战	1993年3月19日	INFOCOM	97
明治农村农耕对抗赛	1995年3月17日	VIC东海	268	南国少年 奇小邪	1994年3月25日	ENIX	176
命运传说	1994年4月28日	BANPRESTO	181	纽曼哈斯印地赛车	1994年12月16日	ACCLAIM JAPAN	238
模拟城市	1991年4月26日	任天堂	20	怒之要塞	1993年4月23日	JALECO	103
模拟城市2000	1995年5月26日	IMAGINEER	285	女子摔角 闪耀之星传说	1995年10月27日	PONY CANYON	321
模拟城市Jr.	1996年7月26日.	IMAGINEER	367	女子学园社团战记	1995年2月24日	VARIE	264
模拟地球	1991年12月29日	IMAGINEER	32	**O**			
模拟蚂蚁	1993年2月26日	IMAGINEER	92	欧陆战线	1993年1月16日	KOEI	86
摩诃摩诃	1992年4月24日	SIGMA	45	**P**			
摩陀罗 幼稚园战记	1996年1月26日	DATAM POLYSTAR	345	牌势麻将 凌驾	1995年4月28日	ASCII	283
魔城奇兵2	1993年11月12日	EPIC·索尼	132	牌砦	1994年12月9日	TAKARA	234
魔导物语 大幼稚园儿	1996年1月12日	德间书店 INTERMEDIA	343	庞克勇士	1992年12月23日	TECNOS JAPAN	77
魔法大进击	1995年3月10日	PACK-IN-VIDEO	268	蓬莱学园之冒险	1996年4月19日	J·WING	358
魔法方块	1994年8月5日	TAKARA	202	霹雳趣味大竞赛	1992年3月27日	ASCII	42
魔法门2 异世界之门	1993年1月22日	LOZC	87	漂亮一杆	1994年4月29日	ASK讲谈社	183
魔法骑士 雷阿斯	1995年9月29日	TOMY	317	拼图对决	1994年7月22日	HORI	196
魔法气泡闯通关	1995年10月27日	MAGIFACT	320	拼字方块	1995年11月17日	YUTAKA	324
魔法世界	1993年7月23日	HOT·B	115	平安风云传	1995年9月29日	KSS	316
魔法提琴手	1995年9月29日	ENIX	315	平成军人将棋	1996年1月26日	CARROZZERIA JAPAN	345
魔法微量球	1995年10月20日	DATA EAST	319	平成新鬼岛 后篇	1997年12月1日	任天堂	388
魔法微量球2	1996年9月20日	DATA EAST	372	平成新鬼岛 前篇	1997年12月1日	任天堂	388
魔法与剑	1994年11月18日	ASK讲谈社	227	平和柏青哥世界	1995年2月24日	SHOUEI SYSTEM	265
魔法阵咕噜咕噜	1995年4月21日	ENIX	279	平和柏青哥世界2	1995年9月29日	SHOUEI SYSTEM	316
魔法阵咕噜咕噜2	1996年4月12日	ENIX	358	平和柏青哥世界3	1996年4月26日	SHOUEI SYSTEM	360
魔鬼球场高尔夫	1993年3月5日	T&E SOFT	95	苹果核战记	1994年8月26日	VISIT	205
魔幻精灵卡 里姆萨利亚的封印	1992年3月27日	HAL研究所	41	扑克之岛	1995年6月23日	PACK-IN-VIDEO	289
魔剑	1992年5月29日	CAPCOM	47	普罗克大冒险	1993年12月10日	ACTIVISION JAPAN	141
魔剑道	1993年1月22日	DATAM POLYSTAR	87	**Q**			
魔界村外传 纹章篇	1994年10月21日	CAPCOM	219	奇波方块	1994年7月15日	DATAM POLYSTAR	194
魔界佣兵2	1993年6月25日	SETA	109	奇奇怪界 谜之黑斗篷	1992年12月22日	NATSUME	76
魔神Z	1993年6月25日	BANDAI	110	奇奇怪界 月夜草子	1994年6月17日	NATSUME	188
魔神封印传说	1995年7月21日	TECNOS JAPAN	298	奇天烈大百科大富翁	1995年1月27日	VIDEO SYSTEM	257
魔神转生	1994年1月28日	ATLUS	160	奇异 猴子们的宝岛	1996年10月26日	任天堂	375
魔神转生2	1995年2月19日	ATLUS	261	祇园花	1994年12月16日	日本物产	236
魔兽大战 虹色的魔石	1995年6月30日	德间书店 INTERMEDIA	293	企鹅方块	1997年1月31日	ASCII	383

前线任务	1995年2月24日	SQUARE	265		赛马大亨2	1995年3月18日	KOEI	271
前线任务外传 枪之危机	1996年2月23日	SQUARE	347		赛马大亨2 96	1996年10月4日	KOEI	374
枪手的考验	1997年1月31日	ASCII	382		赛马回忆	1995年2月24日	BEC	263
抢救彩虹	1998年8月1日	任天堂	395		赛马英雄	1995年3月21日	TECMO	271
芹泽信雄的高尔夫	1992年12月4日	东宝	69		赛马之道2	1995年2月24日	VICTOR ENTERTAINMENT	262
青龙传	1997年1月17日	T&E SOFT	382		赛马之路	1993年10月29日	VICTOR ENTERTAINMENT	129
蚯蚓吉姆	1995年6月23日	TAKARA	288		赛文奥特曼	1993年3月26日	BANDAI	99
全国高校足球	1994年11月25日	四次元	229		三国志3	1992年11月8日	KOEI	64
全国高校足球2	1995年11月17日	四次元	325		三国志4	1994年12月9日	KOEI	233
全日本GT选手权	1995年9月29日	KANEKO	315		三国志英杰传	1995年12月28日	KOEI	339
全日本职业摔角	1993年7月16日	MASAYA	112		三国志正史 天舞精神	1993年6月25日	WOLFTEAM	108
全日本职业摔角 世界最强搭档	1993年12月28日	MASAYA	150		三丽欧世界 爆裂斗球	1993年7月16日	CHARACTER SOFT	112
全日本职业摔角2 3月4日武道馆	1995年4月7日	MASAYA	277		三丽鸥上海	1994年8月31日	CHARACTER SOFT	207
拳斗王世界冠军赛	1992年4月28日	SOFEL	46		三星幻界	1993年10月1日	YANOMAN	126
雀游记 悟空乱打	1995年1月13日	VIRGIN GAME	255		三只眼 圣魔降临传	1992年7月28日	YUTAKA	54
R					三只眼 兽魔奉还	1995年12月22日	BANPRESTO	336
热爆赛车	1992年2月21日	SETA	38		沙克传说	1993年2月26日	SUNSOFT	92
热爆赛车2 迈向F1赛车手	1993年3月5日	SETA	94		沙漠突袭	1993年3月26日	EA VICTOR	100
热斗棒球方块	1997年4月25日	COCONUTS JAPAN	386		沙漠雄鹰	1994年2月18日	SETA	163
热斗神拳	1998年6月1日	MASAYA	395		山猫巴比斯大冒险	1994年6月17日	PACK-IN-VIDEO	189
热血棒球物语	1993年12月17日	TECNOS JAPAN	142		闪电出击	1991年12月27日	东芝EMI	31
热血大陆 燃烧英雄	1995年3月17日	ENIX	270		闪电斗士	1995年5月19日	RIGHT STUFF	284
热血食物方块	1994年5月27日	TECNOS JAPAN	185		闪电海滩排球	1995年8月4日	VIRGIN INTERACTIVE ENTERTAINMENT	302
人造人009	1994年2月25日	BEC	164		闪光俄罗斯方块	1994年7月8日	BPS	193
忍者龙剑传 巴	1995年8月11日	TECMO	305		闪回	1993年12月22日	SUNSOFT	147
忍者乱太郎	1995年7月28日	CULTURE BRAIN	301		商人立志传	1995年12月15日	BANDAI	332
忍者乱太郎 特别版	1996年8月9日	CULTURE BRAIN	369		赏金剑客	1995年9月8日	PIONEER LDC	308
忍者乱太郎2	1996年3月29日	CULTURE BRAIN	356		上吧惠比寿丸 机关人偶迷宫 与五右卫门失踪之谜	1996年3月29日	KONAMI	355
忍者乱太郎3	1997年2月28日	CULTURE BRAIN	384		上帝也疯狂	1990年12月16日	IMAGINEER	16
忍者乱太郎方块	1996年6月28日	CULTURE BRAIN	365		上帝也疯狂2	1993年1月22日	IMAGINEER	87
忍者神龟 变种战士	1993年12月3日	KONAMI	139		上海 万里长城	1995年11月17日	SUNSOFT	324
忍者神龟 时空之旅	1992年7月24日	KONAMI	54		上海3	1994年9月15日	SUNSOFT	208
忍者蛙 战斗狂热中	1994年1月7日	MASAYA	157		少年阿贝 小芝麻的游乐园大冒险	1992年12月22日	TAKARA	76
忍者小子	1994年10月28日	SUNSOFT	221		神风特攻队	1995年7月28日	U-MEDIA	300
忍者战士 归来	1994年1月28日	TAITO	159		神秘的约柜	1995年7月14日	ENIX	296
日本物产经典街机合辑	1995年5月26日	日本物产	286		神秘绕圈方块	1992年12月4日	K.AMUSEMENT LEASING	70
日本物产经典街机合辑2 平安京外星人	1995年12月15日	日本物产	333		神秘塔罗牌	1995年4月28日	VISIT	283
日本物产游戏合集1	1996年11月29日	日本物产	376		神奇博彩天堂	1995年1月27日	CARROZZERIA JAPAN	258
日本物产游戏合集2	1996年12月27日	日本物产	380		神奇计划J 机械少年皮诺	1994年12月9日	ENIX	234
如梦似幻	1993年12月17日	INTEC	144		神圣记	1993年6月18日	VIC东海	107
瑞迪克拳击	1993年11月23日	MICRONET	134		神圣记2	1995年10月6日	VIC东海	317
若贵大相扑 梦幻兄弟对决	1993年11月12日	IMAGINEER	133		生化金属战机	1993年3月19日	ATHENA	97
S					圣剑传说2	1993年8月6日	SQUARE	84
塞尔达传说 众神的三角神力	1991年11月21日	任天堂	21					
赛马大亨	1993年9月10日	KOEI	122					

游戏名	日期	发行商	页码	游戏名	日期	发行商	页码
圣剑传说3	1995年9月30日	SQUARE	251	首都高赛车94	1994年5月27日	BPS	185
圣灵珠传说	1993年4月16日	I'MAX	103	树帝战记	1993年8月27日	ENIX	121
圣灵珠传说2	1994年12月29日	I'MAX	247	摔角霸王	1994年3月30日	CAPCOM	177
圣龙传说	1996年2月9日	SQUARE	346	双截龙归来	1992年10月16日	TECNOS JAPAN	62
圣兽魔传	1995年12月15日	BPS	332	双陆任务++	1994年12月9日	TECNOS JAPAN	233
失落的维京人	1993年10月8日	T&E SOFT	127	水管拼图	1994年3月4日	IMAGINEER	167
狮子王	1994年12月9日	VIRGIN GAME	234	死亡摔角	1993年7月16日	I'MAX	113
石榴之味	1995年12月22日	IMAGINEER	336	死亡之舞	1993年3月26日	JALECO	100
石头保护者	1995年4月28日	KEMCO	282	四狂神战记	1993年6月25日	TAITO	108
时空引导者	1993年4月23日	GAME PLAN 21	103	四狂神战记2	1995年2月24日	TAITO	262
时空勇士	1994年9月2日	SQUARE	207	四驱兄弟 WGP世界杯2	1998年10月1日	任天堂	396
时空战警	1995年2月17日	VICTOR ENTERTAINMENT	260	四人将棋	1995年7月14日	POW	297
时钟职人	1995年12月8日	德间书店	330	四柱推命学入门 真桃源乡	1995年9月22日	BANPRESTO	311
实况Q版沙罗曼蛇	1995年12月15日	KONAMI	332	松村邦洋传	1994年8月26日	SHOUEI SYSTEM	206
实况力量棒球 基础版98	1998年3月19日	KONAMI	393	松方弘树的超级钓鱼	1995年8月25日	TONKIN HOUSE	307
实况力量棒球2	1995年2月24日	KONAMI	263	松鼠大冒险	1994年10月7日	SOFEL	216
实况力量棒球3	1996年2月29日	KONAMI	348	所乔治麻将	1994年9月23日	VIC东海	213
实况力量棒球3 97春	1997年3月20日	KONAMI	385	**T**			
实况力量棒球94	1994年3月11日	KONAMI	168	跆拳道	1994年6月28日	HUMAN	192
实况力量棒球96开幕版	1996年7月19日	KONAMI	365	太阁立志传	1993年4月7日	KOEI	102
实况世界足球 完美十一人	1994年11月11日	KONAMI	224	太空火箭炮	1993年6月21日	任天堂	108
实况世界足球2 战斗十一人	1995年9月22日	KONAMI	311	太空蚂蚁战士	1993年12月22日	EA VICTOR	146
实况职业摔角96	1996年9月13日	KONAMI	372	太空模拟战	1992年7月24日	HUDSON	53
实战 麻将指南	1995年1月13日	ASK讲谈社	255	太空模拟战2	1996年7月26日	HUDSON	366
实战巴斯钓鱼必胜法	1995年8月25日	SAMMY	306	太空入侵者	1994年3月25日	TAITO	175
实战柏青哥必胜法2	1996年3月8日	SAMMY	350	太空王牌	1994年3月25日	IMAGINEER	175
实战柏青嫂必胜法	1993年11月26日	SAMMY	136	太空小妖精	1991年5月28日	SETA	23
实战柏青嫂必胜法 Twin	1997年3月15日	SAMMY	385	太空战斗机	1993年9月24日	TAITO	125
实战柏青嫂必胜法 Twin 2	1997年9月12日	SAMMY	388	太空战斗机2	1991年3月29日	TAITO	22
实战柏青嫂必胜法2	1994年9月16日	SAMMY	209	太空争霸	1992年4月28日	东宝	46
实战柏青嫂必胜法经典版	1995年7月7日	SAMMY	294	汤姆与杰瑞	1993年6月25日	ALTRON	109
实战老虎机必胜法 山佐传说	1996年4月5日	SAMMY	357	唐老鸭大冒险	1996年12月20日	CAPCOM	378
实战赛艇	1995年6月23日	IMAGINEER	289	唐老鸭的魔法帽	1995年8月11日	EPOCH	305
史记英雄传	1995年7月7日	OUTRIGGER	294	逃离异世界	1992年11月27日	VICTOR ENTERTAINMENT	67
史奴比音乐会	1995年5月19日	三井不动产/电通	284	桃太郎电铁HAPPY	1996年12月6日	HUDSON	377
史上最强足球联盟 王牌射手	1995年3月31日	TNN	276	淘金大冒险	1994年7月29日	T&E SOFT	200
世界杯足球	1994年6月17日	COCONUTS JAPAN	189	淘气小魔女 友美和御影的神奇世界大冒险	1993年10月22日	TAKARA	128
世界级橄榄球2 国内激斗篇93	1994年1月7日	MISAWA ENTERTAINMENT	158	特技立体赛车	1994年6月4日	任天堂	186
世界级橄榄球赛	1993年1月29日	MISAWA ENTERTAINMENT	89	特警判官	1995年10月27日	ACCLAIM JAPAN	320
世界级足球赛	1994年3月25日	ACCLAIM JAPAN	176	特警枪神	1994年3月11日	KONAMI	169
世界英雄	1993年8月12日	SUNSOFT	120	特鲁尼克大冒险 不可思议的迷宫	1993年9月19日	CHUNSOFT	84
世界英雄2	1994年7月1日	ZAURUS	192	提督的决断	1992年9月24日	KOEI	60
世界足球	1993年7月16日	COCONUTS JAPAN	113	提督的决断2	1995年2月17日	KOEI	261
侍魂	1994年9月22日	TAKARA	210	天地创造	1995年10月20日	ENIX	252
柿木将棋	1995年9月1日	ASCII	308	天地无用 游戏篇	1995年10月27日	BANPRESTO	321
首都高赛车2 甩尾王土屋圭市与坂东正明	1995年2月24日	BPS	264	天龙源一郎职业摔角	1994年9月30日	JALECO	214
				天目伊底亚之日	1994年3月18日	SHOUEI SYSTEM	170
				天使之诗 白翼的祈祷	1994年7月29日	NIPPON TELENET	199

天外魔境ZERO	1995年12月22日	HUDSON	337	喜国雅彦之雀斗士铜锣王2	1993年12月3日	POW	139
畠山秀树的二创棒球新闻实名版	1993年10月29日	EPOCH	131	系井重里的垂钓巴斯No.1	1997年2月21日	任天堂	383
条码战记 超级战士出击	1993年5月14日	EPOCH	105	仙卓大冒险 与女武神的相遇	1992年7月23日	NAMCO	52
铁臂阿童木	1994年2月18日	BANPRESTO	164	陷阱 玛雅冒险	1995年7月14日	PONY CANYON	296
铁拳对钢拳 对决 东京四天王	1994年4月15日	BANDAI	180				
铁鹰战士	1993年7月30日	VIDEO SYSTEM	116	项刘记	1994年4月6日	KOEI	178
同级生2	1997年12月1日	BANPRESTO	388	消防员	1994年9月9日	HUMAN	208
童话物语	1993年3月5日	HECTOR	94	小鬼当家	1992年8月11日	ALTRON	57
骰子方块	1995年2月10日	CARROZZERIA JAPAN	259	小红帽恰恰	1996年8月9日	TOMY	369
				小恐龙 刚刚君	1994年11月11日	BANDAI	223
屠龙传记	1991年5月24日	KEMCO	23	小小魔法师	1993年12月24日	ALTRON	149
屠龙魔导士 英雄传说	1992年2月14日	EPOCH	38	小小男子汉 对战魔法气泡	1994年11月18日	KONAMI	225
屠龙魔导士 英雄传说2	1993年6月4日	EPOCH	106	笑一笑又何妨 塔摩利大奖赛	1994年4月28日	ATHENA	182
兔宝宝历险记	1992年12月18日	KONAMI	74				
兔宝宝历险记 古怪运动会	1994年9月30日	KONAMI	214	邪恶术士	1995年5月26日	ACCLAIM JAPAN	285
吞食天地 三国志群雄传	1995年8月11日	CAPCOM	304	邪鬼破坏弹珠台	1992年12月18日	NAXAT	75
W				心理游戏 恶魔的心理测验	1993年3月26日	VISIT	99
瓦乐奇迹高尔夫	1992年9月18日	T&E SOFT	60	心理游戏2 魔法之旅	1995年2月10日	VISIT	259
外星大眼小蜜蜂	1992年10月29日	NAMCO	63	心理游戏3	1995年8月25日	VISIT	306
外星特警2	1993年6月11日	日本物产	106	心跳回忆 传说之树下	1996年2月9日	KONAMI	346
玩具总动员	1996年4月26日	CAPCOM	359	辛普森一家 巴特的恶梦	1993年2月26日	ACCLAIM JAPAN	93
顽皮豹	1994年4月15日	ALTRON	179	辛普森一家 巴特的幻想	1994年9月30日	ACCLAIM JAPAN	215
万兽之王	1992年7月31日	TAKARA	55	辛普森一家 超级快乐屋	1993年1月29日	ACCLAIM JAPAN	88
万兽之王2	1993年12月22日	TAKARA	145	新·将棋俱乐部	1995年9月22日	HECTOR	311
王者之师	1994年10月28日	YANOMAN	223	新SD战国传 大将军列传	1995年4月21日	BEC	278
网球甜心	1993年12月22日	NIPPON TELENET	145	新机动战记高达W 无尽的决斗	1996年3月29日	BANDAI	355
魍魉战记2	1993年7月16日	KONAMI	113	新热血硬派 国夫的挽歌	1994年4月29日	TECNOS JAPAN	183
威利在哪里 绘本之国的大冒险	1993年2月19日	TOMY	90	新日本职业摔角 斗强导梦的超战士	1993年9月14日	VARIE	123
围棋俱乐部	1996年1月26日	HECTOR	344	新日本职业摔角94 斗强导梦战场	1994年8月12日	VARIE	203
未来骑警R2	1995年11月17日	VIRGIN INTERACTIVE ENTERTAINMENT	325	新日本职业摔角95 斗强导梦七战	1995年6月30日	VARIE	292
未来勇者	1993年1月3日	HUDSON	86	新世纪GPX高智能方程式赛车	1992年3月19日	TAKARA	40
未来勇者2	1995年6月9日	HUDSON	287	新桃太郎传说	1993年12月24日	HUDSON	148
文明	1994年10月7日	ASMIK	216	新小双侠	1996年3月22日	YUTAKA	353
巫术1·2·3 利加敏的故事	1999年6月1日	MEDIA FACTORY	399	新星际迷航 追寻伟大遗产IFD之谜	1995年11月17日	德间书店	325
巫术5 灾涡的中心	1992年11月20日	ASCII	65	信长公记	1993年1月29日	YANOMAN	88
巫术6 禁断的魔笔	1995年9月29日	ASCII	313	信长之野望 霸王传	1993年12月9日	KOEI	140
巫术外传4 胎魔的鼓动	1996年9月20日	ASCII	372	信长之野望 全国版	1993年8月5日	KOEI	118
无人岛物语	1996年1月26日	KSS	345	信长之野望 天翔记	1996年1月26日	KOEI	344
武丰 G1赛马	1995年7月21日	NGP	298	信长之野望 将风云录	1991年12月21日	KOEI	31
武宫正树九段围棋大将	1995年8月11日	KSS	304	星际火狐	1993年2月21日	任天堂	82
武田修宏之超级杯足球	1993年11月26日	JALECO	137	星际之门	1995年5月26日	ACCLAIM JAPAN	286
武田修宏之超级联盟足球	1994年11月25日	JALECO	229	星间游侠	1994年6月25日	KOEI	191
X				星间游侠2	1995年8月11日	KOEI	306
西原理惠子麻将流浪记	1995年2月10日	TAITO	259	星间游侠2 专家版	1996年3月15日	KOEI	351
西阵柏青哥3	1996年12月20日	KSS	378	星之海洋	1996年7月19日	ENIX	366
西阵柏青哥物语	1995年6月23日	KSS	289	星之卡比 超级豪华版	1996年3月21日	任天堂	352
西阵柏青哥物语2	1996年6月28日	KSS	364	星之卡比3	1998年3月27日	任天堂	393
溪流王	1994年12月22日	IMAGINEER	242	行星杯赛车3000	1995年4月28日	KEMCO	283
喜国雅彦之雀斗士铜锣王	1993年2月19日	POW	90				

名称	日期	发行商	页	名称	日期	发行商	页
幸运超人	1995年6月30日	BANDAI	293	音速超人	1992年9月25日	TAITO	61
休曼GP赛车	1992年11月20日	HUMAN	66	音速超人2	1994年3月18日	TAITO	172
休曼GP赛车2	1993年12月24日	HUMAN	148	银河大战	1995年1月13日	IMAGINEER	255
休曼GP赛车3	1994年9月30日	HUMAN	215	银河飞将	1993年7月23日	ASCII	114
休曼GP赛车4	1995年8月25日	HUMAN	307	银河风暴	1992年9月11日	KONAMI	59
休曼棒球	1993年8月6日	HUMAN	119	银河骑兵机器人	1994年3月11日	IMAGINEER	168
修罗战士 钢	1994年11月18日	HUDSON	226	银河英雄传说	1992年9月25日	德间书店 INTERMEDIA	61
秀逗魔导士	1994年6月24日	BANPRESTO	190	银河战国群雄传	1996年3月8日	ANGEL	350
秀逗泰山 世界漫游大格斗之卷	1994年9月18日	BANDAI	209	银河战机	1992年8月7日	KEMCO	57
虚幻之梦	1992年12月11日	NIPPON TELENET	70	银河战记	1993年2月26日	VICTOR ENTERTAINMENT	93
旋风弹珠台	1994年8月5日	COCONUTS JAPAN	202	银河战记	1996年12月19日	BOTTOM UP	377
旋风机器人	1994年12月9日	PACK-IN-VIDEO	232	银玉亲方实战柏青哥必胜法	1995年2月17日	SAMMY	260
学校怪谈	1995年8月4日	BANPRESTO	303	隐逝的黑暗	1996年5月31日	ENIX	362
Y				英雄圣战	1993年3月5日	SUNSOFT	94
押忍 空手部	1994年8月26日	CULTURE BRAIN	205	英雄圣战2 邪神之胎动	1994年12月22日	SUNSOFT	241
牙	1993年3月12日	MICRO WORLD	96	英雄战记 奥林匹斯计划	1992年11月20日	BANPRESTO	66
雅达蒙梦幻仙境	1993年11月26日	德间书店	138	樱井章一雀鬼流 麻将必胜法	1995年9月14日	SAMMY	309
亚当斯一家	1992年10月23日	MISAWA ENTERTAINMENT	62	樱桃小丸子 365天日记	1991年12月13日	EPOCH	29
亚克斯传说	1993年10月22日	SAMMY	128	樱桃小丸子 南国岛游乐	1995年12月1日	KONAMI	328
亚蒙亚蒙世界	1995年2月17日	BANDAI	261	永远的蝙蝠侠	1995年10月27日	ACCLAIM JAPAN	321
岩石方块大战	1994年12月16日	I'MAX	237	永远的菲蕾娜	1995年2月25日	德间书店 INTERMEDIA	266
炎之斗球儿弹平	1992年7月31日	SUNSOFT	55	勇者斗恶龙1·2	1993年12月18日	ENIX	85
炎之纹章 多拉基亚776	1999年9月1日	任天堂	400	勇者斗恶龙3 接着迈向传说	1996年12月6日	ENIX	342
炎之纹章 圣战系谱	1996年5月14日	任天堂	360	勇者斗恶龙5 天空的新娘	1992年9月27日	ENIX	36
炎之纹章 纹章之谜	1994年1月21日	任天堂	154	勇者斗恶龙6 幻之大地	1995年12月9日	ENIX	253
妖怪百鬼夜行	1995年12月20日	KSS	334	勇者机器人	1994年7月8日	ENIX	193
妖怪克星 露卡大冒险	1995年6月9日	角川书店	288	勇者募集中	1994年11月25日	HUMAN	230
摇滚赛车	1994年1月3日	NAMCO	157	勇者无惧	1995年9月29日	ASCII	314
耀西的饼干	1993年7月9日	BPS	111	幽游白书	1993年12月22日	NAMCO	147
耀西的旅行	1993年7月14日	任天堂	112	幽游白书 魔界最强列传	1995年3月24日	NAMCO	273
野外大赛车	1991年3月20日	JALECO	22	幽游白书 特别篇	1994年12月22日	NAMCO	245
夜光虫	1995年6月16日	ATHENA	288	幽游白书2 格斗之章	1994年6月10日	NAMCO	187
一发逆转 赛马 自行车赛 竞艇	1996年4月26日	POW	358	悠悠问答GO!GO!	1992年7月10日	TAITO	51
一级方程式GP大赛	1992年4月28日	VIDEO SYSTEM	46	游人 雀兽学园	1993年11月19日	VARIE	134
伊达公子网球	1994年5月13日	B-AI	184	游人 雀兽学园2	1994年11月18日	VARIE	228
伊苏3 来自伊苏的冒险者	1991年6月21日	TONKIN HOUSE	24	游人女孩盘戏	1994年7月1日	POW	192
伊苏4 太阳的假面	1993年11月19日	TONKIN HOUSE	133	游戏达人	1995年8月11日	SUNSOFT	304
伊苏5 强化版	1996年3月22日	KOEI	352	游戏铁人 上海篇	1995年10月13日	SUNSOFT	318
伊苏5 失落的砂之都凯芬	1995年12月29日	日本FALCOM	339	娱乐金鱼眼 游戏学园	1994年3月18日	JALECO	170
伊藤果六段的将棋道场	1994年2月4日	ASK讲谈社	160	瑜伽熊	1994年1月3日	MAGIFACT	157
异次元来访者	1995年3月31日	TOMY	275	宇宙爆笑赛车	1994年2月25日	MELDAC	164
异形3	1993年7月9日	ACCLAIM JAPAN	110	宇宙盗贼团 方块大战	1993年2月26日	NAMCO	92
异形大战铁血战士	1993年1月8日	IGS	86	宇宙骑士	1993年7月30日	BEC	116
异形战机3 第三闪电	1993年12月10日	IREM	140	宇宙陀螺仪	1992年8月7日	ASCII	57
音乐编曲大师	1996年4月12日	ASCII	357	宇宙巡航机3	1990年12月21日	KONAMI	15
音乐大师	1992年11月27日	YANOMAN	68	羽生名人之趣味将棋	1995年3月31日	TOMY	277
音乐幻想 米龙的心跳大冒险	1996年3月22日	HUDSON	353	育龙战记2	1994年7月15日	VICTOR ENTERTAINMENT	192
音乐制造者	1996年5月31日	ASCII	361	育马物语	1993年8月27日	HECTOR	121
				育马物语2	1994年6月8日	HECTOR	186

育马物语3	1996年10月18日	HECTOR	375		职业美式橄榄球93	1993年2月12日	EA VICTOR	90
元祖柏青哥王	1994年12月22日	COCONUTS JAPAN	242		职业棋士人生游戏 将棋花道	1996年2月16日	ATLUS	347
元祖日本第一柏青嫂	1994年11月25日	COCONUTS JAPAN	228		职业一杆高尔夫球	1996年6月14日	ASCII	363
原来如此 世界问答比赛	1994年11月25日	TOMY	230		职业足球	1991年9月20日	IMAGINEER	27
原始人	1995年6月23日	KEMCO	290		殖民星球	1993年10月29日	EPIC·索尼	131
圆石滩高尔夫	1992年4月10日	T&E SOFT	44		制服传说 美丽战士	1994年12月2日	IMAGINEER	231
圆石滩高尔夫 新锦标赛版	1996年9月13日	T&E SOFT	372		智慧王者	1994年1月28日	ENIX	160
圆桌骑士	1994年6月10日	CAPCOM	186		中岛悟F1英雄94	1994年9月22日	VARIE	211
月面基地	1995年12月22日	IMAGINEER	335		中岛悟超级F1英雄	1992年12月18日	VARIE	74
Z					终极美式橄榄球	1992年7月24日	SAMMY	53
斩2	1992年5月29日	WOLFTEAM	47		终极网球	1993年9月17日	FORUM	124
斩3	1994年3月11日	WOLFTEAM	168		终结者2 街机版	1994年2月25日	ACCLAIM JAPAN	165
占卜迷宫	1995年4月14日	COCONUTS JAPAN	278		钟楼惊魂	1995年9月14日	HUMAN	309
战斗GP赛车	1992年3月27日	NAXAT	42		重装机兵 回归	1995年9月29日	DATA EAST	317
战斗棒球	1995年8月11日	COCONUTS JAPAN	305		重装机兵2	1993年3月5日	DATA EAST	95
战斗机器人烈传	1995年9月1日	BANPRESTO	308		重装机兵瓦尔肯	1992年12月18日	MASAYA	72
战斗潜艇	1995年12月22日	PACK-IN-VIDEO	338		重装战机S.T.G	1992年3月27日	ATHENA	40
战斗赛马	1994年12月22日	VIRGIN GAME	244		侏罗纪公园	1994年6月24日	JALECO	190
战斗原始人	1991年12月6日	DATA EAST	28		株式会社经营	1993年2月26日	KOEI	93
战斗原始人2	1992年12月18日	DATA EAST	74		诸神领地战 时空大战略	1993年7月23日	IMAGINEER	115
战斗原始人3	1994年2月18日	DATA EAST	163		逐刃者紫炎	1994年4月8日	DYNAMIC PLANNING	179
战国霸者 天下布武	1995年12月22日	BANPRESTO	337		主题公园	1995年12月15日	EA VICTOR	333
战国传承	1993年9月19日	DATA EAST	124		专业高尔夫	1992年12月4日	IREM	70
战火惊魂	1992年11月27日	IREM	68		装甲骑兵Votoms 战斗之路	1993年10月29日	TAKARA	130
战区88	1991年7月26日	CAPCOM	25		桌上游戏集锦 将棋·麻将·花札·双面棋	1996年7月26日	VARIE	368
真 一获千金	1995年7月7日	VAP	294		自我中心派 麻将皇位战	1992年9月25日	PALSOFT	60
真·麻将	1994年3月30日	KONAMI	177		自我中心派2 勇者碰恶龙	1994年3月18日	PACK-IN-VIDEO	170
真·女神转生	1992年10月30日	ATLUS	63		自行车物语	1995年3月17日	VAP	270
真宝珠小子	1994年7月29日	INFOCOM	199		综合格斗技 终极之战	1992年6月26日	KING RECORDS	49
真女神转生2	1994年3月18日	ATLUS	171		综合格斗技2	1994年2月25日	KING RECORDS	165
真女神转生if	1994年10月28日	ATLUS	221		综合格斗技3	1995年10月20日	KING RECORDS	319
真人快打	1993年12月24日	ACCLAIM JAPAN	149		纵横全国终极心理游戏	1995年11月10日	VISIT	324
真人快打2	1994年11月11日	ACCLAIM JAPAN	224		足球风云	1994年12月16日	KSS	235
真圣刻	1995年4月21日	YUTAKA	280		足球小子	1993年12月28日	YANOMAN	150
真实的谎言	1995年4月28日	ACCLAIM JAPAN	283		卒业麻将	1994年10月28日	KSS	221
真实拳击	1995年10月27日	ACCLAIM JAPAN	322		最高速思考 将棋 麻将	1995年3月31日	VARIE	276
真髓对局围棋 围棋仙人	1995年6月2日	J·WING	287		最后冲刺	1993年11月12日	LOZC	133
正统麻将 彻万	1993年9月24日	NAXAT	126		最后的圣经3	1995年3月4日	ATLUS	267
正统麻将 彻万2	1994年10月21日	NAXAT	220		最后决战	1994年12月2日	TEICHIKU	231
正统派围棋 棋圣	1994年10月28日	TAITO	223		最后一拳击倒	1993年11月5日	PACK-IN-VIDEO	132
正义超人大对决	1995年10月27日	ACCLAIM JAPAN	320		最强 高田延彦	1995年12月27日	HUDSON	339
织田信长 霸王的军团	1993年2月26日	ANGEL	92		最速传说	1996年3月15日	BPS	351
蜘蛛侠 致命敌人	1995年3月17日	EPOCH	269		最终幻想 神秘历险	1993年9月10日	SQUARE	123
直到世界末日	1994年9月30日	ASCII	214		最终幻想4	1991年7月19日	SQUARE	20
职业麻将 兵	1997年4月18日	CULTURE BRAIN	386		最终幻想4 简易版	1991年10月29日	SQUARE	28
职业麻将 极	1993年6月11日	ATHENA	107		最终幻想5	1992年12月6日	SQUARE	36
职业麻将 极2	1994年7月22日	ATHENA	197		最终幻想6	1994年4月2日	SQUARE	155
职业麻将 极3	1995年6月30日	ATHENA	293					
职业美式橄榄球	1992年1月17日	IMAGINEER	37					

©民主与建设出版社，2022

图书在版编目(CIP)数据

超级任天堂完全档案 / 日本复古游戏爱好会编著；
盛晴译. – 北京：民主与建设出版社, 2022.9（2024.5重印）
ISBN 978-7-5139-3942-3

Ⅰ.①超… Ⅱ.①日… ②盛… Ⅲ.①电子游戏—介
绍—日本 Ⅳ.①G898.3

中国版本图书馆CIP数据核字(2022)第156015号

スーパーファミコンコンプリートガイド
© Shufunotomo Infos Co., Ltd.2020
Originally published in Japan by Shufunotomo Infos Co., Ltd.
Translation rights arranged with Shufunotomo Co., Ltd.
Through Japan UNI Agency, Inc.

本书简体中文版出版权归属于北京华缨文化传播有限公司。
版权登记号：01-2022-5196

超级任天堂完全档案

CHAOJI RENTIANTANG WANQUAN DANG'AN

编　　著	[日]日本复古游戏爱好会	
译　　者	盛　晴	
责任编辑	王　颂　郝　平	
出版发行	民主与建设出版社有限责任公司	
电　　话	（010）59417747　59419778	
社　　址	北京市海淀区西三环中路10号望海楼E座7层	
邮　　编	100142	
印　　刷	北京联兴盛业印刷股份有限公司	
版　　次	2022年9月第1版	
印　　次	2024年5月第2次印刷	
开　　本	787毫米×1092毫米　　1/16	
印　　张	28	
字　　数	250千字	
书　　号	ISBN 978-7-5139-3942-3	
定　　价	248.00元	

注：如有印、装质量问题，请与出版社联系。